Knaur

Von Vicki Iovine sind außerdem erschienen:

Du wirst das Kind schon schaukeln

Das Schlimmste ist überstanden - jetzt geht's erst richtig los

VICKI IOVINE

Beim ersten Kind gibt's tausend Fragen

Alles, was Ärzte nicht sagen,
Männer nicht wissen
und nur die beste Freundin verraten kann

Aus dem Amerikanischen
von Alexandra Messerer und
Sabine Walter

Knaur

Die amerikanische Originalausgabe erschien 1995
unter dem Titel *The Girlfriends' Guide to Pregnancy*
bei Pocket Books, New York

Für Jamie, Jessica, Jeremy
und Jade

Besuchen Sie uns im Internet:
www.droemer-knaur.de

Deutsche Erstausgabe Mai 1997
Copyright © 1995 by Vicki Iovine
Copyright © 1997 der deutschsprachigen Ausgabe bei
Droemersche Verlagsanstalt Th. Knaur Nachf., München
Alle Rechte vorbehalten. Das Werk darf – auch teilweise –
nur mit Genehmigung des Verlags wiedergegeben werden.
Umschlaggestaltung: Agentur Zero, München
Umschlagabbildung: Tony Stone, München/Luceana Pampalone
Satz: Ventura Publisher im Verlag
Druck und Bindung: Elsnerdruck, Berlin
Printed in Germany
ISBN 3-426-82103-6

13 15 14 12

Inhalt

 # Die zehn verbreitetsten Lügen über die Schwangerschaft

10 Lamaze funktioniert.

9 Morgendliche Übelkeit vergeht bis zum Mittagessen.

8 Umstandsmode ist heutzutage wesentlich schicker
als früher.

7 Nach drei Monaten hast du wieder die gleiche
Figur wie vor der Schwangerschaft, besonders
wenn du stillst.

6 Ölmassagen helfen gegen Schwangerschaftsstreifen.

5 Schwangere Frauen haben wunderschöne Haut
und schöne Haare.

4 »Glaub mir, dein Gesicht hat sich überhaupt nicht
verändert!«

3 Schwangerschaft bringt Mann und Frau näher
zusammen (das gilt höchstens für dich und deinen
Frauenarzt!)

2 »Du bist nur um den Bauch herum dicker geworden!«

1 Die Schwangerschaft dauert neun Monate.

Vorwort

Willkommen im Club

Schwanger, was? Na, dann komm rein und setz dich zu mir, denn nichts ist mir lieber als eine Frau, die ein Baby bekommt. Fast jede Mutter, die ich kenne, fühlt genauso wie ich. Die Schwangerschaft ist eine Zeit so voller Erwartungen, Optimismus und Träume … und Ängste, Unsicherheit und Selbstzweifel (aber davon erst später). Die Welt liebt eine schwangere Frau, weil wir sie alle beschützen und ermutigen wollen, und alle Frauen, die bereits Kinder haben, freuen sich, ein neues Mitglied in ihren Reihen begrüßen zu können. Wo immer Frauen zusammenkommen, entsteht unter denen, die bereits eine Geburt hinter sich haben, so etwas wie eine Art Komplizenschaft. Es ist wie ein geheimes Händeschütteln oder ein ultraviolettes Zeichen, das die, die es erkennen können, als Veteranen desselben Krieges kennzeichnet. Völlig Fremde können sich innerhalb von zehn Minuten zusammenfinden und sich über die grausigsten Details ihrer Wehen austauschen. Eine schwangere Frau wie du ist in dieser Schwesternschaft ein Mitglied auf Probe. Du wirst an allen Bündnissitzungen teilnehmen und wirst von allen anderen Mitgliedern willkommen geheißen und geleitet. Und nach dieser (mehr oder weniger) vierzigwöchigen Probezeit kommt der magische Moment, durch den du ein vollständiges Mitglied wirst, das letzte dir noch verborgene Ritual, das du hinter dich bringen mußt: die Geburt.

Für den Rest deines Lebens wirst du nun zu allen anderen Mitgliedern auf dieser Welt eine Verwandtschaft spüren und sie alle auf eine Art und Weise schätzen lernen, wie es nur jemand kann, der selbst ein Baby hatte. In dieser Schwesternschaft beglückwünschen wir uns zudem fortwährend selbst, denn nur eine Mutter weiß, was jede von uns durchmachen mußte, um sich für diese Mitgliedschaft zu qualifizieren. Wie Kriegsveteranen zeigen wir unsere Narben, als ob es Orden wären: Kaiserschnitte, Schwangerschaftsstreifen, unsere Unfähigkeit zu niesen, ohne dabei in die Hose zu machen! Dies ist einer der wenigen Orte, an denen Mütter ausatmen können und nicht mehr ihre Bäuche einziehen müssen. Vielleicht fangen wir bei der Weihnachtsfeier im Kindergarten an zu weinen und können selbst am Wochenende nicht mehr länger als bis neun Uhr aufbleiben. Aber insgeheim wissen wir: Wir sind die wahren Heldinnen dieser Erde.

Warum ich dieses Buch geschrieben habe

Ich habe in sechs Jahren vier Kinder zur Welt gebracht, zwei Jungen und zwei Mädchen, keine davon Zwillinge, und die Lektion, die ich dabei gelernt habe (außer daß man sich auf natürliche Verhütungsmethoden nicht verlassen sollte), ist: Neunzig Prozent der Informationen, die ich brauchte, um diese Schwangerschaften zu überstehen, habe ich von meinen Freundinnen bekommen, die bereits Kinder hatten. Natürlich gibt es jede Menge Bücher zu diesem Thema, die man lesen kann. Als gute Studentin (und ängstliche Person), die ich war, habe ich sie alle gekauft und die meisten auch gelesen. (Du wirst wahrscheinlich dasselbe machen: du kaufst jedes Buch, das du zum Thema Schwangerschaft finden kannst, liest aber dann nur die, die dich nicht verwirren, ängstigen oder deprimieren – und das sind nicht sehr viele.) Ich weiß jetzt so viel über die technischen Aspekte der Schwangerschaft, daß ich mir zutraue, auch dein Baby zur Welt zu bringen – sogar wenn wir es mit einem Kaiserschnitt auf dem Rücksitz eines rasenden Taxis entbinden müßten und nur Zeitungspapier hätten, um es darin einzuwickeln. Ich kenne die exotischsten Begriffe wie »Braxton-Hicks-Kontraktionen«, »Plazenta Praevia« und »Fundus«.

Aber eine Schwangerschaft ist um so vieles mehr als eine medizinische Angelegenheit: es ist eine emotionale, körperliche und soziale Erfahrung. In den sieben Jahren, in denen ich mich nun mit diesem Thema beschäftige, habe ich noch nie ein Buch gefunden, in dem diese Aspekte so zur Sprache kommen würden wie in einer Unterhaltung mit einer guten, erfahrenen und, was am wichtigsten ist, offenen und ehrlichen Freundin. Keines dieser Bücher gab wirklich wieder, was ich in meinen Schwangerschaften erlebte. Sie waren zu distanziert, zu emotionslos, zu nüchtern, zu gemäßigt im Vergleich zu meinen Erfahrungen. Für mich ist Schwangerschaft eine alarmierende, bezaubernde, rührselige und sentimentale Angelegenheit. Floskeln wie »momentanes Unwohlsein« oder »berührungsempfindlich« können nicht annähernd beschreiben, wie man sich bei morgendlicher Übelkeit fühlt oder wie sich die Brüste in den ersten Monaten der Schwangerschaft anfühlen. »Empfindlich« oder »launisch« sind wirklich lahme Beschreibungen für das Gefühlsleben einer schwangeren Frau! Als ich in einem Buch erfuhr, daß ich nach der Schwangerschaft einige Wochen lang Ausfluß haben würde, war ich überhaupt nicht darauf vorbereitet, daß ich keine vier Schritte würde gehen können, ohne eine grausige Spur zu hinterlassen, die aussah, als habe gerade ein Mord stattgefunden. Nein, nicht mein geliebter Arzt oder die traditionellen Schwangerschaftsbücher hatten mich darauf vorbereitet, sondern meine Freundinnen. Es waren meine Freundinnen, die mich davor gewarnt hatten, die vom Arzt nach der Geburt angebotenen Schmerzmittel heroisch abzulehnen: während er nämlich wieder zu Hause in seinem warmen Bett läge, würde meine Periduralanästhesie nachlassen und ich hätte in meinem kleinen harten Krankenhausbett nur noch mein Tylenol, um mich zu trösten. Es waren auch meine Freundinnen, die mir versicherten, mein Mann werde ein guter Vater sein, auch wenn er während des Ultraschalls in Ohnmacht gefallen war und sich geweigert hatte, die Nabelschnur zu durchtrennen. Meine Freundinnen sagten mir, welches Outfit meinen Po noch fetter erscheinen ließ, als er sowieso schon war, oder wenn ich mal wieder unerträglich launisch war. Das ganze Schwangersein hat mich bisweilen ziemlich mitgenommen, meistens waren es meine Freundinnen, die mich wieder auf die Füße gestellt haben. »Aber«, wirst du vielleicht einwenden, »ich habe eine wunderbare Ärztin, die mir alles sagt, was ich über Schwangerschaft und Geburt wissen muß.« Da bist du aber ganz schön auf dem Holzweg! Ich liebe Ärzte – und ich bete, daß eines meiner Kinder einmal Medizin studieren wird –, aber ich habe meinem Arzt nur selten die Fragen gestellt, die ich wirklich beantwortet haben wollte. Manchmal fürchtete ich, seine Zeit zu vergeuden – ich konnte ihn doch nicht endlos über den frühesten Zeitpunkt für eine Periduralanästhesie ausfragen, während in seiner Praxis Frauen mit wirklichen Problemen warteten. Manchmal war es mir peinlich, ihm zu zeigen, wie schwerfällig und in meinen Augen unattraktiv ich langsam wurde. Und obwohl es mich überhaupt nicht störte, daß dieser Mann meinen Gebärmutterhals berührt, ließ mich allein der Gedanke, ihn zu fragen, warum ein Haar auf meiner Brustwarze wächst (wie ich eines Morgens feststellte), förmlich zusammenschrumpfen. Viele meiner Fragen hatten mit Medizin überhaupt nichts zu tun – zum Beispiel: »Warum ist in Schwangerschaftsjeans kein Denim enthalten?« –, und ich hatte Angst, so dumm auszusehen, wie ich mich fühlte. Schließlich ist es das Natürlichste auf der Welt, Babys zu bekommen, und Frauen müssen von Geburt an wissen, was zu tun ist, oder? Es ist aber erstaunlich, wie viele Dinge man nicht weiß! Hätte ich meinen Arzt bei jeder meiner Fragen

11

angerufen, hätte er jeden Tag mindestens zwei bis drei Stunden nur mit mir telefoniert – und noch mindestens eine halbe Stunde mitten in der Nacht, nachdem ich zum fünften Mal aufgestanden war, um auf die Toilette zu rennen.

»Beim ersten Kind gibt's tausend Fragen« ist das Buch, nach dem ich während meiner Schwangerschaften immer gesucht habe. Es ist eine Sammlung all dessen, was meine Freundinnen und ich an Erfahrungen, Meinungen, Bedenken, Beschwerden und Heilmitteln im Laufe unserer Schwangerschaften zusammengetragen haben. Solltest du medizinische Informationen in diesem Buch finden, dann ist das meist eher ein Zufall, denn diesen Bereich überlasse ich lieber den Ärzten. Da du zu diesem Zeitpunkt deines Lebens möglicherweise verzweifelt nach jemandem suchst, der dir sagt, was du tun sollst, wäre es mir sehr viel lieber, wenn du meine Ratschläge erst mit deinem Arzt besprichst, bevor du sie übernimmst. Dieses Buch kann dir sozusagen als Starthilfe für interessante und informative Gespräche mit deinem Frauenarzt dienen. Sollte dir irgendeine Frage zu peinlich sein, dann markiere einfach die entsprechende Stelle in diesem Buch und bitte ihn oder sie, einen Blick darauf zu werfen. Du kannst natürlich Teile dieses Buches auslassen oder ganz anderer Meinung sein. Wenn du zum Beispiel eine der Glücklichen bist, die während der gesamten neun Monate der Schwangerschaft auch nicht das geringste Anzeichen von Übelkeit verspürt, dann lies diesen Abschnitt des Buches einfach nicht. Aber sprich nicht zuviel über dein Glück. Denn es gibt ein Gesetz: SEI NICHT ZU SELBSTGEFÄLLIG, DA DIE GÖTTER DER SCHWANGERSCHAFT IM ALLGEMEINEN GERECHT SIND. Mit anderen Worten, wenn es dir morgens nicht schlecht wird, dann hast du wahrscheinlich Probleme mit Blähungen.

Jede von uns hat von Frauen gehört, die die perfekte Schwangerschaft haben. Man kennt den Typ: Fotomodell oder Fernsehstar, die in Frauenzeitschriften ehrfurchtsvoll mit locker springendem Haar und gestylten Schwangerschaftsklamotten porträtiert werden. Oder noch schlimmer: sie ist die Tochter der besten Freundin deiner Mutter, so daß du täglich die neuesten Neuigkeiten erfährst und mit ihr verglichen wirst. Sie nimmt nur die empfohlenen zehn bis zwölf Kilo zu, ihre Haut bleibt rosig und rein, sie bereitet sich mit Hilfe von Meditationskassetten auf die Geburt vor, spielt noch Tennis, bis sich der Muttermund ungefähr sechs Zentimeter geöffnet hat, und schwört, daß sie sich noch nie so gut gefühlt hat wie jetzt. Außerdem hat sie einen Mann, der seine Frau am schönsten findet, wenn sie sein Kind im Bauch trägt, der in der Geburtsvorbereitung tatsächlich Fragen stellt und der nach der Entbindung die Plazenta mit nach Hause nimmt und unter einer alten Eiche vergräbt.

Für diese Frauen ist dieses Buch nicht bestimmt.

Es ist für alle übrigen Frauen gedacht. Für die, die zwischen dem Schwangerschaftstest zu Hause und dem ersten Besuch beim Frauenarzt fünf Kilo zugenommen haben. Für die, die seit der letzten Tanzstunde zum erstenmal wieder Pickel bekommen. Für die, die so unter Hämorrhoiden leiden, daß sie sich ernsthaft vorgenommen haben, nie wieder feste Nahrung zu sich zu nehmen, um jeden weiteren Stuhlgang für den Rest ihres Lebens zu vermeiden. Es ist für die unter uns, die in Erwägung gezogen haben, ihren Mann im Schlaf umzubringen, weil sie glauben, ein leises »Muh« gehört zu haben, als sie sich anzogen. Und es ist für die, die von jeder Pampers-Werbung zu Tränen gerührt werden.

Mit anderen Worten, dieses Buch ist für jede schwangere Frau gedacht, weil ich persönlich der Ansicht bin, daß jede Frau, die erzählt, ihre Schwangerschaft sei ausnahmslos die schönste und erfüllendste Zeit ihres Lebens, entweder lügt oder eine Persönlichkeitsstörung hat. Ich würde sogar einiges Geld darauf setzen, daß auch ein paar dieser Fotomodels und Fernsehstars während ihrer Schwangerschaften Hämorrhoiden hatten.

Eine kurze Geschichte über Freundinnen und Schwangerschaft

Um es kurz zu sagen: Kinderkriegen ist Frauensache. Bis vor siebzig Jahren waren die Männer für die Empfängnis und nach der Geburt für die Entgegennahme von Glückwünschen und das Herumreichen von Zigarren zuständig, aber mit dem, was in den neun Monaten dazwischen passierte, hatten sie ziemlich wenig zu tun. (Weil wir gerade von neun Monaten sprechen, muß gleich eines klargestellt werden: Eine Schwangerschaft dauert im Durchschnitt vierzig Wochen. Nach meiner Berechnung entspricht das zehn Monaten. Du wirst vielleicht sagen: »Wer zählt das schon so genau?« Und da muß ich dir gleich vehement entgegnen: »Du wirst zählen!« Und du wirst die ganze Zeit über ziemlich durcheinander sein. Bist du jetzt im sechsten Monat, weil du deine Periode seit vierundzwanzig Wochen nicht mehr gesehen hast? Aber dann bleiben dir noch sechzehn Wochen. Siehst du, da sind wir wieder bei zehn Monaten angelangt. Und wenn du deine Periode seit vierundzwanzig Wochen nicht mehr hattest, bist du jetzt »im sechsten Monat« oder schon »im siebten Monat«? O Gott, die ganze Zählerei hat mir ziemlich Kopfschmerzen bereitet. Ganz sicher kann ich jedenfalls nur sagen, daß es nicht so schnell ging, wie ich gehofft hatte.)

Wie auch immer, wenn eine Frau feststellte, daß sie schwanger war, ging sie zu den anderen Frauen ihres Stammes, zu Mutter, Schwestern, Tanten und Freundinnen, um sich Rat zu holen. Denn Schwangerschaft ist zwar die normalste Sache der Welt, aber keine, die zum ersten Mal schwanger ist, weiß wirklich, was mit ihr passiert. Und Frauen, die schon Kinder hatten, sind überglücklich, ihr Wissen mit den noch nicht Eingeweihten zu teilen.

In jenen Tagen waren die Ärzte noch damit beschäftigt, Malaria zu kurieren oder die Bauern wieder zusammenzuflicken, die in ihre Dreschmaschinen gefallen waren, und Schwangerschaften nahmen nur einen sehr geringen Anteil innerhalb der Medizin ein. Die erfahreneren Frauen der sozialen Gemeinschaft unterstützten die verunsicherte Novizin und erzählten ihr, was sie erwarten würde, gaben ihr Ratschläge, wie sie die Schwangerschaft so bequem wie möglich verbringen könnte, und, was am wichtigsten war, versicherten ihr, daß ihre Erfahrungen ganz normal seien. Da im Zusammenhang mit Schwangerschaft nichts auch nur im geringsten normal scheint, waren das willkommene Nachrichten. Natürlich war auch vieles dabei, was ich als Aberglaube bezeichnen würde (dieser intuitive, vom sechsten Sinn geleitete Hokuspokus, an den einige von ganzem Herzen glauben), wie zum Beispiel Nadeln über den Bauch der Schwangeren fallen zu lassen, um festzustellen, ob es ein Mädchen oder ein Junge wird. Wir haben versucht, diese Art von Informationen herauszufiltern und sie in diesen Ratgeber nicht aufzunehmen.

Heute haben normalerweise die Ärzte die ganze Sache fest im Griff – außer vielleicht bei einigen wenigen Wagemutigen, die sich auf eine Geburt ohne die Sicherheit einer Neugeborenenstation am Gang gegenüber und ohne einen jederzeit bereiten Vollzeitanästhesisten einlassen. Kannst du dich noch an die Geschichten aus »Bonanza« erinnern, bei denen die armen Frauen im Kindbett starben? Von solchen Unglücksfällen hört man heutzutage, Gott und dem Gesundheitssystem sei Dank, überhaupt nichts mehr. Die Ärzte schützen nicht nur das Leben von Mutter und Neugeborenem, sondern überwachen noch zudem unsere Schwangerschaften, sagen uns, ob zuviel Protein in unserem Urin ist oder ob wir ein Risikofall für Schwangerschaftsdiabetes oder andere Probleme dieser Art sind. Ganz zu schweigen von meinem persönlichen Favoriten: Sie erzählen uns, daß wir zu dick werden.

An keiner Stelle dieses Buches ist es meine Absicht, die Rolle des Arztes in irgendeiner Weise in Frage zu stellen. Ich wäre ausgesprochen erleichtert, wenn du dieses Buch als eine Art Ergänzung betrachten würdest zu dem, was dein Frauenarzt dir an wichtigen Ratschlägen und Hinweisen gibt. Nachdem diese Last an Schuld und Verantwortung von mir genommen ist, möchte ich dennoch sagen, daß meiner Meinung nach Frauen mit die wertvollsten Dinge über

Schwangerschaft von anderen Frauen lernen. Meine Freundinnen haben mir nicht nur unbegrenzt ihre Erfahrungen und ihr Wissen mitgeteilt, sondern haben mir auch immer wieder versichert, daß alles mit mir normal ist – mit Sicherheit das Beste, was sie mir sagen konnten. Denn auch wenn jede Frau glaubt, daß ihre Schwangerschaft einzigartig und besonders ist (vor allem bei der ersten), wünscht sie sich doch nichts sehnlicher als die Bestätigung, daß sie nicht verwirrter, unsicherer oder neurotischer ist als der Rest von uns Müttern. Das einzige Problem ist, daß wir eine sehr mobile Gesellschaft sind und nicht mehr bei unseren »Stämmen« leben. Oder wie die Großmutter meiner Freundin Kelly zu sagen pflegte: »Wir wachsen nicht immer in dem Garten auf, in dem wir gepflanzt wurden.« Deine Mutter, Tanten, Schwestern und erfahrenen Freundinnen werden nicht immer zu deiner Unterstützung in der Nähe sein, wenn du schwanger wirst, weil du in Rosenheim lebst und sie irgendwo zwischen Frankfurt, Helgoland und St. Petersburg ihren Wohnsitz haben. Und wahrscheinlich hast du, wie die meisten Frauen, die noch keine Kinder gehabt haben, die Jahre vor deiner Schwangerschaft deinem Job gewidmet, statt mit den Frauen der Nachbarschaft bei geselligen Abenden oder beim Kaffeeklatsch zusammenzusitzen. Tausende von uns Frauen erkennen ihre unmittelbaren Nachbarinnen nicht, wenn sie sie zufällig bei der Garagenausfahrt treffen. Wir stehen also ziemlich alleine da mit unserem Ehemann (was in dieser Situation soviel bedeutet wie ganz alleine), wenn es darum geht, uns durch die unruhigen Gewässer der Schwangerschaft zu navigieren. Auch wenn deine Mutter während deiner Schwangerschaft ganz in der Nähe ist, wirst du bald etwas äußerst Wichtiges

lernen: JEDE GENERATION HAT IHRE EIGENEN SCHWANGER-
SCHAFTSREGELN, UND DIE REGELN UNSERER MÜTTER SIND
NICHT DIESELBEN WIE FÜR UNS. Zum Beispiel durften sich
unsere Mütter jederzeit einen Cocktail genehmigen. Heutzutage kann eine Frau in kein Restaurant mehr gehen, ohne an
der Wand durch ein Schild gewarnt zu werden, daß der
Genuß von einem Glas Wein beim Abendessen zu Alkohol-
Embryopathie führt. Auch das Rauchen war damals erlaubt,
was besonders hilfreich war. Denn unsere Mütter hatten wenigstens etwas nicht Dickmachendes, was sie sich in den
Mund stecken konnten, um nicht mehr als die zehn vom
Arzt genehmigten Kilos zuzunehmen – im Gegensatz zu uns,
die wir alle fünf Minuten in die Gummibärchentüte greifen
müssen.

Außerdem wirst du bei den Gesprächen mit deiner Mutter
bemerken, daß die Schwangerschaftserfahrung, so intensiv sie
für dich jetzt auch sein mag, mit der Zeit doch fast völlig in
Vergessenheit gerät – so wie auch ganze Episoden deiner
Babyzeit verblassen. Im Moment klingt das absolut unmöglich für dich, stimmt's? Aber du kannst selbst einen kleinen
Test machen: Zeige deiner Mutter ein Babyfoto von dir und
eines von deinem Bruder oder deiner Schwester und frage sie,
wer wer ist. Aller Wahrscheinlichkeit nach wird sie ziemlich
nachdenken oder unfaire Anhaltspunkte wie das Automodell
im Hintergrund oder ihre Frisur zu Hilfe nehmen müssen.
Auch ich, deren ältestes Kind erst sieben Jahre alt ist, kann
bei den Babyfotos oft nicht sagen, welches Kind sie zeigen,
wenn man auf dem Foto nicht erkennen kann, ob meine
Haare blond, braun, kurz oder lang sind. Du solltest dir schon
jetzt vornehmen, jedes Babyfoto, das ins Haus kommt, mit

einer kurzen Notiz zu versehen, denn mütterlichen Alzheimer sollte man nicht unterschätzen.

Wenn ich meine Mutter gelegentlich fragte, wie es war, als sie mit mir schwanger war, schien sie sich nur noch an zwei Dinge erinnern zu können: Sie hatte Heißhunger auf Erdnüsse in Schokoladenmantel, und ihre Fruchtblase platzte im Kaufhaus, als sie gerade die Babyausstattung kaufte. Ach ja, außerdem hat sie mir noch erzählt, daß sie sich auf der Toilette des Krankenhauses eine Zigarette genehmigt hat, um ihren Darm in Gang zu bringen, denn sie durfte erst nach einem Stuhlgang den Kreißsaal betreten.

Wenn du dich fragst, ob du eine Fruchtwasseruntersuchung vornehmen lassen oder während deiner Schwangerschaft lieber auf die Mikrowelle verzichten solltest, um den Fötus keiner Strahlung auszusetzen, wird deine Mutter dich anschauen, als ob du eine Meise hättest und jedem medizinischen New-Age-Unsinn auf den Leim gehen würdest. Sie wird wahrscheinlich so etwas sagen wie: »Liebling, bleib ganz ruhig. Als ich mit dir schwanger war, habe ich einfach ganz normal weitergelebt. Ihr jungen Frauen denkt über alles viel zuviel nach. Mach, was du willst, dem Baby wird es nicht schaden. Aber hör endlich auf, soviel zu essen, du siehst langsam aus wie eine Tonne.«

Mit diesem Ratschlag kann natürlich eine Generation, die mit dem Bewußtsein aufgewachsen ist, daß sie absolut alles analysieren und verstehen muß, überhaupt nichts anfangen. Wenn man dann noch das für die neunziger Jahre typische Bedürfnis hinzunimmt, in jeder Hinsicht, ob zu Hause oder in der Arbeit, perfekt zu sein, erhält man eine ziemlich große Gruppe von Frauen, die Unterstützung dringend nötig haben.

Dieses Buch ist genau das, was dein Arzt dir verordnet hat (oder verordnen würde, wenn er davon wüßte). »Beim ersten Kind gibt's tausend Fragen« steht dir mit Rat und tröstenden Worten zur Seite und ist daher für jede schwangere Frau von unschätzbarem Wert. Auch für die werdenden Väter, die davon überzeugt sind, daß ihre sonst so bezaubernden Frauen völlig entstellt sind, kommt es gerade recht. Ihr werdet die fundamentale Regel der Elternschaft lernen, die mit der Schwangerschaft beginnt: Du mußt keine perfekte Mutter sein, du mußt nur gerade gut genug sein. Wir Freundinnen haben keinerlei Zweifel daran, daß du mehr als gut genug sein wirst, und sind für dich da, damit du es sein wirst.

1 Warum glaubst du eigentlich, daß du schwanger bist?

Eigentlich gibt uns die Natur genügend Hinweise darauf, daß wir schwanger sein könnten – noch bevor die moderne Wissenschaft es bestätigt. Und wenn du dann sicher weißt, daß du schwanger bist, wird es dir wie Schuppen von den Augen fallen, und du wirst sagen: »Ach das ist der Grund dafür, daß …« (setze ein beliebiges Symptom ein: »meine Brüste so empfindlich sind«, »ich dauernd auf die Toilette rennen muß«, »mein Mann mich verrückt macht«). Vor allem in der Rückschau wirst du feststellen, daß einige körperliche Veränderungen dich ziemlich eindeutig auf deine Schwangerschaft hingewiesen haben. Deshalb werde ich auch immer so zynisch, wenn ich diese Geschichten über Frauen höre, die neun Monate lang von nichts eine Ahnung hatten und dann ihr Baby in der Toilette eines Flugzeugs zur Welt bringen. Also wirklich! Ein acht Monate alter Fötus tritt und bewegt sich meist so heftig, daß du zuschauen kannst, wie dein einst runder Bauch plötzlich rechteckig wird. Und was ist mit der unvermeidbaren Gewichtszunahme? Wen wollen diese Frauen an der Nase herumführen? Entweder wollen sie sich auf die »unbefleckte Empfängnis« hinausreden, oder sie zollen ihrem Körper zu wenig Aufmerksamkeit. Eine ganze Reihe von Veränderungen gibt dir Hinweise auf eine Schwangerschaft, noch bevor du die genaue Bestätigung durch einen Schwangerschaftstest hast. Im folgenden findest du eine Liste der häufigsten Frühwarnzeichen.

Brüste

Bei vielen Frauen macht sich eine Schwangerschaft durch eine Veränderung der Brüste bemerkbar. Eine Frau, die sich am Anfang der Schwangerschaft befindet, hat oft dasselbe Spannungsgefühl in den Brüsten wie kurz vor der Periode – nur mit dem Unterschied, daß diese Brüste noch sehr viel *empfindlicher* sind. Der Wasserstrahl beim Duschen kann qualvoll, auf dem Bauch zu schlafen vollkommen unerträglich sein, und du wirst es vollkommen gerechtfertigt finden, dich mit der Nachttischlampe zur Wehr zu setzen, sollte dein Mann deine Brüste berühren. Dein Busen ist nicht nur sehr empfindlich und vielleicht auch wund, sondern wird auch von Tag zu Tag größer. Die gute Nachricht, speziell für die unter uns, die insgeheim schon immer etwas mehr Oberweite haben wollten: Er wird noch weiter wachsen und irgendwann auch nicht mehr schmerzen. In ungefähr einem Monat werden du und dein Mann ein nettes, neues Spielzeug haben.

Häufige Toilettenbesuche

Ein weiteres Symptom, das wir Freundinnen zu Beginn der Schwangerschaft an uns feststellten, war unser häufiges Bedürfnis, auf die Toilette zu gehen. Unter Umständen mußt du zwei- oder dreimal (oder noch öfter) in der Nacht aufstehen, während du sonst die ganze Nacht durchschlafen konntest, ohne daß deine Blase sich auch nur einmal gemeldet hätte. Da Müdigkeit oft ein weiteres Symptom für eine Schwangerschaft ist, wirst du es hassen, daß dein kostbarer Schlaf ständig unterbrochen wird. Eine alte Volksweisheit besagt, das nächtliche Aufstehen für den Toilettengang soll dich auf deine Mutterrolle vorbereiten, wo du ebenfalls mehrmals nachts aufstehen mußt. Ich glaube aber nicht an diese Volksweisheit, weil du später in der Schwangerschaft wieder durchschlafen wirst, und jeder weiß, daß eine schwangere Frau sich nicht mehr daran erinnern kann, was sie sechs Monate vorher gelernt hat. Mit viel Glück weiß sie gerade noch, was am Tag zuvor passiert ist!

Diese nächtlichen Ausflüge können natürlich sehr ärgerlich sein, meistens aber ist es dann doch nicht ganz so schlimm, weil fast jede von uns Freundinnen es fertiggebracht hat, aufzustehen, ins Badezimmer zu gehen, ihr Geschäft zu verrichten, sich den Po abzuwischen, zurück zum Bett zu gehen und sich hineinzukuscheln, ohne auch nur einmal die Augen zu öffnen. Einige konnten sogar mit geschlossenen Augen einen Schluck Wasser trinken. Ich jedoch war fast immer hungrig und bin nach dem Ausflug zur Toilette regelmäßig in der Küche gelandet. Und wenn ich es auch geschafft habe, im Schlaf die Treppe hinunterzugehen, hat mich dann doch das Licht im Kühlschrank endgültig geweckt.

Grenzenlose Müdigkeit

Die Müdigkeit zu Beginn der Schwangerschaft empfinden viele Frauen wie eine bleierne Schwere – etwa so, als ob man ständig Grippemittel einnehmen würde. Eine meiner Freundinnen, Becky, die Immobilien verkauft, war so müde, daß sie jedesmal im Auto einschlief, wenn sie zu den Häusern mög-

licher Kunden fuhr. Glücklicherweise hatte Becky einen
Partner, der meistens am Steuer saß. Frauen in den ersten
Schwangerschaftswochen werden bei ihrer Arbeit immer nur
den sehnlichen Wunsch haben, sich möglichst schnell irgendwo hinlegen zu können. Meine Freundin Rosemary
sperrte jeden Tag die Tür zu ihrem Büro zu und ruhte sich für
ein paar Minuten auf ihrem Sofa aus. Die Glücklichen unter
uns, die mittags ein Nickerchen machen können, werden wie
die Toten schlafen und dann ganz zerknittert, mit roten
Backen und verlegten Haaren – und nur wenig erholter als
vorher – wieder aufwachen. Die gemütlichen Videoabende
mit deinem Mann kannst du erst einmal ganz vergessen.
Wahrscheinlich wirst du selig schnarchen, noch bevor die
Warnung vor unbefugter Vervielfältigung vorbei ist. Diese
Müdigkeit kann auch dazu führen, daß du nicht mehr lange
genug aufbleiben kannst, um mit deinem Mann zu schlafen.
Am besten gibst du ihm dieses Buch in die Hand.

Achtung, Achtung,
an alle Männer von Frauen, die sich in den ersten
Schwangerschaftswochen befinden:

Nimm es nicht persönlich, wenn deine Frau lieber
schläft, als mit dir zu schlafen! Sie kann wirklich nicht
anders, und es hat absolut nichts mit deiner Männlich-
keit zu tun oder damit, daß sie dich nicht mehr
genügend liebt. Versuch es morgen früh noch mal,
wenn sie etwas ausgeruhter ist. (Aber nicht, wenn sie
auch unter morgendlicher Übelkeit leidet – in diesem
Fall versuch es mit dem »Playboy«.)

Bauchkrämpfe

Bauchkrämpfe wie zu Beginn der Periode können ein weiteres Anzeichen für eine Schwangerschaft sein. Viele meiner Freundinnen waren sich niemals sicherer, daß sie bald ihre Periode bekommen würden, als zu Beginn ihrer Schwangerschaft. Schwangerschaft und prämenstruelles Syndrom haben einige Gemeinsamkeiten – zum Beispiel Schmerzen im unteren Rückenbereich und diese leichten Bauchkrämpfe kurz vor der Regelblutung. Da ich immer Angst vor einer Fehlgeburt hatte (was aber niemals passierte), haßte ich dieses Gefühl, die Periode könnte jede Minute losgehen. Unzählige Male glaubte ich, einen Blutstropfen gespürt zu haben, und ließ alles liegen und stehen, um im Badezimmer nachzusehen. Wie du aber bald erfahren wirst, tröpfelt während der Schwangerschaft einiges, da dein Körper in puncto vaginale Sekretion zur Höchstform aufläuft.

Bei allen meinen vier Kindern hatte ich zu Beginn der Schwangerschaft leichte Blutungen. Das kann auch dir passieren, obwohl es nicht besonders oft vorkommt. Als Daumenregel gilt: Wenn das Blut bräunlich und nicht klumpig ist und du nur ein oder zwei Binden brauchst, ist wahrscheinlich alles in Ordnung. Aber wenn das Blut hellrot oder klumpig ist, rufe deinen Arzt an. Wenn die Blutung außerdem mit Krämpfen verbunden ist, dann rufe deinen Arzt sofort an und frage, ob du in die Praxis oder ins nächste Krankenhaus kommen sollst.

Glaub mir, ich weiß, wie hysterisch man werden kann, wenn man schwanger ist und Blut in seiner Unterwäsche findet, aber um dich zu beruhigen – bei mir war die Blutung viermal hellrot (ich hatte jedoch keine Krämpfe), und mein Arzt riet mir lediglich, bis zum Abklingen der Blutung ein paar Tage lang die Beine hochzulegen. Meine Schwangerschaften verliefen danach ganz normal. Es ist vollkommen in Ordnung, zur Klärung deinen Arzt anzurufen, aber es muß nicht gleich ein Notruf sein.

Schwindelgefühle

Einige meiner Freundinnen erzählten, sie hätten sich zu Beginn der Schwangerschaft ziemlich benommen und schwindelig gefühlt. Wenn sie zu schnell aus dem Bett aufsprangen, wurde es ihnen schwarz vor Augen, und sie sahen Sterne. Beim Binden der Schuhbänder mußten sie sich manchmal flach auf den Boden legen, um den Kreislauf wieder in Gang zu bringen. Ein Wort der Warnung an dieser Stelle: Ziemlich viele Frauen wurden schwanger, weil sie zuviel getrunken hatten, und manchmal sind Schwangerschaft und Kater ziemlich schwer voneinander zu unterscheiden. Allgemein läßt sich sagen, daß ein Kater, der mehrere Tage anhält, eine Schwangerschaft sein könnte und du so lange nicht mehr feiern solltest, bis du dir Gewißheit verschafft hast. Selbst wenn du nicht schwanger bist, solltest du dir bei einem sich über mehrere Tage hinziehenden Kater überlegen, ob du nicht besser ganz mit dem Feiern aufhörst. Bei Schwindelgefühlen mußt du dich nicht zu sehr beunruhigen, solltest dich aber langsamer bewegen, damit dein Blutdruck sich an seine neue, langsamere Gangart gewöhnen kann. Sonst könnte es sein, daß du umkippst und dir eine Beule holst.

Übelkeit

Übelkeit ist für viele schwangere Frauen das Schlimmste an der ganzen Schwangerschaft. Sie kann dich zu jedem Zeitpunkt treffen, meistens passiert es jedoch um den zweiten Monat herum. Entweder kämpfen dann Frauen verzweifelt gegen ihre Übelkeit an, indem sie alles essen, was in Sichtweite ist, oder sie müssen sich schon bei dem bloßen Gedanken an bestimmte Nahrungsmittel übergeben. Man sollte annehmen, daß eine von Übelkeit geplagte Frau keinen Bissen mehr runterbringt. Weit gefehlt. Viele meiner schwangeren Freundinnen hatten fast gleichzeitig einerseits das Gefühl zu verhungern und mußten sich andererseits ständig übergeben. Die Schwangerschaft kann ein nagendes Unwohlsein in deinem Magen erzeugen, das der Seekrankheit vergleichbar ist. Im einen wie im anderen Fall ist Nahrungsaufnahme das einzige Mittel, deinen Magen wieder zur Ruhe zu bringen. Der Haken bei der Sache ist nur, daß nicht jedes Nahrungsmittel dafür geeignet ist, und die Herausforderung liegt darin, das jeweils richtige gegen die Übelkeit zu finden. Du wirst erstaunt sein, wie es dir schon beim bloßen Gedanken an viele deiner sonstigen Lieblingsspeisen – wie zum Beispiel Käse, Fisch, Brokkoli oder Huhn – den Magen umdrehen wird.

Ein paar meiner Freundinnen traf das Schicksal besonders hart. Sie litten unter so extremer Übelkeit, daß sie oft mitten im Satz abrupt zum Schweigen gebracht wurden. Bei meiner armen Freundin Maryann war die morgendliche Übelkeit so stark, daß sie sich ohne jede Vorwarnung übergeben mußte. Es gab keinerlei Anzeichen, wie ein leichtes Übelkeitsgefühl oder vermehrten Speichelfluß im Mund. In einem Moment unterhielt sie sich noch und in der nächsten Minute ging es ihr wie in der Szene mit der Erbsensuppe in *Der Exorzist*. Sie gewöhnte sich an, möglichst ruhig zu sein und ihren Mund zusammenzupressen, um den Schaden so gering wie möglich zu halten. Auf der anderen Seite habe ich mindestens ebenso viele Freundinnen, die nie auch nur das geringste Anzeichen von Übelkeit verspürten. Das ist ein weiteres Beispiel dafür, wie es der Natur Freude bereitet, uns im unklaren zu lassen, damit wir uns niemals völlig entspannen können.

Es gibt absolut keine allgemeingültigen Regeln, was wir essen und was wir lieber vermeiden sollten. Es kann dir zum Beispiel so ergehen wie meiner Freundin Sondra, die während ihrer Schwangerschaft möglichst scharf gewürzte Gerichte bevorzugte. Zum Frühstück aß sie am liebsten ein mexikanisches Gericht mit scharfer Salsa-Soße. Und obwohl sie den rohen Fisch nicht mehr vertrug, bat sie mittags ihre Freunde inständig, sie zur Sushi-Bar zu begleiten, damit sie ihr Brot in den grünen Senf tunken konnte. Oder vielleicht bist du eher wie meine Freundin Shannon, die ihren Magen mit Kartoffelbrei, Müsli und Weißbrot beruhigte. Corki dagegen war auf dem Früchte-Trip und aß nur noch Erdbeeren und Nektarinen – und zur Abwechslung zwischendurch etwas Schokolade.

Natürlich solltest du versuchen, wenn nicht bei jeder Mahlzeit, so doch einmal am Tag Nahrungsmittel aus den fünf Hauptbereichen zu dir zu nehmen. GERATE JEDOCH NICHT IN PANIK, WENN DU DICH IN DEN ERSTEN MONATEN DER SCHWANGERSCHAFT NICHT MEHR SO ERNÄHREN KANNST, WIE ES IN IRGENDEINEM LEITFADEN FÜR AUSGEWOGENE ERNÄHRUNG VORGESCHRIEBEN IST. Egal, wie vehement dir in anderen Schwangerschaftsbüchern eingeredet wird, daß du jeden Tag zweihundert Gramm Protein, vier Gläser Milch und grünes Blattgemüse zu dir nehmen mußt, mach, was dir guttut, und sprich immer mal wieder mit deinem Arzt darüber. Sie oder er kann dir raten, welche Nährstoffe du dir zusätzlich besorgen solltest, um dich gut durch diese Übelkeitsperiode, aber auch durch das zweite Drittel der Schwangerschaft zu bringen, in dem du wieder fast alles essen kannst, was man dir vorsetzt. Du wirst feststellen, daß eine Kalziumtablette so effektiv ist wie ein Glas Milch, dich aber vor weiterem Übel verschont. Zumindest solltest du in dieser sehr frühen Phase deiner vermuteten Schwangerschaft folgendes beherzigen: Wenn dir übel ist und du kein Fieber hast, dann mach einen Schwangerschaftstest.

Empfindlichkeit gegenüber Gerüchen

Für viele Frauen, mich eingeschlossen, war das erste Anzeichen für eine mögliche Schwangerschaft, daß die Welt anders roch als sonst. Vertraute Gerüche werden plötzlich stärker oder widerwärtig süß. Meine Freundin Mindy entwickelte eine derart starke Aversion gegen den Geruch von Milchprodukten, daß sie entsprechende Geschäfte oder Feinkostläden nicht mehr betreten konnte. Sie befürchtete, sich beim leisesten Anflug von Käsegeruch sofort übergeben zu müssen. Eines Morgens war sie dabei, als ich Sahne in meinen Kaffee goß, und fing an, Geräusche von sich zu geben wie eine Katze, die ein Haarbällchen herauswürgt. Da wir gerade beim Thema Katzen sind: Meine Freundin Lynn mußte ihren

Mann bitten, das Füttern der Katze zu übernehmen, weil schon ein Hauch von Kitekat beim Öffnen der Dose sie unweigerlich zur Spüle trieb. Nebenbei bemerkt, wenn du eine Katze hast und bereits weißt, daß du schwanger bist, solltest du deinem Mann das Säubern des Katzenklos überlassen. Erkundige dich bei deinem Arzt, wenn du genaue Details wissen möchtest. Es gibt nämlich einen Virus, der von Katzenkot auf schwangere Frauen übertragen werden kann, halte dich also besser davon fern.

Während meiner ersten Schwangerschaft war ich mir so sicher, mein Kissen und die Bettdecke seien völlig verschimmelt, daß ich sie in Plastiksäcke gestopft und weggeworfen habe. Sofort (und unvernünftigerweise, wie mein Mann meinte) habe ich mir neues Bettzeug gekauft. Als ich mich in dieser Nacht hineinkuschelte, mußte ich jedoch feststellen, daß es genauso roch wie das alte.

Anfälle von Wahnsinn

Auch wenn du meinst, deinen Verstand zu verlieren – oder wenigstens die Kontrolle über deine Gefühle, kann das ein weiterer Hinweis auf eine mögliche Schwangerschaft sein. Du fühlst dich vielleicht so, als littest du unter einem besonders starken PMS. Dazu muß ich dir etwas erzählen, was ich nicht besonders gerne und nur unter Freundinnen weitergebe: Zweimal war es bei mir nicht der Gynäkologe, sondern ein Psychiater, der den Verdacht auf eine Schwangerschaft äußerte. Das eine Mal setzte mich mein Mann ruhig ins Auto und fuhr mich zu seinem Therapeuten, nachdem ich ein

Buch durch das Zimmer geschleudert und ihn beinahe geköpft hätte. (Glaub mir, dieses Verhalten war nicht nur vollkommen uncharakteristisch für mich, sondern auch völlig inakzeptabel für ihn.) Das zweite Mal landete ich auf der Couch eines Therapeuten, nachdem ich meinem Mann beim Autofahren ins Lenkrad gegriffen hatte (weil er nicht den Weg nahm, den ich so großherzig vorgeschlagen hatte). In Tränen aufgelöst erzählte ich dort, daß ich Angst hätte, viel zu früh in die Wechseljahre zu kommen, weil ich überhaupt nicht mehr ich selbst sei und meine Periode nicht mehr bekäme. Es stellte sich heraus, daß es nicht die Wechseljahre waren, sondern mein Baby Jessica – eine Möglichkeit, die ich überhaupt nicht in Betracht gezogen hatte.

Auch wenn du nicht zu gewalttätigen Ausbrüchen neigst, wird sich die hormonell bedingte Irrationalität in der Schwangerschaft bei dir vielleicht in Form von Weinerlichkeit oder fehlendem Humor äußern. Meine Freundin Amy, die normalerweise eine liebliche Schönheit ist, wurde so griesgrämig, daß es schon wieder lustig war. Der Kontrast zwischen ihrem sonst eher wohlerzogenen, damenhaften Verhalten und ihrem ständigen Genervtsein während der Schwangerschaft war so groß, daß es ziemlich komisch wirkte (und an ein fluchendes Kleinkind erinnerte).

Beachte in dieser Zeit der emotionalen Wirrnisse vor allem (einmal abgesehen davon, daß du jetzt keine Gewehre mehr putzen solltest), daß du dein merkwürdiges Verhalten wahrscheinlich selbst überhaupt nicht bemerken wirst. Sollten dein Mann oder deine Freunde eine Bemerkung darüber wagen, daß du irgendwie nicht mehr du selbst bist, wirst du dich sicherlich angegriffen und falsch beurteilt fühlen (und Pläne schmieden, wie du sie alle vergiften kannst). So überzeugt du auch von deiner eigenen Vernunft und der Unvernunft aller anderen sein magst, du *bist* jetzt nicht völlig normal und solltest das akzeptieren und es dir zugestehen. Mit anderen Worten: das ist nicht der Zeitpunkt, um die Scheidung einzureichen, den Job zu wechseln, ein Haus zu kaufen oder – sehr wichtig – deine Frisur völlig zu verändern.

Das Ausbleiben der Periode

Du glaubst vielleicht, das Ausbleiben der Periode sei einer der verläßlichsten Hinweise darauf, daß etwas im Busch ist. Dies war für mich jedoch nie so. Natürlich gibt es Millionen von Frauen, die regelmäßige 28-Tage-Zyklen haben und exakt wissen, wann sie ihre Periode bekommen werden, vielleicht sogar, ob vor dem Frühstück oder nach dem Abendessen. Bei mir ist das leider ganz anders. Meine Periode ist nicht nur ziemlich unregelmäßig, ich bin meistens auch zu sehr mit den alltäglichen Dingen des Lebens beschäftigt, um mich auch noch darum kümmern zu können, wann sie wieder fällig wäre. Es fällt mir schon schwer genug, immer rechtzeitig ans Tanken zu denken, und dabei hat das Auto eine Tankanzeige. Das Lustige an dieser Zerstreutheit ist, daß dein Leben voller Überraschungen bleibt: Eines Morgens wachst du auf und denkst, daß alles weitergeht wie bisher, und statt dessen stellst du fest, daß du ein Baby erwartest! Das Lästige an dieser Zerstreutheit ist, daß du unweigerlich beim Arzt angeben mußt, wann deine letzte Periode war, wenn du wirklich schwanger bist. Du mußt dann entweder lügen (das habe ich immer gemacht) oder irgendeine möglichst vage Antwort finden wie: Ich glaube, es war, als Harry und Sally im Fernsehen lief (was dich allerdings auch nicht sehr viel weiterbringt).

Meine Freundin Mindy kam erst nach zwei ausbleibenden Perioden auf den Gedanken, daß sie schwanger sein könnte. Wie viele von uns war sie wahrscheinlich nicht besonders böse darüber, zwei Monate lang ohne Tampons und Binden auszukommen, und empfand das Ausbleiben der Periode eher als ein Geschenk Gottes. Die Erfahrung hat mich jedoch gelehrt, daß es hilfreich ist, mit dem eigenen Zyklus wenigstens in etwa vertraut zu sein. Die neuen Schwangerschaftstests sind nämlich so empfindlich, daß man oft schon zwölf bis vierzehn Tage nach der Tat wissen kann, ob man schwanger ist. Und da du deine Schwangerschaft vernünftigerweise vom frühestmöglichen Zeitpunkt an schützen solltest, könnte dich ein positives Testergebnis dazu inspirieren, mit dem Rauchen oder Trinken aufzuhören – oder sofort Maßnahmen zum Abbruch der Schwangerschaft einzuleiten.

Intuition

Schließlich kann dir auch deine »Intuition« einen Hinweis darauf geben, ob du schwanger bist. Wir Frauen sind dafür angeblich berühmt. Bei mir war es zwar nie so, aber ich habe eine Reihe zuverlässiger, keiner esoterischen Richtung angehörender Freundinnen, die schwören, in dem Moment, als es passierte, gewußt zu haben, daß sie schwanger seien. Sie hatten das Gefühl, irgend etwas sei über sie gekommen, eine Art Schaudern oder die plötzliche Erkenntnis, daß es dieses eine

Mal anders war als sonst, daß etwas Bedeutsames geschehen sei. Als Naturwissenschaftlerin (oder Zynikerin) habe ich diese Frauen dann gefragt, ob sie dieses mysteriöse Empfinden schon einmal hatten, ohne dann schwanger zu werden und ohne es anschließend jemandem zu erzählen. Oder ob dieses Empfinden nicht vielleicht auch durch ihr Wissen verstärkt wurde, daß sie am vierzehnten Tag ihres 28-Tage-Zyklus Sex hatten und keine Verhütungsmittel verwendeten. (Man muß nicht besonders esoterisch veranlagt sein, um zu wissen, daß die Wahrscheinlichkeit, beim Zusammentreffen von Sperma und Ei ein Baby zu zeugen, eins zu fünf ist.) Aber nein, diese Freundinnen behaupten steif und fest, daß sie sich seit diesem Höhepunkt körperlich und emotional anders gefühlt hätten. Und weißt du, was? Ich glaube ihnen sogar, auch wenn ich es nicht nachvollziehen kann. Wenn du eines oder mehrere dieser Symptome verspürst und noch nicht sicher weißt, ob du schwanger bist, warum in drei Teufels Namen liest du dann dieses Buch? Nein, ich mache nur Spaß. Du hast wahrscheinlich die richtige Vorahnung, daß die Zukunft dir ein Baby bringen wird, deshalb solltest du dich am besten gleich mit deinem Frauenarzt in Verbindung setzen und ab sofort damit anfangen, gut für dich und dein Baby zu sorgen.

2 Das Verkünden der wunderbaren Neuigkeit

Schon immer hat man eine Frau, die schwanger wurde und deren Mann einen Job hat und nicht mit einer anderen verheiratet ist, mit Gratulationen und guten Wünschen überschüttet. (Es bleibt zu hoffen, daß sie nicht nur mit guten Wünschen überschüttet wird, sondern ihr Mann sich auch noch in anderer Weise verantwortlich fühlt, aber davon später.) Die Nachricht, daß du schwanger bist, ist jedesmal groß und einzigartig. Das kannst du schon spüren, wenn die Arzthelferin aus dem Labor kommt und dich strahlend anlächelt.

Als allgemeine Regel gilt: Wenn es deine erste Schwangerschaft ist, wirst du die phantastische Neuigkeit zuerst und vor allen anderen deinem Mann erzählen (abgesehen von deinem Arzt natürlich). Ist es jedoch schon dein zweites oder drittes Baby, wirst du es zuerst all deinen Freundinnen erzählen, die du per Telefon, Fax oder E-Mail erreichen kannst, dann deiner Mutter, deinem Vater und jedem Fremden, der sich zufällig nach deinem Befinden erkundigt, und ganz zuletzt deinem Mann. Und sollte es schon deine vierte, fünfte oder sechste Schwangerschaft sein ... nun darüber müßte man dann eigentlich ein ganz neues Buch schreiben.

Wenn Frauen und Männer emotional wirklich ähnliche Empfindungen hätten, würden alle werdenden Väter zusammen mit ihren Frauen aufgeregt im Wartezimmer des Arztes auf die bedeutungsvollen Neuigkeiten warten und dabei alte

Ausgaben der *Brigitte* durchblättern oder Anleitungen zum Abtasten der Brust studieren. Wenn es deine erste Schwangerschaft ist, könnte es tatsächlich sein, daß dein Mann mit dabei ist und ebenfalls von der Arzthelferin angelächelt wird. Sollte er nicht dabeisein, dann denke daran, daß selbst gute Ehemänner – wie zum Beispiel auch mein Mann – nicht jedesmal anwesend sind, während ihre Frauen von ihrer Schwangerschaft erfahren. Sie können trotzdem noch wunderbare, aufmerksame Väter werden. Ein guter Ehemann ist unter anderem ein Mann mit einem Job, und ein Mann mit Job ist nicht immer in der Lage, sich einen Nachmittag für einen Besuch beim Frauenarzt freizunehmen. Bleib realistisch: Ein beschäftigter Mann ist nicht automatisch gleich ein schlechter Vater.

Dein Frauenarzt

Vergiß nicht, daß die vielleicht wichtigste Person, die über deine Schwangerschaft informiert sein sollte, dein Frauenarzt ist. Wenn also er oder sie die erste Person ist, die diese Neuigkeiten erfährt, ist dagegen überhaupt nichts einzuwenden. Obwohl die neuesten Schwangerschaftstests aufgrund ihrer chemischen Zusammensetzung sehr empfindlich und fast hundertprozentig sicher sind – besonders bei positivem Ergebnis – fühlen sich die meisten Frauen beim ersten Mal erst dann offiziell schwanger, wenn es ihnen ihr Frauenarzt offiziell bestätigt hat. Selbst wenn du schon fast sicher bist, schwanger zu sein, kann es noch einen Schock bedeuten, die Neuigkeiten aus dem Mund eines Arztes zu hören. In einer solchen Situation bekommen auch die mit den stärksten Nerven weiche Knie und sind dankbar, wenn wenigstens einer im Raum sich mit Wiederbelebungspraktiken auskennt. Du wirst wahrscheinlich zuerst einmal die etwas dumme Frage stellen: »Sind Sie sicher?« Und danach wirst du zweifellos fragen: »Wann ist der Termin?« Es gibt kaum Aufregenderes, als dem Arzt zuzusehen, wie er seine kleine runde Pappschablone voller Zahlen zückt und die erwartete Ankunft des Babys berechnet. Dieses Datum wird sich dann in dein Bewußtsein eingravieren – als ob eine Schwangerschaft sich mit der Buchung eines Flugs vergleichen ließe: »Wenn die mir sagen, daß es am 4. August kommt, dann wird es auch am 4. August kommen!« Deine Freundinnen können dir noch so oft raten, dich nicht zu sehr auf diesen Termin zu verlassen, du wirst dieses Datum immer vor Augen haben und dein ganzes Leben danach planen. Wenn dann der große Tag kommt und das Baby meldet sich nicht – wie es häufig bei Frauen der Fall ist, die ihr erstes Kind erwarten –, wirst du vollkommen orientierungslos sein und überhaupt nicht mehr wissen, was du bis zur ersten Wehe tun sollst. Bei deinen nächsten Schwangerschaften wirst du es vielleicht so machen wie ich bei meiner dritten und vierten: Du wirst dir ungefähr drei Schwangerschaftstests für zu Hause kaufen (und vorsichtig versuchen, nur das Ende des Streifens, nicht den gesamten Streifen und auch nicht deine Hand mit Urin zu benetzen. Das klingt einfacher, als es ist!). Natürlich ist ein Test zuverlässig genug, aber einige von uns brauchen diese zusätzliche Bestätigung durch – sinnlose – Wiederholungen. Hier ist der ständige Blasendrang schwangerer Frauen ausnahmsweise einmal praktisch. Danach stellst du alle Streifen auf die Ablage im

Badezimmer und wartest, bis sich die Farbe ändert. Wenn die Ergebnisse einheitlich ausfallen, ruf deinen Frauenarzt an und verständige sie oder ihn, daß du schwanger bist und in den nächsten Wochen einmal vorbeikommen wirst, um ein paar Dinge abzuklären – zum Beispiel, ob schon ein Herzton zu hören ist (oftmals ist schon nach sechs Wochen im Ultraschall ein schwacher Herzton erkennbar) und ob du dich schon um einen Platz im Kindergarten kümmern solltest.

Wenn dein Mann dich zum Frauenarzt begleitet hat und ihr gemeinsam die wunderbare Neuigkeit erfahrt, könnt ihr euch jetzt um den Hals fallen und ein bißchen weinen, so wie es immer in der Werbung für Schwangerschaftstests zu sehen ist. Wenn dein Mann nicht mit dabeisein kann, wird dir in der nächsten Viertelstunde die gesamte Belegschaft des Arztes gratulieren, und du kannst dir in Ruhe überlegen, wie du deinem Mann sagen willst, daß er Papa wird.

Dein Mann

Einige meiner Freundinnen haben ziemlich sentimentale Vorstellungen über die Art und Weise, wie sie die Neuigkeit mitteilen wollen. Sehr beliebt ist ein Abendessen mit Kerzenschein und romantischer Musik im Hintergrund. Käme allerdings mein Mann nach Haus und fände ein solches Arrangement vor, würde er vermuten, ich wäre in eine Sekte eingetreten und hätte dem Guru unser ganzes Geld gegeben. Er wäre so erleichtert zu hören, daß ich nur ein Baby bekomme – meine Ankündigung würde ihn eher wieder auf den Boden zurückbringen.

Da ich mehr ferngesehen habe, als gut für mich war, habe ich mir immer vorgestellt, daß ich es meinem Mann während eines Strandspaziergangs Hand in Hand bei Sonnenuntergang erzählen würde. Ich würde mich zu ihm drehen, er würde mich umarmen und wir würden aufs Meer blicken und uns die Zukunft unseres Kindes ausmalen. Vielleicht würde er mir sogar etwas Romantisches vorsingen. So war es dann nie, sondern meistens ungefähr so: Ich rief ihn noch von der Praxis des Arztes aus an und schrie hysterisch seine Sekretärin an: »Was heißt, Sie können ihm nur etwas ausrichten? Sagen Sie ihm, er soll sofort aus dieser Besprechung kommen und mit mir reden – ich bin nämlich SCHWANGER!« Progesteron hat auf mich eben keinen guten Einfluß.

Als ich zum vierten Mal schwanger war (und so ziemlich zu allem entschlossen), habe ich es mit einem romantischen Essen bei Kerzenschein versucht und folgendes gelernt: Wenn du deinem Mann sagen willst, daß er Vater wird, und ihm dabei direkt in die Augen siehst, ist es fast unmöglich, nicht schon vor dem ersten Wort in Tränen auszubrechen. Dabei ist es ganz egal, wie oft du das schon gemacht hast und welche Einstellung du zu deiner Schwangerschaft hast. Die ersten Male wirst du die Worte »Ich bekomme ein Baby« vor lauter Rührung kaum über die Lippen bringen. Bei den Worten »Liebling, rate mal, was passiert ist?« wäre ich fast erstickt. Mein armer Mann fürchtete schon das Schlimmste – daß unser Hund gestorben ist zum Beispiel oder daß ich seine Baseball-Jacke verloren habe –, bevor ich endlich mit der Sprache herausrückte. Und als es dann draußen war, schien sein Gesichtsausdruck sagen zu wollen: »Ach so, ist das alles?« Tatsächlich kann ich mich bei diesem letzten Mal auch noch

genau daran erinnern, daß er sagte: »Wie kannst du mir das
antun?« (Man muß allerdings hinzufügen, daß es unser viertes
Baby innerhalb von fünf Jahren war.) Daraufhin murmelte
ich etwas in der Art vor mich hin, nach meinem elementaren
Biologieverständnis sei es wohl eher *er*, der etwas mit *mir* gemacht habe. Aber es war nicht der richtige Moment für
Spitzfindigkeiten. Bevor ich mich wegen meiner verletzten
Gefühle vollkommen in Tränen auflösen konnte, fiel mir ein,
daß der Mann meiner Freundin Mindy vor sechs Jahren auf
ähnlich begeisterte Weise auf ihre Schwangerschaft reagiert
hatte. Ich glaube, seine genauen Worte waren: »Es tut mir
leid, aber dazu bin ich noch nicht bereit.« Er war sich dann
während ihrer ganzen Schwangerschaft nicht sicher, ob er
dazu schon bereit sei, und während sie vierzig Stunden lang
in den Wehen lag, las er alte Ausgaben von Motorradzeit-
schriften. Aber mit dem ersten Atemzug des neugeborenen
kleinen Mädchens wurde er ein hingebungsvoller Vater, der
sein Baby über alles liebte.

Denk an diese Beispiele: Beide haben ziemlich schwach angefangen und sind dann zu Kandidaten für den Vater des
Jahrzehnts geworden. Es ist nicht unbedingt ratsam, sich die
erste Reaktion deines Mannes zu sehr zu Herzen zu nehmen.
Wenn du willst, kannst du dir diesen Mangel an Begeisterung
auch merken und ihm später unter die Nase reiben. Wenn
unsere Kleinste meinen Mann wieder einmal fast zu Tränen
rührt, sage ich gelegentlich: »Und das ist das Kind, das du
nicht gewollt hast!« Dann renne ich so schnell wie möglich
aus dem Zimmer.

Mit dem Telefon habe ich bessere Resultate erzielt. Man
kommt sofort zur Sache, sieht sich nicht und gibt dem ande-

ren genügend Zeit, sich an die Vorstellung zu gewöhnen, bevor er nach Hause kommt. Ein guter Ehemann kann in ungefähr sechs Stunden über so ziemlich alles hinwegkommen. Hinzu kommt – und das ist für ein Plappermaul wie mich vielleicht das Wichtigste –, daß ich kein schlechtes Gewissen mehr zu haben brauchte und die Neuigkeit bedenkenlos allen anderen erzählen konnte, nachdem ich meinen Mann korrekterweise zuerst eingeweiht hatte.

Wie du an meiner und Mindys Erfahrung sehen kannst, löst die Nachricht von deiner Schwangerschaft bei deinem Mann unter Umständen gemischte Gefühle aus. Darauf solltest du gefaßt sein. Fast alle Frauen sind in ihrem hormonell stimulierten Zustand ziemlich enttäuscht, wenn ihre Männer nicht mit der richtigen Mischung aus Freude, Stolz und Bewunderung reagieren. Ganz egal, wie sehr ihr beide euch auf die Schwangerschaft gefreut habt (oder auch nicht), bleib mit deinen Füßen auf dem Teppich: Nur Ricky Ricardo* hat seine Frau vor dem versammelten Tropicana Club in die Arme genommen und sentimental gesungen: »Wir bekommen ein Baby, mein Baby und ich.« Die meisten Männer meiner Freundinnen haben jedoch mit einem eher verblüfften Gesichtsausdruck und der unvermeidlichen Frage »Bist du sicher?« reagiert.

Vielleicht hast du Glück, und dein Mann entwickelt wenigstens ab und zu die Gefühle, die du dir erwartest. Die meisten Männer treten jedoch gleich zu Beginn ins Fettnäpfchen, in-

---

* Bandleader im Tropicana Club in der in Amerika bis heute beliebten Fernsehserie *I love Lucy*, die in den fünfziger Jahren gesendet wurde (Anm. d. Übers.).

dem sie zu gleichen Teilen mit Entsetzen und Furcht reagieren. Wenn sie fragen »Bist du sicher?«, wollen sie damit eigentlich sagen: »Und was passiert, wenn ich es nicht will?« Sei ehrlich, diese Frage hast du dir wenigstens einmal auch schon selbst gestellt. Wenn nicht, versichere ich dir, daß du sie dir noch stellen wirst: entweder wenn du mit deinem Kopf über der Toilettenschüssel hängst oder neun (zehn) Monate später nach stundenlangem Pressen. (Viele Eltern von Teenagern berichten, daß sie sich diese Frage auch fünfzehn Jahre später noch gestellt haben. Also gönn dem Kerl eine Verschnaufpause. Dein Mann wird während der nächsten neun Monate noch so viele andere deiner Erwartungen nicht erfüllen, daß es sich nicht lohnt, sich mit Einzelheiten aufzuhalten. Sei nicht zu streng mit ihm, wenn er sich nicht darum reißt, die Babyausstattung mit dir zu kaufen, nicht ganz versteht, warum er deinen Bauch ständig ansingen soll, sich nicht jeden Tag den Kopf über Vornamen zerbricht und sich schlichtweg weigert, ein Geburtsvideo (mit vollkommen fremden Akteuren) anzusehen.

Es ist nicht so, daß er das Baby nicht will, aber wahrscheinlich fürchtet er, daß sein Leben in Zukunft nur noch aus Sorgen und Verantwortung bestehen wird und der Spaß dabei zu kurz kommt. Aber vertrau mir, es wird ihm – jedenfalls meistens – den Preis wert sein. Und das wird er sogar selbst zugeben, wenn das Baby erst einmal da ist. Als mein Mann seinem Freund Larry erzählte, daß wir ein Baby bekämen, antwortete Larry, Vater zweier heranwachsender Söhne: »Herzlichen Glückwunsch, das werden die besten zwölf Jahre deines Lebens.« Und Larry hatte SÖHNE! Nun ja, über Teenager werde ich mich in einem anderen Buch auslassen.

Deine Freundinnen

Eine Frau, die älter als einundzwanzig ist und verkündet, daß sie schwanger ist (und deren Mann nicht gerade im Gefängnis sitzt), wird mit ihrer Nachricht überall Freude auslösen. Wir Frauen fragen uns nicht gleich besorgt, ob das Paar sich ein Kind überhaupt leisten kann oder ob es in ihrer Beziehung nicht zu früh ist für ein Kind. Wir finden es einfach schön, wenn eine Frau schwanger ist, und kümmern uns selten um die praktischen Aspekte. Für die finanziellen Bedenken sind ausschließlich die werdenden Väter zuständig. (Gefällt es dir nicht auch, nur in großzügigen Kategorien zu denken? Das erleichtert das Leben ganz erheblich.) Deine Freundinnen, die keine Kinder haben, werden es als amüsante Abwechslung begrüßen, in den nächsten neun Monaten deinen Bauch wachsen zu sehen. Deine Freundinnen mit Kindern werden dankbar dafür sein, jedes Detail ihrer eigenen Schwangerschaft und insbesondere der Geburt mit dir teilen zu können. Übrigens – dieses Buch hat den unschätzbaren Vorteil, daß du es jederzeit zuschlagen kannst, wenn du nichts mehr von Schwangerschaft hören willst.

Sobald deine Freundinnen wissen, daß du schwanger bist, wirst du dich nie mehr mit ihnen unterhalten können, ohne daß sie dir Fragen über das Baby stellen. Einige meiner schwangeren Freundinnen haben sich irgendwann wie ein Gefäß gefühlt und nicht mehr wie ein Mensch, weil ihre gesamte Identität von dem heranwachsenden Kind eingenommen schien. Einige Freundinnen können sich noch so deutlich an jedes Detail ihrer Schwangerschaft erinnern, daß man bereut, sie überhaupt danach gefragt zu haben. Deine mitfühlenden Freundinnen dagegen werden dir bestätigen, wie gut du aussiehst und daß du kaum zugenommen hast. Du kannst dann selbst entscheiden, ob du ihnen glauben willst.

Deine Mutter

Mütter allerdings werden vor deiner Gewichtszunahme nicht die Augen verschließen, weil man ihnen, wie schon gesagt, beigebracht hat, daß man nicht mehr als sechs bis acht Kilo zunehmen dürfe. Alles andere sei reine Gefräßigkeit. Abgesehen von diesem leidigen Thema kann es sehr schön sein, deiner Mutter von deiner Schwangerschaft zu erzählen – mehr als du dir zunächst vielleicht vorstellen kannst. Vor allem wenn deine Mutter den Namen deines Mannes aussprechen kann, ohne auf den Boden zu spucken oder andere Zeichen der Verachtung von sich zu geben. Erstaunlicherweise wird es mit dem Fortschreiten deiner Schwangerschaft immer angenehmer und erfreulicher, die Person um dich zu haben, die dich noch Monate zuvor zum Kauf eines Anrufbeantworters veranlaßt hat, damit du bei Ertönen ihrer Stimme auf dem Band den Anruf nicht entgegennehmen mußtest.

Die Zeit der Schwangerschaft kann der Beginn einer wunderschönen Beziehung werden, denn Mamis kleines Mädchen wird ganz offiziell eine ihr ebenbürtige Frau. Auch du wirst jetzt Mutter eines Kindes. Manchmal wirst du darüber nachdenken, wie deine Mutter war, als du ein kleines Kind warst, wie sie mit dir umgegangen ist und was sie zu dir gesagt hat. In deinem hormonell aufgewühlten Zustand neigst du sowieso zur Sentimentalität und wirst dich vielleicht daran erinnern, wie deine Mutter an Ostern eine Spur aus Ostereiern legte, damit du glaubtest, der Osterhase sei dagewesen, oder wie sie dir nach jedem Zahnarztbesuch ein Eis spendierte – und plötzlich wirst du feuchte Augen bekommen (ein Zustand, der sich mit fortschreitender Schwangerschaft immer häufiger einstellt).

Oder das genaue Gegenteil tritt ein. Du erinnerst dich an alle rückständigen Erziehungsmethoden deiner Mutter, gegen die du dich als Kind aufgelehnt hast, und überlegst dir während der gesamten Schwangerschaft Strategien, um ja nicht so zu werden wie sie. Für einige meiner Freundinnen war es die reinste Horrorvorstellung, so zu werden wie ihre eigenen Mütter. Um dich zu beruhigen, laß dir sagen, daß du erstens immer die Wahl hast. Du kannst bestimmte Erziehungsmethoden, einschließlich die deiner Mutter, übernehmen, kannst sie aber auch verwerfen. Zweitens, und noch wichtiger, ist dieser Rat: Nimm dir jetzt während deiner Schwangerschaft die Zeit, deine Mutter besser kennenzulernen, denn dein Verständnis für sie wird mit der Zeit wachsen. Vielleicht verstehst du jetzt, warum sie dich damals vor allen anderen bloßstellen mußte, weil sie dich auf dem Rücksitz eines Motorrads erwischte. Stell dir vor, dein eigenes Kind würde auf dem Rücksitz einer Harley sitzen und der Fahrer wäre irgendein achtzehnjähriger Bursche – und du wirst ihre hysterische Reaktion nachvollziehen können.

Wenn deine Mutter nicht gerade eine Rabenmutter ist, wird sie immer fürsorglich um dein Wohlergehen besorgt sein (auch wenn die meisten ihrer Ratschläge zu Schwangerschaft und Geburt in den neunziger Jahren veraltet und unbrauchbar erscheinen). Wenn du meinst, das sei nur eine nette Geste, dann warte, bis das Baby geboren ist.

Wahrscheinlich zählst du zu den vielen Glücklichen, deren Mutter das Baby genauso liebt, wie du es liebst. Das ist der Beginn einer der innigsten Bindungen, die es im Leben gibt. Männer gehen und kommen heutzutage, aber deine Mutter ist mit ihrer Liebe eine Konstante im Leben deines Kindes. Und vielleicht wird dir dann langsam klar, daß sie es bei deiner Erziehung doch nicht so schlecht gemacht hat, wie du dachtest. Natürlich nicht ganz so gut, wie du es machen wirst, aber so schlecht eben auch wieder nicht. Aus zwei Gründen habe ich jetzt soviel über unsere Mütter geschrieben: Erstens möchte ich die von uns, deren Mütter noch leben, dazu ermutigen, sie an ihrer Schwangerschaft teilhaben zu lassen. Für die von uns, deren Mutter bereits gestorben ist oder deren Mutterbeziehung so gestört ist, daß sie in neun Monaten nicht repariert werden kann, möchte ich zweitens ein gutes Wort für die Schwiegermütter einlegen. Denk daran, du erwartest das Baby ihres Babys, und unter Umständen ist sie jetzt genau die Frau der Stunde. Ignoriere einfach ihre Bemerkungen darüber, was du essen sollst und daß du nicht nach Dingen über deinem Kopf greifen darfst. (Es gibt diese alte, aber falsche Mär, wonach sich die Nabelschnur um den Hals des Babys wickelt, wenn du deinen Arm nach oben streckst, um nach etwas zu greifen.) Denk daran: diese Frau würde für dein Baby alles tun – SIE WIRD BEI BEDARF SOGAR BABYSITTEN. Auch wenn ihre Gefühle für dich nicht allzu innig sind, wird sie das Baby ihres Sohnes lieben. Und wenn du ihrem Enkelkind eine liebende Mutter bist, wird sie vielleicht auch lernen, dich zu lieben. Oder anders gesagt: Wenn eine

Beziehung zwischen euch überhaupt je zustande kommen sollte, dann ist jetzt der richtige Zeitpunkt dafür.

Es gibt nichts Beruhigenderes für eine Mutter, als zu wissen, daß jemand mit den gleichen Adleraugen nach ihrem Kind sieht, wie sie selbst es tun würde. Babysitter sind großartig, aber man kann nie sicher sein, ob sie bei einem Erdbeben auch das Kind mitnehmen, bevor sie aus dem Haus rennen und ihr eigenes Leben retten. Eine Oma würde nicht nur das Kind packen, sie würde auch das Album mit den Babyfotos und das Taufkleid der Familie retten (selbst wenn sie dich dabei umrennen müßte). Ich bin mir jedenfalls ganz sicher, daß meine Schwiegermutter entweder der unaufmerksamen Kindergärtnerin eine Ohrfeige verpassen oder den ganzen Kindergarten in Brand setzen würde, wenn meinem Kind im Kindergarten irgendeine Ungerechtigkeit widerfahren sollte (man muß allerdings dazu sagen, daß sie Sizilianerin ist).

Mein Rat in bezug auf Mütter ist einfach: Lass sie an deiner Schwangerschaft teilhaben. Entgegen aller Erwartungen werden sie dir keineswegs ständig erzählen, was du alles falsch machst. Und wenn doch, versuch es zu überhören, denn niemand sonst wird dir so viel Anteilnahme und Interesse entgegenbringen.

Dein Vater

Es kann auch sehr schön sein, die Neuigkeit deinem Vater zu erzählen, auf jeden Fall aber wird es anders sein als bei deiner Mutter. Wenn dein Mann dabei ist, werden Papas Augen unter Umständen einen Moment lang bei deinem Mann ver-

harren, als wollte er sagen: »Okay, du hast ihr das einge-
brockt, also kümmere dich auch um sie, sonst kriegst du es
mit mir zu tun.« Die meisten meiner Freundinnen stimmten
mir bei, daß ihre Väter zwar glücklich waren, sie glücklich zu
sehen, daß sie aber wie die meisten Männer nicht gleich wegen des Babys in totale Verzückung gerieten. Das passiert erst,
wenn das Baby da ist. Stell es dir so vor: Manche Leute sehen
ein Kleidungsstück auf dem Bügel hängen und wissen sofort,
wie es angezogen aussehen wird. Andere dagegen müssen es
erst eine Weile tragen, bevor sie wissen, wie es sich anfühlt.
So ist es auch mit Babys: Die meisten Männer sehen sich erst
dann als Vater oder Großvater, wenn sie den kleinen Schatz
im Arm halten.

Vielleicht wirst du feststellen, daß dein Vater nervös wird,
wenn du dich mit deiner Mutter zu oft und zu plastisch über
deine Schwangerschaft unterhältst. Denke daran, daß es seiner Rolle entspricht, argwöhnisch gegenüber allem zu sein,
was dich verletzen könnte. Er ist der Mann, der dem Arzt am
liebsten eine runtergehauen hätte, weil er dir bei einer Impfung weh tun mußte. Dieses fremde Baby, das bei dir Übelkeit
auslöst und das vielleicht vierzehn Stunden braucht, um aus
deinem Körper zu kommen, wird ihn daher nicht zu großen
Plänen und Tagträumen veranlassen (wie es bei dir und deiner Mutter der Fall ist).

Es gibt noch eine kleine Sache im Zusammenhang mit der
Mitteilung, daß du schwanger bist: Du zeigst damit deinem
Vater vielleicht zum ersten Mal in deinem Leben mutig, daß
du nicht mehr Jungfrau bist. Ich weiß nicht, wie es bei dir ist,
aber ich habe über dreißig Jahre lang gelebt, ohne meinem
Vater gegenüber irgendeine Anspielung auf mein Sexual-

leben zu machen. Natürlich hatte er wahrscheinlich seine Vermutungen, besonders als ich während des Studiums zu meinem Freund zog, aber wir konnten immer noch so tun, als ob. Wenn du jedoch verkündest, daß du ein Baby bekommst, dann steht außer Frage, daß du ein sexuelles Leben hattest. Dein Vater wird nun zwangsläufig wissen wollen, wie das passieren konnte. Auch das könnte ein Grund dafür sein, daß sein Blick so schnell zu deinem Mann wechselt.

Der richtige Zeitpunkt

Einige Leute glauben, daß eine schwangere Frau ihren Zustand erst bekanntgeben sollte, wenn die Gefahr einer Fehlgeburt vorbei ist, also etwa nach drei Monaten. Für eine gläubige Jüdin gibt es sogar die Regel, daß erst dann Babykleidung und -ausstattung im Haus sein darf, wenn das Baby gesund und munter auf der Welt ist – sonst könnte es verhext werden. Da ich weder Jüdin noch besonders zurückhaltend bin, habe ich immer allen Leuten von meiner Schwangerschaft erzählt, sobald ich davon wußte (allerdings hatte ich ab und zu schon ein komisches Gefühl, wenn ich Babysachen oder Spielzeug kaufte, bevor das Baby tatsächlich geboren war). Ich konnte ganz einfach ein solch großartiges Geheimnis nicht für mich behalten. Ich erinnere mich noch an ein Abendessen mit meiner Freundin Patti und einigen anderen Leuten, bei dem ich über meine Schwangerschaft redete und mich dabei so wichtig machte, als habe ich diesen Zustand gerade erfunden. Ich genoß es ungeheuer, ganz im Mittelpunkt zu stehen, die Anteilnahme aller anderen zu spüren, die sich sorgten, ob ich auch genügend zu essen habe und der Stuhl bequem genug für mich ist. Zwei Monate später erzählte mir Patti, sie hätte an diesem Abend schon von ihrer Schwangerschaft gewußt, aber es den anderen erst erzählen wollen, als sie sicher sein konnte, daß die Schwangerschaft nicht durch eine Fehlgeburt beendet würde. Ich bin mir daraufhin etwas dämlich vorgekommen, weil ich die ganze Aufmerksamkeit auf mich gezogen habe, während Patti genausoviel Fürsorge und Glückwünsche verdient hätte. Aber wie meine Mutter sagt: »Werbung macht sich bezahlt.« Wenn du deinen engsten Freunden nichts von deiner Schwangerschaft erzählst, wie willst du dann erklären, daß du keine Energie mehr hast, um deine Sporttasche hochzuheben, geschweige denn, eine neunzigminütige Aerobic-Stunde mitzumachen? Wie willst du deiner liebenswürdigen Gastgeberin erklären, daß die Kapern, die sie phantasievoll im Salat verteilt hat, dir die Tränen in die Augen treiben und Krämpfe in der Speiseröhre verursachen? Und welche Entschuldigung willst du dir bei deinem Kollegen einfallen lassen, der dich im Büro schlafend vorgefunden hat (Kopf auf dem Schreibtisch und mit offenem Mund)? Du könntest es vielleicht mit dem Chronische-Müdigkeits-Syndrom versuchen, aber wie willst du deine neuen Fettpölsterchen erklären?

Eine schwangere Frau wird in Ruhe gelassen. Die Schwangerschaft ist eine allgemein akzeptierte Entschuldigung für alle möglichen, eigentlich unverzeihlichen Verhaltensweisen, so daß ich dir nur raten kann, so oft wie möglich davon zu sprechen. Aber ich will dich an dieser Stelle auch gleich warnen: DIESE ENTSCHULDIGUNG WIRD INNERHALB VON WENIGEN MONATEN IHRE MAGISCHE WIRKUNG AUF DEINEN MANN VER-

LIEREN, UND BEI DER ZWEITEN SCHWANGERSCHAFT ERREICHST DU DAMIT ÜBERHAUPT NICHTS MEHR. Dein Mann wird nur kurz von seinem Fußballspiel aufblicken und dir zusehen, wie du das Sofa quer durch den Raum ziehst, während jeder Fremde dir sofort sämtliche Einkaufstaschen abnimmt, sobald er sieht, daß du schwanger bist.

Natürlich gibt es einen guten Grund dafür, daß viele Frauen ihre Schwangerschaft geheimhalten: Ungefähr zehn Prozent aller Schwangerschaften werden innerhalb der ersten zwölf Wochen durch eine Fehlgeburt beendet. Wenn dieses Unglück dich treffen sollte, würde es deinen Kummer zweifelsohne noch verschlimmern, wenn du ständig von dieser Tragödie erzählen müßtest. Bei einigen mir nahestehenden Freundinnen konnte ich miterleben, wie sie sich gerade von den körperlichen Auswirkungen einer Fehlgeburt zu erholen begannen und dann ertragen mußten, daß alle, die davon nichts wußten, sich nach dem Baby erkundigten. Es war für alle Betroffenen äußerst schmerzvoll. Die einzige Lösung ist wohl, nur denjenigen davon zu erzählen, die sich sonst über dein merkwürdiges Verhalten wundern würden (beziehungsweise auch denen, die die Frechheit besitzen, dir zu einer Diät zu raten), und die Megaphone für die letzten Monate der Schwangerschaft aufzubewahren.

Fremde

Du wirst erstaunt sein, wie einfach du deine Schwangerschaft in jede Unterhaltung und bei jeder Gelegenheit einfließen lassen kannst. Wenn du ein umsichtiger Typ bist und dich

während der ersten drei Monate in völliges Schweigen ge-
hüllt hast, wirst du dich nach diesen drei Monaten nicht
mehr zurückhalten können. Es ist wie Reis im Dampfkoch-
topf: Explodiert der Topf, fliegt der Reis überall hin. Du
möchtest, daß die anderen besondere Rücksicht auf dich nehmen, dich zum Beispiel im Kino ganz vorne in die Schlange
vor der Toilette lassen (was sehr viel nützlicher ist als ein
Sitzplatz im Bus, besonders wenn du dein Popcorn mit viel
Limonade hinunterspülst)? Erzähl einfach, daß du schwanger
bist, und es wird hervorragend klappen.

Am Anfang wirst du die anderen über deinen Zustand auf-
klären müssen, entweder weil sie keine besonders guten Beobachter sind oder weil sie zuviel Angst davor haben, dir zu
einer Schwangerschaft zu gratulieren und dann zu erfahren,
daß du nicht schwanger, sondern nur gefräßig bist. Tatsächlich ist es ratsam, eine Frau zu ihrer offensichtlichen Schwangerschaft erst dann zu beglückwünschen, wenn sie dir ihr positives Testergebnis gezeigt hat. Ist sie nämlich nicht schwanger, bist du ganz schön ins Fettnäpfchen getreten. Es kann
nicht schaden, jedem von deinem außergewöhnlichen Zustand, genannt Schwangerschaft, zu erzählen (angefangen
von der Kassiererin im Supermarkt bis hin zum Polizisten, der
dich wegen Geschwindigkeitsüberschreitung anhält). Wer
weiß, vielleicht findet sich ja jemand, der deine Einkaufstaschen schleppt – oder der Polizist gibt dir Geleitschutz bis
zur nächsten sauberen öffentlichen Toilette. Zumindest wirst
du ein nettes Lächeln und ein paar freundliche Worte ernten,
was heutzutage keine Selbstverständlichkeit ist. Du mußt natürlich immer damit rechnen, daß eine deiner Gesprächspart-
nerinnen bereits selbst ein Kind zur Welt gebracht hat und

dir nun darüber einen endlosen Monolog hält. Tja, wir können nun mal nicht aus unserer Haut.

In bezug auf Fremde können wir Freundinnen dir nur folgendes raten: Es KÖNNTE PASSIEREN, DASS SIE EINFACH DEINEN BAUCH ANFASSEN UND DICH VORHER NICHT UM ERLAUBNIS BITTEN. Wenn du glaubst, daß dich das stören würde, kannst du zum Schutz deine Arme vor dem Bauch verschränken. Du bist völlig im Recht, wenn du einen Schritt zurücktrittst und signalisierst, daß du nicht berührt werden willst. Die Leute sollen merken, daß man mit dir nicht alles machen kann. Im zweiten Drittel meiner Schwangerschaften habe ich mich mit meinem Bauch am wohlsten gefühlt und hatte nicht einmal soviel dagegen, berührt zu werden. Als mein Bauch jedoch gegen Ende überall Ecken zu haben schien und wie ein Heißluftballon nach vorne ragte, mochte ich Berührungen überhaupt nicht mehr, schon gar nicht von Fremden.

3   Das neue Körpergefühl

Bevor ich zum ersten Mal schwanger wurde, glaubte ich naiverweise, von meiner Schwangerschaft würde als einziger Körperteil mein Bauch betroffen sein. Ich war stolz darauf, immer schlank und aktiv gewesen zu sein, und sicher, daß man mir außer einem bewundernswerten Bauch – gestützt auf meine athletischen, schlanken Beine – nichts anmerken würde. Da hatte ich mich aber ziemlich getäuscht. Wenn ich schwanger war, dann war ich es von meinen Hamsterbacken bis hin zu meinen von den Wassereinlagerungen geschwollenen Fußknöcheln. Wenn ich mir die Beine mit ihren runden, dicklichen Knien unter der Dusche rasierte, hatte ich das Gefühl, sie müßten einer anderen gehören. Wenn ich meine Arme seitlich herunterhängen ließ, kamen sie mir so dick vor wie meine Oberschenkel. (Bitte beachten: Ärmellos und schwanger passen nicht zusammen!) Mein Ehering ließ sich nicht mehr drehen. Und was am schlimmsten war, ich hatte so starke Cellulitis, daß es aussah, als ob ich meine Oberschenkel mit Hüttenkäse bestrichen hätte. Dieser Körper war einfach nicht mehr meiner! Eine Freundin von mir, die Fotomodell ist (und deren Namen ich nicht verraten darf, weil sie sonst gedroht hat, eines meiner Geheimnisse auszuplaudern), hat im Gesicht so viel zugenommen, daß ich sie bei einer Verabredung in einem Restaurant nicht mehr erkannte und einfach an ihr vorbeilief. Vielleicht hast auch du liebevolle Freunde, die dir versichern, daß du im Gesicht überhaupt nicht zugenommen hast, daß man von hinten auf keinen Fall erkennen kann, daß du schwanger bist, und daß du schöner aussiehst als je zuvor. SIE LÜGEN!

Sprechen wir zunächst einmal über die Gewichtszunahme – wieviel zuviel und wieviel zuwenig ist und welche Auswirkungen diese zusätzlichen Kilos für den Rest deines jungen Lebens auf deinen Körper haben werden. Dein Gewicht ist – ob du nun fettleibig oder magersüchtig bist – deine private Angelegenheit, die nur dich und eventuell deinen Arzt etwas angeht. Es sollte jedoch selbstverständlich sein, daß die Gesundheit des Babys wichtiger ist als jede andere Überlegung, und jede Frau, die sich zu Tode hungert oder sich völlig ungesund ernährt, sollte für immer von der Gemeinschaft der Freundinnen (wenn nicht vom gesamten Universum) geächtet werden.

Nachdem dies gesagt ist, will ich mich an den Rest von uns wenden. An die, die in populären Büchern über Schwangerschaft lesen, daß es sich mit der Gewichtszunahme ungefähr so verhalten sollte: null bis eineinhalb Kilo in den ersten drei Monaten, fünf bis sechs Kilo vom dritten bis sechsten Monat und vier bis fünf Kilo in den letzten drei Monaten. Da wir diese Richtlinien jedoch meistens nicht einhalten, haben wir vor jedem Wiegen in der Arztpraxis einen ziemlichen Horror. Eine beträchtliche Anzahl von uns Freundinnen hat die Grenznorm von 12,5 Kilo schon im siebten Monat überschritten, zu einem Zeitpunkt also, ab dem man erst so richtig hungrig wird. Ich zum Beispiel hatte meist schon in den ersten drei Monaten so viel zugenommen, daß ich in der Arztpraxis auf die Frage nach meinem Ausgangsgewicht lieber gleich zwei Kilo hinzufügte, um zu vertuschen, daß ich bereits fünf Kilo zugenommen hatte.

Bedauerlicherweise bewerten die meisten Frauen ihre Schwangerschaft nach den Ergebnissen der ärztlichen Gewichtskontrolle. Wenn bei einem Arztbesuch festgestellt wurde, daß ich seit dem letzten Termin vor drei Wochen nicht zugenommen hatte, strahlte ich tagelang vor Stolz, Erleichterung und Zufriedenheit. Ich rief meine Freundinnen an, um ihnen vom Befinden des Babys zu erzählen, und erwähnte dabei beiläufig, daß mein Gewicht völlig gleichgeblieben sei. Nach den Arztbesuchen jedoch, bei denen mir gesagt wurde, daß ich mehr als drei Kilo in weniger als einem Monat zugenommen hatte, fühlte ich mich so peinlich berührt und gedemütigt, daß ich niemandem von meinem Arztbesuch, geschweige denn vom Wiegen, erzählte. Nach vier Kindern habe ich jetzt endlich zwei Lektionen gelernt, eine lebenswichtige und eine einigermaßen nützliche: Es IST NIEMALS UNPASSENDER ALS WÄHREND DER SCHWANGERSCHAFT, SEIN SELBSTWERTGEFÜHL VOM GEWICHT ABHÄNGIG ZU MACHEN, WIE WIR DAS SEIT DER PUBERTÄT GEWOHNT SIND. Eine Schwangerschaft ist der beste Zeitpunkt, um die wichtige Lektion der Hingabe zu erlernen. Während dieser Zeit ist dein Körper nicht mehr zu deinem persönlichen Vergnügen da, sondern ist das gemütliche Heim, in dem ein Kind wächst. Und du hast die Wahl, ob du dagegen ankämpfen willst oder dich entspannst und die Reise genießt. Wir Freundinnen wissen, wie schwer es für eine Generation von Superfrauen sein kann, diese erschreckenden körperlichen Veränderungen zu sehen. Wir haben alle genauso empfunden (außer meiner Freundin Sondra, aber sie hat nie unter Cellulitis gelitten und zählt daher nicht). Deshalb will ich dir die richtigen Informationen an die Hand geben, damit wir uns anschließend zusammen zurücklehnen und darüber lachen können. Diese schweren Zeiten überstehst du am besten mit Hilfe deines Humors.

Die zweite (die nützliche) Lektion, die ich gelernt habe: Schau nicht hin, wenn die Arzthelferin dich wiegt, und frage sie nicht nach deinem Gewicht. Es gibt kein Gesetz, das von dir verlangt, dich bei jedem Arztbesuch über dein Gewicht zu informieren. Glaube mir: Wenn dein Arzt deine Gewichtstabelle betrachtet und dabei auf Probleme stößt, wird er dir das früh genug mitteilen. Wo liegt also der Unterschied. Du weißt sowieso, daß du dicker wirst, und mußt damit fertig werden.

Vielleicht bereitet es dir ja insgeheim Freude, zu erfahren, daß Frauen, die sozusagen professionell dünn sind (weil sie als Fotomodelle oder Schauspielerinnen dünn sein müssen), während der Schwangerschaft oft besonders viel zulegen. Ich spreche hier von fünfundzwanzig bis dreißig Kilo und von den dünnsten Frauen, die du jemals im Fernsehen oder in einer Zeitschrift gesehen hast. Der Grund dafür muß einfach die Erleichterung sein, neun Monate lang nicht von Reis und Zigaretten leben zu müssen. Meine Freundin Shannon, eine wirklich tolle Schauspielerin, startete jeden Tag mit einem Frühstück aus Eiern, Schinken und fast einem ganzen Laib Weißbrot. Sie genoß es in vollen Zügen. Nach der Geburt des Babys hielt sie einfach Diät, bis sie wieder dünn und fit und schöner war als je zuvor. Genau das haben auch all die anderen Schönheiten gemacht, und du kannst es genauso machen. Also LASS ES DIR SCHMECKEN! Viel mehr bleibt dir ohnehin nicht mehr: Du kannst dich nicht mehr betrinken, du kannst dich nicht mehr in einem sexy schwarzen Minikleid davonschleichen, nicht einmal Medikamente darfst du nehmen, wenn du erkältet bist. Welche Freuden bleiben also einer schwangeren Frau?

Fettpölsterchen

Wie alle Frauen wissen, die unter dem prämenstruellen Syndrom leiden, kann der weibliche Körper bis zu zweieinhalb Kilo (meiner Meinung nach) komplett unnötiger Körperflüssigkeiten speichern. Die einzige Erleichterung ist dann der Beginn der Periode. Leider wird die Periode bei einer Schwangerschaft um ungefähr vierzig Wochen verschoben. Das ist der Grund dafür, daß du dicker wirst, noch bevor du tatsächliches »Baby-Gewicht« zunimmst, und daß du immer mehr Wasser speicherst – bis dein Ehering zu eng wird und du am Ende eines langen Tages nicht mehr in deine Schuhe kommst. Auch deine Augen sehen vielleicht ein bißchen verquollen aus. Möglicherweise denkst du dir, daß dein Körper angesichts deiner häufigen Toilettenbesuche nicht einmal mehr genügend Wasser zur Produktion von Spucke zur Verfügung haben dürfte. Aber keine Angst, die Natur hat es so eingerichtet, daß nichts dein wertvolles Fruchtwasser oder deine zukünftige Milchfabrik bedrohen kann. Eine meiner Freundinnen aß am Tag vor ihrem monatlichen Besuch beim Frauenarzt nur noch Wassermelone, weil diese harntreibend wirkt und sie so für die lästige Wiegepflicht ihr Gewicht drücken konnte. Ich sage nicht, daß du es ihr nachmachen sollst, aber ab und zu kann etwas Wassermelone nicht schaden.

Deine Taille ist einer der Körperteile, die sich schon am Anfang der Schwangerschaft erheblich verändern. Besonders bei deiner ersten Schwangerschaft, bei der deine Bauchmuskeln soviel aushalten müssen wie nie zuvor, wird deine Taille in die Breite gehen, noch bevor dein Bauch sich zu runden beginnt. (Beim zweiten und jedem weiteren Mal wirst du bereits fünf Minuten nach einem positiven Schwangerschaftstest einen dicken Bauch bekommen und zehn Minuten später so aussehen, als ob du bereits im fünften Monat wärst.) Ziehe in Gedanken eine gerade Linie von deiner Ellenbeuge bis zur Hüfte, und du weißt ungefähr, wie diese breitere Taille aussehen wird. Du siehst noch nicht dick oder schwanger aus, aber wahrscheinlich kannst du den Knopf deiner Jeans nicht mehr zumachen. Jetzt ist die richtige Zeit, um alle Gürtel und alle Oberteile, die in der Hose getragen werden müssen, aus deinem Schrank auszusortieren und sie in einem Karton in der Garage unterzubringen. So gerätst du später in der Schwangerschaft nicht mehr in Versuchung, sie bei dem verzweifelten Versuch, dich modisch aufzupeppen, doch wieder anzuziehen. Außerdem gewinnst du wertvollen Platz in deinem Kleiderschrank für die vielen Still-BHs und deine riesige Unterwäsche.

Die Brüste

Auch deine Brüste verändern sich ziemlich schnell. Sie werden größer, sehr viel größer. Wer immer wenig Busen hatte, wird seine riesigen Brüste begutachten und sich fragen, ob diese Schönheiten immer so bleiben werden (und insgeheim

zu Gott beten, daß es so sein möge). Unsere Männer schließen sich diesen Gebeten an und kommen nun langsam zu der
Ansicht, daß eine Schwangerschaft auch ihre guten Seiten
hat. Sondras Mann Ray jedenfalls freut sich auf diese Zeit immer besonders.

Wir haben eine gute Nachricht für dich: Deine Brüste nehmen während der Schwangerschaft noch weiter an Umfang
zu. Die wunden, schmerzenden Stellen, von denen ich in Kapitel eins gesprochen habe, verschwinden nach den ersten
Monaten, und du wirst eine Zeitlang eine sehr nette Oberweite haben – meistens so lange, bis dein Bauch so dick ist,
daß im Vergleich dazu sogar deine Riesenbrüste klein erscheinen. Wir Freundinnen raten dir in bezug auf deinen Busen
vor allem: TRAGE EINEN BH. Du solltest deine Bänder in dieser Zeit nicht überlasten. Deine Brüste werden während der
Schwangerschaft und der Stillzeit sehr belastet – sie werden
gedehnt. Sie schwellen an, das Baby saugt daran – und du
solltest sie daher möglichst schonen.

Die schlechte Nachricht ist, daß deine Brüste, nachdem du
dein Kind gestillt hast, wie zwei Luftballons aussehen werden,
denen die Luft ausgegangen ist. Sie sind nicht nur weniger
üppig als während der Schwangerschaft, sondern werden sogar tatsächlich kleiner und/oder schlaffer, als sie es vorher waren. Ich weiß, das sind schreckliche Nachrichten für dich.
Unter Umständen wirst du hartnäckig darauf bestehen, daß
ich nicht weiß, wovon ich rede, und dieses Buch in die Ecke
werfen. Aber ich habe es zu meinem besonderen Anliegen
gemacht, bei jeder sich bietenden Gelegenheit (Gymnastik,
Sauna etc.) die Brüste von Frauen zu begutachten, die Mutter
geworden sind. Bisher habe ich keinen Busen gesehen, der

nach der Geburt unverändert geblieben wäre. Es tut mir wirklich leid, daß ich dir das als Freundin sagen muß, aber es ist immer besser, Bescheid zu wissen. Lebe von mir aus jetzt ruhig weiter in deiner Traumwelt, aber lies diesen Teil des Buches in ungefähr einem Jahr noch einmal, und laß uns dann darüber reden.

Frauen, die dir erzählen, daß sie bis zur Geburt ihres Kindes einen ziemlich kleinen Busen hatten und dann eine üppige Oberweite bekamen, können entweder Realität und Phantasie nicht voneinander unterscheiden, oder sie haben vergessen, die kleine Schönheitsoperation zu erwähnen. Die folgende Daumenregel gilt für fast jede Frau, die Kinder geboren und trotzdem volle, straffe Brüste hat, die kaum einer Unterstützung bedürfen – und zwar unabhängig davon, ob sie ein Filmstar oder eine Bekannte aus dem Fitneß-Studio ist: WENN DIE BRÜSTE VOLL UND RUND SIND UND AUCH OHNE UNTERSTÜTZUNG NICHT NACH UNTEN HÄNGEN, SIND SIE NICHT ECHT. Wenn du irgendeine bedeutsame Ausnahme kennst, dann tu uns den Gefallen und erzähl uns nicht davon.

Jede Befürworterin des Stillens, die dir versichert, deine Brüste würden nach der Stillzeit wieder genauso schön wie vor der Schwangerschaft, hat vor ihrer Schwangerschaft entweder keinen besonders schönen Busen gehabt oder will neue Mitglieder für die Stillgruppe rekrutieren. Viele Frauen, auch einige meiner Freundinnen, haben sich entschlossen, ihre Babys nicht zu stillen, und unter anderem auch deshalb, weil sie fürchteten, sich ihre Brüste zu ruinieren. Wir Freundinnen sind übrigens der Meinung, daß Stillen wunderbar ist, wenn es zu deinem Temperament und Lebensstil paßt (und du spätestens dann damit aufhörst, wenn das Baby dein Hemd selbst aufknöpfen kann). Wir sagen das so leichtfertig, weil wir davon überzeugt sind, daß die Brüste zum größten Teil nicht vom Stillen, sondern vom Gewichtsverlust nach der Schwangerschaft schlaff werden. Am besten, du versuchst es einfach, und wenn es bei dir nicht funktioniert, dann hör wieder damit auf. Was das Aussehen deiner Brüste anbelangt, ist es Jacke wie Hose.

Der Po

Vielleicht fragst du dich manchmal während deiner Schwangerschaft: »Warum bloß wird mein Po immer dicker, wenn das Baby in meinem Bauch ist?« Nach ein paar Besuchen im Zoo und durch viele Tiersendungen im Fernsehen habe ich jetzt meine eigene laienhafte Erklärung dafür gefunden, warum auch unsere Hüften und unser Hinterteil von der Schwangerschaft betroffen sind, obwohl sie mit der Sache selbst gar nichts zu tun haben. Hast du schon einmal beobachtet, wie die Schimpansen- und Orang-Utan-Mütter ihre Babys auf dem verlängerten Rücken tragen? Wer weiß, vielleicht wollte die Natur für unsere Kleinen einen besonders bequemen Sitz einrichten, nachdem nur Känguruhs und andere Beuteltiere die praktischen Beutel haben, in die sie ihre Babys stecken können. Wenn meine Theorie richtig ist, ist diese breite Aufnahmefläche einfach ein Überbleibsel aus den Tagen, als wir noch in Höhlen lebten. Wahrscheinlich braucht die Evolution noch ein paar weitere Kinderwagen-schiebende Generationen, um dieses Problem aus der Welt zu schaffen. Natürlich gibt es auch noch die traditionelle Erklärung: Damit der Fötus nicht verhungert, sorgt die Natur dafür, daß der Körper genügend Notfallrationen in Form von Fett auf Hüften, Po, Oberarmen und – nicht zu vergessen – im Gesicht bereithält. Das mag zwar die Fettpolster erklären, nicht aber, warum unser Hinterteil die Form eines Riesenballons annimmt. Du solltest dich an diese anatomische Tatsache wieder erinnern, wenn wir zu dem Kapitel über Umstandsmode kommen. Es gibt nichts Schlimmeres als ein zu kurzes Oberteil, das diesen Riesenballon nur knapp bedeckt. Auch wenn du nicht ganz so dick wirst, wird sich deine rückwärtige Silhouette verändern.

Haare und Nägel

Du wirst außerdem feststellen, daß deine Haare schneller wachsen. Während der Schwangerschaft scheint der Knopf für die Proteinausschüttung permanent gedrückt zu sein, denn die meisten schwangeren Frauen stellen fest, daß ihre Haare länger und dicker sind als je zuvor. Was aber nicht nur daher kommt, daß der Haarwuchs beschleunigt ist, sondern auch daher, daß weniger Haare ausfallen als sonst. Deshalb werden deine Haare immer mehr und immer länger. Das ist einer der Trostpreise der Natur: Du wirst so dick wie ein VW Käfer, aber hast glänzende, schöne Haare wie ein Fotomodell. Wenn sich damit das Thema Haare erledigt hätte, wäre es traumhaft, aber leider hat die Sache natürlich einen Haken. Der eine ist deine Kopfhaut, darüber werden wir ganz kurz sprechen. Ein weiteres Problem ist, daß nicht nur die Haare auf deinem Kopf während der Schwangerschaft schneller wachsen, sondern auch die Haare an anderen Stellen des Körpers. Einige Frauen werden feststellen, daß ihre Schamhaare sich auch auf dem Bauch und den Oberschenkeln ausbreiten. Bei anderen sprießen ein oder zwei Haare um die Brustwarzen herum. Und wieder andere bemerken flaumige Härchen an Kinn, Wangen oder zwischen den Schulterblättern.

Auch die Beschaffenheit der Haare und ihre Eigenwilligkeit werden sich während der Schwangerschaft verändern. Deshalb findest du hier eine der wichtigsten Regeln dieses Buches: LASS DIR WÄHREND DER SCHWANGERSCHAFT AUF KEINEN FALL EINE DAUERWELLE MACHEN! Höchstwahrscheinlich werden nämlich nur einige deiner Haare die Dauerwelle annehmen, während ein Großteil glatt bleibt, so daß du nachher aussiehst wie die Struwwelliese.

Vor einem großen Dilemma stehen schwangere Frauen bei der Frage, ob sie weiterhin ihre Haare färben können. Auch wenn wir manchmal in diesem Buch unsere Meinung ziemlich schnell kundtun, wollen wir uns hier etwas zurückhalten und Vor- und Nachteile abwägen. Die endgültige Entscheidung solltest du nach einer Beratung mit deinem Arzt treffen. Es gibt Frauen, die während der Schwangerschaft weder ihr Haar mit Chemikalien färben noch Cola Light trinken würden. Sie wollen ihr ungeborenes Kind vor möglichst vielen toxischen Substanzen bewahren. Sie würden niemals freiwillig weitere Chemikalien zu sich nehmen, wo diese Welt schon überreichlich mit Umweltverschmutzung, Pestiziden und Radioaktivität gesegnet ist. Das ist die eine Seite. Nun zur anderen Seite und meiner eigenen Meinung. Da ich schon eine etwas ältere Mutter bin, ist meine natürliche Haarfarbe wahrscheinlich nicht nur langweilig braun, sondern braun mit grauen Strähnen (Igitt!). Ich bin nicht ganz sicher, weil ich meine natürliche Haarfarbe seit beinahe zwei Jahrzehnten nicht mehr gesehen habe, aber ich denke, daß ich damit ziemlich richtig liege. Deshalb wäre es ein wirkliches Desaster für mich, der Welt meine richtige Haarfarbe zu zeigen. Außerdem habe ich ab und zu auch Cola Light ganz gerne getrunken. Jetzt könnt ihr alle auf mich losgehen.

Bevor du nun zur Wasserstoffperoxid-Flasche greifst, solltest du aber noch ein paar Dinge wissen. Erstens wirst du deinen Haaransatz öfter färben müssen als vorher, weil deine Haare schneller wachsen. Wenn du wie Madonna eine Platinblonde brünetten Ursprungs bist, könnte es sein, daß nach zwei bis drei Wochen der Haaransatz braun nachgewachsen ist. Zweitens wird der Geruch von Ammoniak und Bleichmittel besonders zu Beginn der Schwangerschaft unerträglich für dich sein. Das ist er schon, wenn man nicht schwanger ist. Und drittens wirst du wahrscheinlich viel zu müde sein und keine Lust haben, so oft wie sonst zum Friseur zu gehen. Gute Gründe dafür, für deine Haare einen Farbton zu wählen, der deinem natürlichen, von Gott gegebenen etwas ähnlicher ist, so daß du nicht mehr so häufig färben mußt. Du kannst dir natürlich auch Alternativen zur chemischen Färbung überlegen, wie Spülungen oder pflanzliche Haarfärbemittel.

Die letzte und vielleicht wichtigste Regel zum Thema Haare und Schwangerschaft lautet: LASS DIR KEINEN KURZHAARSCHNITT MACHEN, WENN DU SCHWANGER BIST! Dieser Rat klingt vielleicht erst einmal nach Flower-Power-Zeit. Aber glaube mir, es wird eine Zeit kommen, in der du überlegst, deine Haare ganz kurz schneiden zu lassen. Das ist in keinem Fall eine gute Idee, denn eine Frau im letzten Drittel der Schwangerschaft, die sich ihre Haare abschneiden lassen will, sucht in Wirklichkeit nicht nach einer neuen Frisur, sondern nach einem neuen, nicht schwangeren Aussehen – und das wäre von einem neuen Haarschnitt zuviel verlangt. Ich weiß, ein kurzer, jungenhafter Bob-Schnitt mag dir – im siebten Monat – praktisch und pflegeleicht erscheinen, aber die Schwangerschaft ist nicht die richtige Zeit für Experimente. Vergiß nicht, daß auch dein Gesicht schwanger ist, und für diesen Linda-Evangelista-Look braucht man ausgeprägte Wangenknochen. Sicher, Mia Farrow sah mit kurzen Haaren großartig aus, als sie in Rosemary's Baby schwanger war, aber das war eine Filmschwangerschaft. Sie mußte nicht wirklich schwanger werden, um die Rolle zu bekommen – und nebenbei bemerkt, kannst du dich noch an dieses Baby erinnern? Unter uns Freundinnen gesagt, du wirst wahrscheinlich eher wie ein Stecknadelkopf aussehen und nicht wie Mia Farrow, wenn du dir als Hochschwangere deine Haare kurz schneiden läßt. Und dein Mann, dessen Nerven zu diesem Zeitpunkt sowieso schon ziemlich angekratzt sind, wird wahrscheinlich durchdrehen. Schließlich wissen wir alle, daß die meisten Männer ohne Ansehen der Umstände lange Haare bevorzugen.

Damit du weißt, wie überwältigend der Drang nach einem Kurzhaarschnitt sein kann, werde ich dir meine Erfahrung mitteilen. Ich wußte von diesem Haarschneideverbot und konnte der Versuchung drei ganze Schwangerschaften lang widerstehen! Während meiner vierten Schwangerschaft entschloß ich mich jedoch, die Regel zu überprüfen. Vielleicht, dachte ich, ist sie ja ganz einfach dumm, oder aber sie gilt nicht für mich. Wer weiß, was mich da geritten hat! Jedenfalls ging ich los und ließ mir die Haare ganz kurz schneiden – wahrscheinlich sah ein menschlicher Kopf einer Kokosnuß noch nie so ähnlich wie meiner damals. Es war kein schlechter Haarschnitt. Aber wenn man aufgedunsen und übermüdet aussieht, kann kein Haarschnitt der Welt daran etwas ändern.

Auch Finger- und Zehennägel, ein weiterer proteinhaltiger Teil deines Körpers, wachsen während der Schwangerschaft schneller als sonst. Hattest du vorher diese dürftigen Nägel, die sich verbiegen und abbrechen, wirst du dich darüber sehr freuen. Die Nägel wachsen nicht nur schneller, sondern sind auch härter und gesünder. Solltest du allerdings feststellen, daß sich der Zustand deiner Nägel eher verschlechtert, dann besprich das sofort mit deinem Arzt. Unter Umständen erhält dein Körper nicht genügend Protein, um dich und das Baby ausreichend zu versorgen.

Jetzt ist die beste Zeit, um deiner Maniküre und Pediküre mehr Aufmerksamkeit zu schenken. Wenn du Zeit und Geld hast, kannst du auch in einen Kosmetiksalon gehen. Du solltest es dir gönnen, daß dir jemand ein oder zwei Stunden lang die Hände und Füße massiert. Außerdem werden mit fortschreitender Schwangerschaft nur noch die Gelenkigen und sehr Entschlossenen unter uns in der Lage sein, ihre eigenen Zehennägel zu schneiden und zu lackieren. Du wirst dich über deine schönen Hände freuen, besonders wenn alles andere an deinem Aussehen dir eher fragwürdig erscheint. Etwa im letzten Drittel der Schwangerschaft wirst du versucht sein, die Pediküre zu vernachlässigen, nicht nur weil es schwierig für dich wird, es selbst zu machen, sondern auch weil du deine eigenen Füße nur noch selten zu sehen bekommst und daher nicht bemerkst, wenn sie ungepflegt aussehen. Aber genau dann wird die Pediküre besonders wichtig, weil der Arzt während der Untersuchungen und erst recht während der langen Stunden der Wehen und der Geburt deine Zehennägel ständig vor der Nase hat. Ab dem siebten Monat habe ich das Entfernen der Haare an der Bikinilinie aufgegeben, weil ich meine Schamhaare von keinem Winkel aus mehr sehen konnte. Meine Füße habe ich aber weiterhin eifrigst gepflegt. Eine meiner Freundinnen hat sich diesen Rat so zu Herzen genommen, daß sie sich schnell noch die Nägel gemacht hat, nachdem ihre Fruchtblase geplatzt war. Zum Lackieren der Zehennägel hat sie sich auf eine Treppe gesetzt, damit sie alle Nägel erreichen konnte. Dann hat sie sich Badeschlappen angezogen und ist ins Krankenhaus gefahren. Bis sie ein Zimmer bekam, war der Lack getrocknet. Eine Frau mit Disziplin!

Die Haut

Die Schwangerschaft kann die Haut ziemlich in Mitleidenschaft ziehen. Zum einen muß sie sich in solch einem Umfang dehnen, daß ein anderes menschliches Wesen in deinem Körper wachsen kann. Du wirst dich sicher manchmal fragen, ob deine Haut das gigantische Wachstum deiner Brüste ohne bleibende Schäden überstehen wird. Aber natürlich stellt sich die Haut auf diese Herausforderungen ein und dehnt sich entsprechend. Oder hast du schon einmal von einer Frau gehört, deren Haut unter dem Druck der Schwangerschaft geplatzt ist? Dieses Dehnen wird allerdings nicht ganz ohne Auswirkungen bleiben. Einige davon wollen wir im folgenden besprechen.

Schwangerschaftsstreifen

Schwangerschaftsstreifen sind Linien auf der Haut, die wie Laufmaschen aussehen, wenn du dir vorstellst, du würdest an Brüsten, Po und Bauch Feinstrumpfhosen tragen. Sie entstehen, wenn deine Haut sich zu stark dehnen muß. Während der Schwangerschaft sehen sie rötlich oder eher lila aus, einige Zeit nach der Geburt sind sie dann weiß oder silbern. Wir Freundinnen fragen uns wechselseitig, ob die andere Schwangerschaftsstreifen bekommen hat, fast so als wollten wir wissen, ob Gott bei der Vergabe der Schwangerschaftsstreifen gerecht war. Dahinter steckt der Gedanke: »Ich habe welche und werde ziemlich enttäuscht sein, wenn sich herausstellt, daß ich damit die einzige in unserem Verein bin.« Hier nun die neuesten Informationen zum Thema Schwangerschaftsstreifen: Du wirst garantiert keine Schwangerschaftsstreifen bekommen, wenn du sicher weisst, dass deine Mutter keine Schwangerschaftsstreifen bekommen hat und ihre Mutter ebenfalls nicht. Mit anderen Worten, dies ist eine genetische Angelegenheit. Und, wirst du fragen, was ist mit den ganzen Lotionen und Ölen, die dagegen helfen sollen? Nutzlos! Du kannst dich ruhig damit einmassieren, wenn du den Geruch magst oder wenn du zu denen gehörst, die gern auf Nummer Sicher gehen, aber du kannst damit nicht gegen deine Erbanlagen ankämpfen.

Cremes, Lotionen und Öle können aber aus anderem Grund ganz brauchbar sein. Sie helfen unter Umständen gegen das Hautjucken, das bei übermäßigem Dehnen der Haut auftritt. Einige Frauen leiden sehr unter diesem Juckreiz und sind versucht – besonders am Abend beim Ausziehen – sich am Bauch und an den Seiten zu kratzen, bis man die Spuren ihrer Fingernägel auf der Haut sieht. Wenn du mit dem Kratzen gar nicht mehr aufhören kannst, dann sprich mit deinem Arzt darüber. Er kann dir dann eine Creme oder Antihistamine verschreiben, die den Juckreiz lindern. Wenn es dich jedoch nur ab und zu juckt, kann das Eincremen mit einer Lotion sehr angenehm sein. Und wenn du noch deinen Mann zum Mitspielen überreden kannst, könnt ihr mit diesen Lotionen und Ölen noch so manch anderes einreiben.

Ich persönlich finde ja, daß Schwangerschaftsstreifen nicht so schlimm sind, wie manche Leute sagen. Wenn du ein Sonnenbad im Bikini nimmst, sind sie natürlich nicht besonders schön, aber wenn du Kinder hast, wirst du wahrscheinlich irgendwann feststellen, daß der Bikini nicht mehr ganz das richtige Kleidungsstück ist (jetzt sei ehrlich) – und außerdem weiß heutzutage jeder, daß Sonnenbaden schädlich ist. Schwangerschaftsstreifen fallen fast gar nicht auf, wenn man sie nicht der Sonne aussetzt.

Der Teint

Frauen bekommen sehr häufig zu Beginn der Schwangerschaft zum ersten Mal seit der Teenager-Zeit wieder Pickel. Wie du weißt, sind Hormone starke chemische Substanzen und können deine Haut genauso aus dem Gleichgewicht bringen wie deine Gefühle. Es gibt eigentlich nichts, was man gegen diese Pickel tun kann – sie müssen von selber wieder verschwinden. Glaub mir, deine Haut wird besser, wenn dein Körper das hormonelle Ungleichgewicht wieder ausgeglichen hat. In der Zwischenzeit kannst du deine Haut unterstützen, indem du sie regelmäßig reinigst und die Pickel nicht ausdrückst! Wenn du dir viel Mühe mit deiner Frisur gibst, wird man die Unreinheiten in deinem Gesicht kaum bemerken.

Um noch einmal auf das Thema Haare zu sprechen zu kommen: Zu Beginn der Schwangerschaft können sie unter Umständen schwer und stumpf sein. Deine Kopfhaut ist von den hormonellen Veränderungen genauso betroffen wie dein Gesicht und ist vielleicht zum ersten Mal in deinem Leben fettig oder schuppig. Dazu folgender Rat: Wasch deine Haare während der Schwangerschaft so oft wie nötig. Wenn du denkst, daß du es noch einen Tag hinauszögern kannst, liegst du meistens falsch. Wenn deine Haare am Kopf kleben, werden sie dir überhaupt nicht dabei helfen, die Aufmerksamkeit von deinem Gesicht und seinen Problemen abzulenken.

Deine Haut beglückt dich zu allem Übel auch noch mit roten Punkten und erweiterten Äderchen. Diese sind zwar klein und nicht direkt unattraktiv, aber trotzdem störend. Die roten Punkte in der Größe eines Stecknadelkopfes entstehen meistens während der Schwangerschaft, während die erweiterten Äderchen häufig vom langen, schweren Pressen während der Geburt kommen. Wenn du sie dir nicht nach der Geburt veröden läßt, hast du sie wahrscheinlich noch, wenn dein Kind längst groß ist und zur Uni geht.

Passend zu deinem momentan äußerst fruchtbaren Zustand,

wird vielleicht auch deine Haut seltsame Dinge hervorbringen. Bei vielen meiner Freundinnen wuchsen kleine Hautläppchen, also zusätzliche Haut, die an zwei Stellen besonders häufig auftreten, nämlich unter dem Arm und auf dem Augenlid. Vielleicht liegt es daran, daß dort Haut auf Haut liegt. Einer meiner Freundinnen wuchsen sie sogar auf den Schamlippen. Sie sind nicht gefährlich, außer man versucht, sie gewaltsam zu entfernen, da sie sich dann entzünden können. Laß sie einfach, wo sie sind, später kann man sie sich ganz einfach entfernen lassen.

Pigmentveränderungen

Die Schwangerschaft hat einen interessanten Einfluß auf deine Farbpigmente. Über dieses Thema wirst du wahrscheinlich mit kaum jemandem reden – außer mit deinen Freundinnen. Deine Hautfarbe wird sich an allen möglichen Stellen verändern. Als erstes wirst du bemerken, daß deine Brustwarzen dunkler werden. Wenn sie vorher rosa waren, werden sie während der Schwangerschaft dunkelrot, waren sie vorher hell, werden sie jetzt braun. Die Brustwarzen und die darum herumliegende pigmentierte Fläche werden auch um einiges größer – was vorher die Größe eines Fünfmarkstückes hatte, wird jetzt so groß wie ein kleiner Pfannkuchen. Wir Freundinnen haben herausgefunden, daß die Brustwarzen nach der Schwangerschaft in etwa wieder ihre normale Größe, jedoch nicht mehr ihre frühere Farbe annehmen.

Hier noch eine Information, die dein Arzt dir wahrscheinlich nicht mitteilen wird: Auch die Farbe deiner Schamlippen wird sich während der Schwangerschaft verändern. Sie werden dunkler, sind besser durchblutet und schwellen daher an. Nimm einen kleinen Spiegel und überprüfe es selbst, wenn du mir nicht glaubst. Genau wie deine Brustwarzen werden auch deine Sexualorgane größer. Diese Veränderung mag dir zunächst beunruhigend erscheinen, aber außer deinem Mann und deinem Arzt wird sie niemand sehen. Also kein Grund, in Verlegenheit zu geraten. Vielleicht möchtest du aber trotzdem deinen Mann beruhigen, der fürchtet, daß oraler Sex zu einem athletischen Akt wird, und ihm sagen, daß dieser Zustand völlig natürlich ist. Das Beste an dieser Veränderung »da unten« ist, daß viele Freundinnen sich aufgrund des Anschwellens ihrer Sexualorgane durch vermehrte Blutzufuhr in einem Zustand ständiger sexueller Erregung fühlten. Meine Freundin Tracy erzählte, daß sie bei längeren Spaziergängen fast einen Orgasmus bekam, weil das Aneinanderreiben der Beine wie ein nicht endendes Vorspiel war. Ein ganz neues Gefühl bei einem Einkaufsbummel, findest du nicht? Aber die Sache hat auch einen kleinen Haken, und zwar die Unfähigkeit, mit dem Urinstrahl zu zielen. Das klingt jetzt vielleicht ziemlich nebensächlich, aber da man dich für Urinuntersuchungen öfter bitten wird, den Urin in einem Gefäß abzugeben, wäre es ganz praktisch, wenn du dir nicht ständig die Hände dabei naß machen würdest. (Meine Freundin Shannon bemerkte übrigens, daß nicht nur ihre Schamlippen, sondern auch ihr Mund voller und dunkler wurde. Wäre es nicht toll, wenn es dir auch so ginge? Bei mir war es nicht so, meine Lippen blieben unverändert, und ich war weiterhin auf meinen Lippenstift angewiesen. Aber wer weiß, vielleicht hast du ja soviel Glück wie Shannon.)

Die Pigmente können Schwangeren aber auch übel mitspielen. Bei manchen Frauen verändern sie sich im Gesicht, was zu einem Phänomen führt, das auch als »Schwangerschaftsmaske« bezeichnet wird: Man sieht aus, als sei man auf Stirn und Backen schön gebräunt, habe aber im restlichen Gesicht einen Sun-Blocker verwendet. Diese unregelmäßige Färbung geht nach der Schwangerschaft wieder weg, aber es kann ein bißchen dauern. Geh am besten nicht in die Sonne, weil dann alles noch schlimmer wird, und besorge dir ein gutes Make-up, mit dem du die Unterschiede ausgleichen kannst. Fast jede schwangere Frau bekommt irgendwann einen Pigmentstreifen auf dem Bauch, der von den Schamhaaren bis zum Bauchnabel reicht. Wir haben keine Erklärung dafür, aber wir hatten ihn alle. Bei den Freundinnen mit oliver oder brauner Hautfarbe war er weniger auffällig, aber bei dem eher irischen Hauttyp, zu dem auch ich gehöre, war er ziemlich deutlich sichtbar. Man wird dir sagen, daß er nach der Schwangerschaft wieder verschwindet, aber meiner Erfahrung nach trifft das für einige weniger Begünstigte nicht zu. Vielleicht bilde ich es mir auch nur ein, aber ich meine, diesen Streifen immer noch zu sehen, wenn ich mich entspannt hinlege und meine Bauchfalten betrachte. Ich habe auch den Eindruck, daß die feinen Haare, die meinen Bauch bedecken, in der Mitte dunkler geblieben sind. Natürlich hat mein Bauch seit meiner ersten Schwangerschaft vor sieben Jahren das Tageslicht nicht mehr gesehen, so daß der Kontrast zwischen heller Haut und dunklen Haaren ziemlich eklatant ist. Einen wirklich schönen Bauch bekommt ein Vater von kleinen Kindern selten zu Gesicht, am wenigsten in seinem eigenen Schlafzimmer.

4   Der Körper spielt verrückt

Man tendiert dazu, sich auf die vielen sichtba-
ren körperlichen Veränderungen, die während der
Schwangerschaft auftreten, zu konzentrieren. Die inneren
Veränderungen, einschließlich der Veränderungen in der Gebärmutter, sind jedoch gleichermaßen dramatisch. Wie wir
bereits hervorgehoben haben, beschränkt sich die Schwangerschaft nicht auf den Bauch, sondern umfaßt den gesamten
Körper. Und unter Umständen wirst du schockiert sein, wie
seltsam und fremd sich dein Körper anfühlt. Alles, von ver-
stopften Nasen bis hin zu häufigem Aufstoßen, kann mit der
Schwangerschaft zusammenhängen.

Die Verdauung

Die Verdauungsprozesse einer schwangeren Frau werden
durch die Schwangerschaftshormone stark verlangsamt. Die
Natur möchte damit sicherstellen, daß auch das letzte Vit-
amin und Mineral aus jedem Bissen, den du zu dir genommen
hast, herausgeholt wird, und beläßt daher die Nahrung länger
als sonst in deinem Darm. Was das bedeutet, kann auf zwei
Worte reduziert werden: rülpsen und furzen.
Du wirst es vielleicht nicht gerne zugeben, aber wenn man
eine Umfrage unter den Männern der Schwangeren startet,
sind diese einstimmig über die Menge an verfügbaren Gasen
erstaunt. Denn die Nahrung, die in deinen Därmen gärt, bil-

det davon eine ganze Menge. Dieser unangenehme Zustand erweckt in mir den Verdacht, daß das Leben uns mit Hilfe der Schwangerschaft daran erinnern will, wie wenig Zeit doch erst vergangen ist, seit wir beim Laufen unsere Fingerknöchel am Boden entlangschleiften. Solltest du jetzt denken, daß das Leben Frauen gegenüber unfair ist, weil sie eine derart demütigende Erfahrung wie die Schwangerschaft durchmachen müssen, dann erinnere dich daran: Es sind die Männer, die eine Glatze bekommen.

Reden wir zuerst über die Blähungen. Kein großes Problem, wenn du viel alleine oder mit Kindern unter vier Jahren zusammen bist. Kleine Kinder haben sogar großen Respekt vor Menschen, die auf Befehl Wind ablassen können. Deinen Mann wird es schockieren oder beleidigen, aber selbst die pingeligsten Schwangeren werden es bald satt haben, jedesmal aus dem Bett zu springen oder das Bettzeug verstohlen aufzuschütteln. Irgendwann werden sie es sich nicht mehr verkneifen und keine Rücksicht darauf nehmen, ob ihr geliebter Mann anwesend ist oder nicht. Weil wir uns jedoch häufig mehr um die Meinung von Fremden als um die unserer Männer kümmern, können sich diejenigen, die unter diesem Problem leiden, kaum mehr entspannt in der Öffentlichkeit bewegen. Leider sind die meisten von uns nicht so anpassungsfähig wie meine Freundin Corki, die, wenn sie mit ein paar Leuten zusammenstand, plötzlich den Raum verließ und beim Hinausgehen nur kurz mitteilte: »Entschuldigung, aber ich muß mal eben furzen.« Wir anderen rennen schon beim geringsten Druck in unserem Darm auf die Toilette und beten, daß niemand in der Nähe ist.

Ebenfalls schwer zu kontrollieren ist das Rülpsen. Du kannst gerade mitten in der Erzählung einer interessanten Geschichte stecken und plötzlich entfährt dir wie ein Ausrufezeichen ein kleiner Rülpser. Diese Rülpser kommen ohne die geringste Vorwarnung und schocken Täter wie Zuhörer gleichermaßen. Und Rülpser von Schwangeren haben meist nichts mit diesem kurzen Luftschnappen zu tun, das sich die meisten Frauen noch zugestehen können, sondern erzeugen lange, kräftige Töne, die jeden heranwachsenden Knaben eifersüchtig machen würden. Wenn dein Arzt es dir erlaubt, kannst du säurebindende Mittel einnehmen, über die wir gleich noch ausführlicher sprechen werden. Ansonsten gibt es nicht viel, was du gegen diese Gasbildung tun kannst. Helfen kann unter Umständen, wenn du kohlensäurehaltige Getränke meidest. Uns Freundinnen erscheint es jedoch so, daß genau die Nahrungsmittel die meisten Gase bilden, die du der Gesundheit des Babys zuliebe essen solltest – Dinge wie Brokkoli, Spinat und Blumenkohl. Leider bewirken diese Nahrungsmittel, daß deine Rülpser auch noch unangenehm riechen.

Ein weiterer Effekt der Erschlaffung deines Verdauungssystems kann Sodbrennen sein. Sodbrennen – wenn du noch nicht die Freude gehabt haben solltest, davon betroffen zu sein – fühlt sich genauso an, wie es klingt. Du hast ein brennendes Gefühl am Ende deiner Speiseröhre, meistens eher links, und mußt wahrscheinlich häufig aufstoßen. Es ist wie ein verstimmter Magen, sitzt aber höher, näher an deiner Brust.

Einige Frauen leiden während der ganzen Schwangerschaft unter Sodbrennen. Andere bekommen es erst, wenn das Baby so groß geworden ist, daß es auf den Muskel drückt, der die Nahrung im Magen zurückhält. Dadurch lockert sich der

Magenverschluß, und Magensäure kann ausfließen. Bestimmte Nahrungsmittel können das Sodbrennen verschlimmern (siehe auch Rülpsen). Ich persönlich war deshalb gerne bereit, auf meine Ration Gemüse und Rosenkohl zu verzichten, um das Brennen und die Gasbildung zu vermindern. Was ich jedoch nicht aufgeben konnte, war meine tägliche Ration an Erdnüssen in Schokolademantel, und sie waren wohl die eigentlichen Übeltäter.

Wenn du dir deinen Frauenarzt gut ausgesucht hast, wird er dir die Einnahme von säurebindenden Mitteln erlauben. Du wirst sie zu schätzen lernen und solltest sie immer bei dir haben. Meine Freundin Julee hatte immer große Packungen mit Kautabletten in ihrem Auto, neben dem Bett und im Büro. Denn wenn du ein säurebindendes Mittel willst, dann willst du es, und zwar sofort. Sie schmecken nach Kreide und eher ekelhaft, auch wenn sie jetzt schon in verschiedenen Geschmacksrichtungen zu haben sind. Nach einer Weile, glaube mir, werden sie richtig gut schmecken. Tip einer Freundin: Schau nach dem Verzehr immer in den Spiegel, weil auf deinen Lippen und in den Mundwinkeln weißes kreidiges Zeug zurückbleiben kann.

Eine letzte wichtige Information zum Sodbrennen: Egal, was die Leute dir erzählen, WENN DU JETZT SODBRENNEN HAST, BEDEUTET DIES NICHT, DASS DAS BABY MIT VIELEN HAAREN GEBOREN WIRD. Ich hatte während meiner vier Schwangerschaften so schlimmes Sodbrennen, daß ich Feuer hätte spucken können, und trotzdem waren alle meine Kinder Glatzköpfe.

Morgendliche Übelkeit

Sobald eine Frau verkündet, daß sie schwanger ist, wird sie gefragt, ob sie unter Übelkeit leide – eine gute Portion Übelkeit gehört einfach zu einer richtigen Schwangerschaft. Dieses Übelkeitsgefühl, mit oder ohne Übergeben, wird morgendliche Übelkeit genannt. Wir Freundinnen finden jedoch, daß dafür ein präziserer und dramatischerer Begriff gefunden werden sollte, und schlagen zum Beispiel »Progesteron-Vergiftung« vor. Die Benennung morgendliche Übelkeit ist besonders irreführend, weil es dich zu jeder Tages- oder Nachtzeit treffen kann. Einige Frauen haben von früh bis spät ein flaues Gefühl im Magen.

Es gibt jedoch auch Positives über die morgendliche Übelkeit zu berichten. Erstens: nicht jede bekommt sie. Zweitens: wenn du sie bekommst, wird sie ziemlich sicher bis zum Ende des dritten Monats wieder verschwunden sein und nie wieder auftreten (bitte nagele mich nicht fest). Und drittens besagt eine alte Volksweisheit, daß die Wahrscheinlichkeit einer Fehlgeburt desto geringer ist, je schlimmer deine Übelkeit ist. Das liegt wahrscheinlich daran, daß die Babys von besonders geplagten Müttern bereits solche Kontrolle über das mütterliche Körpersystem ausüben, daß nichts sie wieder rausbringen kann. Jedenfalls hat die Sprechstundenhilfe meines Arztes, wenn sie sich nach meinem Befinden erkundigte und ich ihr entgegnete »Mir ist übel«, immer gelächelt und mit »Gut!« geantwortet.

Die erste und wichtigste Regel, die wir Freundinnen dir zu morgendlicher Übelkeit mitgeben wollen, lautet: WENN DU UNTER ÜBELKEIT LEIDEST, BEDEUTET DIES NICHT, DASS DU

WÄHREND DEINER SCHWANGERSCHAFT ETWAS FALSCH GE-
MACHT ODER EIN AMBIVALENTES GEFÜHL HINSICHTLICH DES
BABYS HAST! Kannst du dich noch daran erinnern, daß das
prämenstruelle Syndrom und Menstruationskrämpfe psycho-
somatisch wurden, und die Ärzte den Frauen erzählten, sie
spürten diese Symptome nur, weil sie schwach beziehungsweise ein bißchen hysterisch seien? Dann fand man heraus,
daß die massiven hormonellen Schwankungen, die die Frau-
en jeden Monat durchmachen, noch den stärksten Mann in
die Knie zwingen würden. Es werden dir immer noch ein paar
Blödmänner einreden wollen, daß du dich nur deshalb übergeben mußt, weil du nicht sicher bist, ob du Mutter werden
willst. Also ehrlich gesagt, wenn das so wäre, dann müßten
sich alle auch nur halbwegs intelligenten Frauen ständig
übergeben, denn jeder Idiot kann sich vorstellen, daß die
Mutterschaft eine ziemlich beängstigende Angelegenheit ist.
Wenn dir also schlecht ist, dann liegt das einfach daran, daß
du das Progesteron schlecht verträgst. Und das ist alles!
Morgendliche Übelkeit und Seekrankheit haben viel Gemeinsames. Ich habe während meiner Schwangerschaften an
Übelkeit gelitten und war bei stürmischer See auf einem
Schiff mit abgerundetem Kiel – die Erfahrungen waren ziemlich ähnlich. Beides trifft zum Beispiel einen ansonsten gesunden Menschen. Und beides hat eine, wie ich es nennen
würde, »Kopf-Komponente«, weil auch das Gleichgewichts-
gefühl betroffen ist und man sich schwindlig fühlt. Außerdem
werden weder die Seekrankheit noch die morgendliche Übelkeit besser, nachdem man sich übergeben hat, was sowohl bei
einer Magenverstimmung als auch bei einer Nahrungsmittel-
vergiftung der Fall ist. Zwar haben einige meiner Freundin-

nen andere Erfahrungen gemacht, ich aber mußte mich übergeben, mir war weiterhin übel und ich mußte mich wieder übergeben. Deshalb bringt es auch nichts, sich den Finger in den Hals zu stecken und auf diese Weise zu versuchen, das vermeintliche Gift aus dem Körper zu bringen.

Da »Progesteron-Vergiftung« nur wenig mit dem zu tun hat, was du gegessen hast, wirst du dich auch dann noch übergeben müssen, wenn du schon nichts mehr im Magen hast. Es hebt dich dann eben nur noch, oder, schlimmer, du mußt Galle spucken. Auch wenn den meisten Frauen nicht schlecht wird, weil sie etwas gegessen haben, kann schon der bloße Anblick oder Geruch bestimmter Speisen den Brechreiz hervorrufen. Auch das stimmt mit der Seekrankheit überein. Schon der geringste Geruch von Hüttenkäse kann den an einer dieser beiden Krankheiten Leidenden zum Sprint zur Toilette veranlassen, selbst wenn sie oder er gar nichts davon gegessen hat.

Du wirst jetzt vielleicht fragen: »Wie kann ich wissen, ob ich während meiner Schwangerschaft unter Übelkeit leiden werde?« Die Antwort ist: »Du kannst es nicht vorhersehen!« Auch wenn du schon einmal schwanger warst und diese Monate ohne Übelkeit überstanden hast, bedeutet das nicht, daß es dich dieses oder ein weiteres Mal nicht erwischen kann. Einige meiner Freundinnen meinen, daß ein Zusammenhang zwischen dem Geschlecht des Babys und der Neigung zur Übelkeit besteht und daß man bei einem Mädchen stärker darunter zu leiden hat als bei einem Jungen. Ich weiß nicht, ob das stimmt. Nachdem mir bei allen meinen vier Kindern schlecht war, bin ich eher geneigt, das für einen Aberglauben zu halten. Ich habe dafür nur eine mögliche »wissenschaftliche« Erklärung anzubieten: Bei einem Mädchen sind zusätzliche weibliche Hormone im deinem Körper vorhanden, und dadurch könnte so etwas wie eine Östrogen-Überlastung entstehen. Aber andererseits gibt es für jede Freundin, die mir erzählte, sie habe mit ihrem Mädchen stärker unter Übelkeit gelitten, eine andere, die schwört, es sei mit ihrem Jungen schlimmer gewesen. Übrigens heißt es ja auch, bei einem Mädchen würde das Gesicht mehr in Mitleidenschaft gezogen – und ich schwöre, daß das bei mir gestimmt hat.

Morgendliche Übelkeit ist nicht unbedingt das erste körperliche Anzeichen, das dich über deine Schwangerschaft informiert. Meistens stellst du fest, daß du schwanger bist, und fühlst dich dann einige Wochen lang (hinsichtlich deiner Magen-Darmfunktionen) ziemlich normal. Du wirst versucht sein, dir selbst zu gratulieren, weil deine gute Gesundheit und positive Einstellung (oder die Wirksamkeit deiner Gebete) dich vor der Übelkeit bewahrt haben, unter der geringere Sterbliche leiden. Dann gehst du eines Morgens in deinem Nachthemd die Treppe hinunter, um dir etwas Orangensaft aus dem Kühlschrank zu holen. Du öffnest die Tür, und dir kommt der Geruch der Reste vom letzten Abendessen entgegen. Danach findest du dich mit dem Kopf über der Spüle hängend wieder.

Morgendliche Übelkeit trifft nicht alle ihre Opfer mit gleicher Stärke. Ihr Grad kann auf einer stufenlosen Skala angegeben werden. Am unteren Ende befinden sich jene Glücklichen, denen nur kurze Zeit schlecht ist und die dann für den Rest ihrer Schwangerschaft nie wieder Übelkeit verspüren. Am anderen Ende stehen die, die sich so oft übergeben müssen, daß sie im ersten Drittel sogar an Gewicht verlieren. Ei-

nige dieser armen Frauen enden sogar im Krankenhaus, wo
Ärzte dafür sorgen, daß sie nicht zuviel Flüssigkeit verlieren.
Und wißt ihr, wie schwachsinnig ich bin? Ich habe diese
Frauen auch noch darum beneidet, daß sie dünn blieben –
selbst wenn sie sich dafür regelmäßig übergeben mußten –,
während ich jeden Tag dicker wurde. Mit der Zeit begriff ich,
daß selbst diese Frauen, die während der ersten drei Monate
ernsthaft krank waren, am Ende genausoviel zunahmen wie
die, die nie einen Bissen übriggelassen hatten. Man sollte sich
gut überlegen, wen oder was man beneidet.

Meiner Freundin Mary war während ihrer drei Schwangerschaften ständig so übel, daß sie einfach beschloß weiterzumachen, als ob nichts wäre. Sie ging ihren täglichen Angelegenheiten nach und unterbrach diese nur, um sich nötigen-
falls zu übergeben. Wenn sie etwas außer Haus zu erledigen
hatte, mußte sie immer vorher wissen, wo sich die nächste
Toilette befand, um bei Bedarf sofort darauf zustürzen zu können. Auf den Beifahrersitz legte sie Handtücher für den Fall
eines Verkehrsstaus. Ich war immer beeindruckt von ihrer
Sachlichkeit, wenn ich sie hochschwanger und in Begleitung
ihrer beiden Kinder in den Krabbelgruppen traf. Sie stand jedesmal ruhig, aber sehr schnell auf, während wir den ersten
oder zweiten Vers von »Wir fahren mit dem Bus und der hat
Räder« sangen, übergab sich, spülte sich den Mund aus und
kam zurück, wenn wir gerade bei den Bremsen waren, die
quietsch, quietsch, quietsch machen. Wir alle wußten, wo sie
gewesen war und was sie getan hatte, aber sie erwähnte es nie
und hätte auch niemals darüber geklagt. Für uns andere, die
wir ständig über unsere Wehwehchen jammerten, wurde sie
zu einer Art Heldin. In der Mitte der Skala, um wieder darauf

zurückzukommen, werden sich die meisten von uns befinden. Wir haben unsere guten Tage und die, an denen wir am liebsten sterben würden. An den schlechten Tagen hilft es auch nicht, wenn wir im Bett bleiben, weil wir uns im Liegen wie im Stehen gleichermaßen schrecklich fühlen. Deshalb stehen wir meistens auf, blicken dem Tag ins Angesicht und zählen die Stunden, bis wir wieder einschlafen und in einen neuen – hoffentlich besseren – Tag starten können. Wir mittelschweren Fälle müssen uns auch nicht unbedingt ständig übergeben. Ich habe in jeder Schwangerschaft nur einige wenige Male gebrochen, aber mich die meiste Zeit etwas krank gefühlt. Während des ersten Drittels mußte ich öfter einmal Besprechungen oder Arbeitsessen verlassen, um frische Luft zu schnappen. Ich hatte Angst, sonst entweder in Ohnmacht zu fallen oder mich vor Leuten übergeben zu müssen, die dafür wahrscheinlich kein Verständnis gehabt hätten. Ich wünschte, ich könnte dir ein Geheimrezept verraten, mit dem man jede schwangerschaftsbedingte Übelkeit bekämpfen kann, aber leider habe ich keines gefunden. Es folgt jedoch eine Liste mit ein paar guten Tips der Freundinnen:

Die zehn Gebote bei morgendlicher Übelkeit

1. Iß über den ganzen Tag verteilt kleine Mengen an unbedenklichen Nahrungsmitteln.

2. Iß nichts, wenn der Geruch nicht appetitanregend ist.

3. Iß etwas ungefähr um vier Uhr morgens beziehungsweise nach deinem letzten mitternächtlichen/frühmorgendlichen Besuch auf der Toilette.

4. Nimm Vitamine nur nachts ein oder hör mit der Einnahme auf, bis du dich wieder besser fühlst. (Dein Arzt wird dir vielleicht raten, in der Zwischenzeit trotzdem Folsäure-Ergänzungspräparate einzunehmen.)
5. Nimm deine Vitamine nicht zusammen mit Zitrussäften ein.
6. Wenn du auf nichts Appetit hast, versuch es mit einer Schüssel Müsli oder einer süßen Frucht.
7. Wenn dir schon beim Gedanken an Nahrung schlecht wird, versuch, ein Lakritz-Bonbon zu lutschen (wirkt unter Umständen beruhigend).
8. Probiere, ob die elastischen Armbänder, die in Apotheken gegen Seekrankheit verkauft werden, bei dir helfen.
9. Meide alles Knabbergebäck, außer du hast richtig Appetit darauf (was ich mir nicht vorstellen kann, es sei denn, du bist ein Papagei).
10. Folge deinen Gelüsten. Wenn du richtigen Heißhunger auf ein bestimmtes Nahrungsmittel hast, stehen die Chancen gut, daß es dir nach dem Verzehr bessergeht. (Sei allerdings vorsichtig, wenn du wie ich ständig Heißhunger auf Schokolade oder Eiscreme hast.)

Bei den meisten Frauen legt sich die Übelkeit nach den ersten drei Monaten. Es ist einfach ein wunderbares Gefühl, wenn man eines Morgens aufwacht, und Zähne putzt, ohne dadurch einen Brechreiz auszulösen, sich anzieht, ohne zwischendurch den Kopf über die Toilette halten zu müssen, und in die Küche geht und dabei an ein schönes Frühstück denken kann. Auch wenn du es nicht glaubst: An einem Tag fühlst du dich noch elend und kühlst deine Wangen auf den Badezimmerfliesen, und schon am nächsten Tag fühlst du dich so gut wie nie.

Stuhlgang

Wie ich bereits gesagt habe, gibt es keinen Aspekt deines Körpers, der von der Schwangerschaft unbeeinflußt bleibt. Das trifft auch auf deinen Stuhlgang zu. Wenn du Vitaminpräparate einnimmst, wirst du feststellen, daß dein Stuhl die Farbe von rabenschwarzem Reifengummi annimmt. Ich glaube, das hat etwas mit dem Eisen zu tun, das in diesen Präparaten auch enthalten ist, weiß es aber nicht genau. Es ist nur eine weitere Sache in deinem veränderten Leben, die dir komisch vorkommen wird – sogar dein Stuhl ist nicht mehr wiederzuerkennen!

Und als ob du dich nicht schon voll genug fühlen würdest mit dem Baby, der Flüssigkeit, der Plazenta und Gott weiß, was sonst noch alles in diesem Bereich zusammengepfercht ist (den du sonst gerne in einem kurzen Top zur Schau gestellt hast), fügt die Schwangerschaft noch eine weitere Zutat hinzu: Verstopfung. Ja, du wirst feststellen, daß du nicht mehr so regelmäßig auf die Toilette gehen kannst, wie du das vor der Schwangerschaft gewohnt warst. Vielleicht liegt es an dem Eisen in der Vitaminmischung oder an der Erschlaffung des gesamten Verdauungstraktes – jedenfalls kann Verstopfung für schwangere Frauen ein ziemliches Ärgernis sein.

Wie störend der unregelmäßige Stuhlgang für dich ist, hängt von verschiedenen Faktoren ab. Für meine Freundin Andrea zum Beispiel ist die Stimmung des gesamten Tages von einem erfolgreichen Stuhlgang am Morgen abhängig, egal ob sie schwanger ist oder nicht. Verstopfung kann besonders dann unangenehm sein, wenn dir dein immer runder werdender Bauch sowieso schon unbequem wird. Und sie kann der Tropfen sein, der das Faß zum Überlaufen bringt, wenn es dir ohnehin auf die Nerven geht, wie wenig vertraut sich dein Körper in verschiedenster Hinsicht anfühlt. Ich selbst bleibe bei Verstopfung immer ziemlich gelassen, wahrscheinlich weil ich noch von niemandem gehört habe, der explodiert wäre, und weil meine Neurosen in der Regel nicht analer Natur sind. Was reingeht, muß auch irgendwie, egal wie hart und schwarz, wieder herauskommen, ist meine Philosophie. Viele meiner Freundinnen sind jedoch nicht meiner Meinung und waren deshalb bereit, alles zu versuchen, um ihren Darm zur Pünktlichkeit zu erziehen und sich von diesem »beschissenen« Gefühl zu befreien.

In herkömmlichen Büchern über Schwangerschaft wird dir geraten, den Anteil an Ballaststoffen in deiner Nahrung zu erhöhen und mehr Wasser zu trinken. Meiner Meinung nach kannst du aber Ballaststoffe und Wasser zu dir nehmen, bis du platzt, ohne daß sich dein Stuhlgang deshalb entscheidend verbessert. Dynamit wäre wahrscheinlich effektiver (wenn auch nicht besonders nahrhaft für das Baby).

Sprich mit deinem Arzt darüber. Es braucht dir nicht peinlich zu sein, daß du eine so unappetitliche Unterhaltung mit ihm führen mußt. In den nächsten Monaten werden noch viel unappetitlichere Dinge auf euch zukommen. Frag, ob du Ballaststoffe in Form von Tabletten oder Drinks zu dir nehmen solltest. Wenn gar nichts mehr geht, frag nach einem Mittel, das den Stuhl weicher macht. Ich habe mal eines in einer kleinen Gelatine-Kapsel genommen, das nach drei oder vier Einnahmetagen die Dinge wirklich in Bewegung gebracht hat (außerdem war es ein Klacks, die Kapsel hinunterzuschlucken, was in diesen von Übelkeit geprägten Tagen von unschätzbarem Wert ist).

Aber stelle sicher, dass das Mittel, das du einnimmst, kein Abführmittel ist. Abführmittel können deine Verdauung völlig durcheinanderbringen, du kannst sogar abhängig werden und Krämpfe bekommen, die Wehen ähneln. Außerdem kann dein Baby ein Mittel, das seine Verdauung in Gang setzt, nun wirklich überhaupt nicht brauchen.

Meine Freundin Denise hat mich an einen der unangenehmsten Aspekte der Schwangerschaft erinnert: »Ausscheidung« und öffentliche Toiletten. Manch schwangere Frau muß hart arbeiten, um ihren Stuhlgang zu verrichten. Einige meiner Freundinnen haben sogar erzählt, daß sie so fest drücken mußten, daß ihnen der Schweiß auf der Stirn stand und sie erniedrigende ächzende Geräusche von sich gaben. Das kann in der Zurückgezogenheit des eigenen Heims schon schrecklich genug sein, ist aber noch viel schlimmer, wenn du in der Arbeit bist und dort die Toilette benutzen mußt. An einem richtig öffentlichen Ort, zum Beispiel im Kaufhaus oder im Schwimmbad, geht es noch, weil es dir schließlich egal sein kann, was völlig Fremde von dir denken. (Außer vielleicht sie klopfen an die Tür und fragen, ob alles in Ordnung ist, oder noch schlimmer, sie rufen aus der Schlange heraus, die sich vor deiner Tür gebildet hat, ob du den ganzen Tag da drinnen verbringen willst.) Aber die Klatschbase des Büros oder die eigene Sekretärin in der Kabine neben sich zu wissen kann äußerst hemmend sein, so daß du vielleicht lieber eine Fäkalvergiftung in Kauf nimmst, als zu tun, was für deinen Stuhlgang förderlich ist.

Die Schwierigkeiten beim Stuhlgang haben aber auch eine gute Seite: Du kannst sie als praktische Übung zur Geburtsvorbereitung betrachten. Das Pressen bei der Geburt fühlt sich nämlich genauso an wie der schwierigste Stuhlgang, den du jemals in deinem Leben hattest. Behalte das im Kopf, und du wirst wissen, was zu tun ist, wenn der Arzt dir sagt, es sei Zeit zum Pressen.

Wahrscheinlich bringt dich diese Beschreibung zur Herbeiführung eines Stuhlgangs vollkommen in Konflikt mit dem Rat, den deine gute und besorgte Mutter nicht müde wird zu wiederholen, seit du keine Windeln mehr trägst: »Drück nicht so fest, sonst bekommst du Hämorrhoiden.« Und stell dir vor, Mutter hat dieses Mal gewußt, wovon sie sprach. Trotzdem kommt es vor, daß man unbemerkt zu fest drückt, und dann kann es unter Umständen zu spät sein – womit wir schon beim nächsten Thema wären:

Hämorrhoiden

Vielleicht bist du ja wie ich mit diesen Werbesendungen aufgewachsen, die eine merkwürdige Wundercreme enthielten, und hast dich gefragt, wo die Leute sie bloß auftragen beziehungsweise warum sie sie überhaupt irgendwo auftragen mußten. Nun, meine kleinen unschuldigen Freundinnen, sie trugen sie um ihren Anus herum auf, und sie waren zu dieser unwürdigen Tat gezwungen, weil sie da hinten kleine erbsengroße Wucherungen hatten, die schmerzten und juckten und sie in den Wahnsinn trieben. Ist es nicht zum Schreien? Man möchte am liebsten überhaupt nicht darüber sprechen, aber als deine Freundin werde ich es trotzdem tun.

Es gibt verschiedene Möglichkeiten, sich Hämorrhoiden zu holen – es ist fast wie bei einem Hindernislauf: Du bist erfolgreich über den Zaun gesprungen, aber kannst trotzdem noch in die Schlammpfütze fallen. Erstens bekommst du Hämorrhoiden, wenn du beim Stuhlgang zu fest drückst. Wir haben bereits darüber gesprochen, deshalb weißt du, daß ich dir deswegen keinen Vorwurf mache. Durch zu starken Druck kann ein Teil des analen Gewebes herausbrechen und einzeln oder in Form von weintraubenartigen Gebilden hervorstehen.

Dann kann man Hämorrhoiden eben auch einfach durch die Schwangerschaft bekommen, unabhängig von der Konsistenz des Stuhlgangs. Das Gewicht des Babys und aller anderen Dinge, die zu seiner Unterstützung in deinem Unterbauch sind, kann so schwer werden, daß es im Analbereich die Blutzirkulation in den Venen und Arterien abschneidet. Stell dir ein Auto vor, das über einen Gartenschlauch fährt und die Wasserzufuhr blockiert. Und wenn sich in diesem gut durchbluteten Gebiet das Blut staut, ist eben Weintraubenzeit.

Genau dann, wenn du denkst, daß du allen von der Natur abgefeuerten (Hämorrhoiden-)kugeln erfolgreich ausgewichen bist, ist es ZEIT FÜR DIE ENTBINDUNG! Das war dann mein Untergang. Mir ging es wunderbar, trotz schwarzem Stuhlgang und allem anderen, bis ich mein erstes Baby herauspreßte – und zusätzlich auch ein kleines Stück meines

Enddarms. Nachdem die Periduralanästhesie abgeklungen war, tat mir alles in dieser Gegend weh, aber da ich einen Dammschnitt und einen kleinen Riß hatte, der genäht werden mußte, schrieb ich den Schmerz diesen Dingen zu und stellte in den ersten Tagen keine weiteren Untersuchungen an. Außerdem war ich nicht besonders erpicht darauf, irgendwelche Stiche da unten anzufassen.

Als ich vom Krankenhaus nach Hause kam und mich duschte, seifte ich geistesabwesend meine Pobacken ein und wäre vor Schreck beinahe in Ohnmacht gefallen. Denn in dem weichen Gewebe um meinen Anus herum fühlte ich dieses klumpige, weintraubenartige Gewebe. Ich dachte wirklich, meine Eingeweide wären nach außen gestülpt.

Ich ging sofort ins Bett und heulte. (Zumindest so lange, bis ein bestimmter Neuankömmling anfing, noch lauter zu schreien.) Ich wußte überhaupt nicht, was ich da ertastet hatte, war mir aber sicher, daß kein anderer Mensch so etwas je erlebt hatte und daß ich daran wahrscheinlich sterben (oder zumindest einen künstlichen Darmausgang benötigen) würde. Ich war so am Boden zerstört, daß ich niemandem von meinem Zustand erzählte – meinem Mann nicht (der für solche Sachen sowieso keine Nerven hat), meinen Freundinnen nicht (die mich bemitleiden würden und außerdem wüßten, daß ich entstellt bin) und bestimmt nicht meinem Arzt.

Nachdem er seit der Geburt nichts mehr von mir gehört hatte, rief mein Arzt mich schließlich an, um zu fragen, wie es mir ginge. Bei dieser Gelegenheit platzte ich heraus: »Da wächst etwas aus meinem Po, und es tut noch mehr weh als meine Naht!« Ich war schockiert und gleichzeitig erleichtert, daß er wußte, wovon ich sprach, und mir sogar einige Hilfsmittel zur Linderung geben konnte. Ich konnte es nicht glauben – es gab tatsächlich Cremes, die die Hämorrhoiden zum Abklingen brachten und den Schmerz und die Entzündung verringerten. Mein Arzt verschrieb mir auch Zäpfchen, die wahrscheinlich das gleiche innerlich bewirken sollten. Ob das funktioniert hätte, weiß ich nicht, sie liegen nämlich seit fünf Jahren ungeöffnet in meinen Arzneischränkchen. Mein Arzt mußte verrückt sein zu glauben, ich würde mir in meinem Zustand irgend etwas da unten hineinschieben.

Meine Freundin Jaye hatte nach der Geburt ihres ersten Kindes ein so schlimmes Hämorrhoiden-Problem, daß sie während ihrer zweiten und dritten Schwangerschaft regelmäßig zum Urologen ging. Er gab ihr Kortison-Spritzen ... na, ihr wißt schon ... wohin. Während allein der Gedanke an diese Prozedur mich völlig fertigmacht, versichert Jaye mir, daß es überhaupt nicht weh tut und ihr eine Erfahrung wie meine Horror-Dusche erspart hat. (Sie muß jedesmal lachen, wenn sie von ihren Besuchen beim Urologen erzählt, weil die anderen Patienten im Wartezimmer irgend etwas mit der Prostata zu tun hatten beziehungsweise über siebzig Jahre alt waren. Jeder konnte sich vorstellen, welcher Körperteil bei ihr behandelt wurde, weil schließlich niemand zum Urologen geht, um ihn wegen einer Herzoperation zu befragen.)

Im folgenden nun eine Liste der Dinge, die du zur Linderung von Hämorrhoiden ausprobieren kannst (nach vorheriger Absprache mit deinem Arzt natürlich):

- Frag nach einer Creme oder einer Salbe, die die Hämorrhoiden zum Abklingen bringt und die Beschwerden lindert.
- Tränke einen Wattebausch mit Hamamelis und tupfe die

Stelle ab, wann immer sich die Gelegenheit bietet – auf jeden Fall immer, wenn du zur Toilette gehst. Dadurch bleibt der Bereich sauber, und außerdem unterstützt es den Heilungsprozeß.

- Nimm viele Bäder. Das warme Wasser ist nicht nur entspannend (und die Schwerelosigkeit deines Körpers eine Wohltat), sondern reinigt zudem den betroffenen Bereich und schützt so vor Infektionen. Vielleicht empfiehlt dir auch jemand ein Sitzbad. Damit ist gemeint, daß du dich zwanzig bis dreißig Minuten lang in ein kleines Becken mit so heißem Wasser setzt, wie es für dich gerade noch erträglich ist. Ich persönlich würde dir jedoch raten, diese Zeit lieber für ein Nickerchen zu nutzen. Im Schlaf vergißt du mit Sicherheit sämtliche Hämorrhoiden.

- Besorg dir einen kleinen Schaumgummiring, der etwa wie ein großes, festes Donut aussieht. Wenn du in einem zweistöckigen Haus wohnst, solltest du dir sogar zwei von diesen Ringen kaufen, damit du nicht immer das Baby und dein Donut rauf und runter tragen mußt. Oder du kaufst dir eines dieser runden Babykissen, die es in vielen Versandkatalogen zu bestellen gibt. Vielleicht hast du sie schon einmal gesehen: Sie sind mit hellen oder bunten Baumwollstoffen bezogen, und das Baby soll in dem Loch in der Mitte sitzen und von dem umgebenden Kissen gehalten werden. Ich habe zwar noch kein Baby gesehen, das sich in dieser Falle wohl gefühlt hätte, aber für die Muttis sind sie großartig.

Wenn alles andere nicht hilft, kann mit einem operativen Eingriff – der auch von der Krankenkasse bezahlt wird – erfolgreich Abhilfe geschaffen werden.

5   Gefühle, Ängste und Launen

Die vielen schwangerschaftsbedingten körperlichen Veränderungen sind ziemlich extrem und
könnten schon allein traumatisierend wirken, wären aber alles in allem wahrscheinlich ganz gut zu bewältigen, wenn sie
nicht noch von heftigen emotionalen Veränderungen begleitet würden. Das Gefühlsleben vieler schwangerer Frauen ist
so unberechenbar, daß deren Männer ständig auf der Hut sind
und Freunde ungeduldig und verärgert werden. Ich war bei einer meiner Schwangerschaften so unausstehlich, daß Freunde
und Bekannte schließlich auf meine Gefühle keine Rücksicht
mehr nahmen und einfach sagten, ich solle den Mund halten,
wenn sie genug von mir hatten. Schwangere sind außerdem
leicht erregbar und können extrem stur sein. Wollte man sich
zum Beispiel mit meiner Freundin Janis zum Mittagessen ver-
abreden, mußten alle möglichen Regeln eingehalten werden.
Zum Beispiel mußte Punkt Viertel nach zwölf Uhr gegessen
werden, nicht früher und nicht später, und die Stühle im Restaurant mußten Armlehnen haben, weil sie sonst zur Verdauung des Essens nicht bequem genug saß.
Denke, während du dieses Kapitel liest, immer an folgende
Weisheit: Der letzte, der merkt, daß er verrückt ist, ist der
Verrückte selbst. Solltest du also versucht sein, dieses Kapitel
auszulassen, weil du es nicht für relevant hältst, dann besinne
dich noch einmal. Du bist vielleicht verrückter, als du denkst.
Frage andere, und du wirst unter Umständen erstaunt sein,
wie du von ihnen eingeschätzt wirst.

Das Gefühlsleben während der Schwangerschaft ist in vielem dem prämenstruellen Syndrom vergleichbar. Auf die Frage, »Wie lange wird dieses Auf und Ab andauern?«, läßt sich antworten: »Ungefähr vierzig Wochen.« Wie alles andere in der Schwangerschaft variiert das Ausmaß nicht nur von Person zu Person, sondern auch von Tag zu Tag. Das sind gute Nachrichten für die, die wirklich unter ihrem Gefühlsleben zu leiden haben, und weniger gute Nachrichten für alle, die behaupten, sie hätten sich noch nie in ihrem Leben so gut gefühlt.

Hier wieder ein Rat der Freundinnen: Wenn Frauen, die bereits eine Schwangerschaft hinter sich haben, dir erzählen, daß dies die erfüllendste und glücklichste Zeit ihres Lebens war, dann glaube ihnen nicht. Diese Art von Kommentaren wird dir unweigerlich das Gefühl geben, daß etwas mit dir nicht stimmt, weil du nicht ins Schwärmen geraten kannst. Außerdem sind sie falsch. Es gibt eine merkwürdige biologische Kraft, die bei Frauen einen teilweisen Gedächtnisverlust hervorruft, so daß sie die weniger angenehmen Details ihrer Schwangerschaft vergessen und alles in rosigem Glanz sehen. Mit diesem Trick will die Natur jedoch nur sicherstellen, daß Frauen nicht nur einmal schwanger werden. Wenn du dich nämlich an zuviel erinnerst, wirst du das Ganze vielleicht nie mehr wiederholen wollen.

Im folgenden erfährst du, wie sich das Auf und Ab deines Gefühlslebens konkret auswirken kann. Du wirst wahrscheinlich während deiner Schwangerschaft alle Stadien durchmachen müssen – hoffentlich nicht alle gleichzeitig!

»Ich kann mich nicht mehr konzentrieren!«

Solltest du in ferner Zukunft einmal an Alzheimer erkranken,
wirst du wahrscheinlich ähnlich unter deiner Vergeßlichkeit
und deinem mangelnden logischen Denkvermögen zu leiden
haben. Schuld an dieser Gehirnschwäche ist teilweise die
Überlastung, der die Schaltungen im Gehirn einer schwangeren Frau ausgesetzt sind: es gibt einfach soviel, woran man
denken muß! Du mußt entscheiden, zu welchem Arzt du gehen willst, in welchem Krankenhaus du das Kind zur Welt
bringen willst, ob du vorher das Geschlecht des Kindes wissen willst oder nicht, ob du genetische Tests machen lassen
solltest, wie du es deinem Chef beibringen willst, daß du dem-
nächst in Mutterschutz gehst, wie du es deinem Mann sagen
wirst, daß deine Mutter nach der Geburt des Babys für einige
Wochen kommt und so weiter und so weiter. Es ist eigentlich
nur natürlich, daß du in einer solchen Situation verwirrt bist
und leicht den Überblick verlierst.

Aber damit ist noch nicht alles zur mangelnden Konzentrationsfähigkeit gesagt. Viele schwangere Frauen verhalten
sich zudem geistesabwesend und verträumt. Du weißt schon,
wovon ich spreche: diese Art von Geistesabwesenheit, mit
der du vom Büro nach Hause fährst und deine frisch gereinig-
te Kleidung auf dem Autodach liegen läßt oder in einer Besprechung sitzt und nachher kein Wort mehr weißt.

Vielleicht unterhältst du dich mit deinem Baby: Ihr schmie-
det Pläne, stellt euch das Gesicht des anderen vor, habt
Scheu vor dem ersten Treffen. Vielleicht fragst du dich, wie
dein Sohn sein wird oder ob dich deine Tochter als Teenager
netter behandeln wird, als du deine Mutter behandelt hast.

Du fragst dich, ob dein Kind je etwas tun wird, auf das du rundherum stolz sein kannst, oder ob es umgekehrt etwas tun wird, was dich total in Verlegenheit bringt. Diese Träumereien sind für dich von so zentraler Bedeutung, daß dir das Gerede der anderen Leute ziemlich belanglos erscheinen mag. Du würdest sie am liebsten bei den Schultern packen, schütteln und laut schreien: »Wißt ihr denn nicht, daß das Universum sich für immer verändert hat, weil ich ein Baby bekomme?« Vielleicht machst du dir auch Sorgen, wie sich diese mangelnde Konzentrationsfähigkeit nach der Geburt auswirken wird, wenn du für das Baby sorgen mußt. Darüber solltest du dir aber jetzt noch keine Gedanken machen. Du wirst später, wenn das Baby bei dir zu Hause ist, bis zum Ende deiner Tage vor Sorge so außer dir sein, daß deine momentane Geistesabwesenheit nichts dagegen ist.

Genieße es, daß jetzt noch so wenig auf dem Spiel steht. Ist das Baby erst geboren, werden dich viel realistischere Katastrophen beunruhigen: zum Beispiel daß du das Baby irgendwo abstellst und versehentlich ohne es davonfährst.

»Die Windelreklame rührt mich zu Tränen!«

Eine der eher harmlosen Auswirkungen des emotionalen Schleuderkurses während der Schwangerschaft ist, daß du ziemlich sentimental wirst. Fast jede Mutter kann sich daran erinnern, daß sie als Schwangere bei der Fernsehreklame für Windeln oder Babynahrung plötzlich zu weinen anfing. Ich fand die Reklamesendungen für Lebensversicherungen mit den wahnsinnig glücklichen Eltern und ihrem Neugeborenen immer besonders rührend. Eines Nachts, gegen Ende meiner ersten Schwangerschaft, saß ich im zukünftigen Kinderzimmer meines Sohnes, hörte mir eine Kassette mit Wiegenliedern an und heulte wie ein Schloßhund, bis mein Mann kam und sich fragte, ob ich vielleicht professioneller Hilfe bedürfe.

Meine Freundin Maryann, die erst seit kurzem von ihrer Schwangerschaft weiß, erzählt, daß sie häufig von der Zuneigung zu ihren Eltern und ihrem Mann regelrecht überwältigt wird. Sie kann eimerweise Tränen vergießen, nur wenn sie sich vorstellt, einer ihrer Lieben könnte von einem Lastwagen überfahren oder vom Blitz getroffen werden, noch bevor das Baby geboren ist. Es ist, als müßte sie sich damit auseinandersetzen, wie zerbrechlich alles Leben ist und wie verletzbar sie das macht, besonders wenn es um das Leben ihrer Familienmitglieder geht. Eine besondere emotionale Krise kann auftreten, wenn du gerade schwanger bist, während überall in den Medien über eine Katastrophe berichtet wird, in die ein Kleinkind verwickelt ist.

Vor Jahren, als »Baby Jessica«, das kleine Mädchen aus Texas, in ein tiefes Loch im Hinterhof fiel, war meine Freundin Amy tagelang völlig durcheinander. Sie hatte solches Mitleid mit den Eltern, daß sie erst wieder essen, schlafen oder telefonieren konnte, als das Baby gerettet war. Nachrichtensendungen über verhungerte Kinder in Drittweltländern sind für die Psyche von schwangeren Frauen so aufreibend, daß sie oft reagieren, als hätten sie einen persönlichen Verlust erlitten.

Der amüsante Aspekt dieser Sentimentalität ist die Verwandtschaft, die du plötzlich zu allen Müttern dieser Welt spürst, angefangen von Donna Reed* bis hin zu der Mutter, die ihr heulendes Kind in der Spielwarenabteilung anschreit. Die Welt teilt sich plötzlich in zwei Gruppen: in Frauen mit Kindern und in Frauen ohne. Und in deinem gegenwärtigen Zustand wirst du am meisten an der Untergruppe der Frauen interessiert sein, die zur selben Zeit schwanger sind wie du.

Wenn du schwanger bist, scheint es dir, als sei die gesamte Bevölkerung im gebärfähigen Alter es ebenfalls. Du kannst dir kein Brot aus dem Supermarktregal holen, ohne auf eine schwangere Frau zu treffen. Ihr beäugt euch gegenseitig mit unverhohlener Neugier, aber mit der Freundlichkeit von Leidensgenossinnen. Du wirst versuchen zu erraten, in welchem Monat deine neue Bekannte ist (und ob sie so gut oder so schlecht aussieht wie du zum entsprechenden Zeitpunkt), und überhaupt keine Hemmungen haben, diese völlig fremde Frau über ihre bisherige Schwangerschaftsgeschichte auszufragen.

Solltest du zufällig zur selben Zeit schwanger sein wie irgendeine Berühmtheit, wirst du eine solche Vertrautheit mit ihrer Schwangerschaft entwickeln, daß du schließlich das Gefühl hast, mit ihr verwandt zu sein. Mit mir waren zum Beispiel Kathie Lee Gifford**, Demi Moore und Fergie gleichzeitig schwanger. Deshalb hege ich für ihre Kinder mütterliche Gefühle, auch wenn ich sie gar nicht kenne. (Ich bilde mir je-

---

* Amerikanische Schauspielerin, 1921–86; in Deutschland vor allem bekannt, weil sie für kurze Zeit Miss Ellie in der Serie »Dallas« spielte (Anm. d. Übers.).
**Gastgeberin einer Talk-Show, in die sie auch ihr Baby Cody mitnahm (Anm. d. Übers.).

doch ein, Cody zu kennen.) Als Kathie Lee sich eines Tages in ihrer Show über Wassereinlagerungen beklagte, zwickte ich mich den ganzen Tag über, um zu prüfen, ob ich auch welche habe. Und als ich in den Spätnachrichten hörte, daß der Star einer beliebten Fernsehserie in den letzten Monaten ihrer Schwangerschaft eine Fehlgeburt erlitten hatte, mußte mein Mann sofort wieder aus dem Bett springen und mich ins Krankenhaus fahren, wo ich untersuchen ließ, ob mit dem Baby in meinem Bauch noch alles in Ordnung sei.

Später, nachdem ihr alle eure Babys bekommen habt, wirst du wieder ein Auge auf diese Frauen werfen und prüfen, wie sie es schaffen, ihre alte Figur zurückzugewinnen. Ich war ziemlich traumatisiert, als Kathie Lee Gifford in einem aufreizenden Abendkleid die Wahl zur Miss Amerika moderierte, während ich immer noch ein T-Shirt meines Mannes über meine riesige Unterwäsche und meine Still-BHs zog. Geliebt habe ich es, wenn in einer der Boulevard-Zeitschriften ein aus dem Hinterhalt aufgenommenes wenig schmeichelhaftes Foto einer berühmten Mutter erschien, auf dem sie nach einem siebenstündigen Flug mit ihrem Neugeborenen aus dem Flugzeug steigt.

»Ich will, und zwar sofort!«

Sofortige Wunscherfüllung ist das Ziel fast aller schwangeren Frauen. Dem Uneingeweihten mag es so erscheinen, als ob Schwangere weinerlich in ihrem Zustand schwelgten und ihre Situation schamlos für ihre Zwecke ausnutzten. Das ist jedoch nicht ganz richtig. Bestimmte Empfindungen werden in der Schwangerschaft so heftig, wie man es im nicht-schwangeren Zustand nie für möglich gehalten hätte. Und wehe der Person, die dann zwischen dir und deinen Wünschen steht. Zum Beispiel kann es passieren, daß eine nicht-schwangere Frau während einer Autofahrt mit ihrem Mann plötzlich und unerwartet auf die Toilette muß. Sie wird dies ihrem Mann ruhig mitteilen und ihn bitten, ob er nicht bei der nächsten sauberen Toilette, sollten sie an einer vorbei-kommen, anhalten könnte. Wahrscheinlich wird sie noch hinzufügen, daß sie es auch noch bis zu ihrem Zielort aushalten könne, sollte sich keine Toilette finden.

Das Szenario ändert sich schlagartig, wenn die Frau schwanger ist. Ihre Stimme bekommt einen hysterischen Unterton, wenn sie mit ihrem Bedürfnis herausplatzt. Es klingt von Anfang an so verzweifelt, daß man meinen könnte, ihre Blase sei bis zum Platzen gefüllt. Ihr Mann sucht daraufhin sofort nach einer geeigneten Haltemöglichkeit. Und bevor er sich recht versieht, ist sie mit ihrer Hand schon am Türgriff und bereit, sich aus dem fahrenden Auto zu stürzen. Ihr Drang, sich zu erleichtern, ist so stark, daß sie es überall tun würde – außer vielleicht auf dem Beifahrersitz. (Und das auch nur deshalb nicht, weil sie dann während der restlichen Fahrt im Nassen sitzen müßte.) Das Unvermögen des Mannes, die Dringlich-keit der Bitte seiner Frau auch nur annähernd nachvollziehen zu können, kann zum Ausgangspunkt für einen wunderbaren Streit der Geschlechter werden. Daher lautet unser Rat an die Männer in dieser Situation: Stell keine Fragen. Halte sofort am Straßenrand an, renn um das Auto herum, hilf ihr beim Aussteigen, und begleite sie zu einem geeigneten Platz hinter einem Baum oder Verkehrsschild. Und paß auf deine

Schuhe auf. Denke daran: Extreme Zeiten erfordern extreme Maßnahmen!

Sollte diese Art von Ungeduld im Zusammenhang mit einem dringenden Bedürfnis deinen Mann schon schockieren, dann warte ab, bis er dein schwangeres Ich erlebt, das plötzlich Hunger bekommt und kein Essen in unmittelbarer Reichweite findet. Der Hunger einer schwangeren Frau kann nicht als Appetit bezeichnet werden und ist nicht einfach nur ein gemäßigtes Verlangen nach Nahrung. Er ist so heftig, daß der Mann, sollte das Auto nicht innerhalb von dreißig Sekunden vor einem Lebensmittelgeschäft stehen, eine völlig aufgelöste, heulende Frau neben sich sitzen hat, die verzweifelt das Handschuhfach nach dem Pfefferminzbonbon durchforstet, das sie vor ein paar Monaten noch dort gesehen hatte.

Vielleicht gibt es für diesen plötzlichen Hunger einer Schwangeren sogar eine medizinische Erklärung, wie zum Beispiel das plötzliche Absacken des Blutzuckerspiegels. Ich weiß jedenfalls, daß dich dieses Hungergefühl ängstlich, griesgrämig und verzweifelt macht. Deswegen möchten wir Freundinnen dir den Rat geben, für diese Hungerkrisen vorzusorgen und genügend Vorräte in deinem Auto, im Auto deines Mannes, in deiner Handtasche und im Büro anzulegen. Außerdem solltest du die im Büro deponierten Nahrungsmittel mit der Aufschrift »Nahrung nur für Schwangere – nicht berühren!« kennzeichnen. Denn es wäre äußerst fatal, wenn du nach deinem letzten Snack greifen möchtest und feststellen müßtest, daß die Sekretärin ihn bereits gegessen hat. Nüsse und Körner, Müsliriegel und Bananen sind als Zwischenmahlzeit gut geeignet und werden dich davor bewahren, daß du in heller Aufregung das nächste Fast-Food-

Lokal ansteuern mußt. Auch der Durst kommt bei schwangeren Frauen plötzlich und ist alles beherrschend (aber warte erst einmal, bis du stillst, und du wirst wissen, was es heißt, vor Durst zu sterben). Zusätzlich zu den Nahrungsvorräten solltest du also auch mehrere Flaschen mit Mineralwasser an strategisch günstigen Orten deponieren.

»Ich glaube, ich hasse meinen Mann!«

Fangen wir mal mit der einfachen Prämisse an, daß dein Mann aufgrund der Tatsache, daß er keine Frau ist, keine Ahnung hat, wie du dich momentan fühlst. Er kann sich nicht vorstellen, welche Sorgen du dir machst, kann deine ambivalente Einstellung, deine Unsicherheiten und deinen fast schon toxischen hormonellen Zustand nicht nachvollziehen. Allein das reicht schon aus, um ihn zum »Unzumutbarsten Mann des Jahres« zu qualifizieren. Du kannst uns Freundinnen glauben, auch wenn dein Mann es dir nicht ins Gesicht sagt, denkt er doch, daß du durch die Schwangerschaft irrational, gefühlsduselig und launisch geworden bist – alles Eigenschaften, die Männer an anderen, besonders an ihrer eigenen Frau, hassen. Während meiner Interviews habe ich festgestellt, daß Männer in Anwesenheit ihrer Frauen nur Geschichten von ihren tapferen, Pionierarbeit leistenden Frauen erzählen, die sich selbstlos dem Schmerz stellen und sich opfern, um ihr wertvolles kleines Baby fertigzustellen. Trifft man diese Männer dann ohne ihre Frauen wieder, übertrumpfen sie sich mit Geschichten über die Schwangerschaftshysterien ihrer Frauen. Gary erinnert sich daran, wie seine Frau sich vor dem Kühlfach im Supermarkt auf den Boden legen mußte, weil ihr plötzlich übel wurde, und daran, wie verlegen es ihn gemacht hatte, als die anderen Einkäufer über und um sie herum steigen mußten, um an das Kühlfach zu kommen. Michael beschreibt, welche Unmengen an Nahrung seine Frau vertilgen konnte, so als ob sie ein menschlicher Müllschlucker wäre. Mitleidheischend erzählt er weiter, wie er selbst nie seine Mahlzeiten beenden konnte, weil seine gefräßige Frau auch vor seinem Teller nicht haltmachte. Alle diese Männer verdrehen die Augen und schütteln unisono den Kopf, wenn man auf die beliebteste Frage schwangerer Frauen und die Unmöglichkeit einer vernünftigen Antwort zu sprechen kommt: »Liebst du mich noch, obwohl ich so dick bin?«

Keiner weiß so recht, was er darauf sagen soll. Wird jetzt von ihnen erwartet, daß sie sagen, sie würden ihre Frauen auch in diesem Zustand lieben – womit sie aber implizit zugeben, daß sie ihre Frauen für zu dick halten –, oder ist es gescheiter, mit Nein zu antworten und zu sagen, sie würden nur dünne Frauen (eben wie sie) lieben.

Es gibt kaum etwas Schlimmeres, als den Kopf zu verlieren und gleichzeitig von jemandem auf diese Tatsache hingewiesen zu werden. Bereite dich also auf folgende oder ähnliche Kommentare deines geliebten Mannes vor: »Glaubst du nicht, daß du ein bißchen überreagierst?« oder »Bist das wirklich du oder ist es dein schwangeres Du, was da spricht?« Oder wie findest du das: »Du hast früher, als du noch nicht schwanger warst, mehr Humor gehabt.« Und: »Die Frau meines Chiropraktikers hat ihr Baby ganz ohne Schmerzmittel zur Welt gebracht, und ich finde, du solltest auch keine nehmen.« Beziehungsweise: »Ich weiß, du hast einen Schnupfen, aber brauchst du wirklich diese Antihistamine?« (die der Arzt dir empfohlen hat!).

Am häufigsten beklagen wir Freundinnen uns jedoch darüber, daß unsere Männer diese ganze Sache mit der Schwangerschaft nicht so wahnsinnig wichtig nehmen, wie wir es tun. Sie können stundenlang, ja sogar tagelang an andere Dinge denken, während eine schwangere Frau (besonders wenn es ihre erste Schwangerschaft ist) an nichts anderes mehr denken kann. Es gelingt ihr sogar, den Golfkrieg mit ihrem Baby in Zusammenhang zu bringen: Wenn Saddam Hussein in Kuwait einmarschiert, kommt es vielleicht zu einer Ölknappheit, und es wird im Krankenhaus nicht mehr genügend Strom geben, wenn die Wehen einsetzen. Männer dagegen betrachten die Schwangerschaft tendenziell eher als etwas, was zwar ihre Frauen ein bißchen durcheinanderbringt, aber im großen und ganzen bis zur tatsächlichen Geburt des Babys kein wichtiges Ereignis ist.

Einmal rief ich meinen Mann in New York an, wo er geschäftlich unterwegs war, um mich bei ihm zu beschweren, daß er das Baby offensichtlich nicht so sehr wollte, wie ich es tat. Als er mich nach einem Beweis für diese Annahme fragte, antwortete ich ihm, daß er noch nicht eine Minute darüber nachgedacht hätte, welchen Namen das Baby bekommen solle, obwohl ich nun schon im siebten Monat schwanger sei. Ich hatte mir vom ersten Tag der Schwangerschaft an mindestens zweimal täglich Gedanken darüber gemacht und noch öfter, als der Arzt mir sagte, daß ich ein Mädchen erwarten würde. Mein Mann dagegen schien der Ansicht zu sein, daß die Namen vom Krankenhaus vergeben werden.

Es gibt für Männer jedoch eine – auch häufig von ihnen ergriffene – Möglichkeit, die Schwangerschaftserfahrung ihrer Frauen zu teilen, und zwar, indem sie ebenfalls dicker werden. Ziemlich viele meiner Freundinnen erzählen, daß ihre Männer während ihrer Schwangerschaft fünf bis zehn Kilo zugenommen haben. Wer weiß, ob sie essen, weil sie nervlich gestreßt sind, oder einfach weil sie ihren Frauen am Futtertrog Gesellschaft leisten wollen. Einige entwickeln sogar dieselben Gelüste wie ihre Frauen. Ich glaube jedoch nicht, daß das etwas mit Mitgefühl zu tun hat. Es ist wohl eher ein Fall von »Wenn du etwas bekommst, dann will ich das auch!« Nach dem Motto: »Wenn du ein Bananen-Split ißt, dann habe ich auch eins verdient.« Mein Mann ging sogar noch etwas weiter und bekam jede Krankheit, die ich hatte, auch – nur schlimmer. Mit anderen Worten, wenn ich mich mit einer Bronchitis ins Bett gelegt habe, war er sich sicher, eine Lungenentzündung zu haben. Das hatte er sich sehr clever ausgedacht, denn niemand hätte von einem Mann mit Lungenentzündung erwartet, daß er sich um eine pummelige, verrückte Frau kümmert, die ein bißchen hustet.

Was eine schwangere Frau wirklich auf die Palme bringen kann, wenn ihr Mann sie während ihrer Schwangerschaft kaum oder gar nicht unterstützt und nur wenig oder gar kein Verständnis für sie hat, ist der ständig im Hinterkopf nagende Gedanke: »Es ist doch eigentlich seine Schuld. Schließlich hat er mir das angetan.« Er kommt bei der ganzen Sache gut davon, kann nachher ruhig und zufrieden einschlafen, während sich das Leben der Frau für immer verändert hat. Besonders stark wird dieser Vorwurf noch einmal während der Geburt. Es kann einen ziemlich in Rage bringen, wenn man selbst mit stärksten Wehen im Krankenhausbett liegt und dann zusehen muß, wie der eigene Mann sich in der Cafeteria etwas zum Essen holt und anschließend fernsieht. Das Leben ist einfach manchmal ungerecht.

»Ich habe wahnsinnige Angst!«

Angst ist Begleiter aller schwangeren Frauen. Die Freude darüber, daß du ein Baby erwartest, kann blitzschnell in Furcht umschlagen. Zunächst wird allein schon die Aussicht, daß ein Kind in dir wächst, für das du bis ans Ende deiner Tage Verantwortung trägst, Beklemmung auslösen. Unter Umständen ist das der erste Moment, in dem du nach einer Fluchtmöglichkeit suchst. Kurze Zeit später werden deine Ängste konkreter. Du wirst nicht mehr global und undifferenziert ein riesiges Gefühl der Sorge empfinden, sondern kannst einzelne Ängste auflisten, die dich im allgemeinen in folgender Reihenfolge heimsuchen:

Die Angst vor einer Fehlgeburt

Hast du erst einmal den Schock und die Aufregung darüber, daß du schwanger bist, überwunden, wird es zum wichtigsten Ziel deines Lebens werden, diese Schwangerschaft zu erhalten. Die Angst vor einer Fehlgeburt ist nicht völlig irrational. Die Statistiken belegen, daß etwa jede fünfte diagnostizierte Schwangerschaft durch eine Fehlgeburt beendet wird, wobei verschiedene Faktoren, wie zum Beispiel das Alter der Mutter, die Wahrscheinlichkeit beeinflussen. Und solltest du oder eine enge Freundin von dir schon eine Fehlgeburt gehabt haben, dann weißt du, daß das mehr ist als nur eine besonders schmerzhafte Menstruationsblutung. Frauen, die sich sehr auf die Geburt ihres Kindes freuen, bereitet der Verlust dieses Kindes, egal wie früh er erfolgt, großen Kummer.

Einige Frauen, besonders die, die ohne große Probleme empfangen haben und deren Schwangerschaft noch nie durch eine Blutung oder eine Fehlgeburt bedroht war, werden keine allzu großen Anstrengungen unternehmen, um ihre Schwangerschaft zu erhalten (außer vielleicht, daß sie ihre Aerobic-Stunde etwas langsamer angehen lassen). Andere dagegen, die wie ich jahrelang versucht haben, schwanger zu werden, oder ihre Schwangerschaft aus irgendeinem Grund für gefährdeter halten, werden in den ersten drei Monaten sehr viel mehr Vorsichtsmaßnahmen treffen. In fast jedem Schwangerschaftsbuch kann man lesen, daß Frauen mit einem geringen Schwangerschaftsrisiko (frag deinen Arzt, wie deine Schwangerschaft einzuordnen ist) absolut keinen Grund haben, ihr normales Fitneßprogramm zu kürzen. Mit meinem Verstand kann ich diese Weisheit, wenn auch widerwillig, akzeptieren. Aber von meinem Gefühl her bin ich völlig dagegen, besonders was die prekären ersten drei Monate betrifft. Ich weiß, daß die meisten Fehlgeburten im ersten Drittel der Schwangerschaft durch eine genetische Mißbildung des Embryos hervorgerufen werden. Aber ich kann trotzdem nicht verstehen, warum jemand auch nur das kleinste Risiko auf sich nehmen will, daß unter Umständen doch die neunzigminütige Box-Aerobic-Stunde schuld an der Fehlgeburt sein könnte. Wenn du es dir leichter machen kannst, warum tust du es dann nicht? Vielleicht weil du völlig von der modernen Vorstellung der Superfrau beeinflußt bist, die ein Kind austrägt und trotzdem noch ihre Übungen am Trapez macht? Klar, wir haben alle schon von Frauen gehört, die das getan haben, aber was haben die mit dir und deinem Baby zu tun? Die wichtigste Schwangerschaftsregel ist daher: DIE SCHWANGERSCHAFT IST KEIN WETTBEWERB! TU NUR DAS, WAS FÜR DEIN ÜBERLEBEN IN DEN NÄCHSTEN NEUN (ZEHN) MONATEN UND FÜR DIE GESUNDHEIT DEINES BABYS NÖTIG IST.

Ich habe ja schon erzählt, wie oft ich leichenblaß geworden und ins Badezimmer gelaufen bin, weil ich befürchtete, Blut in meiner Unterwäsche zu finden. Wie bereits erwähnt, hatte ich bei allen vier Schwangerschaften Blutungen, und es war jedesmal absolut entsetzlich. Ich habe es als göttliche Botschaft verstanden, mich sofort ins Bett zu legen, und bekam wieder Respekt vor der Zerbrechlichkeit allen Lebens. Deshalb wollen wir Freundinnen dir raten, es langsamer angehen zu lassen, wenn du weißt, daß du schwanger bist. Fehlgeburten passieren leider, aber du solltest dich nicht nachher auch noch fragen müssen, ob du etwas zur Rettung der Schwangerschaft hättest tun können (zum Beispiel das Rauchen aufgeben oder mit den Liegestützen aufhören).

Die Angst vor einer Fehlgeburt kann bei vielen Frauen auch einen biologischen Grund haben, nämlich Bauchkrämpfe, die häufig zu Beginn der Schwangerschaft auftreten und die sich anfühlen wie Menstruationskrämpfe. Wenn du sie in den ersten Wochen spürst, wirst du schwören, daß die Schwangerschaft nur ein Traum war, der in den nächsten Minuten durch die Menstruationsblutung beendet wird. Ich habe mir erst um die zehnte Schwangerschaftswoche herum nicht mehr täglich eine Binde eingelegt – aus Angst, diese Krämpfe könnten doch nichts mit der Schwangerschaft zu tun haben. Wenn du Bauchkrämpfe hast, dann entspanne dich – sie bedeuten in den meisten Fällen nichts. Wenn sie jedoch sehr schmerzhaft werden und zusätzlich Blutungen auftreten, dann ignoriere alles, was ich bisher gesagt habe, und rufe deinen Arzt an.

Die Angst, daß mit dem Baby etwas nicht in Ordnung sein könnte

Solltest du jetzt manchmal wahnsinnige Angst haben, das Kind könnte nicht ganz gesund auf die Welt kommen, bekommst du schon einmal einen Vorgeschmack auf deine Verletzbarkeit, wenn es um das Wohlergehen deines Babys geht. Von nun an bis zu dem Tag, an dem du stirbst (oder dankenswerterweise in Senilität verfällst), wirst du dir um dein Kind Sorgen machen. Wenn dein Baby nicht glücklich und ganz gesund ist, wirst du es auch nicht sein. Hier ist es, noch nicht einmal geboren, und schon hast du Angst und mußt dich damit auseinandersetzen, wie du damit fertig wirst, wenn dem Kind etwas zustoßen sollte.

Wir alle wissen, daß Babys mit gesundheitlichen Problemen auf die Welt kommen, genauso wie größere Kinder krank werden, sich die Knochen brechen, einen Blinddarmdurchbruch haben oder, Gott bewahre, noch schlimmere Sachen passieren können. Aber unsere Ängste sind fast immer größer als die Wahrscheinlichkeit, daß tatsächlich etwas passiert. Die meisten Kinder werden mit zehn Fingern und zehn Zehen geboren und überleben sämtliche Kindheitskatastrophen so erfolgreich, daß ihr Wohlergehen am ehesten noch davon bedroht ist, daß wir Eltern ihnen im Teenager-Alter den Hals umdrehen.

Aber selbst wenn du das alles weißt, kannst du deshalb trotzdem nicht das Tonband in deinem Kopf abstellen, das dir immer wieder vorspielt: Was ist, wenn das Baby nicht ganz gesund zur Welt kommt. Du bist dir nämlich vollkommen sicher, daß du dann keine andere Wahl hast, als selbst zu sterben. Diese intensive Liebe zu dem Baby und die Identifikation mit ihm sind für jede Frau überraschend, die das zum ersten Mal erlebt. Wenn du jedoch die damit verbundene Kraft spürst, weißt du, warum du am liebsten den Zweijährigen ohrfeigen würdest, der deinem Kind Sand in die Augen geworfen hat, oder den Lehrer beschimpfen könntest, der findet, dein Kind sei noch nicht reif für die Schule.

Aber um noch einmal auf die irrationalen Ängste um die Gesundheit des Babys zurückzukommen: Ich glaube, indem wir uns während der Schwangerschaft alle möglichen Katastrophen ausmalen, wollen wir unsere Psyche stärken, damit wir für den Ernstfall gewappnet sind. Wir scheinen zu glauben, daß wir den Schock oder die Trauer verringern können, wenn wir in unserer Vorstellung alles schon mal durchgegangen sind und es uns nicht mehr völlig unvorbereitet trifft. Ich muß dir ja nicht sagen, daß das völliger Aberglaube ist. Du weißt es selbst, aber manche von uns brauchen das eben.

Viele Frauen entscheiden sich, verschiedene Tests machen zu lassen, um einige der Ängste vor eventuellen Schädigungen auszuschließen. Bei dem häufig durchgeführten Alpha-Fetoproteintest wird der Mutter Blut abgenommen und auf Spina bifida untersucht. Außerdem kann ermittelt werden, ob für

111

den Fötus ein erhöhtes Risiko besteht, am Down-Syndrom zu erkranken. Es gibt auch einen neuen Bluttest bei dem das Down-Syndrom mit Hilfe der genetischen Konstellation festgestellt werden kann.

Durch die Ultraschalluntersuchungen, die während der Schwangerschaft mehrmals durchgeführt werden, erhältst du die Bestätigung, daß dein Kind ein Herz mit vier Kammern, ein Gehirn und alle Arme und Beine hat, die es haben soll. Wenn das Baby am Tag der Untersuchung (auch Sonographie genannt) besonders schamlos ist, kannst du sogar die Geschlechtsorgane sehen und weißt dann mit ziemlicher Sicherheit, ob es ein Mädchen oder ein Junge wird.

Wenn du fünfunddreißig Jahre oder älter bist, wird wahrscheinlich auch ein genetischer Test gemacht, bei dem entweder eine Gewebeprobe oder etwas Fruchtwasser entnommen wird (die Tests heißen Chorionzottenbiopsie beziehungsweise Amniozentese und werden in einem anderen Kapitel ausführlich besprochen). Bei einem guten Testergebnis kannst du die Möglichkeit ausschließen, daß das Baby an bestimmten Erbkrankheiten erkrankt ist.

Wenn du allerdings glaubst, daß damit alle Sorgen aus der Welt geschafft wären, irrst du dich. Sobald du weißt, daß das Baby weder am Tay-Sachs-Syndrom noch am Down-Syndrom leidet, beschäftigen sich deine Gedanken kreativerweise damit, ob es schielen oder wie Prinz Charles abstehende Ohren haben wird. Sich zu sorgen, scheint eine notwendige Übung für schwangere Frauen zu sein, und jede Sorge, die du losgeworden bist, wird durch eine neue ersetzt.

Schuldgefühle sind ein fruchtbarer Boden, auf dem weitere endlose Sorgen wachsen können. Wir sind überzeugt, daß die

Wahrheit ans Licht kommt und wir jetzt für alle Sünden während unserer sorglosen Jugendzeit bezahlen müssen. Hast du früher beim Rauchen Lungenzüge gemacht, wird dir jetzt ganz flau bei dem Gedanken, daß der Rauch deine Chromosomen für immer verändert haben und dein Baby mit zwölf Zehen geboren werden könnte. Nicht auszudenken, was passiert, wenn du bei deinen chemischen Experimenten noch ganz andere Dinge geraucht hast. Wenn du nicht dem Rat der Freundinnen vertraust, wirst du jetzt sechsunddreißig oder mehr mit Sorgen angefüllte Wochen vor dir haben. Die Angst vor Vergeltung ist am stärksten bei denen, die bei der Empfängnis high oder betrunken waren. Was für eine Zwickmühle! Du warst locker genug, um die Chance zu ergreifen und schwanger zu werden, und wünschst dir nun während deiner ganzen Schwangerschaft nichts sehnlicher, als daß du in dieser Nacht stocknüchtern gewesen wärst.

So Gott will, wird schließlich ein Baby mit robuster Gesundheit geboren. Trotzdem werden die von uns, die noch nicht vollständig überwältigt sind von dem ungeheuerlichen Erlebnis, daß ein Baby in voller Größe aus ihrem Inneren herauskommen kann, sich nach dem letzten Pressen (oder dem Griff des Arztes in den Kaiserschnitt) einen Moment lang fragen, ob das Baby eher einem Monster oder einem Engel gleicht. Glaub deinen Freundinnen: Wenn du den ersten Schrei des Babys hörst und in sein kleines verknittertes Gesichtchen schaust, wirst du dich fühlen, als ob alle Engel im Himmel dir zulächeln. Bleib dann aber auf dem Teppich, denn jetzt geht es mit den Sorgen erst richtig los. Wenn du dachtest, daß das kleine Baby in deinem Bauch dich völlig in Beschlag genommen hat, dann warte, bis du das Kleine in deinen Armen hältst und völlig abdrehst: Es wird sofort zur wichtigsten Person des Haushalts werden. (Weißt du noch, wie Shirley MacLaine in *Zeit der Zärtlichkeit* um die Babykrippe herumschlich, um zu prüfen, ob das Baby noch atmet? Weil sie sich nicht sicher war, zwickte sie das Baby, das daraufhin schreiend aufwachte.)

Wenn du denkst, daß hier der Dichter um der Tragödie willen übertrieben hat, dann täuschst du dich. Wir Freundinnen waren (vor allem bei unserem ersten Baby) überzeugt, daß wir unsere Neugeborenen nur durch die schiere Kraft unseres Willens am Leben erhielten und sie sofort mit dem Atmen aufhören würden, wenn wir uns nicht ständig auf sie konzentrierten. Wir haben alle kleine Spiegel unter Babys Nase gehalten, um vom angelaufenen Spiegel die Bestätigung zu erhalten, daß die Atmung noch funktioniert. Und diese Babyphone, ohne die keine Mutter mehr auskommen kann? Die meisten von uns haben in den ersten Monaten den Lautstärkeregler bis zum Anschlag hochgedreht, um nicht das Atmen und Gurren unseres Babys, sondern auch das Wachsen seiner Fingernägel zu hören.

Die Angst, häßlich zu werden

Es gibt Frauen, wie zum Beispiel meine Freundin Shirley, die noch nie so schön und glücklich waren wie in der Schwangerschaft. Sie fühlen sich als Frauen erfüllt, strotzen vor Gesundheit und genießen ihre rundlichen, reifen Formen. Ich kann nur wiederholen: »Freut mich wirklich für sie.« Vielleicht habe ich mich einfach von meiner Rolle als Frau und reproduzierendes Wesen entfremdet, aber ich fand die Veränderungen meines Äußeren zeitweise – milde gesagt – störend, manchmal sogar regelrecht erschreckend. Es ist nicht so, daß ich mir schwangere Frauen ansehe und sie unattraktiv finde. Ich finde ganz im Gegenteil andere Schwangere hinreißend. Nur mir selbst fällt es manchmal schwer, meine eigenen schwangeren Dimensionen mit den Klamotten in Größe 38 in meinem Schrank in Einklang zu bringen.

Außerdem habe ich mich oft gefragt, ob mein Mann mich noch sexy findet, beziehungsweise – ebenso wichtig –, ob ich selbst mich noch sexy finde. Die ehrliche Antwort auf beide dieser Fragen ist nein. Ich könnte aber mindestens ebenso viele Freundinnen und Männer aufzählen, die die Schwangerschaftsfülle erotisch finden, wie solche, die das Gegenteil behaupten. (Mehr zu diesem Thema im Kapitel »Sex und Schwangerschaft«.)

Ich weiß, wie langweilig und abgedroschen es ist, unsere Gesellschaft wegen ihres Schlankheitskultes zu verdammen, aber es läßt sich nicht bestreiten, daß eine schwangere Frau in einer solchen Gesellschaft Identitätsprobleme bekommen kann. Sie wird sich fragen, ob sie ihren Rang als Geliebte verliert, weil sie Mutter wird. Was alles noch schlimmer macht, sind die Kleider, die in den meisten Geschäften für Umstandsmode angeboten werden und mit denen man höchstens einen Clown einkleiden oder eine Stewardeß passend anziehen könnte.

Jede schwangere Frau betet inbrünstig, daß sie nach der Geburt des Babys wieder ihr früheres Selbst zurückerhält. Aber in dieser Hinsicht sind die Botschaften, die die Gesellschaft aussendet, leider doppeldeutig.

Einerseits denkst du, wenn du Frauen wie Vanna White*
siehst, deren frühere Schönheit schon Minuten nach der Geburt wiederhergestellt ist, daß man genau das auch von dir erwartet. Andererseits ist immer wieder zu hören: »Sie sieht so
gut aus … dafür daß sie vier Kinder hat.« Als gäben Kinder
einem das Recht, etwas weniger perfekt zu sein. Ich muß jedoch gestehen, daß ich jedes Kompliment, wie ungeschickt es
auch sein mag, dankbar entgegennehme.

Die Angst, wie die eigene Mutter zu werden

Es ist schon unheimlich genug, sich von einem süßen, jungen
Ding in eine MUTTER zu verwandeln, aber noch unheimli-
cher ist der Gedanke, daß man werden könnte wie die eigene
Mutter. Jede von uns kennt das: Bei einem Blick in den Spiegel bemerken wir plötzlich, daß wir anfangen, unserer Mutter
zu ähneln. Ob es nun der Zug um die Mundwinkel oder die
beim Lächeln erscheinenden Falten um die Augen sind – wir
erkennen etwas in unserem Gesicht, das uns an unsere Mutter erinnert.
Bei schwangeren Frauen kann diese Entdeckung zu einer aus-
gewachsenen Panikattacke führen. Wirst du jetzt auch so her-
risch, überkritisch, starrsinnig und ängstlich, wie du deine
Mutter immer eingeschätzt hast? Du bist dir ganz sicher, daß
die Mutter, die du kennst, niemals etwas Verrücktes oder
Spontanes getan hat, niemals Sex in einem Whirlpool hatte

---

* Dreht seit fast zwölf Jahren das Buchstabenrad in der Spiel-Show
  Wheel of Fortune (Glücksrad) (Anm. d. Übers.).

und niemals von einer Affäre mit Mel Gibbson geträumt hat. (Sollte sie es doch getan haben, willst du kein Wort davon hören.) Die Angst davor, sich von Holly Golightly in June Cleaver zu verwandeln, ist einfach zu groß – man möchte lieber gar nicht darüber nachdenken.

Während jedoch die Liebe zu deinem Baby in dir immer größer wird, wirst du auch immer besser verstehen können, wie sehr deine Mutter dich geliebt haben muß. Du wirst verstehen, warum sie nicht anders kann, als sich in dein Leben einzumischen, und hyperwachsam ist, wenn es um dein Wohlergehen geht. Warte, bis das Baby zwei, drei Jahre alt ist und du dich selbst schreien hörst: »Geh von da oben runter, du brichst dir ja noch das Genick!« Genauso hat deine Mutter immer geschrien. Mir jedenfalls ging ein Licht auf, als ich mich dabei erwischte, wie ich auf ein Taschentuch spuckte, um das Gesicht meiner Tochter abzuwischen, bevor sie zu einer Geburtstagsparty ging.

Die Angst, zur Mutter deines Mannes zu werden

Diese Verwandlung ist nicht so wörtlich zu verstehen, wie ich es oben bei der Verwandlung in deine eigene Mutter beschrieben habe. Ich spreche nicht von der Angst, daß du zum Ebenbild deiner Schwiegermutter werden könntest. Ich spreche vielmehr davon, daß du von der Geliebten und Freundin deines Mannes zu seiner asexuellen Betreuerin wirst. Weil wir so entschlossen sind, das Bemuttern zu erlernen, noch bevor uns das Baby in den Schoß fällt, kann es passieren, daß wir uns mehr und mehr verhalten wie die Mütter, mit denen wir aufgewachsen sind – oder noch schlimmer, wie die Mütter unserer Männer. Du weißt, daß es soweit ist, wenn du deinem Mann rätst, seine Jacke mitnehmen, damit er sich nicht erkältet, oder wenn du für ihn die Zahnarzttermine ausmachst. Diese Veränderung geht meist nicht einseitig von dir aus, sondern erfolgt in Kooperation mit deinem Mann. Denn wer mag es nicht, wenn ihn jemand bemuttert? Zwar sagen die meisten Männer, daß ihre Mutter sie verrückt macht, mögen es aber trotzdem, wenn sie hingebungsvoll für sie sorgt. Du weißt, was ich meine: Sie wollen Heiligabend das gleiche Essen, das auch schon ihre Mutter zubereitet hat, wollen, daß die Hemden im Schrank wie bei Muttern mit den Knöpfen nach links hängen und daß man ihnen ein Bett auf der Couch baut, wenn sie krank sind, so wie Du-weißt-schon-Wer es immer gemacht hat.

Männer ermutigen dich zu diesem Bemuttern nicht nur, weil sie selbst manchmal gerne Baby sein möchten, sondern auch deshalb, weil sie ebenfalls vor der bevorstehenden Elternschaft Schiß haben. Und das einzige Vorbild für eine Mutter, das sie kennen, ist ihre eigene. Es ist erstaunlich, wie viele Männer sich jetzt, wo das Baby unterwegs ist, Gedanken darüber machen, ob ihre Frau ordentlich und organisiert genug ist.

Noch schlimmer wird es allerdings, wenn du nicht mit den verklärten Maßstäben der Mutterschaft Schritt halten mußt, die dein Mann die letzten zwanzig Jahre über gehegt und gepflegt hat, sondern mit seiner ersten Frau verglichen wirst. Dagegen mußt du wirklich einschreiten. Mir ist es völlig egal (und dir sollte es genauso egal sein), ob seine erste Frau die

Weihnachtskarten schon Mitte November losgeschickt hat und ob sie Apfelstrudel backen konnte oder nicht – sie ist kein Vorbild für mich. Wenn sie es wäre, würde ihr Name noch an der Tür stehen. Oder?

Die Angst, etwas in der Schwangerschaft falsch zu machen

Unser allgegenwärtiger Wunsch, perfekt zu sein, und der biologische Imperativ, alles in unserer Macht stehende zu tun, um das ungeborene Kind vor den oben beschriebenen Mißgeschicken zu bewahren, haben dazu geführt, daß bestimmte Regeln für das richtige Verhalten schwangerer Frauen aufgestellt wurden. Sollten diese Regeln individuell für dich zwischen dir und einem Arzt ausgehandelt worden sein, kann ich dies nur begrüßen. Leider führt jedoch unsere Unerfahrenheit und Unsicherheit dazu, daß wir eine Litanei von Regeln übernehmen, die nicht nur unnötig und lästig sind, sondern garantiert jeder von uns ein Gefühl von Unzulänglichkeit geben.

Sollten deine eigene Selbstdisziplin und deine Schuldgefühle nicht ausreichen, damit du auf dem Pfad zur perfekten Schwangerschaft bleibst, wirst du bald merken, daß die Welt voller verantwortlicher Menschen ist, die meinen, deine Leistung beurteilen zu müssen. Wir Freundinnen haben diese ach-so-hilfreichen Leute »Schwangerschaftshüter« getauft. Nur etwas hasse ich mehr als Schwangerschaftshüter – und das ist ein männlicher Schwangerschaftshüter (warum sollte jemand ohne Gebärmutter oder zumindest ohne Facharztzeugnis in dieser Welt für sich das Recht beanspruchen, einer schwangeren Frau vorzuschreiben, wie sie ihr Leben zu führen hat?).

Die Schwangerschaftshüter kommen aus derselben Schule wie diese völlig Fremden, die sich bei einer zufälligen Begegnung im Supermarkt erlauben, deinen Bauch zu tätscheln. Man kann sich darauf verlassen, daß sie immer allen möglichen Quatsch auf Lager haben. Sie wissen von Frauen zu berichten, die fünfzig Stunden lang in den Wehen lagen und dann einen Notkaiserschnitt benötigten, weil sich die Nabelschnur um den Hals des Kindes gelegt hatte oder dergleichen Horrorgeschichten. Natürlich haben sie auch eine Erklärung für diese Krise parat, bei der unweigerlich ein Teil der Schuld bei der Mutter liegt. Entweder hat sie auf dem Rücken geschlafen, wo sie sich doch besser auf die linke Seite hätte legen sollen, oder hat für den Geschmack der SHs die Periduralanästhesie zu früh genommen oder was dergleichen Bockmist mehr ist.

Es löst in den Schwangerschaftshütern ein Gefühl absoluter Befriedigung aus, wenn sie arglosen schwangeren Frauen erzählen können, daß sie ihre Mikrowelle zum Sondermüll bringen sollen, in ihrer Matratze giftiger Formaldehyd verborgen ist, Erdnußbutter beim Baby Krebs hervorrufen kann und Diätlimonade ungefähr so schädlich ist wie ein Schuß Heroin. Je gestreßter die werdende Mutter wird, desto erfüllter fühlen sich die SHs. Man könnte schwören, daß sie perfekte Wehen und Geburten und makellose Kinder gehabt haben müssen, um nun alles Recht dieser Welt zu haben, dich auf deine Fehler hinzuweisen. Leider ist nichts davon wahr. Es ist wie bei dem Kinderpsychologen, der neben uns wohnte, als ich klein war. Er gab in seinem Arbeitszimmer per Telefon Tips zur Kindererziehung, während seine Zwillinge die Wohnzimmervorhänge in Brand setzten.

Eine meiner Freundinnen erinnert sich an einen Friseurbesuch, bei dem sie sich den Haaransatz neu färben lassen wollte und eine völlig Fremde mit besorgter Miene auf sie zukam und fragte: »Wissen Sie denn nicht, daß Sie in Ihrem Zustand keine Chemikalien auf die Haare tun dürfen?« Meine Freundin, deren halber Kopf bereits mit Färbemittel versehen und in Aluminiumfolie eingewickelt war, wurde innerlich sofort panisch. Sie beendete das Färben und verließ den Salon den Tränen nahe, weil sie befürchtete, ihrem geliebten Baby unwissentlich Schaden zugefügt zu haben. Die Sache mit dem Haarefärben solltest du mit deinem Arzt besprechen und dann deine eigene Entscheidung treffen.

Ich kann dazu nur sagen, daß die Babys in meinem Bauch meine Haarfärbeaktionen aushalten mußten und keine ersichtlichen Schäden davongetragen haben. Außerdem vertrete ich folgende Theorie: Wenn ich während meiner Schwangerschaften meine Haare nicht gefärbt hätte und mein natürlicher braun-grauer Farbton zum Vorschein gekommen wäre, hätte ich meinen Kindern zwar den indirekten Kontakt mit Chemikalien erspart, aber sie hätten wahrscheinlich ohne Vater aufwachsen müssen, weil der mich nach den ersten herausgewachsenen Zentimetern meines »wahren Ichs« verlassen hätte. Sie wären dann zwar dem Risiko einer körperlichen Schädigung entgangen, wahrscheinlich aber psycho-sozialen Schädigungen durch ihre verrückt gewordene Mutter ausgesetzt gewesen.

Wenn dir die Geschichte von dem Friseurbesuch zu extrem

erscheint, dann warte nur, bis du bei einer Party oder in einem Restaurant Bekanntschaft mit den Schwangerschaftshütern machst. Gott schütze dich, wenn du zu deinem Menü ein Glas Wein trinken oder wie alle anderen ein Glas Sekt zum Toast erheben solltest – selbst die notariell beglaubigte Erlaubnis deines Arztes wird dir dann nichts nützen. Die SHs werden dir entweder vernichtende Blicke zuwerfen oder direkt auf dich zukommen und dir eine Lektion über Alkohol-Embryopathie erteilen. Keine von uns Freundinnen hat während der gesamten neun Monate mehr als vier, fünf Gläser Wein oder Sekt getrunken, aber fast jede von uns mußte sich mindestens einmal einem völlig Fremden gegenüber verteidigen, weil sie sich ein Gläschen genehmigt hatte. Natürlich haben Ärzte ihre eigene Meinung darüber, ob Frauen während der Schwangerschaft Alkohol trinken dürfen oder nicht. Und auch ich will das Trinken weder befürworten noch verdammen. Ich sage nur, daß die Schwangerschaft hart genug ist. Wenn man nur einmal an das gesellschaftliche Stigma denkt, das heißen Bädern, Aspirin, Kaffee und Süßstoff anhaftet, an dein eigenes eingeschränktes Sexualleben und deine absurden Körperproportionen – scheint ein Drink alle paar Monate absolut zulässig, wenn nicht gar regelrecht verdient. Aber ich bin natürlich kein Arzt. Das Leben ist eine Aneinanderreihung kalkulierter Risiken, und du solltest daher zusammen mit deinem Arzt die Verhaltensmaßregeln aufstellen, die gut für das Baby *und* erträglich für die Mutter sind. Ein weiterer beliebter Treff der Schwangerschaftshüter sind Flughäfen. Sie versammeln sich dort in der Nähe der Sicherheitskontrollen und weisen dich darauf hin, daß du dein Baby nuklear verseuchst, solltest du durch die Röntgenkontrolle gehen. Gegen diese Bedenken habe ich absolut nichts einzuwenden, allerdings aus persönlichen Gründen und nicht weil ich einen Beweis dafür gefunden hätte, daß diese Art der Strahlung für ein ungeborenes Baby tatsächlich schädlich ist. Ich habe bei diesen Sicherheits-Checks immer ein ziemliches Theater gemacht, so daß ich schließlich nicht durchgehen mußte und per Hand von einer Sicherheitsbeamtin überprüft wurde. Nicht daß mir dieses Abtatschen besonders gefallen hätte, aber ich wurde meist vorgezogen und mußte mich nicht mehr in die Schlange der Wartenden einreihen. Für jemanden, der chronisch zu spät zu seinem Flug kommt, können das die entscheidenden zehn Minuten sein. Da wir gerade beim Thema Fliegen sind – du solltest dich immer bei der jeweiligen Fluggesellschaft erkundigen, bis zu welchem Monat du noch mitfliegen darfst und ab wann du »zu schwanger« bist. Du weißt ja, wie sich Stewardessen bei einer Geburt an Bord anstellen. (Und zu allem Überfluß müßtest du deinem Kind auch noch den Namen des Flughafens geben.)

Die Angst, eine schlechte Mutter zu sein

Diese Angst kann zwei Gründe haben: Entweder war deine Mutter eine außergewöhnlich liebevolle, geduldige und selbstlose Mutter und dir ist klar, daß du niemals so gut werden wirst wie sie. Oder deine Mutter war selbstsüchtig, nachlässig und reserviert, und du befürchtest, daß du genetisch vorbelastet bist und auch so wirst wie sie. Wie so oft beim Thema Schwangerschaft scheint es kaum einen Mittelweg zu geben. Wir Freundinnen können beim besten Willen nicht vorhersehen, wie du als Mutter sein wirst (allerdings haben wir alles Vertrauen der Welt in deine mütterlichen Instinkte). Wir alle haben jedoch festgestellt, daß die Schwangerschaft die richtige Zeit ist, um ungeregelte Angelegenheiten mit der eigenen Mutter in Ordnung zu bringen, um sie mit dem Auge einer Erwachsenen anzusehen und sie als Frau zu erkennen, die dieselben Bedürfnisse, Unsicherheiten und Hoffnungen hatte, die du jetzt hast. Du wirst deiner Mutter vielleicht in vielem ähneln, aber *du bist nicht deine Mutter.* Du hast die Gelegenheit, deine Kindheit zu beurteilen und die Dinge auszuwählen, die du deinem Kind mitgeben beziehungsweise ihm ersparen willst. Mutter zu sein, lernt man erst durch die Praxis. Du hast neun (zehn) Monate, um dich etwas darauf vorzubereiten, aber wirst erst richtig verstehen, was es bedeutet, wenn du das Kind aus dem Krankenhaus mit nach Hause genommen hast. Es wird ein Liebesverhältnis werden, aber ob es Liebe auf den ersten Blick ist oder sich erst nach und nach entwickelt, ist von Mutter zu Mutter unterschiedlich. Und wie gut du als Mutter warst, wirst du erst wissen, wenn dein Kind dir spannende und gebildete Briefe von seinem Job als UNO-Friedenssoldat schreibt oder dir Postkarten von seinem Abenteurerleben schickt. Du mußt einfach im voraus lieben und das Beste hoffen – und kommst dabei möglicherweise nach und nach zu der unangenehmen Erkenntnis, daß diese unbeschreibliche Liebe, die du für dein Baby empfindest, ähnlich der ist, die deine Mutter für dich empfunden hat.

Die Angst vor den Wehen und der Geburt

Die größte Angst habe ich für den Schluß aufgehoben. Für eine schwangere Frau, die ihr erstes Kind zur Welt bringt, ist dies die Quelle aller Ängste. Zunächst ist die Angst vor den Wehen und der Geburt einfach nur die Angst vor Schmerzen. Du hast keinen Zweifel, daß es weh tun wird. Auch wenn du nur rudimentäre Kenntnisse von Anatomie hast, kannst du dir vorstellen, daß nicht so einfach eine Wassermelone durch die Gänge deiner Vagina passen wird, wo bisher höchstens ein supergroßer Tampon oder ein von der Natur gut ausgestatteter Penis Platz finden mußte. Aber du hast keine Ahnung, *wie* weh es tun wird. Mehr als das Entfernen von Haaren an der Bikinilinie? Mehr als ein gebrochenes Bein? Mehr als eine Wurzelbehandlung beim Zahnarzt?

Wenn du dir (seit dem Tag, an dem du anderen von deiner Schwangerschaft erzählst) die Geburtsgeschichte jeder Frau, die dir jemals begegnet ist, angehört hast, wirst du zusätzlich noch befürchten, du könntest dich wie ein Feigling anstellen. Du hast Angst, daß du nicht fest genug pressen kannst, um das Baby herauszubekommen; Angst, daß beim Pressen nicht das Baby, sondern dein Stuhl herauskommt; Angst, daß du bewußtlos wirst oder weinen mußt, wenn sie dir eine intravenöse Spritze geben, oder daß du aus welchem Grund auch immer bewußtlos wirst oder weinen muß; Angst, daß die Periduralanästhesie schmerzhafter ist als die Wehen; Angst, daß der Anästhesist sein Ziel verfehlt und du für den Rest deines Lebens gelähmt bist. Wir wollen jetzt nicht die Wehen und die Geburt in allen Einzelheiten durchsprechen (dem ist später ein ganzes Kapitel gewidmet), sondern darüber diskutieren, was unserer Meinung nach der eigentliche Grund für die Angst vor den Wehen und der Geburt ist.

Schrecklich wird die ganze Sache vor allem dadurch, daß du in einer so verletzbaren Position bist. Du liegst mit gespreizten Beinen und voller Schmerzen da, und das Wesen, das mit aller Gewalt herauskommen will, ängstigt dich. UND NIEMAND UNTERNIMMT ETWAS, UM DICH ZU RETTEN! Man kann sich vorstellen, was es für ein Gefühl sein muß, ins Krankenhaus zu wanken mit der vagen Vorstellung, die Herausforderung seines Lebens bestehen zu müssen, und dabei nur mit so jämmerlichen Hilfsmitteln wie der Atemmethode nach Lamaze, einer Kassette mit Entspannungsmusik und einem ungeschickten Mann ausgestattet zu sein. Du wagst es gar nicht, an andere Hilfsmittel zu denken, weil die Schwangerschaftshüter dieser Welt (besonders die Besserwisser in deinem Geburtsvorbereitungskurs) dir gesagt haben, daß du etwas falsch machst, wenn du von diesen Vorschriften abweichst. Ihnen möchte ich entgegenhalten, daß dies der größte Mist ist, den man verzapfen kann! Das einzige Ziel von Wehen und Geburt sind eine gesunde Mutter und ein gesundes Baby, und es ist völlig unwichtig, wie dieses Ziel erreicht wird.

Wir Freundinnen wollen dir ein Geheimnis verraten: Es GIBT NACH DER GEBURT KEINE SIEGERPRÄMIE FÜR DIE, DIE SICH AM BESTEN ANGESTELLT HAT! Sie wird nicht über den Lautsprecher ausgerufen. Und die Mütter, die ihr Kind ohne Schmerzmittel, ohne Schreie und ohne Sauerei auf dem Geburtsbett zur Welt gebracht haben, erhalten keine Medaille. Erstens gäbe es ohnehin nur wenige Siegerinnen, und zweitens würden sie von den restlichen Müttern mit Hämorrhoidenkissen beworfen werden.

Und hier ist die Wahrheit: Die Periduralanästhesie ist eine großartige Erfindung. Mit einem Kaiserschnitt kann Leben gerettet und unnötiges Leiden verhindert werden. Es gibt keine zweitklassige Geburt. Die Bereitschaft, zu leiden oder sich und das Baby (besonders bei Müdigkeit oder Panik) in Gefahr zu bringen, hat nichts mit Heldentum zu tun, sondern ist nur ein Zeichen dafür, daß du nicht mehr richtig urteilen kannst. Du hast die Wahl und kannst dich entweder auf ein Nagel- oder auf ein Federbett legen, um dein Kind zur Welt zu bringen. Ganz egal, wie du dich entscheidest, weder dein Arzt noch die Hebamme, noch das Baby werden besser von dir denken, weil du das Leiden gewählt hast – und fälschlicherweise dachtest, das sei besser für dein Kind. Du kannst uns glauben: Dein Mann wird dich mindestens achtundvierzig Stunden lang für eine Göttin halten, weil du all das auf dich genommen hast, um sein Kind zu gebären – und zwar unabhängig davon, ob du Schmerzmittel genommen hast oder nicht.

Denke daran: Die von uns, die sich einen kleinen Schuß aus der Peridural-Spritze genehmigt haben, können meistens nach der Geburt an der Feier in ihrem Zimmer teilnehmen und einen Schluck Sekt trinken, während die vorsintflutlicher Eingestellten geplatzte Äderchen auf den Backen haben und fest schlafen. Ein letzter Rat zu Angst und Sorgen: Du mußt lernen, damit umzugehen, denn die Sorgen werden so schnell kein Ende nehmen. Auch wenn du jetzt nach neun (zehn) Monaten der Aufregung dein Kind froh und glücklich in den Armen hältst – du bist erst in der Aufwärmphase für alle möglichen ernsthaften Sorgen. Du wirst dich fragen: »Bekommt es genug zu essen?« Oder: »Ißt es zuviel und wird zu dick?« Später wirst du dich beunruhigen, ob dein Kind von allen anderen aus der Mutter-Kind-Gruppe als letztes sauber sein oder ob es Freunde finden wird. Wenn es schließlich noch älter ist und viele Freunde gefunden hat (und ordentlich auf den Topf geht), wirst du dich fragen, ob diese Freunde einen guten Einfluß auf dein Kind haben – oder ob sie Drogen nehmen oder kriminell sind. Dazu kommt schließlich die erbärmliche Angst, die alle Eltern haben, wenn ihre Kinder den Führerschein bekommen und auf die Straßen losgelassen werden. Jetzt kannst du dir vielleicht vorstellen, warum deine eigenen Eltern die meiste Zeit über so besorgt geschaut haben. Aber ich schweife vom Thema ab …

6   Du und dein Arzt

Der Frauenarzt (Fachbezeichnung: Gynäkologe) ist die Person, die dich während der Schwangerschaft, der Geburt und in der Erholungszeit nach der Geburt begleitet – also eine ziemlich wichtige Person. Im folgenden sind einige Kriterien aufgelistet, die dir die Entscheidung erleichtern sollen, den richtigen Arzt zu finden.

Arzt oder Hebamme

Nirgendwo steht geschrieben, daß dir ein Arzt bei der Geburt zur Seite stehen muß. Es gibt viele ausgebildete Hebammen, die auch ins Haus der Gebärenden kommen und dort der Frau bei der Geburt beistehen. Da Hebammen fast ausschließlich weiblich sind, ist der Freundinnen-Faktor von Anfang an gegeben, und es wird dir leichter fallen, bestimmte Fragen zu stellen, zum Beispiel solche nach deinen Blähungen. Bei Ärzten (die bei Erstellung dieses Buches immer noch überwiegend männlich waren) würdest du wahrscheinlich mehr Hemmungen haben. Außerdem sagt man, daß Hebammen im Gegensatz zu einem völlig überlasteten Frauenarzt weniger schnell dazu bereit sind, eine Geburt durch Oxytozin oder auch durch einen Kaiserschnitt zu beschleunigen.
Meine Freundin Kathy hatte sich zu einer Hausgeburt mit Hebamme entschlossen, und die Hebamme tat wirklich alles, um regelmäßige Kontraktionen herbeizuführen – von der Zu-

bereitung von Kräutertees bis hin zu Spaziergängen ums Haus. Die körperliche und die psychische Betreuung war wirklich hervorragend. Leider mußte Kathy feststellen, daß ihre Wehen länger dauerten, schmerzhafter und beängstigender waren, als sie es sich vorher vorgestellt hatte. Sie fand sich schließlich auf dem winzigen Rücksitz ihres Sportwagens wieder und wurde schnell ins Krankenhaus gefahren, wo sie ihren Sohn zur Welt brachte. Die größte Enttäuschung für sie war, daß die Ärzte ihr kein Schmerzmittel mehr gaben, weil sie so lange gewartet hatte und es sowieso schon Zeit zum Pressen war.

Drei Dinge habe ich aus Kathys Geschichte gelernt. Erstens, du kannst gar nicht früh genug ins Krankenhaus gehen, auch wenn du dann vierundzwanzig Stunden lang die Gänge in der Entbindungsstation auf und ab laufen mußt. Zweitens solltest du Haus und Unterwassergeburten lieber erst beim zweiten, dritten oder vierten Baby ausprobieren. Du kannst die Entscheidung, wie und wo du entbinden willst, doch erst treffen, wenn du in etwa weißt, was dich erwartet. Wir Freundinnen garantieren dir, daß du überrascht sein wirst. Vielleicht auf angenehme, vielleicht aber auch auf weniger angenehme Weise, AUF JEDEN FALL WIRST DU ÜBERRASCHT SEIN, selbst nachdem du dieses Buch gelesen hast. Und drittens, wähle nie einen Ort für die Geburt, an dem keine Schmerzmittel oder, Gott behüte, keine richtigen Ärzte in greifbarer Nähe sind.

Jetzt sagst du dir noch, daß du es ohne Periduralanästhesie schaffen willst, aber warte bis zur ersten Wehe. Keine meiner Freundinnen hat sie abgelehnt, nachdem man es ihr angeboten hatte. Okay, mit einer Ausnahme. Jillian hat keine

130

Schmerzmittel genommen, aber wahrscheinlich wäre auch sie über eine Periduralanästhesie erleichtert gewesen, hätte nicht ihr Mann ihr teuren Schmuck versprochen, wenn sie es ohne schafft. (Ich stelle mir gerade vor, wie sie mit diamantbesetzten Manschettenknöpfen neben ihm steht, während er sich sterilisieren läßt.) Auch für Corki gab es keine Schmerzmittel, weil ihr Baby mit einem Herzfehler zur Welt kam und es ihm eventuell geschadet hätte, ebenso nicht für Amy, deren Wehen so schnell kamen, daß der Arzt nicht genügend Zeit hatte, ihr eine Periduralanästhesie zu geben, oder damit alles nur verlangsamt hätte. Aber sowohl Corki als auch Amy beteuern, daß sie für diese medizinische Intervention dankbar gewesen wären.

Noch eine letzte Bemerkung zu Hausgeburten: Eine Geburt ist eine ziemlich blutige Angelegenheit. Warum um alles in der Welt willst du dafür deine wunderschönen Laken opfern, ganz zu schweigen von deiner Matratze? Wenn dir die Vorstellung, in ein Krankenhaus zu gehen, überhaupt nicht gefällt, kannst du dir ja auch ein Vier-Sterne-Hotel aussuchen. Essen und Zimmer-Service sind bestimmt besser als im Krankenhaus. (Ob es allerdings den Gästen, die nebenan wohnen, so gut gefällt …)

Wie du den richtigen Frauenarzt findest

Hast du bemerkt, wie schnell wir für dich entschieden haben, daß du dein Baby besser im Krankenhaus in unmittelbarer Nähe eines Arztes zur Welt bringst? Wir entschuldigen uns, wenn wir deiner Meinung nach zuviel als selbstverständlich vorausgesetzt haben, aber Freundinnen tun das nun mal. Wenn du mehr statistische oder analytische Informationen erwartet hast, hättest du eines von den unzähligen anderen Büchern über Schwangerschaft lesen müssen. Unser Job ist es, dir Insider-Informationen zu geben. Und unser einstimmiges Urteil lautet, daß du für die erste Runde auf diesem Geburtskarussell lieber in ein traditionelles Krankenhaus zu einem Halbgott, genannt Arzt, gehen solltest. Du weißt ja, wir stammen aus ganz normalen Kreisen und verehren Ärzte, als ob sie die Helden und Heldinnen wären, die wir früher immer im Fernsehen gesehen haben. Die armen unschuldigen Hebammen haben noch nie eine eigene Fernsehserie bekommen – im Gegenteil, früher wurden sie sogar als Hexen verurteilt.

Wie also findest du dieses perfekte Wesen? Es gibt zwei Möglichkeiten: Du kannst entweder bei dem Frauenarzt bleiben, bei dem du schon immer warst, der bei dir schon jahrelang Abstriche macht und dich wegen deiner Pilzinfektionen behandelt hat. Oder du denkst dir, daß du jetzt ganz andere Bedürfnisse hast und dein Frauenarzt nicht unbedingt der richtige ist, um dich auch durch die Schwangerschaft zu begleiten, und suchst dir einen neuen Arzt.

Du solltest nicht den Fehler machen und automatisch davon ausgehen, daß der Frauenarzt, bei dem du schon seit zehn Jahren bist, auch der richtige für deine Schwangerschaft ist. Bei der Wahl des Arztes, der dich durch diese Zeit begleiten soll, gelten andere Kriterien als für den, der bisher deine Abstriche machte. Es gibt gute Gründe, die Wahl des Arztes nochmals gründlich zu überdenken.

Zunächst solltest du deine Freundinnen fragen, ob sie mit ihrem Arzt zufrieden sind beziehungsweise was sie über andere Ärzte in deiner Umgebung gehört haben. Über Frauenärzte wird ziemlich viel geredet, und einige Namen tauchen in Gesprächen immer wieder auf. Ich habe meinen gefunden, als ich beim Friseur neben der Freundin einer Freundin saß. Sie hatte vier Kinder und fing richtig an zu strahlen, als sie von ihrem Arzt erzählte. Als dann eine andere Freundin genauso strahlend und ehrfürchtig von ihm sprach, wußte ich, daß ich den richtigen Mann gefunden hatte. Und bin immer noch seine zufriedene Kundin.

Es ist außerdem wichtig, daß du dich ernsthaft mit deiner Psyche auseinandersetzt, damit du weißt, welche Art von Patientin du sein wirst. Wenn du viele Fragen genau durchsprechen möchtest, brauchst du einen Arzt, der sich viel Zeit für dich nimmt. Wenn du eher ängstlich bist, mußt du dir einen verständigen, beschützenden Arzt suchen. Und die von euch, die eine möglichst »natürliche« und »organische« Schwangerschaft haben wollen, sind gut mit einem Arzt beraten, der nicht nur ihre Lebenseinstellung bejaht, sondern auch etwas von gesunder Ernährung, Umweltverschmutzung und der natürlichen Behandlung von Erkältungen (mit heißer Zitrone und Wadenwickeln) versteht.

Du kannst dir einen Arzt suchen, der auch gleichzeitig Belegbetten auf einer Entbindungsstation hat und dich nicht nur während der Schwangerschaft begleitet, sondern auch bei der Geburt. Sollte dein Frauenarzt keine Belegbetten haben, wirst du im Krankenhaus bei einem anderen Arzt entbinden, den du möglicherweise vorher gar nicht kennengelernt hast. Für diesen Fall solltest du die Möglichkeit nutzen, dich auf einem Infoabend eingehend über verschiedene Kliniken zu informieren. Wenn du bestimmte Vorstellungen hast über den Einsatz von Schmerzmitteln und wie deine Entbindung verlaufen soll, kannst du das vorher schriftlich fixieren und mit der Entbindungsstation vereinbaren. Falls dich jemand bei der Geburt begleitet, ist es eine gute Idee, diese Punkte auch mit deiner Begleitperson zu besprechen, so daß sie sich eventuell für dich stark machen kann zu einem Zeitpunkt, wo es dir selbst vielleicht nicht mehr möglich ist, weil du nur noch preßt, preßt, preßt. Solltest du das Gefühl haben, daß du mit deinen Wünschen bei dem Entbindungspersonal auf taube Ohren stößt, sieh dir lieber noch einige andere Kliniken an, bevor du dich für eine entscheidest.

Besonders wichtig ist es, daß du dich mit deinem Arzt oder der Klinik wenigstens im groben darüber verständigen kannst, wie die Geburt verlaufen soll. Solltest du deine persönlichen Gründe dafür haben, daß du unter allen Umständen zu einem festgesetzten Termin per Kaiserschnitt entbinden willst, solltest du einen Arzt finden, der vom ersten Händedruck an mit dir einer Meinung ist. Es kann auch nicht schaden, gleich zu Beginn zu klären, welche Einstellung dein potentieller Frauenarzt zu Schmerzmitteln hat. Und zwar nicht nur, ob er welche verabreicht, sondern auch *wann* und *wieviel*.

Als bei meiner ersten Ultraschalluntersuchung ziemlich deutlich zu sehen war, daß ich einen Jungen bekommen würde, fragte ich meine Freundinnen, die bereits Söhne hatten, was sie von einer Beschneidung halten und welche Erfahrungen sie damit gemacht haben. Bei einer Beschneidung wird ein Teil der Vorhaut am Penis des Kindes entfernt. Allerdings ist dieser Eingriff heutzutage nicht mehr so üblich – außer in jüdischen Familien, die ein Fest daraus machen. Früher ließ man es häufig aus hygienischen Gründen machen, heute nur noch auf Wunsch der Eltern oder aus medizinischer Notwendigkeit, wenn die Vorhaut zu eng sein sollte. Falls du eine Beschneidung bei deinem Sohn vornehmen lassen möchtest, so kann das ein Kinderarzt oder Urologe ein paar Tage nach der Geburt direkt in der Klinik tun.

Sollte dein Mann mitreden?

Keine meiner Freundinnen hat, glaube ich, ihren Mann mitreden lassen, wenn es darum ging, zu welchem Frauenarzt sie für ihre Routineuntersuchungen gehen sollte – außer Kelly, die mit einem Frauenarzt verheiratet ist. Viele von uns kennen ihren Frauenarzt schon länger als ihren Mann und hätten umgekehrt ihren Arzt auch nicht gefragt, was er von ihrem Mann oder Freund hält.

Wenn du jedoch die Person suchst, die dich durch diese Schwangerschaft begleiten soll, meinen wir Freundinnen, daß du auch deinen Mann an der Entscheidung beteiligen solltest. Er wird jedenfalls sehr viel mehr mit der Schwangerschaft und der Geburt zu tun haben als mit deinen Abstrichen. Und aus vielen Gründen kann es entscheidend sein, daß dein Mann sich mit dem gewählten Arzt oder der Klinik genauso wohl fühlt wie du. Erstens liegt es in den Händen dieses Arztes, wie euer Kind in die Welt eintreten wird. Zweitens wird dein Mann dir die meiste, wenn nicht die ganze Zeit während der Wehen zur Seite stehen, und es wäre bestimmt nicht verkehrt, wenn er denjenigen, der seinen Arm bis zum Ellbogen in dir hat, auch mögen würde. Und drittens sollte auch er keine Hemmungen haben und den Arzt anrufen können, wenn er Fragen zur Schwangerschaft hat oder ihm ganz im Vertrauen sein Leid bezüglich deiner Schwangerschaftslaunen klagen möchte. Ich habe alle verdächtigen oder alarmierenden Symptome, die während meiner Schwangerschaft auftraten, mit tränenfeuchten Augen meinem Mann berichtet, und er hat dann für mich den Arzt angerufen. Bei jedem Symptom geriet ich so in Panik, daß ich für ein Telefongespräch gar nicht die richtigen Worte gefunden hätte. Es war daher besser, daß mein Mann anrief und meine Lage schilderte. Auch bei den Wehen sind es häufig die Männer, die dem Arzt Bericht erstatten. Entweder sind die Frauen so mit den Kontraktionen beschäftigt, daß sie keine Unterhaltung mehr führen können (wenn eine Frau bei einer Wehe keinen vollständigen Satz mehr sagen kann, ist dies ein zuverlässiges Zeichen dafür, daß sie schon produktive Wehen hat), oder sie wissen nicht genau, ob sie überhaupt schon welche haben. In einer solchen Situation wird ein guter Mann einspringen und dich daran erinnern, daß du das Recht hast, deinen Arzt jederzeit anzurufen – auch wenn es noch nicht brandeilig ist.

Wir wollen dich ja nicht beunruhigen, aber dein Mann beobachtet aus der Vogelperspektive, wie das Kind aus deinem Inneren herauskommt (sei es durch deine Vagina oder per Kaiserschnitt), und es könnte sein, daß er dann jemanden zur Unterstützung braucht. Außerdem darf man nicht vergessen, daß dein Mann dich sehr liebt und nicht will, daß dir etwas zustößt. Oder, um es auf den Punkt zu bringen; er will nicht, daß du bei der Geburt stirbst und ihn mit diesem Baby, das er noch nicht einmal gesehen hat, alleine läßt. Er will einen Arzt haben, der ihm garantieren kann, daß du diese Tortur lebend und gesund überstehst. Letztendlich sind aber deine Bedürfnisse ausschlaggebend, und die endgültige Entscheidung sollte bei dir liegen.

Arzt oder Ärztin?

Solltest du dir einen Arzt oder lieber eine Ärztin suchen? Muß ich überhaupt noch erwähnen, daß wir Freundinnen im Hinblick auf technisches Können absolut keinen Unterschied zwischen Männern und Frauen sehen? Selbstverständlich wird jeder Frauenarzt, der dir empfohlen worden ist (und sein Facharztzeugnis abgelegt hat), kompetent sein und für dich und dein Baby während der Schwangerschaft sorgen können. Die Entscheidung, ob du lieber zu einem Mann oder zu einer Frau gehst, ist eine rein emotionale Frage. Damit will ich jedoch nicht sagen, daß es nicht eine entscheidende Frage ist. Wir Freundinnen sind uns einig, daß für eine erfolgreiche Geburt dein emotionales Wohlergehen und deine Geborgenheit ebenso entscheidend sind wie die medizinische Versorgung.

Bei dieser Frage solltest du alle Höflichkeit ablegen und dir ehrlich eingestehen, wer dir Respekt und Vertrauen einflößt und wer dir umgekehrt Respekt und Vertrauen entgegenbringt. Am besten wägst du ganz für dich deine Präferenzen ab und läßt dich nicht von einer Mutter beeinflussen, für die nur Männer gute Ärzte sind, und auch nicht von einer Schwester, die behauptet, sie hätte noch nie einen Mann getroffen, der sie als halbwegs intelligentes Wesen behandelt hätte. Bist du der Typ, der einen männlichen Arzt bevorzugt, weil er väterlich auf dich wirkt und körperlich in der Lage zu sein scheint, dich zu beschützen? Oder bevorzugst du eine Ärztin, weil sie voraussichtlich mehr Mitgefühl mit dir haben wird? Oder wie eine Freundin meinte: »Würdest du einen Automechaniker nehmen, der noch nie Auto gefahren ist?« Eine weitere Rolle spielt natürlich die Sexualität. Viele meiner Freundinnen, zum Beispiel Mindy und Maryann, waren sehr froh darüber, Ärztinnen gewählt zu haben, weil sie sich während der Untersuchungen und der Geburt weniger gehemmt fühlten und auch ihre gefühlsmäßigen Bedenken besser äußern konnten. Diese Freundinnen erwähnten auch die nicht unwichtige Tatsache, daß ihre Männer mit der Wahl einer Ärztin für eine so intime Beziehung besser zurechtkamen. Außerdem kann eine Frau, die in der Gegenwart von Männern immer attraktiv sein will, ganz schön unter Druck geraten. Viele von uns haben diese Lektion schon früh im Leben gelernt, in der Schwangerschaft gibt es aber Situationen, wo man sich speziell in der Gegenwart eines männlichen Arztes nicht besonders attraktiv fühlt. Das kann dir zusätzliches Kopfzerbrechen bereiten, das du jetzt überhaupt nicht brauchen kannst.

Andererseits könntest du auch meiner Philosophie anhängen und dir so oft wie möglich harmlose Freuden gönnen, denn die Schwangerschaft kann eine lange Durststrecke sein. Drei meiner Kinder wurden von einem Arzt zur Welt gebracht, und ich habe es einfach genossen, mit ihm zu flirten und mich vor meinen monatlichen Besuchen bei ihm ein bißchen zurechtzumachen. Dieser Arzt sah allerdings auch umwerfend gut aus, und ich war nicht die einzige Schwangere in der Stadt, die sich lächerlich gemacht hat. Besonders in den letzten Monaten ist dein Arzt unter Umständen der einzige Mann, der sich noch dafür interessiert, wie es dir geht. Nicht wenige Ehemänner und Freunde sind bis zu dieser Zeit bereits auf der Strecke geblieben. Denk dran, neun (zehn) Monate Schwangerschaft – das sind mindestens zwölf Besuche in der Arztpraxis und während der Wehen noch mal einige Stunden intensivsten Kontakts zwischen dir und deinem Arzt. Du solltest also sorgfältig wählen.

Einzel- oder Gemeinschaftspraxis

Kinder auf die Welt zu bringen wird gut bezahlt und ist sicher das schönste medizinische Fachgebiet, aber auch ein kräftezehrendes. Einmal abgesehen von geplanten Kaiserschnitten oder eingeleiteten Geburten lassen sich Entbindungen nicht genau vorhersagen, sind oft anstrengend und sie erfordern scheinbar immer einen nächtlichen Anruf beim Arzt. Besonders aus diesem Grund schließen sich zwei oder mehr Ärzte häufig zu einer Gemeinschaftspraxis zusammen, können so die Anzahl der schlaflosen Nächte untereinander aufteilen und wenigstens ein- oder zweimal im Jahr Urlaub nehmen.
In einer Gemeinschaftspraxis mit Belegbetten in einer Klinik wirst du unter Umständen bei jeder monatlichen Untersuchung von einem anderen Arzt untersucht. Dadurch ist gewährleistet, daß du allen zumindest einmal die Hand geschüttelt hast, bevor ihr zusammen das Baby auf die Welt bringt. Wenn du deine Wehen bekommst und den Arzt anrufst, wird

derjenige im Krankenhaus erscheinen, der gerade zu dieser Zeit Bereitschaftsdienst hat. Du hast dann nicht nur die Überraschung, ob es ein Mädchen oder ein Junge wird, sondern zusätzlich noch den kleinen Nervenkitzel, wer bei der Geburt dabeisein wird.

Bei meiner ersten Schwangerschaft war ich in einer Gemeinschaftspraxis. Mein bevorzugter Arzt war der dienstälteste der Praxis und stand niemals aus seinem warmen Bett auf, um zu einer Geburt zu laufen. Diese Aufgabe überließ er den Jüngeren, die sich ihre Sporen erst noch verdienen mußten. Da bei mir ein Termin für einen Kaiserschnitt ausgemacht war, bei dem normalerweise zwei Ärzte anwesend sind, hatte ich das Glück, daß mein Lieblingsarzt mir zusammen mit einer Kollegin aus der Praxis zur Verfügung stand. Die beiden waren gerade frisch verliebt, und es war ausgesprochen nett, ihnen bei der Arbeit zuzusehen. Sie arbeiteten völlig professionell, warfen sich aber zwischendurch über meinen blutenden Bauch hinweg schmachtende Blicke zu.

Meine nächsten drei Kinder wurden von einem Arzt entbunden, der in seiner Praxis alleine arbeitete. Ungefähr zwischen meiner zweiten und dritten Schwangerschaft nahm er noch eine Hebamme in seine Praxis auf, die einen Teil der Routineuntersuchungen für ihn übernahm, die Geburten machte aber weiterhin er. Sollte es doch einmal vorkommen, daß er für eine Geburt nicht zur Verfügung stand, hatte er eine Abmachung mit einem anderen Arzt, der für ihn einsprang. Für mich war es ein wahrer Segen, daß ich wenigstens in dieser Hinsicht wußte, was ich zu erwarten hatte.

Alle Patientinnen dieses Arztes stellen zwei Fragen, nachdem sie von ihrer Schwangerschaft erfahren haben: »Wann soll es kommen?« und »Sind Sie zu diesem Termin da?« Eine meiner Freundinnen hatte solche Angst, die Frau des Arztes könnte gerade dann auf dem gemeinsamen Familienurlaub bestehen, wenn sie ihren Geburtstermin hatte, daß sie dem Arzt und seiner Familie kurzerhand das feudale (und vom Krankenhaus nicht allzu weit entfernte) Strandhaus ihrer Eltern anbot, nur damit er immer in ihrer Nähe blieb. Wir wollen jetzt nicht über das persönliche Opfer spekulieren, das ein Arzt in einer Einzelpraxis auf sich nehmen muß, du willst ja nicht, daß er dich heiratet, sondern nur, daß er dein Kind zur Welt bringt. Aber die Entscheidung zwischen einem Arzt in einer Gemeinschaftspraxis und einem alleine arbeitenden ist schon von Bedeutung. Es läuft alles in etwa darauf hinaus: In einer Gemeinschaftspraxis weißt du erst, wenn der Moment gekommen ist, welcher Arzt für dich dasein wird. Auf der anderen Seite kann ein Arzt in einer Einzelpraxis mit Belegbetten gerade Darmgrippe haben, während du deine Wehen bekommst (oder, schlimmer noch, mit seiner Familie im Skiurlaub in den Bergen sein), und du mußt die Hand eines völlig Fremden an deinen Muttermund lassen. In einer Gemeinschaftspraxis hast du diese Hand wenigstens schon einmal geschüttelt.

Fordere deinen Arzt!

Ärzte können bisweilen so wichtig, so beschäftigt oder einschüchternd erscheinen, daß du sie lieber nicht mit deinen Fragen oder Bedenken belästigen möchtest. Du willst den Arzt vielleicht etwas für dich sehr Wichtiges fragen, hast aber

Angst, du könntest seine Zeit verschwenden oder, noch schlimmer, dir blöde dabei vorkommen. Dies gilt für alle Krankheiten, angefangen von chronischen Herzproblemen bis hin zu Fußverformungen, ist bei Schwangerschaften aber besonders problematisch.

Die Beziehung einer schwangeren Frau zu ihrem Arzt ist insofern komplizierter, als die Schwangere in den meisten Fällen nicht krank ist. Ihr allgemeiner Gesundheitszustand sowie Wachstum und Entwicklung des Embryos werden überwacht, aber sie ist medizinisch eigentlich nicht behandlungsbedürftig. Das einzige Heilmittel für ihren Zustand ist die Geburt, und diesen spannenden Moment können beide, Arzt und Schwangere, nur geduldig abwarten. Für ihren guten allgemeinen Gesundheitszustand sorgt meist die Schwangere selbst, und da sie grundsätzlich gesund ist, kommt sie sich dumm vor, von ihrem Arzt emotionale Unterstützung oder Bestätigung zu fordern. Nach weitverbreiteter Meinung haben Ärzte die Aufgabe, Leben zu retten, und wir wollen sie von dieser Mission nicht ablenken, wenn wir nicht in Lebensgefahr schweben.

Meine Freundin Whitney saß einmal fast zwanzig Stunden bei einer anderen Freundin, um ihr bei ihrer Fehlgeburt beizustehen. Die Freundin hatte diese Tortur schon einmal durchmachen müssen und wollte ihren Arzt nicht belästigen, weil sie wußte, was körperlich mit ihr passieren würde. Sie brauchte vor allem Trost (ein gutes Schmerzmittel wäre wahrscheinlich auch keine schlechte Idee gewesen) und zögerte, die wertvolle Zeit ihres Arztes unnötig in Anspruch zu nehmen.

Ich bin sicher, auch ihr Arzt hätte das für einen großen Fehler gehalten! Alle guten Frauenärzte wissen, daß eine schwangere Frau emotionale Unterstützung braucht, und sollte dein Arzt es nicht wissen, kannst du ihn wie eine heiße Kartoffel fallen lassen. Ich war einmal bei einem Frauenarzt, der mich wegen Unfruchtbarkeit behandelte (und jetzt habe ich vier Kinder, unglaublich!). Eines Tages kam er in das Untersuchungszimmer und fragte: »Wie geht es Ihnen heute?« Ich fing an zu weinen und sagte, daß ich ziemlich frustriert sei. Er machte eine Kehrtwendung, ging zur Tür und sagte über die Schulter: »Ich schicke Ihnen meine Sprechstundenhilfe.« Ich bin nicht nur nicht mehr zu ihm hingegangen, sondern habe ihm auch einen ziemlich deutlichen Brief geschrieben. Außerdem habe ich diesen Arzt mit größtem Vergnügen bei allen meinen Freundinnen schlechtgemacht. Die Hölle kennt kein Erbarmen …

Ich wäre schon sehr zufrieden, wenn ich dich mit diesem Buch dazu ermutigen könnte, soviel wie möglich von der Beziehung zu deinem Arzt zu profitieren (schließlich bekommt er ja Geld dafür). Glaub mir, es dauert eine Weile, bis man über eine enttäuschende Schwangerschaft hinweggekommen ist. Wenn du dich schlecht vorbereitet fühlst, Angst hast oder dir in irgendeiner Weise vernachlässigt vorkommst, wirst du noch in zwanzig Jahren darüber sprechen. Eine Freundin erzählt heute noch, wie unzulänglich sie sich während der Wehen fühlte. Meiner Meinung nach wäre es die Aufgabe des Arztes gewesen, ihr Selbstvertrauen zu stärken. Für Frauen, die eine möglichst »natürliche« Geburt erleben wollten, kann es sehr belastend sein, wenn sie per Kaiserschnitt entbinden müssen – es sei denn, der Arzt kann sie überzeugen, und es ist eine gemeinsame Entscheidung, daß ein Kaiserschnitt in dieser Situation das Beste ist. Deshalb fordere deinen Arzt, ruf ihn an oder besuche ihn in seiner Praxis, wann immer du das Bedürfnis dazu hast. Ich kann dir bestätigen, daß du nicht neurotischer oder unsicherer bist als wir alle.

Wenn du glaubst, dich in deinen Arzt verliebt zu haben

Die Kombination aus Abhängigkeit und Bewunderung, die du gegenüber deinem Arzt empfindest, kann dazu führen, daß du glaubst, dich in ihn verliebt zu haben. Vielleicht ist das eine Form des Syndroms, das bei Geiselnahmen zu beobachten ist und als Identifikation mit dem Entführer bezeichnet wird – Patty Hearst zum Beispiel verliebte sich in ihren Entführer aus der SLA (Symbionese Libration Army). Dieses Phänomen wird damit erklärt, daß Menschen, die einer Situation völlig hilflos ausgeliefert sind, sich mit demjenigen identifizieren und eine Beziehung beginnen, der sie in diese Lage gebracht hat, weil er die Macht über Leben und Tod hat. Da könnte doch was dran sein, wenn man an die Beziehung zwischen Frauenarzt und schwangerer Frau denkt, besonders wenn sie ihr erstes Kind bekommt.

Ein weiterer Grund für deine Liebesgefühle könnte sein, daß du für jede Art von Aufmerksamkeit dankbar bist und dein Frauenarzt dir diese wenigstens einmal im Monat schenkt. (So einzigartig und besonders deine Schwangerschaft ist, sie verliert langsam an Faszination, und außer dir und deiner Mutter wird sie schließlich kaum noch jemand so wahnsinnig spannend finden. Leider steht dem das Bedürfnis nach Aufmerksamkeit gegenüber, das bei Schwangeren ungefähr so tief ist wie der Grand Canyon.) Ich sag' es nicht gerne, aber du solltest dich immer wieder einmal daran erinnern: DU HAST DIE SCHWANGERSCHAFT NICHT ERFUNDEN, UND MANCHMAL MUSS MAN DIE LEUTE FÜR IHRE AUFMERKSAMKEIT EBEN BEZAHLEN. Deine Freunde haben ihr eigenes Leben und verlieren dabei von Zeit zu Zeit dein wichtiges Projekt aus den Augen. Selbst dein Mann hat es irgendwann satt, bei jeder Bewegung des Babys deinen Bauch streicheln zu müssen – jedenfalls war das bei meinem so. Dein Arzt wird jedoch bis zum bitteren Ende eifrig um dich bemüht sein, vorausgesetzt, du hast ihn nach den in diesem Buch geschilderten Kriterien ausgewählt. Außerdem wird er oder sie am Schluß der einzige sein, der dich nicht mit der Frage nervt: »Haben Sie denn Ihr Baby immer noch nicht?«

Es gab eine Zeit, da wurde bei einer Schwangeren routinemäßig nur ein Test durchgeführt und der endete mit einem toten Hasen. Es ist wahr – wenn man feststellen wollte, ob eine Frau schwanger ist, verabreichte man früher einem Hasen etwas Blut der Frau. Starb er daraufhin, galt die Frau als schwanger. (Gott sei Dank ist dies heute in der freien Welt nicht mehr die bevorzugte Methode der Ärzte.) Schwangerschaftstests sind nicht mehr die einzigen Untersuchungen, die bei einer Schwangeren durchgeführt werden. Abhängig von Alter und anderen Faktoren gibt es verschiedene medizinische Untersuchungen, die dir während der nächsten Monate empfohlen werden oder die obligatorisch sind. Auch hier will ich wieder betonen, daß dies kein medizinisches Fachbuch ist. Ich will dir nur einen Überblick über die Grundlagen der Schwangerschaft geben. Du kannst dieses Kapitel als Einführungskurs in eine fremde Sprache betrachten. Du lernst, wie man fragt, wo die Toilette ist, und wie man sein Essen bestellt, so daß du nicht völlig verlassen und hilflos dastehst. Wenn du die Begriffe kennst, weißt du, wie du die richtigen Informationen von deinem Arzt bekommst.

Die folgende Liste ist keinesfalls vollständig. Es sind nur die Tests und Untersuchungen aufgeführt, die wir Freundinnen am häufigsten mitgemacht haben.

Der Schwangerschaftstest

Den hast du wahrscheinlich schon hinter dir, aber falls noch nicht – es gibt zwei Arten von Schwangerschaftstests: Für den einen wird Urin benötigt, für den anderen Blut. Wie du wahrscheinlich schon vermutet hast, brauchst du – Gott sei Dank – für den, den du zu Hause machen kannst, Urin und kein Blut. Die Schwangerschaftstests für zu Hause und die Urintests, die beim Arzt gemacht werden, scheinen mir identisch zu sein. Früher mußte man ein bißchen rühren und lange warten, aber jetzt wird das Ergebnis innerhalb von Minuten angezeigt. Bei vielen Heimtests und bei dem Praxis-Test ist es erforderlich, daß du den Urin in einem kleinen Becher auffängst. Bis vor kurzem wollten die Ärzte, daß dieser Urin so schwanger wie möglich ist, und empfahlen daher, den Morgenurin zu sammeln. Da die chemische Zusammensetzung der Tests inzwischen aber viel empfindlicher geworden ist, kann sowohl für den Arzttest als auch für den Heimtest jeder Urin verwendet werden.

Wenn das deine erste Schwangerschaft ist oder du noch nie vaginal entbunden hast, mag dir die Aufgabe, den Urin in einem Becher aufzufangen, einfach erscheinen. Wenn du jedoch bereits ein paar Kinder hast, ist es ungleich schwieriger. Erstens kannst du mit deinem Urinstrahl nicht mehr zielen. Zweitens ist es schwieriger, wieder aufzuhören, wenn du einmal angefangen hast, und es könnte passieren, daß du den Becher bis zum Überlaufen füllst und er dir dann in die Toilette fällt. Folgende Benimmregel solltest du auf jeden Fall beachten, ob es nun dein erster oder zehnter Test ist: Wisch die Außenseite des Bechers ab, nachdem er ungefähr drei oder vier Zentimeter Urin enthält, damit er nicht mehr naß ist. Ein nasser Becher ist nicht nur eklig für die Sprechstundenhilfe, er ist unter Umständen auch glitschig und könnte der einen oder anderen aus der Hand rutschen.

Meine Freundin Lili, die schwanger wurde, während dieses Buch entstand, hat den süßesten Heimtest gemacht, von dem ich je gehört habe. Bei einem positiven Ergebnis wird ein kleines Herz angezeigt. Ist das nicht rührend? Da ich noch nicht von den Herzen gehört hatte, waren mir die Teststreifen immer am liebsten. Du mußt nur die Kappe am Ende des Streifens entfernen und ihn dann mit Urin benetzen. Du mußt nicht perfekt zielen und den Fluß nicht in einem für dich ungünstigen Moment unterbrechen. Ihr könnt alle den Beipackzettel zu dem Test lesen und euch über Genauigkeit und Ausrutscher informieren. Grundsätzlich bedeutet ein positives Ergebnis, daß du ziemlich sicher schwanger bist. Ein negatives Ergebnis bedeutet, daß du es höchstwahrscheinlich nicht bist, du kannst es aber auch nicht mit Sicherheit ausschließen. Laut Aussage meiner Freundinnen entstehen die Probleme dadurch, daß der Streifen »ein bißchen pink, aber nicht richtig pink« wird oder »eine verschwommene Linie, aber keine klare blaue Linie« angezeigt wird. Manchmal entstehen diese Unsicherheiten, weil du noch nicht genügend Schwangerschaftshormon produzierst und daher der Test nicht richtig aktiviert wird. Andererseits kann es sein – und das sagt jetzt jemand, der dreieinhalb Jahre lang versucht hat, schwanger zu werden –, daß dich die schiere Hoffnung ein Ergebnis sehen läßt, das nicht korrekt ist. Wenn du dir hinsichtlich des Ergebnisses unsicher bist, geh zum Arzt und laß einen Bluttest machen. Wenn hundertprozentige Sicherheit möglich ist, warum soll man sie sich nicht verschaffen? Ich habe die Leute nie verstanden, die warten wollen, bis die zweite Periode ausbleibt oder bis der Heimtest ein sicheres Ergebnis liefert, und die erst dann einen Termin beim Arzt ausmachen. Wenn du wirklich schwanger bist, solltest du es so schnell wie möglich wissen, damit du alles entsprechend regeln kannst.

Mit dem Bluttest kann nicht nur die Schwangerschaft festgestellt, sondern auch dein Hormonspiegel bestimmt und ein HIV-Test gemacht werden, vorausgesetzt, du hast einen kooperativen Arzt. Der Bluttest wird normalerweise in der Praxis durchgeführt, wo wie bei jedem Bluttest ein Gummiband um deinen Oberarm gebunden und die Nadel in deine Vene gestochen wird. Ob das weh tut? Das hängt normalerweise von drei Dingen ab: der Geschicklichkeit des Arztes oder der Sprechstundenhilfe, der Beschaffenheit deiner Venen und davon, wie wehleidig du bist. Meiner Meinung nach darf man ruhig »Au!« sagen, aber es ist ein bißchen übertrieben, wenn man zu weinen anfängt. Schau ruhig weg, wenn die Nadel eingestochen wird, und frag, ob du dich hinlegen kannst, wenn du bereits eine dunkle Vorahnung hast, daß es dir bei dieser Prozedur schwindlig werden könnte. Das ist ganz legitim. Ob es gefährlich ist? Nein, wenn eine saubere Nadel verwendet wird und du nicht allergisch auf Pflaster reagierst.

Vaginalkulturen

Nachdem du und dein Arzt nun einigermaßen zufriedenstellend wissen, daß du schwanger bist, wird er etwas von dem

Sekret aus deiner Vagina und vom Muttermund entnehmen wollen, um eine Reihe von Dingen zu testen. Dies ist im großen und ganzen ein völlig normaler Abstrich und fühlt sich auch so an. Der Arzt wird sein verhaßtes Spekulum in deine Vagina einführen, es öffnen und prüfen, ob dein Muttermund, wie es sein soll, fest geschlossen ist (und die neue, rosigere Farbe der Schwangerschaft annimmt), und dann mit einem großen Wattestäbchen etwas Sekret abwischen. Dies wird er dann auf verschiedene Glasträger auftragen und in ein Labor senden, wo man feststellt, daß du keinen Gebärmutterhalskrebs hast und an keiner Geschlechtskrankheit leidest.

Urintests

Vom ersten bis zum letzten Arztbesuch wird deine erste Tat sein, deinen Urin in einem Becher abzugeben. Du wirst zunehmend jede Hemmung verlieren, mit dem Urinbecher in der Praxis herumzulaufen. Eine Sprechstundenhilfe wird dann einen Papierstreifen in den Urin tauchen, und du gehst ins Untersuchungszimmer, ohne dir weitere Gedanken zu machen. Die Sprechstundenhilfe prüft jedoch, ob sich die Farbe des Streifens ändert und somit anzeigt, daß dein Proteinspiegel nicht normal ist. Wahrscheinlich ist er jedoch normal, wenn nicht, würdest du sofort davon erfahren. Der Proteingehalt deines Urins, für den man sich hier interessiert, kann anzeigen, ob du auf eine Schwangerschaftsvergiftung zusteuerst (siehe medizinisches Fachbuch). Sollte dies der Fall sein, wird dein Arzt möglichst früh etwas gegen diese normalerweise gut behandelbare Krankheit unternehmen wollen.

Blutdruckmessung

Die Blutdruckmessung ist ein nettes kleines Ritual, das bei jedem Arztbesuch wiederholt wird. Du solltest dabei vor allem aufhören zu sprechen, damit die Sprechstundenhilfe in aller Ruhe zählen kann. Ansonsten kannst du dich ganz entspannt hinsetzen, weil es nicht weh tut und deine Haut nicht beeinträchtigt wird. Die Messung wird durchgeführt, weil bei schwangeren Frauen ein erhöhtes Risiko zu Bluthochdruck besteht. (Wen wundert das unter diesen Umständen?) Mir hat die Messung immer gefallen, weil ich keine Probleme mit dem Blutdruck hatte und ich – ganz anders als beim Wiegen – um Erfolg oder Mißerfolg nicht bangen mußte. Die Blutdruckmessung muß jedoch regelmäßig durchgeführt werden, weil sie wie der Urintest auf eine Prädisposition zu Schwangerschaftsvergiftung hinweisen kann.

Ultraschalluntersuchung

Statt Ultraschalluntersuchung wird häufig auch von Sonographie gesprochen. Man kann sich mit dieser Technik – lange bevor man dir die Schwangerschaft ansieht – ein deutliches Bild von dem menschlichen Wesen in deinem Inneren machen, von dem kleinen Menschen, der dabei ist, zum Mittelpunkt deines Lebens, zur Liebe deines Lebens – und zu einer kleinen Klette zu werden. Für diese Untersuchung mußt du dich mit dem Rücken auf den Untersuchungstisch legen. Der Arzt sendet dann mit einem der zwei zu diesem Zweck vorhandenen Instrumente Schallwellen durch deinen Bauch. Sie werden von einem Computer interpretiert, und ihr Echo erstellt auf einem Monitor ein Bild von deiner Schwangerschaft. Der Monitor sieht aus wie ein Fernsehbildschirm oder der Bildschirm eines Computers. Zunächst wird es dir fast unmöglich erscheinen, auf dem Monitor irgend etwas zu erkennen, aber mit Hilfe des Arztes kannst du die größeren Knochen, das Herz, das Gehirn und manchmal die Geschlechtsorgane deines Babys sehen – und wie viele Babys du in dir hast. Häufig eine nette kleine Überraschung, über die man am besten gleich zu Beginn der Schwangerschaft und nicht erst auf dem Geburtstisch hinwegkommt. Dein Arzt kann auch die Plazenta sowie die Lage der Plazenta in der Gebärmutter erkennen und feststellen, wieviel Flüssigkeit für das Baby zur Verfügung steht.

Der Ultraschall ist eine wunderbare Untersuchung, die im Lauf der Schwangerschaft mehrmals durchgeführt wird. Du wirst dabei zum ersten Mal richtig verstehen, daß ein menschliches Wesen in dir wächst. Deinen Mann, der bisher nur dein Wort hatte, daß du schwanger bist (und vielleicht seine insgeheimen Zweifel, ob der Schwangerschaftstest auch wirklich zuverlässig war), erhält dadurch die endgültige Bestätigung, was ebenfalls sehr wichtig ist. Vielleicht muß er sich erst einmal hinsetzen und braucht ein Taschentuch. Die erste Begegnung zwischen Eltern und Kind kann einen schon aus dem Gleichgewicht bringen.

Einer der Höhepunkte der Schwangerschaft ist, wenn das

Baby sich bei einer Ultraschalluntersuchung bewegt oder, besser noch, an seinem Daumen lutscht wie ein richtiges Baby. Die ganze Sache kann so spannend sein, daß wir dir empfehlen, deinen Mann oder jemand anderen zu bitten, alles auf Video aufzuzeichnen. Wenn es mit dem Video nicht klappen sollte, sei nicht enttäuscht, du mußt nicht mit leeren Händen wieder nach Hause gehen. Du bekommst nämlich vom Arzt ein Polaroid-Foto, auf dem dein eigener kleiner E.T. abgebildet ist. Mit dem Foto kannst du dann Freunde und Verwandte verwirren (weil sie das Baby auf dem verschwommenen Foto wahrscheinlich nicht so schnell erkennen werden).

Für den Ultraschall ist Wasser erforderlich. Ganz zu Beginn der Schwangerschaft ist noch nicht soviel Fruchtwasser in deiner Gebärmutter, so daß der Schallkopf (von mir Mikrofon genannt), mit dem der Arzt über deinen Bauch fährt, nur ein gutes Bild erzielen kann, wenn deine Blase ganz gefüllt ist. Dies ist zwar sowieso meist der Fall, aber du solltest auch wissen, daß eine volle Blase, wenn du schwanger bist und auf dem Rücken liegen sollst, extrem unbequem, um nicht zu sagen zum Verzweifeln ist. Kannst du dir vorstellen, wieviel Wasser in deiner Blase sein muß, damit sie ausreichend gefüllt ist? Aus eigener Erfahrung weiß ich, daß es mehr ist, als ein normaler Mensch auf einmal trinken kann. Ich hätte nie gedacht, daß mir von Wasser schlecht werden könnte, aber genau das passierte bei der Ultraschalluntersuchung. Frag deinen Arzt (sollte er von selbst nicht darauf zu sprechen kommen), ob er ein »Mikrofon« hat, das vaginal eingeführt wird. Das vaginale Instrument ist genauer, wenn nicht soviel Flüssigkeit zur Verfügung steht, weil es näher an die Gebärmutter herangeführt werden kann. Du mußt dich dann nicht bis zum Bersten mit Wasser füllen, kannst dich entspannen und die Show auf dem Bildschirm so richtig genießen, weil du keine Angst zu haben brauchst, daß sich deine Blase auf dem Untersuchungstisch entleert.

Ob es weh tut? Nein, wenn du allerdings zu den Frauen gehörst, die vaginale Untersuchungen hassen, wirst du diese auch nicht besonders schätzen. Der Arzt führt nicht nur ein penisähnliches Instrument in dich ein, sondern bewegt es auch noch in verschiedene Richtungen, damit er alles Gewünschte sehen kann. Wenn du die Atemmethode nach Lamaze gelernt hast, kannst du sie während eines Vaginal-Ultraschalls zur Entspannung anwenden. In dieser Situation wird sie dir vielleicht helfen, bei der Geburt dagegen ist sie ziemlich nutzlos. Hab keine Hemmungen, einfach loszuhecheln, aber mach mir nachher keine Vorwürfe, wenn es nicht gewirkt hat. Dafür gibt es meiner Meinung nach die Periduralanästhesie, aber jetzt komme ich vom Thema ab.

Wenn du später genügend Fruchtwasser in deiner Gebärmutter hast, um ein Schiff flottzumachen, wird der Arzt ein besseres Bild erhalten, wenn er deinen Bauch mit einem flacheren, rechteckigen »Mikrofon« abtastet. Als erstes wird er jedoch immer etwas Gel auf deinem Bauch verteilen, damit der Schall besser geführt werden kann. Seit kurzem sind die Ärzte etwas menschlicher geworden und bewahren dieses Gel in einem vorgewärmten Behälter auf. Sollte dein Arzt jedoch noch nicht in diese wunderbare Erfindung investiert haben, dann bereite dich auf einen Schock vor, denn das Gel fühlt sich auf deinem armen nackten Bauch schrecklich kalt an.

Test auf Schwangerschafts-Diabetes
(Glukose-Toleranz-Test)

Auch wenn du normalerweise nicht unter Diabetes leidest, kannst du in der Schwangerschaft kurzzeitig zuckerkrank werden. Dies wird Schwangerschafts-Diabetes genannt, kommt häufig vor und verschwindet meistens nach der Geburt des Babys wieder. Wenn du beim Essen vorsichtig bist und dich so verhältst, wie dein Arzt es dir geraten hat, wird es dir und dem Baby gutgehen. Der Test, mit dem festgestellt wird, ob du unter Schwangerschafts-Diabetes leidest, wird Glukose-Toleranz-Test genannt. Manche Ärzte schicken ihre Patientinnen dafür in ein Labor, andere machen ihn bei sich in der Praxis. Du mußt eine kleine Flasche mit einer Flüssigkeit trinken, die wie Limonade schmeckt, in der eine halbe Tasse Zucker zuviel enthalten ist. Sie ist so widerwärtig süß, daß es dir ganz flau und übel werden kann, wenn du nicht ein paar Dinge befolgst. Erstens solltest du die Flüssigkeit unbedingt gekühlt trinken. Die Kälte scheint die Geschmacksnerven zu betäuben. (Entweder gibt dein Arzt dir den Zucker-Drink vor deinem Untersuchungstermin, so daß du genügend Zeit hast, ihn zu kühlen, oder er wird dir im Labor gekühlt ausgehändigt.) Und zweitens solltest du ihn nicht zu schnell trinken. Natürlich wirst du das Ganze so schnell wie möglich hinter dich bringen wollen, aber dein nichtsahnender Magen könnte dagegen rebellieren und die Flüssigkeit mit derselben Geschwindigkeit wieder erbrechen, mit der du sie heruntergeschluckt hast – und dann mußt du alles noch mal trinken.

Wenn dein Arzt dir die Flüssigkeit mit nach Hause gegeben

hat, mußt du es so einrichten, daß du eine Stunde später in der Arztpraxis sein kannst. Wenn du das Getränk im Labor zu dir nimmst, hast du zwischen dem widerlichen Gebräu und dem Bluttest eine Stunde Wartezeit.

Wir Freundinnen geben dir zu diesem Test einen wichtigen Rat: Nimm dir für nach dem Test etwas Gesundes und Kräftigendes zum Essen mit, zum Beispiel ein Sandwich, Obst oder deine persönliche Überlebensration, weil du vorher nichts essen darfst und schwangere Frauen ziemlich ungenießbar werden, wenn sie eine Mahlzeit auslassen müssen.

Fruchtwasseruntersuchung (Amniozentese)

Mit Hilfe der Amniozentese wird untersucht, ob das Baby an genetisch bedingten Erkrankungen leidet. Sie wird normalerweise gegen Ende des vierten Monats durchgeführt, und es dauert ungefähr drei Wochen, bis du die Ergebnisse erhältst. Im allgemeinen wird sie gemacht, wenn der Verdacht besteht, daß das Kind am Down-Syndrom erkrankt sein könnte, aber darüber hinaus können mit dieser Untersuchung auch noch verschiedene andere Krankheiten festgestellt werden. Nach einer Fruchtwasseruntersuchung wirst du mit fast absoluter Sicherheit wissen, ob du einen Jungen oder ein Mädchen bekommst – vielleicht der netteste Nebeneffekt an der Sache.

Eine Amniozentese ist nicht nur eine teure Untersuchung, sie birgt auch das Risiko einer Gefährdung der Schwangerschaft – mit anderen Worten einer Fehlgeburt. Daher wird sie nicht aus Neugier durchgeführt, sondern wirklich nur bei

Frauen, bei denen ein höheres Risiko und damit der begründete Verdacht besteht, daß das Baby an einer genetisch bedingten Krankheit leiden könnte. Ein höheres Risiko tragen Frauen, die bei der Geburt fünfunddreißig Jahre oder älter sind, beziehungsweise Frauen, in deren Familie bereits Erbkrankheiten aufgetreten sind. Wenn du mit einer Amniozentese nur das Geschlecht des Babys bestimmen lassen willst, bist du neugieriger, als es für dich und das Baby gut ist.

Bei dieser Untersuchung durchsticht der Arzt mit einer Nadel die Bauchwand und die Gebärmutterwand und saugt etwas Fruchtwasser ab, das in ein Labor eingesendet wird, wo zehn bis vierzehn Tage lang Kulturen angelegt werden. Du kannst dir wahrscheinlich vorstellen, wie lang die Nadel sein muß, damit sie ihr Ziel erreicht, und du liegst mit deiner Vorstellung völlig richtig. Wenn du jetzt in Ohnmacht gefallen bist, kannst du dich wieder beruhigen. Sobald du wieder zu dir kommst, geben wir dir Rat und Ermutigung, wie du auch das überstehst. WIR VERSPRECHEN DIR, DASS DIE FRUCHT-WASSERUNTERSUCHUNG NICHT SO SCHLIMM IST, WIE ES SICH ANHÖREN MAG.

Fast jede Schwangere ist erst einmal entsetzt, wenn man ihr rät, eine Amniozentese machen zu lassen. Ich weiß, wovon ich spreche, denn als ich bei meiner ersten Schwangerschaft auf dem Untersuchungstisch lag und mein Bauch bereits desinfiziert und fertig drapiert war, habe ich gekniffen. Ich stand heulend wieder auf, zog mich an und ging unverrichteter Dinge nach Hause. Ob ich dir damit empfehlen will, daß auch du dich von deiner Angst leiten läßt und verhinderst, die Informationen zu bekommen, die dein Arzt für nötig hält? Ganz bestimmt nicht. Ich will nur zum Ausdruck bringen, daß ich mit dir mitfühlen und deine Ängste vor einem solchen Eingriff verstehen kann.

Es gibt drei Gründe für diese große Angst vor einer Amniozentese. Erstens glauben wir, daß es wahnsinnig schmerzhaft sein wird. Zweitens müssen die Ärzte uns darauf hinweisen, daß bei einer Amniozentese die geringe Wahrscheinlichkeit besteht, die Fehlgeburt eines gesunden Fötus auszulösen. Und am schlimmsten ist drittens, daß wir uns, sollte bei der Untersuchung herauskommen, daß das Baby eine genetisch bedingte Krankheit hat, entscheiden müssen, ob die Schwangerschaft beendet werden soll. Dies ist eine der schwierigsten Entscheidungen, vor die ein Paar gestellt werden kann, und die Aussicht, unter Umständen eine solche Entscheidung treffen zu müssen, ist zermürbend. Wenn du jedoch von vornherein absolut gegen Abtreibung bist, dann hat es auch wenig Sinn, eine Amniozentese zu machen – es sei denn, du glaubst, daß vorgewarnt auch vorbereitet heißt. Nachdem ich dich genügend erschreckt habe, will ich dich schnell wieder damit beruhigen, daß das Baby mit höchster Wahrscheinlichkeit völlig gesund sein wird, besonders wenn du noch unter vierzig bist. Selbst für über Vierzigjährige stehen die Chancen überwältigend gut. Mein Vater jedenfalls sagte, als ich mir während meiner vierten Schwangerschaft mit neununddreißig Jahren Sorgen machte: »Wäre es ein Pferderennen, ich würde jeden Tag der Woche auf dich setzen.« Die Amniozentese wird dich also aller Wahrscheinlichkeit nach von einigen deiner Phantom-Sorgen, die du dir um das Baby machst, befreien. Ich würde dir ja gerne sagen, daß du bei einem positiven Untersuchungsergebnis die restliche Zeit der Schwangerschaft völlig sorglos verbringen wirst, aber leider ist es nicht so. Wenn du das Down-Syndrom und andere nachweisbare genetische Schäden aus deiner Sorgenliste streichen konntest, wirst du sie sicher durch andere Sorgen ersetzen, zum Beispiel, daß das Kind eine Hasenscharte oder Geburtsmale haben könnte – gewöhn dich also am besten an die Sorgen. Nur zur Erinnerung, eine Schwangerschaft ist der Beginn vieler Ängste und Sorgen, die dich bis zum Ende deines Lebens begleiten werden.

Ob es weh tut? Die Antwort ist: Ja, ein bißchen. (An dieser Stelle sei erwähnt, daß ich, nachdem ich einige Geburten hinter mir habe, mir ein Grinsen nicht verkneifen kann, wenn ich von Schmerz spreche. Das ist also für euch »Jungfrauen«. Nach einer Geburt wird das Wort Schmerz eine ganz andere Bedeutung haben. Die Nadel für die Amniozentese ist etwa achtzehn Zentimeter lang und dicker als gewöhnliche Nadeln für Spritzen. Normalerweise wird durch eine örtliche Betäubung der Einstichschmerz gelindert. Und nachdem die Haut erst einmal durchstochen ist, solltest du nichts mehr spüren, weil du in deinem Inneren keine Nerven hast.

Nach der Amniozentese wirst du dich wahrscheinlich genauso fühlen wie vorher, außer daß du erleichtert und von den emotionalen Torturen ziemlich mitgenommen bist. Wir Freundinnen empfehlen dir ebenso wie dein Arzt, sofort nach Hause zu gehen und dich ins Bett zu legen. Wahrscheinlich ist es auch für die Gesundheit des Babys gut, aber in erster Linie ist es gut für dich. Jede Frau, die so etwas durchmachen mußte, verdient einen Tag im Bett oder vor dem Fernseher. Gönn es dir, es gibt nur wenige Tage während der Schwangerschaft, wo alle übereinstimmend der Meinung sind, daß du es dir gutgehen lassen sollst.

Chorionzottenbiopsie

Das war meine bevorzugte Untersuchung, die ich bei drei meiner Schwangerschaften machen ließ. Mit einer Chorionzottenbiopsie können dieselben genetischen Schädigungen ermittelt werden wie bei einer Amniozentese (mit Ausnahme von Spina bifida) und auch das Geschlecht des Babys festgestellt werden. Einer der Gründe, warum ich mich für diese Untersuchung entschieden habe, ist, daß sie schon in der elften oder zwölften Schwangerschaftswoche durchgeführt wird und die Ergebnisse vierundzwanzig Stunden später vorliegen. Der größte Nachteil der Amniozentese ist nämlich, daß du bereits im fünften Monat schwanger bist, wenn du die Ergebnisse zurückbekommst. Zu diesem Zeitpunkt hast du die Schwangerschaft schon halb überstanden und kannst fühlen, wie das Baby dich tritt. Die Entscheidung, die Schwangerschaft zu beenden, ist dann besonders schrecklich. Bei einer Chorionzottenbiopsie erhältst du das Ergebnis mehrere Wochen bevor man überhaupt sehen kann, daß du schwanger bist. Welche Entscheidung du auch immer triffst, du kannst sie dann treffen, ohne auf Zustimmung oder Ablehnung von Familie und Freunden hören zu müssen.

Eine Chorionzottenbiopsie ist immer mit einem Ultraschall verbunden. Da die Untersuchung zu einem frühen Zeitpunkt deiner Schwangerschaft durchgeführt wird, mußt du vorher viel Wasser trinken. Es wird dann geprüft, ob die Blase zu voll und bei der Erstellung des Bildes im Wege ist (natürlich fühlst du dich wieder wie ein Wasserballon). Ist sie zu voll, mußt du etwas Urin ausscheiden. Nachdem das Alter des Fötus ermittelt und festgestellt wurde, ob das Baby gesund und munter ist, wird mit der Chorionzottenbiopsie begonnen. Du mußt deine Beine wie bei einem Abstrich auf die Stützen legen, und der Arzt reinigt mit einem riesigen Wattestäbchen, das er vorher in dunkelbraunes Desinfizierungsmittel getaucht hat, deinen Vaginalkanal und den Muttermund. Das ist meistens der unangenehmste Teil, da es sich anfühlt, als würde dein Inneres mit einem türkischen Handtuch gereinigt. Wenn alles peinlichst sauber ist, werden über Ultraschall mit einem externen »Mikrofon« das Baby und seine Chorionzotten ausfindig gemacht. Die Chorionzotten sind kleine Auswüchse aus dem die Plazenta umhüllenden Chorion. Der Arzt wird dann ein ganz dünnes Plastikröhrchen durch die winzige Öffnung des Muttermunds in die Gebärmutter einführen, wobei das Ultraschallbild ihm den Weg zeigt. Wenn auf dem Monitor zu sehen ist, daß der Arzt bei dem Chorion angelangt ist, wird eine Nadel durch das Plastikröhrchen geschoben und mit dieser ein winziger Teil des Chorion abgenommen. Bei mir war das alles völlig schmerzlos und nicht einmal besonders nervenaufreibend, weil es so spannend ist, das Baby auf dem Ultraschallbild zu sehen, daß du alles andere um dich herum vergißt.

Nach meiner dritten Biopsie hatte ich ziemlich heftige Blutungen und hätte mich und meinen Arzt umbringen können. Da ich dies bei den zwei vorherigen Untersuchungen nie erlebt hatte, war ich mir sicher, daß ich das Schicksal einmal zu oft herausgefordert hatte. Ich rief in der Praxis an und konnte vor lauter Angst kaum sprechen. Sie blieben aber trotzdem in der Leitung und versicherten mir, daß die Blutung nicht ungewöhnlich sei und alles bald wieder in Ordnung wäre. So war es dann auch. Und als ich am nächsten

Tag einen Anruf erhielt und man mir sagte, daß ich, neununddreißig Jahre alt, eine gesunde Tochter haben würde, hätte ich vor Freude fast einen Rückwärtssalto gemacht.

Diese Untersuchung wird unter Frauenärzten kontrovers beurteilt. Da sie noch relativ neu ist, gibt es nicht viele Ärzte,
die bereits ausreichend Erfahrung haben und das Risiko gering einschätzen. Aus diesem Grund würde ich mich von
meinem Arzt über die verschiedenen Untersuchungsmög-
lichkeiten für genetisch bedingte Krankheiten beraten lassen
und dann gemeinsam mit ihm eine Entscheidung treffen. Bei
der Chorionzottenbiopsie werden große Fortschritte gemacht, aber es gibt auch noch einige Ungereimtheiten, so
daß man sie nur an Universitäts- und Forschungskliniken
durchführen lassen sollte. Vor einigen Jahren gab es zum Beispiel Spekulationen darüber, ob die Chorionzottenbiopsie
schuld sein könnte, daß bei Kindern Finger und Zehen fehl-
ten. Ich kann als Laie nur das wiedergeben, was man mir vor
kurzem gesagt hat. Die neueste Erkenntnis ist, daß man die
Untersuchung in einer späteren Schwangerschaftswoche als
ursprünglich angenommen durchführen sollte, das heißt in
der zwölften statt in der neunten Woche. Man konnte zeigen,
daß dadurch eine Bedrohung der Gliedmaßen des Kindes ausgeschlossen werden kann. Trotzdem ist es, wie bereits gesagt,
eine Entscheidung, die du zusammen mit deinem Mann und
deinem Arzt treffen solltest (oder mit einer Freundin, die
auch beim tausendsten Mal nicht die Geduld verliert). Ich
sollte vielleicht noch hinzufügen, daß mir eine Chorionzottenbiopsie sicherer erschien als eine Amniozentese, weil
mein Arzt diese Untersuchung an zwei größeren Kliniken
lehrte und sie daher schon sehr oft durchgeführt hatte. In sei-

ner Praxis machte er nichts anderes als Biopsien und Frucht-wasseruntersuchungen. Ich glaube nicht, daß ich mich der Untersuchung so bereitwillig unterzogen hätte, wenn er ein ganz normaler Frauenarzt gewesen wäre, der ab und zu auch eine Chorionzottenbiopsie durchführt. Wenn du dich zu dieser Untersuchung entscheidest, dann suche dir dafür einen Arzt, der sie bereits öfter und erfolgreicher gemacht hat als andere.

Nach einer Chorionzottenbiopsie hast du genauso wie nach einer Amniozentese die allseitige Erlaubnis, sofort in dein Bett zu gehen und den Tag mit Lesen und Fernsehen zu verbringen. Du und dein Muttermund haben viel durchgemacht, und deine Psyche ist wahrscheinlich auch angeschlagen, so daß du jetzt erst einmal Ruhe brauchst.

Alpha-Fetoproteintest (AFP-Bestimmung)

Dieser Test wird hauptsächlich durchgeführt, um anormale Veränderungen der Wirbelsäule zu ermitteln und festzustellen, ob sich Wirbelsäule und Gehirn normal entwickeln. Für den Test ist wieder einmal eine Blutabnahme erforderlich, ungefähr im vierten oder fünften Schwangerschaftsmonat. Wenn die Anzahl der Alpha-Fetoproteine verdächtig ist, wird zu einer Amniozentese geraten, selbst wenn die Schwangere noch nicht fünfunddreißig Jahre alt ist und kein erhöhtes Risiko für genetische Krankheiten besteht. In Studien konnte gezeigt werden, daß mit dem neuen AFP-Test eine statistische Beziehung zwischen einer bestimmten Anzahl von Fetoproteinen und einer möglichen Erkrankung am

Down-Syndrom hergestellt werden kann. Meine Freundin Mindy hatte bei diesem Test erhöhte Werte, woraufhin wir alle zwei Wochen lang gelitten und auf das Ergebnis der Amniozentese gewartet haben. Ihr Baby war jedoch nicht nur völlig gesund, sondern auch eines der schönsten kleinen Mädchen, das jemals das Licht der Welt erblickt hat. Trotzdem – uns allen erschien die Warterei endlos.

Tut diese Untersuchung weh? Nicht mehr und nicht weniger als jeder andere Bluttest. Aber es kann sein, daß du danach weitere Untersuchungen machen lassen mußt, zum Beispiel eine Amniozentese, die zwar nicht sehr schmerzhaft ist, aber ziemlich nervenaufreibend sein kann. Wenn bei dem Alpha-Fetoproteintest verdächtige Werte herauskommen, heißt das noch lange nicht, daß mit dem Baby etwas nicht stimmt. In den meisten Fällen fehlt dem Baby überhaupt nichts, also spring nicht gleich von der Brücke, wenn dein Arzt dir sagt, daß weitere Untersuchungen erforderlich sind. Der Test kann jedoch ein hilfreiches Warnzeichen sein, laß ihn also machen.

Kardiotokographie (CTG-Wehenschreibung)

Bei diesem Test werden die Herztöne des Babys elektronisch überwacht, während es in deinem riesigen Bauch sorglos vor sich hin schwimmt. Wenn diese Untersuchung gemacht wird, wird dein Bauch nämlich schon ziemlich riesig sein, denn die Herztöne werden nur bei einem reifen oder schon überfälligen Baby überprüft, um zu sehen, ob es sich in deinem Bauch noch wohl fühlt.

Die Untersuchung wird meist von einer Hebamme oder der Sprechstundenhilfe durchgeführt, weil der Arzt sich nur selten neben dich setzen und zusehen wird, wie die Herztöne des Babys bis zu einer Stunde lang auf endlosen Papierrollen aufgezeichnet werden – auch wenn du selbst davon total gefesselt bist. Die Hebamme oder Sprechstundenhilfe bindet einen Gurt um deinen Bauch und legt den im Gurt angebrachten Schallkopf so nah wie möglich am Herzschlag des Kindes an. Dann verläßt sie den Raum und läßt dich völlig alleine. (Eine gute Vorbereitung auf das, was viele Frauen während der Wehen erleben.) Mit dieser Untersuchung will man sehen, ob der Herzschlag richtig auf die Bewegungen des Babys und auf mögliche Kontraktionen der Gebärmutter reagiert. Wenn du dich deinem Geburtstermin näherst oder ihn schon überschritten hast, wollen die Ärzte prüfen, ob das Baby seine Ankunft zu lange hinauszögert und eventuell ermutigt werden muß, herauszukommen.

Mir ging es häufig so, daß das Baby während der Untersuchung einschlief und ich einen Fruchtsaft zu trinken bekam, um es durch den Zuckerstoß zu aktivieren, oder man mir in den Bauch drückte, um den kleinen Schatz auf diese Weise aufzuwecken. Ich will mich aber nicht beschweren, denn ein faules Kind ist ein sanftes Kind, und wenn man vier Kinder hat, schätzt man das sehr.

Das Wiegen

Okay, du glaubst also, daß das Wiegen keine besondere medizinische Untersuchung ist. Trotzdem findet es bei jedem Besuch in der Arztpraxis statt und gilt als Hilfsmittel, um deine und die Gesundheit des Babys zu überwachen. Deshalb bleibt dieser Abschnitt genau hier in diesem Kapitel des Buches. Wenn während deiner Schwangerschaft keine wirkliche Krise auftritt, kann das monatliche Wiegen für dich zur schlimmsten Untersuchung werden. Ich jedenfalls habe diesen Teil meiner ansonsten ganz reizenden Arztbesuche immer gehaßt, weil ich meiner Meinung nach jedesmal zuviel wog. Wenn ich zwischen zwei Besuchen nur ein Pfund zugenommen hatte, war ich stolz und überglücklich. Hatte ich jedoch sechs Pfund zugenommen, fühlte ich mich, als hätte ich keine Selbstdisziplin und als könnte ich mit meinen Gelüsten einfach nicht richtig umgehen. Nach den ersten zwei oder drei Schwangerschaften habe ich dann etwas bemerkt, was mir auch meine Freundinnen bestätigten: Bei jeder Schwangerschaft nimmt man in etwa gleich viel zu, und zwar fast unabhängig davon, wie aktiv man ist und welche Eßgewohnheiten man hat. Mit anderen Worten, ich habe, als ich mit Jeremy schwanger war, zusätzlich zwei Kleinkinder hatte, in meinem Job gearbeitet und nur ziemlich wenig gegessen habe, genausoviel zugenommen wie mit Jamie. Und das, obwohl ich während der Schwangerschaft mit Jamie vier Monate lang im Bett bleiben mußte und streng nach den Empfehlungen in den Schwangerschaftsbüchern alle möglichen Proteine, Kohlenhydrate und Calcium zu mir genommen habe. Wir Freundinnen sind deshalb zu dem Entschluß gekommen, daß jede Frau ihren ganz persönlichen Stil hat, mit dem sie durch die Schwangerschaft kommt. Ob es dein Stil ist, ziemlich dick zu werden, oder du nur einige Kilo zunimmst – wahrscheinlich wirst du dir darin bei jeder Schwangerschaft treu bleiben.

Für mich ist das ein guter Grund, es mit der Gewichtszunahme nicht zu eng zu sehen. Wenn du natürlich neun Monate lang nur von Sahnetorten lebst, wirst du höchstwahrscheinlich außergewöhnlich dick werden. Aber wenn du dich gesund ernährst (nur hin und wieder Schokolade naschst) und immer nur dann ißt, wenn du Hunger hast, stehen die Aussichten gut, daß du nur die vorgeschriebenen Kilos zulegst – und das konstant bei jedem Baby.

Für mich war die Schwangerschaft immer eine gute Ausrede, kein Fitneßprogramm mehr durchziehen zu müssen. Aus diesem Grund wird dieses Kapitel noch subjektiver sein als alle anderen. Es werden Übungen vorgestellt, von denen du nicht einmal zu träumen wagen würdest, denn ich werde mich über die derzeit moderne Ansicht hinwegsetzen, daß eine Frau schwanger sein und trotzdem einen Marathon laufen kann. Versteh mich nicht falsch: Ich bin nicht gegen Sport und Fitneß, ganz im Gegenteil. Wenn ich nicht schwanger bin, gehe ich Joggen, hebe Gewichte und mache auch sonst alles mit, was in meiner Nachbarschaft gerade in ist, von Box-Aerobics bis hin zum Standfahrradfahren. Aber ich glaube strikt an die Maxime: WENN MAN ETWAS GUT MACHEN MÖCHTE, BRAUCHT MAN DAFÜR SOVIEL ZEIT UND AUFMERKSAMKEIT WIE MÖGLICH. Mit anderen Worten, wenn ein gesundes Baby in dir heranwachsen soll, ohne daß du dabei selbst Schaden nimmst, brauchst du dazu alle dir zur Verfügung stehende Aufmerksamkeit. Wenn du nebenher noch arbeitest, weitere Kinder großziehst und all die anderen Dinge des alltäglichen Lebens erledigst, wird das schon Ablenkung genug sein (besonders wenn du zusätzliche fünfzehn Kilo mit dir herumschleppen mußt). Solltest du doch etwas freie Zeit haben, wie meine Freundin Shannon, die als Schauspielerin nicht mehr arbeiten konnte, als man ihr die Schwangerschaft ansah, dann verbring sie damit, deine Socken zu stricken, Fotos ins Album einzukleben oder deine CD-Sammlung alphabetisch zu ordnen. Ich garantiere dir, daß du nach der Geburt des Babys für solche Dinge absolut keine Zeit mehr haben wirst.

Im folgenden findest du die wichtigsten Gründe dafür, warum wir Freundinnen glauben, daß es sich nicht lohnt, während der Schwangerschaft die Mitgliedsgebühr für ein Fitneß-Studio weiterzubezahlen:

1. Du wirst zu müde sein.
2. Du wirst in deinem Gymnastikanzug keine gute Figur machen.
3. Du wirst sowieso dicker.
4. Fitneßübungen sind keine Vorbereitung auf die Wehen und die Geburt.
5. Du könntest die Schwangerschaft gefährden.
6. Auch wenn du die Schwangerschaft nicht gefährdest, aber trotzdem etwas schiefgeht, wirst du dich ein Leben lang fragen, ob vielleicht doch deine Fitneßübungen daran schuld waren.
7. Du wirst neun Monate lang zunehmen und dann neun Monate lang abnehmen – ganz egal, was du machst. (Das Abnehmen kann auch ein paar Monate länger dauern.)
8. Wenn wir uns während der Schwangerschaft zu Fitneßübungen zwingen, spiegelt das nur unsere Unfähigkeit wider, uns hinzugeben und der Natur ihren Lauf zu lassen.

Ich fühle geradezu, wie diese Thesen Kontroversen hervorrufen werden. Ärzte, Fitneß-Gurus und Frauen, die sich während der Schwangerschaft erfolgreich fit gehalten haben, werden mit zum Kampf erhobenen Wasserflaschen auf mich losgehen. Ich bin jedoch so überzeugt von dem, was ich gesagt habe, daß ich mich ihnen stellen werde. Es ist mir klar, daß ziemlich viele von euch mir jetzt am liebsten jedes weitere Wort verbieten würden, besonders die, die erst seit kurzem schwanger sind. Das ist in Ordnung, aber lies das Kapitel trotzdem, wenn auch nur aus dem Grund, daß du nachher alles nach Herzenslust kritisieren und kein gutes Haar mehr an mir lassen kannst. Aber unter Umständen siehst du die Dinge am Ende doch so wie ich.

Punkt 1 – Du wirst zu müde sein.

Wenn die zermürbende Müdigkeit zu Beginn der Schwangerschaft dich bereits erwischt hat, erübrigt sich zu diesem Punkt jeder weitere Kommentar. Du bist wahrscheinlich schon auf der Bettkante gesessen, um deine Schuhe zuzubinden, und zwei Stunden später wieder aufgewacht. Du hast dich schon damit abgefunden, deine Lieblingsserie bis zum Ende des Jahres zu verpassen, und dich damit getröstet, daß sie im Sommer wiederholt wird. Du hast dich bereits zum Gespött gemacht, weil du während einer Besprechung eingeschlafen und so plötzlich und unsanft wieder aufgewacht bist, daß du beinahe vom Stuhl gefallen wärst.

So wie wir alle während unserer ersten Schwangerschaften, sagst du dir jetzt, daß du wieder zu den Aerobic-Stunden gehen wirst, sobald die ersten drei Monate vorbei sind. Wie wir alle wirst du ein schlechtes Gewissen haben, weil du so ein Schwächling bist und es nicht schaffst, schwanger zu sein und trotzdem dein Fitneßprogramm durchzuziehen. Du bist dir sicher, daß andere Frauen – die, die ihre Schwangerschaft besser bewältigen – bereits bei Anbruch der Morgendämmerung aufstehen, statt sich der Übelkeit hinzugeben, fünf Kilometer joggen und danach Vollkornbrot zum Frühstück essen. Wenn das so ist, dann laß dir gesagt sein: Sogar die ganz sportlichen Mädchen, die mit schlanken, muskulösen Beinen und riesigem Lungenvolumen geboren wurden, werden während der Schwangerschaft dick und wabbelig. Wenn nicht, gehören sie entweder einer mikroskopisch kleinen Minderheit an oder gönnen sich und dem Baby nicht die nötige Nahrung und Ruhe.

Hier ist ein völlig neues Konzept für die Neunziger: Wenn dein Körper müde ist, höre auf ihn und ruhe dich aus. Ich verurteile niemanden, der im nichtschwangeren Zustand süchtig nach Sport ist, aber wenn ich diesen Zustand bei einer schwangeren Frau beobachte, läuten bei mir alle Alarmglocken. Denk darüber nach: Man erwartet von dir, daß du aus einem kleinen Ei, das schon immer in deinem Körper war, und etwas Sperma, das dein Mann spontan beigesteuert hat, ein vollständiges menschliches Wesen erschaffst – einen Menschen mit Armen, Beinen, Herz, Lunge, Augenlidern und den großen Ohren von Onkel Harry. Wenn du denkst, daß man dabei nicht müde sein darf, bist du ziemlich verbohrt und ein Typ, mit dem ich normalerweise nicht viel Zeit verplempere. Wir Freundinnen wollen dir empfehlen, daß du während der Schwangerschaft soviel schläfst wie möglich. In diesen Genuß wirst du mehrere Jahre lang nicht mehr kommen.

Punkt 2 – Du wirst in deinem Gymnastikanzug keine gute Figur machen.

Irgendwann nach ungefähr drei Monaten hast du wieder neue Energie, und zwar nicht nur genausoviel wie früher, sondern sogar noch mehr. Für mich ist das das Super-Frauen-Trimester. Dir ist wahrscheinlich nicht mehr übel. Dein Interesse an Sex ist wiedererwacht (wenigstens ein wenig, den Berichten der Freundinnen zufolge). Und du denkst daran, dein Fitneßprogramm wiederaufzunehmen.

Du kramst in den Schubladen nach deinen staubigen alten Gymnastikhosen und -anzügen und schlüpfst probeweise hinein. Beim Verlassen des Schlafzimmers kommst du zufällig am Spiegel vorbei und mußt zweimal hingucken. »Wer ist denn dieses völlig aus dem Leim gegangene Etwas?« Dann merkst du, daß das du bist und rennst panisch zum Bett, um dich schnell hinzulegen, bevor du in Ohnmacht fällst.

Und hier ist die ungeschminkte Wahrheit: Jeder weiß, daß hautenge Gymnastikkleidung in der Hauptsache deinen Körper zeigen soll. Die Hersteller mögen behaupten, daß dehnbares Lycra wegen seiner aerodynamischen Eigenschaften der ideale Stoff für sportliche Betätigungen ist, und vielleicht haben sie ja recht. Aber da die meisten von uns seit der Schulzeit keine Sprints mehr gelaufen sind, ist die Aerodynamik nicht ganz so entscheidend. Wir tragen dieses hautenge, dehnbare Zeug, weil wir glauben, daß wir damit gut aussehen. Ganz anders wirken die schnittigen kleinen Outfits allerdings, wenn sie mit schwangeren Brüsten, schwangeren Bäuchen, schwangeren Oberschenkeln und schwangeren Knien ausgefüllt sind – von den schwangeren Armen ganz zu schweigen. Wenn du mir nicht glaubst, dann leih dir ein Video mit einem Gymnastikprogramm für Schwangere aus. Ich will nicht gehässig sein, aber die Frauen in diesen Videos sehen aus wie Preßwürste. Und dabei handelt es sich um Frauen, die sich freiwillig für Aufnahmen in kleinen gestreiften Anzügen zur Verfügung gestellt haben. Wir anderen dagegen, die, die sich am liebsten in völliger Dunkelheit anziehen würden, damit sie sich möglichst nicht sehen müssen, würden lieber eine Geburt ohne Periduralanästhesie überstehen als im Lycra-Anzug von anderen gesehen zu werden. Es gibt natürlich auch hartgesottene Schwangere, die über der Gymnastikkleidung ein T-Shirt ihres Mannes tragen und damit einiges kaschieren. Ich dagegen verlege mich lieber aufs Schmollen und höre mit meinem Fitneßprogramm ganz auf.

Punkt 3 – Du wirst sowieso dicker.

Ich weiß nicht, wie es bei dir ist, aber ich bin bei meinem Fitneßprogramm ständig bemüht, die letzten fünf Pfund wieder loszuwerden beziehungsweise die Abmessungen meines Pos möglichst klein zu halten. Man kann mir viel von Endorphinen, wiedergewonnener Energie und kardio-vaskulärer Fitneß erzählen, ich bleibe dabei: Könnten wir alle von Süßigkeiten und Marlboro Lights leben und trotzdem wie Naomi Campbell aussehen, müßten die Fitneß-Studios dieses Landes über Nacht zumachen und würden durch noch mehr Cola und Aschenbecher ersetzt.

Schwanger zu sein bedeutet auch, zu akzeptieren, daß dein Körper eine Baby-produzierende Maschine ist. Er muß sich

173

ausdehnen, damit das Baby wachsen kann. Und er muß dem biologischen Imperativ gehorchen, der die Art vor dem Verhungern schützt, und mit dem Anlegen von Fettpolstern dafür sorgen, daß das Baby auch dann nicht verhungert, wenn der Vater fürs Abendessen einmal kein Wildschwein erlegen konnte. Das ist das Gegenteil dessen, was Fitneß-Fanatiker erreichen möchten. Du machst es deinem Körper nur schwerer, wenn du deinem Verlangen nach fettreduzierenden Aktivitäten folgst. Warum nimmst du die harte Arbeit auf dich, wenn du zumindest ein Jahr lang sowieso nicht wie Naomi aussehen wirst.

Ich habe festgestellt, daß in diesen Videos für Schwangere viel mit leichten Gewichten gearbeitet wird, um die Arme und den Oberkörper in Form zu halten. Da ich noch keine Schwangere mit richtig muskulösen Armen gesehen habe, nehme ich an, diese kleinen Pseudo-Übungen sollen den Muskeltonus aufrechterhalten, damit man nach der Geburt schneller in Form kommt. Ich bin kein Physiologe, aber ich könnte mir vorstellen, daß deine Arme nach der Geburt nicht muskulöser sein werden, weil du jetzt jeden Tag zwanzigmal ein Gewicht von je einem halben Kilo (oder zwei Suppendosen) hochstemmst. Wenn der Muskeltonus einer Schwangeren schon durch das Stemmen von zwei Suppendosen aufrechterhalten wird, warum läßt der Kerl im Fitneß-Studio mich dann im nichtschwangeren Zustand mit zwei acht Kilo schweren Hanteln kämpfen? Er wird sicher nicht pro Kilo bezahlt.

*Punkt 4 – Fitneßübungen sind keine Vorbereitung
auf die Wehen und die Geburt.*

Im Trend liegt folgende Logik: Durch Fitneßübungen werden
Kraft und Durchhaltevermögen trainiert. Beides ist für die
Wehen und die Geburt erforderlich. Also müssen Fitneßübungen für Wehen und Geburt gut sein. Klingt doch vernünftig, oder? Wir müssen dir aber leider sagen, daß es so
nicht funktioniert. Wehen sind eine Abfolge von (scheinbar
endlosen) unwillkürlichen Muskelkontraktionen, deren Ziel
die Öffnung des Muttermundes (des Eingangs in die Gebärmutter) auf einen Durchmesser von ungefähr zehn Zentimetern ist. Durch diese Öffnung preßt die Mutter das Baby
heraus.

Du kannst von jetzt an bis nächsten Donnerstag Sit-ups machen – deine Gebärmutter wird dadurch in keiner Weise gekräftigt. Sie liegt nämlich geschützt hinter allen Muskeln, die
durch Sit-ups beansprucht werden, bleibt außer bei ab und zu
auftretenden Braxton-Hicks-Kontraktionen die ganze Zeit
über in ihrer angestammten Position und kümmert sich um
ihre eigenen Angelegenheiten. Solltest du eine Übung kennen, mit der der Muttermund trainiert werden kann, daß er
sich bei der Geburt schnell und auf Befehl öffnet, dann laß es
mich bitte wissen.

Du kannst auch noch so viele leichte Gewichte stemmen und
drücken, du wirst deshalb beim Pressen nicht effizienter sein.
Die einzige Übung, mit der du dich auf das Herauspressen eines Babys aus der Gebärmutter vorbereiten kannst, sind viele
harte Stuhlgänge, weil das ungefähr den Vorgängen beim
Pressen entspricht. Es kann für dich und die Schwangerschaft

sogar schädlich sein, wenn du konsequent Übungen machst, die dich auf eine Weise zum Drücken und Ächzen bringen, die man gemeinhin mit dem Pressen verbindet. Das Anhalten des Atems oder Ächzen beim Auftrainieren eines bestimmten Muskels wird Valsalva-Versuch genannt. Die meisten Ärzte sind sich darüber einig, daß das weder für dich noch für das Baby gut ist, denn es erhöht auf unnatürliche Weise den Blutdruck und verlangsamt für kurze Zeit die Sauerstoffzufuhr zum Fötus.

Viele meiner Freundinnen haben mir von ihren Wehen und der Geburt erzählt. Dabei habe ich mit großem Interesse festgestellt, daß es überhaupt keinen Zusammenhang zwischen einer leichten Geburt und dem Fitneßprogramm der Schwangeren gibt. Eine meiner Freundinnen hat bis zu dem Tag, an dem sie von ihrer Schwangerschaft erfuhr, geraucht und bis zu dem Tag, an dem die Wehen begannen, alles mögliche gegessen. Ihre Wehen dauerten nur drei oder vier Stunden, und innerhalb von Minuten hatte sie das Baby herausgepreßt. Eine andere Freundin war während der College-Zeit ein Leichtathletikstar und ist seitdem immer sportlich geblieben. Nach vierzig Stunden Wehen hatte sich ihr Muttermund gerade einmal vier Zentimeter geöffnet. Für mein nichtmedizinisches Auge sieht es beinahe so aus, als sei es für das Baby einfacher, herauszukommen, wenn die Muskeln der Mutter schlaff und weniger trainiert sind. Die Sache hat etwas Tragisches, denn viele Freundinnen, die hart an sich arbeiten, um körperlich fit und aktiv zu bleiben, haben problematische Geburten, während andere sich über ihre brillante Leistung bei der Geburt wundern, die für ihre Fitneß nie mehr getan haben, als regelmäßig stramm zum Kühlschrank zu gehen, und denen man deshalb Angst eingejagt hatte mit dem Argument, sie seien für Wehen und Geburt nicht richtig gewappnet. Hier zeigt sich wieder einmal die fundamentale Ungerechtigkeit des Lebens.

Punkt 5 – Du könntest die Schwangerschaft gefährden.

Jetzt spreche ich nur für mich. Vielleicht bin ich ja die einzige Frau auf diesem Planeten, die das erlebt hat. Wenn ja, mußt du mich eben einen Moment lang ertragen und kannst dann alles vergessen, was ich gesagt habe. Ganz am Anfang von zwei meiner vier Schwangerschaften habe ich versucht, mein traditionelles Fitneßprogramm mit Laufen und Gewichtheben weiterzumachen. Und zweimal wurde die Sache dadurch beendet, daß an der Stelle, an der Plazenta und Gebärmutter verbunden sind, kleine Risse aufgetreten waren. Offenbar war durch das Gewichtheben der Druck auf die Gebärmutter zu groß geworden. Zweimal legte ich mich weinend und zutiefst erschrocken ins Bett und beruhigte mich erst wieder, als die Blutungen nach ein oder zwei Tagen aufhörten. Wie sehr ich meine Babys in Gefahr gebracht hatte, weiß nur der Himmel. Ich war zu schockiert, um diese Frage meinem Arzt zu stellen – oder genauer gesagt, ich hatte zuviel Angst vor seiner Antwort. Ich weiß jedoch, daß mein Arzt einige Ultraschalluntersuchungen gemacht hat, um den Heilungsprozeß zu überwachen, und sehr erleichtert war, als sich an der entsprechenden Stelle kein Blut mehr ansammelte – er muß also auch etwas besorgt gewesen sein.

Man könnte einwenden, daß ich mein Fitneßprogramm zu energisch durchgeführt habe und es, statt es ganz zu beenden, einfach hätte abwandeln sollen. Wie man derzeit allgemein hört, kann eine schwangere Frau ihren Fitneßplan weiterführen, sollte aber nicht mit neuen oder schwierigeren Programmen beginnen. Um ganz ehrlich zu sein, ich wüßte nicht, wie man maßvoll trainieren kann. Entweder habe ich das Ziel, mehr Kraft zu bekommen beziehungsweise in Form zu bleiben, oder ich kann das Ganze genausogut bleiben lassen. Da soviel auf dem Spiel stand, wollte ich nicht spekulieren, wieviel zuviel sein könnte. Und da ab irgendeinem Punkt ein leichtes Training die reine Zeitverschwendung ist, habe ich gleich ganz damit aufgehört.

Punkt 6 – Auch wenn du die Schwangerschaft nicht gefährdest, aber (Gott bewahre) trotzdem etwas schiefgeht, wirst du dich ein Leben lang fragen, ob vielleicht doch deine Fitneßübungen daran schuld waren.

Wenn wir schwanger sind, tun wir alles, um auf diese Schwangerschaft aufzupassen. Wir investieren soviel körperliche und emotionale Hingabe, weil wir das Baby lieben, obwohl es noch nicht größer als eine Sojabohne ist. Leider aber enden nicht alle Schwangerschaften mit der Geburt eines gesunden Babys. Die größte Bedrohung für eine erfolgreiche Schwangerschaft ist die Fehlgeburt, die häufiger vorkommt, als du vielleicht denkst. Schätzungen zufolge werden ungefähr zehn Prozent aller bekannten Schwangerschaften dadurch beendet, und der Prozentsatz steigt noch, wenn die Mutter bereits älter oder noch sehr jung ist. Die meisten Fehlgeburten erfolgen in den ersten drei Monaten, ungefähr die Hälfte nach weitverbreiteter Ansicht deshalb, weil der

Fötus in irgendeiner Weise geschädigt ist. Deshalb bekommt eine Frau auch nach einer Fehlgeburt häufig folgenden, wenig tröstlichen Kommentar zu hören: »Mach dir nicht zu viele Gedanken. Auf diese Weise sortiert die Natur die nicht lebensfähigen Babys aus.«

Weit verbreitet ist auch die Ansicht, daß eine Fehlgeburt nicht durch Fitneßübungen, Streß, Geschlechtsverkehr oder einen Sprung vom Stuhl ausgelöst werden kann. Wahrscheinlich ist deshalb die Szene, in der Scarlett ihr Kind verliert, nachdem Rhett sie die Treppe hinuntergeworfen hat, biologisch nicht ganz korrekt. Selbstverständlich ist es richtig, daß bei einer Siebzehnjährigen, bei der die Periode ausbleibt, alles Springen, Duschen und Beten nicht hilft, um die Schwangerschaft zu beenden. Aber vielleicht stimmt es nicht ganz für Frauen, die wie ich Blutungen während der Schwangerschaft hatten oder durch eine Fruchtbarkeitsbehandlung schwanger wurden. Wenn häufiges Fitneßtraining oder Geschlechtsverkehr in keinerlei Beziehung zu einer Fehlgeburt stehen, warum verordnen dann so viele Ärzte »völlige Ruhe in der Beckengegend« (keinen Sex), wenn die Schwangerschaft gefährdet ist?

Für mich bleibt die große Frage, wie man wissen soll, wann und wodurch eine Schwangerschaft gefährdet ist. Du kannst es ja erst wissen, wenn etwas schiefgegangen ist, wie zum Beispiel bei mir, als ich nach dem Gewichtheben Blutungen bekam. Was, wenn ich das Baby verloren hätte? Mein Arzt hätte mir schwören können, daß zwischen dem Heben der Eisenplatten und dem Verlust des Babys überhaupt kein Zusammenhang besteht, ich hätte ihm doch nicht voll und ganz geglaubt, sondern mich ständig gefragt, ob ein bißchen mehr

Ruhe und Achtung auf die Schwangerschaft nicht besser gewesen wären. Ich finde, daß in der Schwangerschaft leicht Schuldgefühle entstehen. Ich würde mich als Schwangere auch nicht in die Nähe einer eingeschalteten Mikrowelle begeben (ich weiß, wenn man an meine Haarfärbereien denkt, ist das inkonsequent), denn es könnte ja sein, daß alle wissenschaftlichen Beweise falsch und Mikrowellen doch gefährlich sind. In diesem Sinne mache ich lieber auch keine Fitneßübungen. Neun (zehn) Monate und ein paar Wochen Erholungszeit ohne anstrengendes Fitneßprogramm sind eigentlich gar nicht so lang und können dir helfen, ein gutes Gewissen zu bewahren. Vielleicht ist es ja auch eine wohlverdiente Pause.

Punkt 7 – Du wirst neun Monate lang zunehmen und dann neun Monate lang abnehmen – ganz egal was du machst.

Vielleicht haßt du mich jetzt, weil ich das sage, vielleicht bist du aber auch dankbar und erleichtert. Meistens läßt sich die Reaktion in zwei Kategorien einteilen: Die, die erst seit kurzem schwanger sind, hören es überhaupt nicht gerne, daß es so lange dauern soll, bis sie ihr altes Selbst wiedererlangt haben. Was ich sage, bedeutet ja, daß du eineinhalb Jahre lang mit deiner nicht perfekten Figur Geduld haben mußt. Die, die gerade entbunden haben, sind dankbar und erleichtert, weil sie nicht die einzigen sind, die auch vier Monate nach der Geburt noch nicht wieder in ihre Lieblingsklamotten passen. (Erzähl mir jetzt bitte nicht von deiner Freundin, die schon beim Verlassen des Krankenhauses ihre Jeans wieder tragen konnte. Ich weiß, daß es Wunder gibt, aber wir Sterblichen sollten lieber nicht damit rechnen. Wenn du gar nicht darüber hinwegkommst, kannst du ja über mögliche heimliche Eßstörungen spekulieren.)

Wenn das Baby mit durchschnittlicher Größe geboren wird, wirst du während und nach der Geburt ungefähr fünf bis sechs Kilo verlieren. Hast du wie meine Freundin Monique Pech und speicherst viel Wasser, nimmst du innerhalb von vierundzwanzig Stunden wieder zwei Kilo an Gewicht durch Wassereinlagerungen zu. Wenn du in der folgenden Woche ungefähr zwei bis drei Kilo durch häufige Toilettenbesuche und Schwitzen abgenommen hast, bleiben immer noch fünf bis sieben Kilo, die du vor der Schwangerschaft nicht hattest. Es kann aber auch sein, daß du wie meine Freundin Lisa zwanzig ungewohnte Kilos mehr hast, die deine zarten Knochen polstern.

Für das zusätzliche Gewicht gibt es eine biologische Erklärung: Du ißt mehr. Die große Frage ist jedoch, warum du in der Schwangerschaft und Stillzeit soviel hungriger bist. Eine Antwort könnte sein, daß du die zusätzlichen Fettpölsterchen brauchst, um das Baby in dir und nach der Geburt zu nähren. Außerdem brauchst du nach der Entbindung eine Zeitlang zusätzliche Nahrung, damit dein Körper nach Schwangerschaft und Geburt wieder seine gewohnte Kraft zurückerhält – auch das ist kein Kinderspiel. Ich habe allerdings den Verdacht, daß wir mit unserem Schlankheitswahn gar nicht in der Lage sind, die höhere Weisheit zu verstehen, die unser Zu- und Abnehmen bestimmt. Als mein viertes Kind sechs Wochen alt war, habe ich ein Experiment gestartet und hart trainiert, um mein Gewicht wieder zu verlieren. Normalerweise hatte ich immer vier bis sechs Monate nach der Geburt verstreichen lassen, aber nachdem ich fast sieben Jahre lang ohne große Unterbrechung schwanger gewesen war und gestillt hatte, wollte ich das Baby diesmal schnell entwöhnen und setzte alles daran, wieder so zu werden wie früher. Ich trainierte wie eine Verrückte.

Ich habe mich wirklich nicht geschont. Mindestens sechzig, meistens jedoch neunzig Minuten täglich rannte ich, fuhr Fahrrad und stellte mich auf den Stepper – und das fünf Tage in der Woche. Ich hob Gewichte mit einem Trainer, der mich die Übungen so oft wiederholen ließ, bis ich Sterne sah oder kleinlaut anfing zu wimmern. Und tatsächlich habe ich ziemlich schnell abgenommen, aber meine alte Figur hatte ich – und das ist wahr! – trotzdem erst wieder, als das Baby neun Monate alt war.

Im Vergleich dazu möchte ich Amy erwähnen, die ganz mit dem Baby und den Geschäftsreisen ihres Mannes beschäftigt war und erst wieder mit ihrem Fitneßprogramm anfing, als das Baby ungefähr ein Jahr alt war. Trotzdem hatte auch sie neun Monate nach der Geburt wieder ihre alte Figur. Scheinbar passiert um diese Zeit herum etwas Magisches, und der Körper gibt das ganze Fett ab, das sich unter den Armen, zwischen den Beinen und um die Taille herum versteckt hatte. Wenn du weniger ißt als während der Schwangerschaft und Stillzeit, wirst du dein Gewicht wieder verlieren – außer wenn du nach neun Monaten noch stillst. Wahrscheinlich hast du schon oft gehört, daß durch das Stillen viele Kalorien verbrannt werden. Das ist zwar richtig, gleichzeitig aber bewahrt dein Körper zusätzlich vier bis fünf Kilos als Reserve für den ordnungsgemäßen Betrieb der Milchfabrik auf. Wahrscheinlich sind allein deine Brüste zwei Kilo schwerer als vorher. Solange du stillst, darfst du nicht erwarten, sofort wieder so schlank zu sein wie früher.

Mit Fitneßübungen kannst du auch absolut nichts zur Rückbildung deiner gedehnten Bänder und Beckenknochen tun. Damit das Baby zwischen deinen Hüften hindurchkommt, müssen sich nämlich die Beckenknochen weiten, und deshalb wirst du auch dann noch nicht in deine alten Hosen passen, wenn du schon längst wieder dein altes Gewicht hast. Auch das ist eine Frage der Zeit: Ungefähr nach neun bis zwölf Monaten werden deine Knochen wieder ihre alte Position eingenommen haben.

Es wäre sicher hilfreich, wenn Frauen (und ihre Ärzte) nicht an den traditionellen sechs Wochen festhalten würden, die angeblich zur Erholung von Schwangerschaft und Geburt nötig sind. Das ist absoluter Quatsch. Man tut den Frauen wirklich keinen guten Dienst, wenn man sie glauben macht, etwas würde nicht stimmen, weil sie eineinhalb Monate nach Erschaffung und Geburt eines menschlichen Wesens noch nicht wieder ihr altes Selbst zurückgefunden haben. Du wirst dich nicht so fühlen wie vorher, und du wirst auch nicht so aussehen wie vorher – das nur in Kürze. Du bist so lange ein »kleines bißchen schwanger«, solange dein Baby deine Milch trinkt und noch nicht alt genug ist, um etwas anderes zu sich zu nehmen. Andernfalls wärst du vielleicht versucht, gleich wieder loszuziehen und erneut schwanger zu werden. Du mußt einfach begreifen, daß es nicht dein Fehler ist, sondern in der Natur der Sache liegt, daß du fünf Monate nach der Geburt des Babys immer noch deine Schwangerschaftshosen trägst.

Punkt 8 – Wenn wir uns während der Schwangerschaft zu Fitneßübungen zwingen, spiegelt das nur unsere Unfähigkeit wider, uns hinzugeben und der Natur ihren Lauf zu lassen.
»GIB AUF, DOROTHY!«

Stell dich drauf ein: Ich steige jetzt aufs Rednerpult, weil das folgende die grundlegende Philosophie des ganzen Buches ist. Die wichtigste Lektion, die du im Leben und speziell in der Schwangerschaft lernen kannst, lautet: SEI NETT ZU DIR SELBST. Du mußt wirklich begreifen, daß dein Körper nicht nur ein Vehikel ist, um dich zu amüsieren, für dich zu werben oder Raubbau an dir zu treiben. Er ist dazu gemacht, ein Baby auszutragen. Die Natur hat klugerweise den Auto-Piloten eingeschaltet, weil sie weiß, daß es im Schlamassel enden würde, wenn sie es uns allein machen ließe. Du hast lediglich die Aufgabe, dich angemessen zu verhalten und dich der Sache hinzugeben. Für den Rest sorgt die Natur. Auch wenn du dich auf den Kopf stellst, du kannst nicht bestimmen, ob du ein Mädchen oder einen Jungen haben wirst (außer du bist Anhängerin der Sperma-Spin-Theorie), du kannst nicht bestimmen, wann das Baby geboren wird (außer die Wehen werden eingeleitet), und du hast absolut keine Kontrolle darüber die Vorgänge in deinem Körper. Und wenn du genau über nachdenkst, warum solltest du auch? Du hast keine Ahnung, wie Babys gemacht werden. Wenn man zur Fertigstellung von Babys ein Examen bräuchte, wäre die Menschheit schon vor Millionen von Jahren ausgestorben.

Meiner Beobachtung zufolge machen viele meiner Freundinnen während der Schwangerschaft mit ihrem Fitneßprogramm weiter, weil sie verzweifelt versuchen, die Kontrolle über ihr Leben zurückzubekommen, die ihnen mehr und mehr zu entgleiten scheint. Ihr Körper nimmt immer seltsamere Formen an, ihre Gefühle scheinen außer Kontrolle zu sein, und sie haben Angst vor der Geburt und davor, Mutter zu werden. Keiner macht dir Vorwürfe, weil du die Dinge wieder in den Griff bekommen willst, indem du so tust, als sei alles ganz normal. Ich kann mich daran erinnern, wie sich manche in den Siebzigern bei ihren LSD-Experimenten vornahmen, einfach ganz normal zu bleiben, um so zu verhindern, in irgendeinen Trip abzugleiten. Das hat damals nicht funktioniert und es funktioniert heute nicht. Selbst wenn du dir jeden Tag Action-Videos anschaust, wird dir das nicht dabei helfen, das Kommando über deinen Körper zurückzuerobern. Du kannst bis zum Ende deiner Schwangerschaft mit Jane Fonda oder Kathy Smith Aerobics machen, aber du machst dir nur was vor, wenn du dadurch die Garantie für eine »perfektere« Schwangerschaft zu haben glaubst. Wenn du trotzdem mit deinen Fitneßübungen weitermachst (und dieses Buch ignorierst), weil du es gerne tust und dich dabei gut fühlst, dann leg dich ins Zeug – aber mit Maßen.

Ausnahmen von meiner Tirade

Aha. Nachdem ich nun meine Grundsätze zu Fitneßübungen dargelegt habe, will ich einen Rückzieher machen und einige Punkte davon ausnehmen. Erstens: bestimmte gemäßigte Übungen können dir zwei Vorteile bringen, die ich in meinem bisherigen Vortrag noch nicht erwähnt habe: *Entspan-*

nung und *Flexibilität*. Vielleicht tanzt du gerne, schwimmst gerne (und hast genügend Mut, einen Badeanzug anzuziehen), machst gern Yoga oder (meine Lieblingsbeschäftigung) gehst gerne spazieren. Durch diese Aktivitäten erhält dein Blut mehr Sauerstoff, und dein Kreislauf kommt in Schwung, ohne daß du überhitzt bist oder völlig außer Puste gerätst. Da, wie bereits gesagt, die Schwangerschaft zeitweise sehr stressig sein kann, ist eine körperliche Aktivität unter Umständen hilfreich, um den Kopf wieder frei zu bekommen. Da außerdem in dieser Zeit die Anforderungen an deinen Körper hoch sind, können alle möglichen Wehwehchen auftauchen. Meine Freundin Patti, die keine große Lust auf Schwangerschaftsübungen hatte, ging bei ihrer dritten Schwangerschaft zu einem Krankengymnasten, der mit ihr spezielle Übungen zur Linderung ihrer Ischiasbeschwerden machte (der Ischiasnerv, der entlang der Wirbelsäule und weiter an der Rückseite der Beine verläuft, kann sich während der Schwangerschaft entzünden). Sie hat trotz allem ein respektables Gewicht erreicht (zum Schluß achtzehn Kilo), hatte aber weniger Rückenprobleme. Wenn du mit deinem Fitneßprogramm weitermachen möchtest, kann ich dir nur raten, dich dabei soviel wie möglich im Freien zu bewegen. Erstens hängen im Freien nicht so viele Spiegel, und zweitens mußt du nicht die Gymnastikraumgerüche einatmen (wo doch jeder weiß, welchen verheerenden Schaden faulige Gerüche bei einer mit Übelkeit kämpfenden Schwangeren anrichten).

Viele schwangere Frauen gehen gerne schwimmen. Ungefähr nach der Hälfte der Schwangerschaft wirst du die Schwerelosigkeit im Wasser besonders schätzen. Für viele Freundinnen war es eine enorme Erleichterung, einmal eine Verschnaufpause machen zu können und nicht mehr das ganze Gewicht mit sich herumschleppen zu müssen. Auch ich fand diese Schwerelosigkeit toll, genoß sie aber lieber in meiner eigenen Badewanne als im städtischen Schwimmbad.

Spazierengehen ist auch deshalb sehr gut, weil der Kreislauf angekurbelt wird und man dabei gut denken kann. Besonders wirkungsvoll ist das Herumlaufen während der Wehen: Das Baby wird dabei gegen den Muttermund gedrückt, was für dessen Öffnung förderlich sein kann. Aber mehr davon später.

Übungen für den Beckenboden

Spezielle Übungen sollen den Bereich stärken, der gemeinhin als Beckenboden bezeichnet wird. Ich habe zwar keine Ahnung, wo mein Beckenboden ist, weiß aber, daß die verschiedenen Übungen dir helfen können, nach der Schwangerschaft eine bessere Kontrolle über deine Blase und mehr Freude an der Sexualität zu haben. Der Beckenboden wird bei der Geburt stark beansprucht und ausgedehnt und sollte deshalb danach gekräftigt werden.

Eines der letzten Geheimnisse, das die Schwangerschaft noch umgibt, ist die Dehnung und Lockerung der Vagina und aller sie umgebenden Gewebe. Weil die Konsequenz dieser Abnutzung, die man als Inkontinenz und Erschlaffung der Vaginalmuskeln bezeichnet, den Frauen sehr peinlich ist, wird darüber kaum gesprochen. Eine Frau, die bereits ein oder zwei Kinder zur Welt gebracht hat, wird unter Umständen feststellen, daß sich beim Niesen oder Springen ihre Blase unfreiwillig etwas entleert und daß Jogging eine wahre Herausforderung für die Blase ist. Durch die Erschlaffung der Vaginalmuskeln wird es schwieriger, einen Orgasmus zu erreichen, weil die Muskeln den Penis des Partners nicht mehr mit der früheren Stärke im »Griff« haben. Ich glaube, es ist klar, warum die meisten Mütter nicht über ihren Beckenboden sprechen. Wer will schon zugeben, daß er sich manchmal in die Hose macht und statt eines normalen jetzt einen supergroßen Tampon braucht – und sogar der beim Niesen wieder rauskommt. Der feminine Nimbus wird hier ganz schön ramponiert.

Ich kann förmlich hören, wie du aufstöhnst und deinem Unglauben Luft machst. Aber wenn deine Freundinnen es dir nicht sagen, wie willst du das Problem dann verhindern beziehungsweise wieder auskurieren? Daß das, was ich sage, wahr ist, kannst du schon an der Bereitwilligkeit erkennen, mit der die meisten Frauenärzte bei der Reparatur des Dammschnittes ein paar Stiche mehr machen, um die Dinge da unten wieder etwas zu straffen. Sie wollen ganz bestimmt nicht deine Vagina zunähen! Und so kannst du die Übungen lernen: Setz dich mit gespreizten Beinen auf die Toilette und halte beim Wasserlassen mehrere Male inne. Die Muskeln, die du zum Stoppen des Urinstrahls benötigst, sind genau die Muskeln, die bei den Übungen trainiert werden sollen. Beim Erlernen dieses Fitneßprogramms für den Beckenboden, solltest du bei jedem Toilettenbesuch zur Übung ein paarmal innehalten. Wenn du mit diesem Gefühl vertraut bist, kannst du zur nächsten Übung übergehen.

Wir Freundinnen wissen aufgrund unserer reichhaltigen Erfahrungen, daß das »Innehalten« allein noch nicht ausreicht, um die Vaginalmuskeln in entscheidendem Maße zu stärken. Was du brauchst, ist Kraft und Ausdauer. Deshalb ist die nächste Übung, die du beherrschen solltest, das Anspannen und Halten. Versuche folgendes: Wenn du das nächste Mal mit dem Auto an einer roten Ampel warten mußt, probiere, ob du deine Vaginalmuskeln so lange zusammenziehen kannst, bis es wieder grün wird. Auch beim Fernsehen kannst du eine ganze Werbesendung lang deine Muskeln anspannen. Aber vergiß nicht, dabei zu atmen.

Du machst das Anspannen und Halten richtig, wenn es dir dabei leicht unheimlich und etwas unbequem wird. Ehrlich, Amy, Shannon und ich haben übereinstimmend festgestellt, daß man innerlich leicht nervös wird, wenn man diese Übung korrekt macht. Vielleicht wird es dir sogar schwindelig. Es ist wie ein Orgasmus ohne O.

Gegen Ende der Schwangerschaft sind die Übungen schwieriger auszuführen. Das liegt daran, daß das Gewebe in und um die Vagina herum anschwillt, weil das Gewicht des Babys stärker nach unten drückt. Mach einfach weiter mit den Übungen, auch wenn du denkst, daß sie völlig nutzlos und uneffektiv sind. Fang nach der Geburt des Babys wieder damit an und bleib dein Leben lang im Training. Du wirst mir noch dankbar sein, weil ich dir davon erzählt habe, und nicht nur du, sondern auch dein Mann (oder andere zukünftige Sexualpartner).

9   Sex und Schwangerschaft

Wenn du dieses Buch liest, bist du wahrscheinlich bereits schwanger und kannst dir selbstgefällig sagen, daß du dieses Kapitel getrost überblättern kannst. Denn schließlich wärst du nicht in dieser Situation, wenn du keine Ahnung von Sex hättest. (Andererseits könnte man einwenden, daß du vielleicht auch nicht in dieser Situation wärst, wenn du etwas mehr über Sex gewußt hättest!) Solltest du diese Art von Selbstgefälligkeit verspüren, wird sie nur kurze Zeit andauern, denn die meisten Frauen stellen in den ersten Wochen der Schwangerschaft fest, daß Sex in der Schwangerschaft und normaler Sex zwei *sehr* unterschiedliche Dinge sind.

Wir sind uns einig, daß unsere Sexualität unter normalen Umständen unseren Körper und unseren Geist umfaßt. Wirklich guter Sex ist eigentlich sogar stärker emotional als körperlich, jedenfalls für uns Freundinnen. Es ist natürlich keine große Neuigkeit für dich, wenn ich dir erzähle, daß der Körper einer schwangeren Frau sich radikal verändert und daß dies wiederum entsprechende emotionale Veränderungen mit sich bringt. Diese Veränderungen werden ganz bestimmt deine Einstellung zum Sex ebenso beeinflussen wie die deines Mannes. Und weil dazu nicht jeder dieselbe Einstellung hat, lassen sich zwei Kategorien bilden: die, die während der Schwangerschaft mehr Spaß daran haben als sonst, und die, denen die Sexualität während der Schwangerschaft weniger Spaß macht als sonst. (Problematisch wird es, wenn ein Teil eines Paares zur einen Kategorie gehört und der andere unerschütterlich in der anderen Kategorie ist.)

Schon rein körperlich verändern wir uns enorm. Wenn es dir ergeht wie mir, wirst du am Ende deiner Schwangerschaft die Ausmaße einer Comicfigur haben. »Dick« ist das Schlüsselwort: dicke Brüste, dicker Bauch und – wie bei den meisten Freundinnen auch – dicker Po, dicke Arme, dicke Oberschenkel und sogar ein dickes Gesicht. Eine der größten sexuellen Herausforderungen besteht daher darin, herauszufinden, wie man all die Hügel und Täler des schwangeren Körpers überwindet, um an die Hauptader zu kommen. Wie du dich körperlich und emotional in diesem immer dicker werdenden Körper fühlst, wird sich entscheidend auf deine Sexualität auswirken. Und solltest du das jetzt für nicht so bedeutsam halten, dann warte, bis du von den Reaktionen der Männer gehört hast, mit denen ich gesprochen habe. Einige werden von einem fruchtbaren Körper erregt, einige aber eher abgeschreckt. (Wahrscheinlich kannst du dir schon ganz gut vorstellen, welche Reaktion dein verehrter Mann zeigen wird.)

»Hormon« ist ein weiteres sehr wichtiges Wort. Die Progesteronvergiftung, von der wir in Kapitel vier bereits gesprochen haben, hat auch eine emotionale Komponente. Du mußt nicht nur mit dem emotionalen Durcheinander fertig werden, das durch den Übergang vom nichtschwangeren in den schwangeren Zustand entsteht, auch deine Libido spielt völlig verrückt. In der einen Minute fühlst du dich noch lustvoll und sexy, im nächsten Moment aber findest du dich völlig unansehnlich und hast keine Lust mehr. Zeitweise hast du so wenig Interesse an Sex, daß du jeden, der sich dir

nähert, umbringen könntest. Wenn du nicht mit deutlichen
Signalen deine Stimmungsveränderung zu erkennen gibst –
zum Beispiel durch eine Veränderung der Gesichtsfarbe –,
wird dein Partner nicht immer genau wissen, was ihn erwartet. Mein armer Mann hat schließlich jeden Augenkontakt
mit mir vermieden und mich erst wieder angeschaut, wenn er
sicher wußte, daß ich guter Stimmung war und ihn an Leib
und Leben nicht gefährden würde.

Nicht genug damit, daß du dich an deine eigene veränderte
körperliche und emotionale Einstellung zur Sexualität gewöhnen mußt, die Sache wird zusätzlich noch dadurch erschwert, daß du auch die emotionale Einstellung deines Mannes berücksichtigen mußt. Wenn es dir allerdings in dieser
prekären Zeit zu schwierig erscheint, sowohl für die emotionale Gesundheit deines Mannes als auch für deine eigene zu
sorgen, dann tu das, was Freundinnen schon seit Jahren tun:
IGNORIERE DIE BEDÜRFNISSE DEINES MANNES UND KÜMMERE
DICH UM DEINE EIGENEN.

»Und Baby macht drei«

Selbst wenn man dir die Schwangerschaft noch gar nicht ansieht, liegt jetzt nicht mehr nur ihr zwei im Bett. Du und dein
Mann, ihr seid euch beide sehr wohl bewußt, daß da noch jemand ist. Auch wenn das Baby erst so groß wie eine Rosine
ist, hat seine Existenz bereits einigen Einfluß darauf, wie seine
Eltern über Sex denken. (Ich weiß, daß viele Männer Phantasien von einem flotten Dreier haben, aber den haben sie
sich bestimmt anders vorgestellt.) Zu Beginn kann dieser

kleine »Beobachter« auf dich, deinen Mann und das Ausleben eurer sexuellen Empfindungen hemmend wirken. Wenn das so ist, dann mach dir keine Sorgen – genügend starke Erregung wird dir wahrscheinlich schnell darüber hinweghelfen. Wenn nicht, dann nimm's nicht zu ernst, ihr seid nicht die ersten, deren Sexleben durch eine bevorstehende Elternschaft kaputtgegangen ist. Noch schlimmer wird es übrigens, wenn du zwei oder drei kleine Kinder hast, die ständig in dein Schlafzimmer gerannt kommen. Und solltest du bereits in der Gegenwart eines Fötus Hemmungen haben, Schmutziges oder Unanständiges von dir zu geben, dann warte, bis das Kind sechs Jahre alt ist und dir einen Kassettenrecorder mit laufendem Band unters Bett stellt. (Das wird dich erst richtig hemmen!)

Sex wie Mama und Papa

Durch die Schwangerschaft werden zwei Menschen, du und dein Mann, mit einem geistigen Innenleben, das dem von Teenagern entspricht, in Mutter und Vater eines menschlichen Wesens verwandelt. Die Verantwortung, die ihr künftig übernehmen müßt, kann euch angst machen und euer Sexualleben grundlegend verändern. Dieselben Persönlichkeitszüge, die euch vorher am Partner angezogen haben, können als abstoßendes Verhalten empfunden werden, wenn der Partner plötzlich als zukünftiges Elternteil wahrgenommen wird. Der Mann meiner Freundin Dina, der es vor der Schwangerschaft unwiderstehlich fand, wenn sie in kurzem Negligé und ohne Höschen durchs Haus lief, bestand plötzlich darauf, daß sie Pyjamas mit Oberteil *und* Hose trug. Er fand dieses sexuelle Werben, das ihm vorher so gefallen hatte, für die zukünftige Mutter seines Kindes völlig unpassend.

Meine Freundin Tory, verheiratet mit einem Musiker, hatte vor ihrer Schwangerschaft häufig und lustvoll Sex mit ihm, war jedoch als Schwangere völlig angenervt davon, daß er spät nach Hause kam und mit den anderen Jungs feierte. Kurze Zeit später machte sein tätowierter Körper sie nicht mehr an. Sie sehnte sich plötzlich nach einem stinknormalen Mann, wie man sie zum Beispiel in Versandhauskatalogen zu sehen bekommt.

Einer der schwierigsten emotionalen Konflikte, der während der Schwangerschaft im Sexualleben eines Paares auftreten kann, ist die Vorstellung, SEX WIE MAMA UND PAPA ZU HABEN. Insgeheim denken wir doch alle, daß unsere Eltern es nie wirklich getan haben, und sollten sie es doch getan haben, möchten wir uns ungern die Details vorstellen. Wenn dein Mann irgendwann dir gegenüber die gleichen Erwartungen hat wie gegenüber seiner eigenen Mutter, wirst du nachts vor dem Einschlafen wahrscheinlich Schäfchen zählen, weil sich sonst nichts tut. Wir alle wissen, was der Huren/Madonna-Komplex ist: Männer, die Sex nur mit »Huren« haben möchten, als Mutter ihres Kindes jedoch nur eine »Madonna« akzeptieren. Das Gerücht geht um, daß Elvis Priscilla ab dem Zeitpunkt, als sie mit Lisa Marie schwanger war, nie wieder angerührt hat. (Jedenfalls behauptet das Priscilla und erklärt damit ihren Seitensprung mit ihrem Karate-Lehrer.) Psychoanalytiker haben dieses Gebiet der männlichen Seele bereits jahrelang gründlich erforscht. Ich kann zu ihren Ergebnissen sicher nichts mehr beitragen. Der einzige Tip, der uns Freundinnen einfällt: Verhalte dich anti-typisch, wenn du meinst, mit einem potentiellen Elvis verheiratet zu sein. Wenn dein Gefährte seit der Schwangerschaft in dir eine Donna Reed* sieht, dann wirf deine Laura-Ashley-Kleider sofort weg und such dir was Schwarzes mit vielen Schlitzen und großem Dekolleté. Tu alles, um ihn beständig daran zu erinnern, daß du immer noch dieselbe sexy Mieze bist, die er so unwiderstehlich fand.

»Es ist nur Platz für einen von uns«

Emotional problematisch ist für viele Männer auch ihre Sorge, das Baby beim Geschlechtsverkehr zu verletzen. Wie ich aus meinen Gesprächen mit zukünftigen Vätern weiß, stellen sie sich vor, daß das arme kleine Baby einem großen, dicken Rammbock im Weg liegt. Ist das nicht typisch Mann, die Größe und Stärke des Penis so zu überschätzen? Einige Männer meinten sogar, sie könnten bei heftigem Sex die Schwangerschaft mit der Spitze ihres Penis *spüren*. Ich muß mich nur über das Selbstvertrauen (oder die Dummheit) wundern, die aus solchen Kommentaren sprechen. Man bräuchte nämlich einen SEHR langen Penis mit außergewöhnlicher Empfindsamkeit, um zu erreichen, worüber diese Männer sich Sorgen machen. Wow, würdest du so einen Kerl nicht gerne kennenlernen? Aber Spaß beiseite, ich habe von vielen Männern ge-

---

* Amerikanische Schauspielerin, 1921–86, die in ihren Rollen vor allem in den vierziger und fünfziger Jahren ein sehr braves, anständiges Frauenbild verkörperte (*Anm. d. Übers.*).

hört, die von diesem Rammbock-Gedanken so besessen waren, daß sie während der gesamten Schwangerschaft keinen Geschlechtsverkehr mehr haben wollten. Unter uns Freundinnen gesagt, für die Männer ist das im allgemeinen kein besonders großes Opfer, während es mehr Arbeit für die Frau bedeutet, da traditionell von den Männern vorgeschlagen wird, den Geschlechtsverkehr während der Schwangerschaft durch oralen Sex zu ersetzen. Für mich ist das nichts anderes als eine weitere mütterliche Pflicht.

Auch wenn die Rammbock-Furcht im allgemeinen reine Selbsttäuschung ist, gibt es Fälle, wo etwas Wahres dran ist. Einige meiner Freundinnen berichten, daß sie den Geschlechtsverkehr nicht wirklich genießen konnten, weil ihre super-männlichen Männer weiter eindrangen, als es für sie angenehm war. Wenn du spezielle Gründe für deine Furcht vor einer Fehlgeburt hast, wirst du vielleicht so lange auf Geschlechtsverkehr verzichten wollen, wie dein Arzt (oder dein Instinkt) dir raten. Der Samen enthält nämlich tatsächlich eine Substanz, die die Öffnung des Muttermundes fördern kann. Das wirkt sich zwar meist erst ganz am Ende der Schwangerschaft aus, muß aber bei Risikoschwangerschaften mitbedacht werden (frag deinen Arzt, ob du in diese Kategorie fällst).

Der Geist ist aus der Flasche

Eine der angenehmen Seiten beim Sex in der Schwangerschaft ist, daß du keine Angst mehr zu haben brauchst, schwanger zu werden. Das mag vielleicht lächerlich klingen, aber selbst wenn du schwanger werden wolltest, kann dein Entschluß von ambivalenten Gefühlen begleitet gewesen sein. Nachdem die Empfängnis erfolgt ist und du gelernt hast zu kapitulieren, wirst du dich entspannen und brauchst deine Ängste nicht mehr zu verdrängen. Nach fünfzehn Jahren Sorge um die Wirksamkeit meiner Empfängnisverhütung war es für mich eine große Erleichterung, darüber nicht mehr nachdenken zu müssen. Alle Ängste waren wie weggeblasen, und es war absolut toll. Das Scheunentor stand offen, die Kuh war weggerannt, und ich konnte das Tor einfach offenlassen, mich draufsetzen und hin- und herschwingen. Wenn du dich bisher auf riskante Verhütungsmittel wie Schaum, Zäpfchen, Kondome, Gele und anderes schlüpfriges Zeug verlassen hast, wirst du jetzt die Zeit deines Lebens haben.

Ich fühle mich allerdings verpflichtet, auch die Gruppe von Menschen zu erwähnen, für die es einen dämpfenden Effekt hat, wenn jegliche Angst vor einer Schwangerschaft wegfällt – jeder (und jede) hat ja so seine (ihre) eigenen Vorlieben. Solche Leute, im allgemeinen Männer, sind süchtig nach dem gewissen Nervenkitzel und können einen Sport nur genießen, wenn eine Gefahr für Leib und Leben damit verbunden ist. Für diese waghalsigen Naturen wird das Fallschirmspringen sofort uninteressant, wenn einmal der Fallschirm nicht aufgegangen ist. Oder anders ausgedrückt: Die Vorstellung, daß sie noch einmal davongekommen sind und kein Baby gemacht haben, hat sie angetörnt. Jetzt, wo es schiefgegangen ist, wenden sie sich lieber anderen, riskanteren Sportarten zu.

Ich kenne Leute, meistens Frauen, die nur deshalb Sex haben, weil man damit Babys zeugen kann. Wenn sie feststellen, daß sie schwanger sind, finden sie jegliche sexuelle Annäherung ihres Mannes lästig und überflüssig. Für sie bedeuten neun Monate Schwangerschaft, daß sie sich ihre Beine nicht mehr rasieren müssen. Ich nenne diese Einstellung zur Schwangerschaft die der »wertvollen Gefäße«. Diese Frauen wollen in keiner Weise körperlich in Unordnung gebracht werden – zumindest nicht, solange sie nicht fertig ausgebrütet haben. Und wahrscheinlich sind sie mit Männern verheiratet, die die Schwangerschaft ihrer Frau als günstige Gelegenheit ansehen, eine Affäre mit einer anderen zu beginnen. Wenn dir das egal ist, haben alle Beteiligten, was sie brauchen. Wenn du jedoch mit außerehelichen Affären Probleme hast, solltest du vielleicht deine Einstellung aufgeben und deine brachliegenden Orgasmusfähigkeiten wieder aufmöbeln.

Der potente Samen und der fruchtbare Boden

Eine weitere positive Reaktion auf deine Schwangerschaft kann sein, daß euer Sinn für Potenz und Fruchtbarkeit wiederbelebt wird. Es gibt nur wenige Männer, die nicht mit vor Stolz geschwellter Brust erzählen, daß sie ihre Frau geschwängert haben. Männer haben es gern, wenn sie wissen, daß ihr Ding nicht nur gut funktioniert, sondern auch lebensspendende Munition schießen kann. Auch wenn die Schwangerschaft eine ziemlich alte Erfindung und an ihr nichts Außergewöhnliches ist, werdet ihr, du und dein Mann, euch bei einer erfolgreichen Empfängnis fühlen, als hättet ihr das Patent dafür in der Tasche. Eine meiner Lieblingsgestalten im

Fernsehen war Dr. Lilith Crane in der Sendung *Cheers*[*]. Kannst du dich noch daran erinnern, wie sexy und derb sie wurde, als sie herausfand, daß sie von Frasier ein Kind bekommt? Ihre Zufriedenheit darüber, daß sie ihre biologische Bestimmung erfolgreich erfüllte, machte sie total scharf. Sie und Frasier waren von ihrer Reproduktionsfähigkeit so erregt, daß sie es gar nicht erwarten konnten, diesen fruchtbaren Boden wieder und wieder zu pflügen.

Die zwei Seiten der Medaille

Wie wir Freundinnen festgestellt haben, zeichnet sich das Gefühlsleben von Schwangeren – besonders auch im Hinblick auf Sex – durch eine erhöhte Intensität aller Gefühle aus, die sich aber mit enormer Geschwindigkeit ändern können. Du kannst den ganzen Tag lang wildeste Phantasien haben und dir Sexorgien mit deinem Mann vorstellen, so daß du es kaum erwarten kannst, bis er nach Hause kommt, und dir vor Ungeduld die Fingernägel abbeißt. Dann kommt er endlich nach Hause, aber statt sich die Ultraschall-Fotos des Babys anzusehen, die du an die Kühlschranktür geklebt hast, geht er erst einmal seine Post durch. Du fängst an zu toben und wirfst ihm vor, das zeige nur einmal mehr seine Gleichgültigkeit gegenüber dem Baby und dir. Bis du dich beruhigt hast und wieder an Sex denken kannst, bist du längst in der Badewanne eingeschlafen.

---

[*] Sehr erfolgreiche amerikanische Fernsehserie während der achtziger Jahre *(Anm. d. Übers.)*.

Es ist, als liefe dein emotionaler Motor ständig im vierten Gang. Deine Gefühle bauen sich nicht langsam auf, sondern kommen gleich mit hundert Sachen daher – und das bei nicht funktionierenden Bremsen. Du bist nicht nur *ein kleines bißchen* hungrig, du bist nicht nur *milde* an Sex interessiert, und du bist nicht nur *mäßig* ungehalten darüber, daß dein Mann deine Stimmungen nicht vorhersehen und verstehen kann.

Meinen Untersuchungen unter den Freundinnen zufolge sind von hundert Schwangeren ungefähr sechzig mehr an Sex interessiert als vorher, und vierzig verlieren vollständig das Interesse daran. Meine Freundin Tracy zum Beispiel hatte das Gefühl, in einem Zustand ständiger Erregung zu sein, und der Vater ihres Kindes war mehr als erfreut, ihren Appetit zu befriedigen. Meine Freundin Sondra war durch die Schwangerschaft völlig abgelenkt und hat wahrscheinlich gar nicht bemerkt, ob sie Sex hatte oder nicht. Ihr Mann war jedoch so angetan von ihrem schwangeren Zustand, daß sie beide trotz Sondras Gleichgültigkeit weiterhin gut beschäftigt blieben. Und Maryann pirscht sich ständig an ihren Mann heran und versucht, ihn zum Sex zu überreden (seitdem es ihr nicht mehr übel wird). Er jedoch guckt ziemlich ängstlich aus der Wäsche, seit sie so richtig schwanger aussieht.

»Mr. Sandman Bring Me a Dream ...«

Im zweiten Drittel der Schwangerschaft habe ich fast nur noch an Sex gedacht. Und wenn ich nicht daran dachte, dann habe ich davon geträumt. Ich kann dir sagen, diese

Träume waren absolut phantastisch. Aufgrund der erotischen Phantasien, die einige Schwangere haben, glaube ich, daß Progesteron ein großartiges Halluzinogen ist. Am angenehmsten finde ich die Auswirkungen dieses Effekts auf die nächtlichen Aktivitäten. Ich spreche nicht von den gewöhnlichen erotischen Träumen, wo man mit Tom Cruise zusammen im Zugabteil sitzt. Ich spreche von Träumen, in denen du den sexuellen Akt realistisch erlebst – und zwar nicht nur mit Leinwandidolen oder mit deinem Mann, sondern mit fast jedem Mann, den du tagsüber zufällig getroffen hast. Für mich konnten das ein Polizist, der Mann von nebenan und sogar die Freunde meines Mannes sein. Anstand und Schicklichkeit spielten überhaupt keine Rolle mehr. (Ein bißchen besorgt war ich allerdings, als in einem meiner Träume plötzlich der Pfarrer der Gemeinde auftauchte. Seitdem habe ich ihm gegenüber intimere Gefühle, als mir bei einem Mann in Robe und Beffchen lieb ist.) Meine Freundin Jannis erzählte mir, daß als Sexpartner in ihren Träumen am häufigsten David Letterman[*] auftauchte. Weil sie jede Nacht vor dem Schlafengehen seine Show anschaute, war er wohl der letzte Mann, den sie im Gedächtnis hatte.

Die Träume sind an sich schon ganz entzückend, aber das Beste habe ich dir noch gar nicht erzählt: Es kommt häufig vor, dass Schwangere während eines erotischen Traums einen richtigen Orgasmus bekommen! Als das bei mir das erste Mal passierte, wachte ich auf und dachte an ein Erdbeben (schließlich lebe ich in Kalifornien), so durchgeschüt-

---

[*] Gastgeber der Sendung *Late Night with David Letterman* auf NBC, vergleichbar mit Harald Schmidt. (*Anm. d. Übers.*).

telt war ich. Was für ein Schock, als ich feststellte, daß ich eine sehr erfüllende sexuelle Erfahrung gehabt hatte, ohne daß mich jemand berührt hätte. Ich will es noch einmal wiederholen, damit du es auch sicher verstanden hast: Du *träumst* nicht davon, einen Orgasmus zu haben, du *hast* tatsächlich einen. Nach solchen erregenden Träumen weckte ich normalerweise meinen schlafenden Mann auf, um den Traum möglichst lange festzuhalten.

Bereit, willig und in der Lage

Die Frauen, denen durch die Schwangerschaft die Lust auf Sex nicht vergangen ist, werden feststellen, daß sie nicht nur genausoviel Interesse an Sex haben wie vorher, sondern noch viel interessierter daran sind – interessierter sogar als damals zu Schulzeiten. Erklären läßt sich das damit, daß sich während der Schwangerschaft die Sexualorgane leicht vergrößern und so – zusammen mit ihrer Besitzerin – stimuliert werden. Wenn du schwanger bist, werden deine Schamlippen wie deine Brustwarzen dunkler und stärker durchblutet (gegen Ende der Schwangerschaft sogar sehr stark). Vielleicht hast du das schon festgestellt, während du Sex hattest oder wenn du ein Bad genommen hast, aber du solltest es dir in einem Spiegel ansehen. Diese vermehrte Durchblutung findet in ähnlicher Weise auch bei sexueller Erregung statt. Hier also ein weiterer guter Grund, während der Schwangerschaft viel spazierenzugehen.

Brüste

Bereits wenn deine erste Periode ausbleibt, sind deine Brüste etwas größer als normalerweise und haben in etwa die gleiche Größe wie sonst vor der Periode. Nach einem weiteren Monat sind sie noch um einiges gewachsen, so daß deine BHs nicht mehr passen und du ein Dekolleté bekommst, wo du vorher noch nie eines gesehen hast. Wir Freundinnen haben alle festgestellt, daß diese Veränderung sehr schnell vor sich geht, manchmal in weniger als einer Woche – was einer vielbeschäftigten Schwangeren wie wenige Minuten vorkommen kann. Deine Brüste werden während der gesamten Schwangerschaft weiter wachsen, werden gegen Ende aber vom Wachstum deines Bauches überholt, so daß die Wirkung nicht mehr so dramatisch ist wie zu Beginn. Wenn dies deine erste Schwangerschaft ist, wird man dir die ersten zwei bis drei Monate nicht viel von der Schwangerschaft ansehen, außer daß deine Brüste voll und schwer sind und aussehen wie die in einschlägigen Magazinen. Ich habe noch von keinem Mann gehört, der von dieser Entwicklung nicht höchst erfreut gewesen wäre.

Wie wir bereits gesagt haben, sind sie besonders in den ersten Monaten sehr empfindlich. Wahrscheinlich wirst du deinen Mann auf diese biologische Tatsache hinweisen müssen, da sein Enthusiasmus für dich sehr schmerzhaft sein könnte. Aber wenn er weiß, daß er mit deinen Brüsten sanft umgehen muß, kann es sein, daß du diese Überempfindlichkeit sogar ausgesprochen erotisch findest. Einige meiner Freundinnen haben berichtet, daß sie allein durch die Stimulierung ihrer Brüste zum Orgasmus kommen konnten. Ein Wort der Warnung an dieser Stelle: Gegen Ende der Schwangerschaft kann diese Stimulierung die Wehen einleiten beziehungsweise verstärken. Ja, es ist wahr, das Stimulieren der Brüste ist eine natürliche Alternative zu dem weheneinleitenden Medikament Oxytozin. (Aber wie bei den meisten natürlichen Mitteln ist die Wirkung sehr viel subtiler, als es meiner ungeduldigen Natur lieb ist.) Du solltest das aber im Kopf behalten oder mit deinem Arzt darüber sprechen, wenn du Bedenken wegen vorzeitiger Wehen hast. Im umgekehrten Fall, wenn dein Termin bereits verstrichen ist und du ungeduldig auf die Ankunft des Babys wartest, kannst du es versuchen und deine Brüste nach Herzenslust stimulieren. Ein Nebeneffekt dieser Brustbearbeitungen ist, daß dadurch die Brustwarzen abgehärtet und auf das Stillen, solltest du stillen wollen, vorbereitet werden.

Für all die, die nicht ein Kapitel nach dem anderen lesen, möchte ich die Gelegenheit noch einmal nutzen und ihnen raten, diese großen, vollen Brüste zu genießen und vielleicht sogar ein paar Erinnerungsfotos zu schießen. Denn nach Geburt und Stillzeit werden sie wieder kleiner und sogar schlaffer als vorher. Tut mir leid, wenn das schlechte Nachrichten für dich sind, aber wenn es dir deine Freundinnen nicht sagen, wer soll es dann tun?

Oraler Sex

Oraler Sex macht immer Spaß und das sollte auch während der Schwangerschaft so sein. Allerdings solltest du über einige physiologische Veränderungen Bescheid wissen, damit du deinen Mann darauf vorbereiten kannst. Die vermehrte Durchblutung deiner Geschlechtsorgane und die Farbveränderung werden deinem Mann beim Geschlechtsverkehr wahrscheinlich nicht auffallen, aber beim oralen Sex hat er sie sozusagen direkt im Blick. Da Überraschungen nicht immer ein Aphrodisiakum sind, wäre es sicher ganz gut, ihn darüber zu informieren. Außerdem wäre es sehr rücksichtsvoll, ihn auf die *Geruchsveränderung* dort unten vorzubereiten, sollte er den Unterschied nicht schon selbst bemerkt haben. Die wissenschaftliche Erklärung dafür ist, daß die Auskleidung der Gebärmutter vom alkalischen in den sauren Bereich wechselt (oder war es vom sauren in den alkalischen Bereich?) – auf jeden Fall ist es ganz normal. Was aber nicht heißt, daß es nicht ein Schock für deinen gütigen und liebevollen Mann sein kann. Meine Freundin Susie, die drei Kinder hat, behauptet, ihr Mann könnte aufgrund ihres veränderten Geruchs feststellen, daß sie schwanger ist, noch bevor sie es selbst weiß.

Und größer und größer und immer größer!

Eine Sache habe ich immer ziemlich unfair gefunden: Während meine Lust auf Sex wuchs und wuchs, wuchs ich auch sonst und wurde immer dicker. Ich habe zwar einen mich liebenden Mann, aber ab einem gewissen Zeitpunkt war Sex mit mir mehr ein Akt der Gnade als der Leidenschaft. Natürlich ist jeder anders, aber eine beträchtliche Anzahl von Männern wird nicht gerade durch die Tatsache stimuliert, daß ihre Frau mehr wiegt als sie selbst.

Wie ich bereits erwähnt habe, hatte ich bei meiner zweiten Schwangerschaft im dritten Monat Blutungen. Mein Arzt riet mir, vier bis sechs Wochen lang auf Geschlechtsverkehr zu verzichten. Ich habe natürlich freiwillig sieben Wochen lang darauf verzichtet, nur um ganz sicherzugehen. Bevor ich auf die Reservebank gesetzt wurde, war ich alles in allem noch ziemlich schlank und sexy. Als dann in meinen Augen genug Zeit verstrichen war und ich wieder mit meinem Mann schlafen wollte, hatte ich bereits Ähnlichkeiten mit einer Comicfigur, ohne mir selbst dessen bewußt geworden zu sein. Ich brachte unseren Erstgeborenen zu einer Freundin und begann ganz naiv mit meinen Vorbereitungen für die große Vereinigung. Ich wusch meine Haare und wickelte sie auf Lockenwickler, legte tonnenweise Schminke auf und schlüpfte (oder sollte ich besser sagen »preßte mich«) in ein Seidenmieder und Strapse. Ich hätte genausogut noch einen Sonnenschirm aufspannen und auf einem Hochseil balancieren können, so ähnlich sah ich den Ballett tanzenden Nilpferden aus dem Disney-Film. Mein Mann hat tatsächlich sein Leben riskiert und gelacht, aber sein Lachen kam so aus vollstem Herzen, er wäre auch bereit gewesen, sich totzulachen.

Meine Erfahrung läßt sich jedoch nicht verallgemeinern. Einige Männer lieben es, wenn ihre Frauen richtig schön dick sind, und werden von ihren großen, wunderschönen Brüsten stark erregt. Meine Freundin Shannon erzählt, daß der Sex mit ihr ihrem Mann um so besser gefiel, je dicker sie war. Er jauchzte und grölte dabei wie ein Cowboy, der ein wildes Pferd einreitet. Ihre gigantischen Brüste und der gepolsterte Po waren für ihn stimulierender als alles andere. Und ganz besonders gern sagte er ihr Anstößigkeiten, weil er die Tat-

sache genoß, daß es als skandalös gilt, so mit einer Mutter zu
sprechen.

Das Ende der Missionarsstellung

Während der ersten Monate der Schwangerschaft funktioniert fast jede sexuelle Stellung. Das einzige wirkliche Hindernis sind die empfindlichen Brüste, von denen wir bereits
gesprochen haben. Du wirst es möglicherweise unerträglich
finden, wenn das Gewicht eines Mannes auf ihnen lastet.
Wenn der Bauch dann immer dicker wird, kann es zu einer
wahren Herausforderung werden, all die Kurven und Berge zu
integrieren. Schließlich wirst du feststellen, daß es vor allem
zwei Dinge sind, die bei der guten alten Missionarsstellung
(Mann auf Frau, Frau auf dem Rücken) unbequem werden.

Erstens wird das Baby, wenn du flach auf dem Rücken liegst,
notgedrungen auf einer deiner Hauptschlagadern zu liegen
kommen und damit deine Blutzirkulation abschneiden.
Zweitens macht der dicke Bauch zwischen dir und deinem
Partner eine frontale Penetration nahezu unmöglich, außer
dein Mann hat einen sechzig Zentimeter langen Penis (und
sollte sich überlegen, ob er nicht Zuchtgebühren verlangen
kann).

Irgendwann in der Mitte der Schwangerschaft gehen viele
Paare zu anderen Stellungen über. Zum Beispiel kann sich die
Frau auf Hände und Knie stützen, während der Mann hinter
ihr ist. Die meisten meiner Freundinnen sind sich jedoch dar-

in einig, daß der Mann bei dieser Stellung zu tief eindringen kann und daher Zurückhaltung üben muß, wenn er die Frau nicht verletzen will. Meine persönliche Lieblingsstellung, die auch von vielen Freundinnen voll und ganz empfohlen wird, ist die Position, die so entzückend als »Löffelstellung« bezeichnet wird. Dabei liegen beide auf der Seite, die Frau dreht dem Mann den Rücken zu. Das ist kuschelig, wirkungsvoll, und du kannst, wenn du willst, gleichzeitig ein Kissen im Arm halten. (In einem späteren Kapitel erfährst du mehr über die Vorliebe schwangerer Frauen für Kissen).

Meine gute alte sexy Freundin Shannon hat mir von einer weiteren Position erzählt, die ich schlichtweg für genial halte. Ich finde sie so gut, daß ich auch schon Maryann davon erzählt habe. Shannon und ihr Mann haben am liebsten im Badezimmer Sex. Wenn's stimmt, wurde sogar eines ihrer Kinder dort gezeugt. Sie lehnt sich über das Waschbecken, und er dringt von hinten in sie ein. Beide halten das für die ideale Stellung, außerdem lieben sie es, sich im Spiegel zu beobachten. Hinzu kommt, daß das Waschbecken gerade hoch genug ist, um ihren dicken Bauch und die dicken Oberschenkel zu verbergen, aber ihre wunderbar üppigen Brüste voll zur Geltung kommen.

Das große O

Das Beste habe ich für zuletzt aufgehoben: den Orgasmus. Du hast wahrscheinlich schon geahnt, daß der Orgasmus während der Schwangerschaft ganz anders ist als sonst. Einen Orgasmus zu beschreiben und seine Stärke zu messen ist eine ziemlich schwierige Angelegenheit, aber ich will trotzdem mein Bestes versuchen. Nach stundenlangen Diskussionen, die ich mit meinen Freundinnen zu diesem Thema geführt habe (eines unserer Lieblingsthemen), haben wir uns auf drei hauptsächliche Punkte geeinigt. Erstens, – vorausgesetzt, du bist überhaupt noch an Sex interessiert – wirst du jetzt schneller erregbar sein als vorher. Zweitens, auch wenn du leichter erregbar bist, dauert es wahrscheinlich länger als sonst, bis du zum Orgasmus kommst. Und drittens solltest du dir soviel Zeit nehmen, wie du brauchst, weil ein Orgasmus während der Schwangerschaft tiefer und länger anhaltend ist als ein »normaler«. Du wirst sogar, wenn die erste Erschütterung vorbei ist, bis zu einer Stunde danach noch kleine »Nachbeben« fühlen (wie gesagt, ich wohne in einem Erdbebengebiet). Manchmal zieht sich dabei die Gebärmutter zusammen, was unter Umständen beunruhigend sein kann. Sprich mit deinem Arzt darüber. Die meisten werden dir aber bestätigen, daß deine Schwangerschaft diese Art des Hin- und Herschüttelns gut verträgt, außer es besteht bei dir die Gefahr einer Fehlgeburt.

 Umstandsmode

Nach vier Schwangerschaften ist mir eines sonnenklar: KEINE FRAU WIRD SCHWANGER, WEIL SIE GERNE ALL DIE SCHÖNEN UMSTANDSKLEIDER TRÄGT. Wenn du nicht gerade in einer Nudistenkolonie oder auf einer Südseeinsel lebst, wo alle einen Bastrock tragen, wird dir nichts anderes übrigbleiben, als deine Garderobe deiner sich verändernden Figur anzupassen. Das kann sich als wahre Herausforderung entpuppen, und zwar in doppelter Hinsicht. Erstens ist es ziemlich schwierig, Kleidungsstücke zu finden, die bequem, zweckmäßig und *modisch* zugleich sind. Und zweitens ist es fast unmöglich, Umstandskleidung zu bekommen, ohne ein Vermögen dafür auszugeben. In diesem Kapitel werden wir Freundinnen versuchen, dir Tips zu geben, wie du besser durch diese schwierige Zeit kommst.

Bis vor ein paar Jahren hatte Umstandsmode in erster Linie den Zweck, die Schwangerschaft zu verstecken und die Aufmerksamkeit vom Bauch auf das strahlende Gesicht der Frau zu lenken. Fast immer bestanden diese Umstandskleider aus meterlangem Stoff – meist aus Polyester –, der irgendwie um den Hals der armen Schwangeren geschlungen wurde und von dort in einem Umfang von ungefähr fünf Metern herabwallte. Zu allem Unglück wurde der Hals meist noch durch einen Matrosenkragen oder einen riesigen Rollkragen betont. Dieser Zeltlook hat sich bis zum heutigen Tage nicht verändert, außer daß bei der Verarbeitung von Kleidern, Blusen, T-Shirts und Jacken nun Schulterpolster eingenäht werden – was die Sache nur schlimmer macht. Zusammen mit den runden Backen und den molligen Oberarmen sehen die meisten Schwangeren mit dieser unnötigen Polsterung aus wie Eishockey-Spieler. Modezeitschriften raten Frauen immer, sich nackt vor einen dreitürigen Spiegel zu stellen, um so Plus- und Minuspunkte ihrer Figur gegeneinander abzuwägen und ihre Garderobe dementsprechend zusammenzustellen. Es mag vielleicht sadistisch klingen, aber meiner Meinung nach sollten gerade schwangere Frauen diesen Rat besonders beherzigen. Tut mir wirklich leid, aber ich würde dir raten, diese Überprüfung nicht nur einmal während der gesamten Schwangerschaft, sondern mindestens einmal pro Monat vorzunehmen, denn deine Figur wird sich von Woche zu Woche deutlich verändern. Die Vorstellung, deinen schwangeren Körper einer solch unbarmherzigen und gnadenlosen Überprüfung zu unterziehen, mag dir unmenschlich erscheinen, aber vielleicht tust du dich leichter, wenn du dich selbst als eine Art biologisches Experiment siehst. Denk immer daran: »Auch das wird irgendwann vorbei sein, auch das wird irgendwann vorbei sein ...«

Im folgenden einige allgemeine Hinweise zu den drei traditionellen Schwangerschaftsphasen mit speziellen Modetips.

Das erste Drittel

Wenn dies nicht dein erstes Baby ist, kannst du diesen Abschnitt gleich überspringen und mit den Hinweisen zum zweiten Drittel beginnen. Meistens rundet sich der Bauch einer Frau, die bereits ein Baby bekommen hat, ungefähr fünf Minuten nach der Empfängnis, und man sieht ihr schon in den ersten drei Monaten die Schwangerschaft an. Die meisten Frauen, die ihr zweites oder ein weiteres Kind erwarten, betonen, wie schnell sie dicker werden. Offenbar werden die Bauchmuskeln nie mehr ganz so straff wie zuvor, nachdem sie erst einmal durch eine Schwangerschaft strapaziert wurden. Wenn du dein erstes Kind bekommst, wirst du dich im ersten Drittel nicht besonders verändern, außer daß du einen größeren Busen bekommst. Vielleicht fällt dir auf, daß du etwas aufgedunsen aussiehst, so ähnlich wie kurz vor der Periode. Da das außer dir aber niemand bemerken wird, können wir es hier vernachlässigen. Selbst wenn du ununterbrochen ißt, wie das bei den meisten von uns leider der Fall ist, wird sich das in den nächsten Wochen noch nicht bemerkbar machen. In den ersten drei Monaten kannst du wahrscheinlich die meisten Kleidungsstücke aus der Zeit vor der Schwangerschaft weitertragen. Aus Bequemlichkeitsgründen solltest du aber lieber den obersten Knopf deiner Jeans offenlassen und die hauteng schwarze Lederhose im Schrank hängenlassen. Uns Freundinnen ist aufgefallen, daß wir uns in dieser Zeit seltsamerweise morgens relativ dünn fühlten und abends so richtig schwanger. Ich fuhr für gewöhnlich in meiner engen Steghose zur Arbeit und sah bis hin zu meiner adretten weißen Bluse, die ich in die Hose gesteckt hatte, gepflegt und elegant aus. Wenn ich am Ende des Tages nach Hause fuhr, hatte ich die Knöpfe der Hose geöffnet, meine Bluse herausgezogen und war mit den Füßen aus dem Steg geschlüpft, weil ich das Gefühl hatte, aus allen Nähten zu platzen. Noch eine

Warnung, besonders wenn du im Sommer schwanger sein solltest: Die vermehrten Wassereinlagerungen, die das oben beschriebene Gefühl des Aufgeblähtseins verursachen, können zu verstärkter Cellulitis führen. Riskier auf jeden Fall einen unbestechlichen und objektiven Blick in den Spiegel, um dich zu vergewissern, ob du deinen Mini-Bikini wirklich noch in der Öffentlichkeit tragen kannst (falls das überhaupt jemals eine gute Idee war).

Das zweite Drittel

In diesen Monaten, besonders im vierten und fünften, ist es am schwierigsten, geeignete Kleidung zu finden. Für den riesigen Bauchumfang der Schwangerschaftskleider bist du wahrscheinlich noch zu dünn, aber für beinahe alles, was in deinem Kleiderschrank hängt, zu dick. Auch wenn es in deinen Augen reine Geldverschwendung ist, wird dir wohl nichts anderes übrigbleiben, als dir einige Kleidungsstücke ein paar Nummern größer zu kaufen. Vielleicht tröstet dich der Gedanke, daß du diese Kleider nach der Geburt, bevor du dein Ausgangsgewicht wieder erreicht hast, auch noch tragen kannst. In meinem Schrank hängen Kleidungsstücke in verschiedensten Größen, die meine vier Schwangerschaften dokumentieren. Alle Freundinnen wissen folglich, daß sie mit einem Griff in meinen Schrank ein passendes Teil finden, egal welche Größe sie benötigen. Auch der Kleiderschrank deines Mannes kann sich unter Umständen als Fundgrube für Kleidungsstücke erweisen, mit denen sich die Zeit zwischen normaler Kleidung und Schwangerschaftsmode überbrücken läßt. Von den dreiteiligen Anzügen läßt du am besten die Finger (obwohl die Westen ganz nett aussehen können), aber Jeans, Sweatshirts, Pullover und Freizeithemden stehen dir wahrscheinlich ganz gut. Selbst der pingeligste Ehemann wird nichts dagegen einzuwenden haben, nachdem du ihm die Preisschilder von ein paar Umstandskleidern gezeigt hast. Die schlechte Nachricht ist jedoch: Auch wenn dein Mann ziemlich korpulent ist, werden dir seine Sachen irgendwann nicht mehr passen. Ich kann mich bei jeder meiner vier Schwangerschaften noch gut an den Tag erinnern, als ich meinen Mann schließlich gewichtsmäßig überholt hatte.

Meiner Meinung nach ist der Test im dreitürigen Spiegel während des zweiten Schwangerschaftsdrittels besonders erschreckend. Zu diesem Zeitpunkt sah ich immer aus, als wäre ich gleichzeitig überall und nirgends schwanger: Meine Brüste waren im Vergleich zum Vormonat noch größer, meine Taille völlig verschwunden und mein Bauch dick genug, um meinem Busen eine bequeme Ablage zu bieten. Im zweiten Schwangerschaftsdrittel ist noch nicht klar erkennbar, ob du nun schwanger bist oder nur zuviel vom Nachtisch genascht hast. Deshalb äußert sich auch niemand zu deinem Aussehen. Mit Sicherheit wird aber hinter deinem Rücken darüber gesprochen. Am liebsten würdest du jetzt ein T-Shirt mit der Aufschrift tragen »Ich bin nicht dick, sondern nur schwanger«. Tu's lieber nicht. Schließlich ist der Bauch einer Schwangeren keine Reklametafel und auf gar keinen Fall der geeignete Ort für Slogans wie »Baby an Bord«. Die Ausdehnung deines Bauches geht Hand in Hand mit der Ausdehnung eines Körperteils deiner Rückseite. Diese Entwicklung ist sehr wichtig und wird von vielen Frauen außer acht gelassen, weil sie zu sehr mit ihrer Vorderseite beschäftigt sind. Anthropologen behaupten ja, daß unser Hinterteil in der Schwangerschaft größer und robuster wird, weil die Natur ursprünglich dafür sorgen wollte, daß die Babys unserer Vorfahren (der Affen) einen bequemen Reitplatz hatten, während ihre Mütter auf allen vieren durch den Wald liefen. Dauert die Evolution nicht eine kleine Ewigkeit? Ich weiß nur, daß dank des Allerwertesten kein Strickkleid oder Jackett mehr in einer geraden Linie von der Schulter bis zum Saum fällt, wie es eigentlich sein sollte. Es kann peinlich sein, wenn einem diese Entwicklung entgeht und man weiterhin Kleider trägt, die einem schon seit Wochen nicht mehr passen.

In diesem Schwangerschaftsdrittel beginnt für viele Frauen, zu denen auch ich gehört habe, das Problem mit den Oberschenkeln. Da die Natur den Körper nun auf die schwere Last eines hochschwangeren Bauches vorbereitet, sorgt sie dafür, daß die Beine kräftiger werden. Wenn man in einem Haus ein zweites Stockwerk baut, braucht man ja auch ein besonders starkes Fundament, um alles gut abzustützen. Wenn du wie ich und meine Freundinnen bist, hilfst du der Natur großzügig dabei, indem du mitten in der Nacht Müsli und jeden Nachmittag in Vollmilch getunkte Schokoladenkekse vertilgst. Schließlich mußt du ja deinen erhöhten Kalziumbedarf befriedigen!

Im zweiten Drittel war mein Körper von meinen Apfelbäckchen bis hin zu meinen molligen Knöcheln schwanger. Wenn ich mir morgens unter der Dusche die Beine rasierte, wurde mir jedesmal wieder bewußt, daß sich mein Körper völlig anders als früher anfühlte. Ich nenne diesen Zustand »ausgereifte Schwangerschaft«. Er ist erreicht, wenn du feststellst, daß das Baby nicht nur deine Gebärmutter in Besitz genommen hat, sondern dein ganzes Wesen. Die »ausgereifte Schwangerschaft« war schuld daran, daß ich Leggings nie zu einem Hauptbestandteil meiner Umstandskleidung gemacht habe. Wenn ich Bauch, Hüften, Oberschenkel und Knie in diese Lycra-Häute gepreßt hatte, die mir nur bis zu meinen geschwollenen Knöcheln reichten (die meist blau waren, da die Adern hervortraten), sahen meine Beine aus wie Würste.

Seit meiner ersten Schwangerschaft macht mein Mann regelmäßig seinen »Witz« über mich. Im Gegensatz zu mir kann er darüber immer wieder lachen. Er erzählt ihn mir jedesmal so um den sechsten Monat herum. Das ist nämlich die Zeit, wo ich meist Berge von Kleidern durchwühle auf der Suche nach einem Stück, das ich außer Haus tragen kann, ohne mich lächerlich zu machen. Dann gibt er mir jedesmal folgenden Rat: »Warum trägst du nicht einfach ein Kleid mit Gürtel?« und bricht vor Lachen fast zusammen, während ich nach irgendeinem schweren Gegenstand suche, den ich ihm hinterherwerfen könnte. Seine Bemerkung ist eine herzlose Anspielung auf meine erste Schwangerschaft, als ein riesiges Zeltkleid, das mir noch viel zu groß war, zu meiner Umstandsgarderobe gehörte. Ich versuchte damals, einen Teil seines enormen Umfangs mit einem Gürtel zu bändigen und sah damit aus wie ein Basketball auf einem Stöckchen. Mit anderen Worten: In puncto Kleidung befand ich mich in dieser Zeit irgendwo zwischendrin – für normale Kleidung zu schwanger und für Umstandsmode noch nicht schwanger genug. Wenn ihr aus meiner bitteren Erfahrung gelernt habt, während der Schwangerschaft keinen Gürtel zu tragen, hat sich der Kauf dieses Buches für euch bereits voll bezahlt gemacht.

Das letzte Drittel

Die Fehler des zweiten Drittels werden im letzten Drittel normalerweise nicht mehr gemacht, weil man zu diesem Zeitpunkt ganz sicher »schwanger genug« ist. Manchmal willst du vielleicht schon gar nicht mehr außer Haus, weil sich einfach nichts Geeignetes zum Anziehen finden läßt. Aber mit ein paar gut kombinierbaren Kleidungsstücken muß das letzte Drittel ganz und gar keine modische Einschränkung bedeuten. Darüber gleich mehr. Dein Bauch ist jetzt vermutlich sehr rund und ausgeprägt, so daß deine Oberschenkel im Vergleich dazu ziemlich dünn wirken. Kaum jemand, außer vielleicht ein paar Kurzsichtigen, wird noch daran zweifeln, daß du schwanger bist und nicht einfach dick, egal was du trägst. Zum Glück ist deine modische Auswahl nun so eingeschränkt, daß dir im Prinzip nichts anderes übrigbleibt, als dich angemessen zu kleiden. In den letzten Monaten werden dir diese weiten und formlosen Kleider, in denen man im ersten Drittel aussieht, als ertränke man in einem Meer aus Stoff, viel besser stehen. Vergleich deinen Bauch mit einem Heißluftballon, dann wirst du verstehen, warum Umstandskleider an hochschwangeren Frauen viel besser aussehen: Sie brauchen nämlich etwas, das ihnen Form gibt.

Während im zweiten Drittel in allen Modefragen berücksichtigt werden muß, daß die Kleidung sich über dem Po ausbeult, ist es in den letzten Monaten der Schwangerschaft der Bauch, der sogar Schwangerschaftskleider an die Grenze ihrer Belastbarkeit bringen kann. Bis jetzt bist du vielleicht mit normalen Kleidern und Tops in größeren Modellen gut über die Runden gekommen. Nun wird es damit etwas heikel. Da

Schwangere in den letzten Monaten meist nach hinten gebeugt laufen, rutscht der Saum vorne nach oben und hängt hinten noch weiter herunter als zuvor. In Maßen mag das sogar avantgardistisch aussehen, wenn aber der Saum des Kleides hinten deine Knie berührt und vorne bei jedem Luftzug den Blick auf deine Schwangerschaftsunterwäsche freigibt, ist es höchste Zeit, sich ein paar Umstandskleider zuzulegen, bei denen diese Problematik im Schnitt berücksichtigt ist. Du kannst natürlich auch normale Kleidungsstücke tragen, die knielang oder länger sind.

Geschäfte für Umstandsmode

Die Meinungen über die Kleidung, die man in Geschäften für Umstandsmode erstehen kann, sind geteilt. Einige Frauen sind davon begeistert und könnten ohne sie nicht leben. Für andere sind sie schlichtweg modischer Selbstmord. Die Anhänger dieser Kleidungsstücke sind meist Frauen, die schon kurz nach dem positiven Ergebnis ihres Schwangerschaftstests in einem dieser Geschäfte stehen. Neugierig erkunden sie die Geheimnisse dieser exklusiven Räumlichkeiten, in denen normalerweise Frauen jenseits der Wechseljahre als Verkäuferinnen arbeiten und man selten einen Mann zu Gesicht bekommt. Der Besuch eines solchen Geschäfts ist so ausschließlich Frauensache, daß man Schwangere dort meist in Begleitung ihrer Mütter oder anderer Frauen antrifft, die ihnen bei der Initiation in die Geheimnisse der Hosenzwickel und Stillklappen geistigen Beistand leisten. Du kannst dich mit deiner Freundin auch in der Umkleidekabine verstecken und mit den Prothese-Bäuchen spielen, die sich in den Kleidern befestigen lassen. Damit kannst du dir ein Bild davon machen, wie du in voller Blüte aussehen wirst, selbst wenn dein Bauch im Moment noch eher einer Knospe ähnelt. Der unumgängliche Besuch in einem Geschäft für Umstandsmode läßt sich vielleicht am ehesten damit vergleichen, daß früher die Väter ihre Söhne zu einer Prostituierten brachten, damit sie in die Liebe eingeführt wurden. Ein weiteres Beispiel für die Benachteiligung des weiblichen Geschlechts.

Am schönsten finde ich immer die Glückwünsche und gutgemeinten Ratschläge, mit denen du unmittelbar nach Betreten eines dieser Geschäfte bedacht wirst, sobald du verlauten läßt, daß du dort zum Einkauf berechtigt bist, weil DU SCHWANGER BIST. Die anderen Kundinnen und die Verkäuferinnen werden sich von deiner Schwangerschaft fasziniert zeigen, sich wißbegierig nach deinem Entbindungstermin erkundigen, fragen, ob du einen Jungen oder ein Mädchen erwartest und ob du stillen möchtest. Diese Geschäfte zählen zu den wenigen Orten der Welt, wo du ganz sicher auf Leute triffst, die an deiner Schwangerschaft fast ebenso interessiert sind wie du selbst. Schließlich arbeitet man dort auf Provisionsbasis.

So manche Frau ist allerdings der Meinung, daß Umstandsmode schlichtweg geschmacklos ist. Das beginnt schon mit den schlechten Stoffen. Wegen des hohen Polyesteranteils müssen die Kleider äußerst feuergefährlich sein. Selbst T-Shirts für Schwangere, die einem normalen T-Shirt von Fruit of the Loom mit rundem Halsausschnitt ähneln sollen, sind so synthetikhaltig, daß sie auf Wasser eher schwimmen als untergehen würden. Und die Jeans sind wirklich ein Witz.

(Es wäre besser, sie als »jeansartige Hosen ohne Baumwoll-anteil« zu bezeichnen). Sie sollen wohl bezwecken, daß sich Frauen auch während ihrer Schwangerschaft jung und in füh-len. Wir Freundinnen finden jedenfalls, daß diese Jeans ein echtes Armutszeugnis für die Bekleidungsindustrie sind.

Viele Frauen kritisieren, daß bei Umstandsmode anscheinend absichtlich auf jeglichen Sex-Appeal verzichtet wird. Wenn man so die Modelle, ganz in Pastell gehalten, mit winzigen Blumenmustern, riesigen Kragen und gestreiften, altbacke-nen Blazern auf den Ständern hängen sieht, kann man dies nur bestätigen. Sucht man in der Schwangerschaft nach einem schlichten Cocktailkleid, muß man sich mit einem rie-sigen, zeltförmigen, paillettenbesetzten Teil zufriedengeben. Designer scheinen einen ziemlich bösartigen Sinn für Humor zu haben.

Meiner Meinung nach ist das schwerwiegendste Argument gegen Geschäfte für Umstandsmode die horrenden Preise. Da es in den meisten Städten in der ganzen Einkaufszone nur ein einziges Geschäft für Umstandsmode gibt, ist dieses eine ein-deutig in der stärkeren Position. Wenn du Schwangerschafts-strumpfhosen brauchst, mußt du sie zwangsläufig dort er-stehen. Früher führten normalerweise auch Kaufhäuser einige Schwangerschaftsartikel, aber wahrscheinlich gibt es dort, seit die ganzen Snackbars mit ihren Espressomaschinen un-tergebracht werden müssen, keinen Platz mehr für die Mütter dieser Erde. Es ist schon traurig genug, wenn eine Schwange-re vor lauter Verzweiflung in Erwägung zieht, einen Chintz-Overall zu kaufen. Wenn sie dann noch über dreihundert Mark dafür bezahlen muß, ist das Ausbeutung seitens des Ge-schäfts und Schwangerschaftswahnsinn seitens der Frau. Ich kann dir nur raten, deine Möglichkeiten in dieser Modekrise nicht unnötig einzuschränken. Es gibt inzwischen auch geschmackvolle Umstandskleider zu kaufen (allerdings wäre durchaus noch einiges verbesserungsbedürftig). Aber beschränk dich nicht auf Fachgeschäfte, denn du kannst dich auch mit normaler Kleidung richtig gut anziehen. Andererseits gibt es keinen Grund, dich von einer Frau beeindrucken zu lassen, die trotz zweier Schwangerschaften angeblich *niemals* irgend etwas getragen hat, das speziell für Schwangere entworfen wurde. Ihre Anspielungen, daß sie erstens nie auf modischen Chic verzichten mußte und zweitens nie zu dick für normale Kleidung war, sollen dich vermutlich vor Neid erblassen lassen. Ich kann dazu nur sagen: »Was für ein Unsinn!« Es mag sogar stimmen, was sie sagt, aber vielleicht sah sie dann im letzten Schwangerschaftsdrittel auch ziemlich lächerlich aus. Falls es stimmt, daß sie kaum dicker geworden ist, braucht sie dir das nicht unter die Nase zu reiben. Und über modischen Geschmack läßt sich bekanntlich streiten. Oder glaubt sie wirklich, daß eine fünfunddreißigjährige Frau in einem Techno-Fummel schick aussieht?

In meinen (allerdings ziemlich unwissenschaftlichen) Untersuchungen hat sich herausgestellt, daß Frauen in Geschäften für Umstandsmode am häufigsten Stillbüstenhalter, Badeanzüge, Unterhosen, Strumpfhosen und Leggings erstehen. Das mit den Stillbüstenhaltern liegt auf der Hand, da kein anderes Geschäft der Welt freiwillig solche Apparate anbieten würde. Du wirst diese stabilen Modelle ab dem siebten oder achten Monat als Stütze für deinen Riesenbusen jedoch brauchen. Falls du dein Baby stillen möchtest, wirst du dankbar sein für die kleinen Klappen, die sich öffnen lassen und deine

Brustwarzen entblößen, ohne daß du dich vollständig ausziehen mußt. Der Vorteil anderer Schwangerschaftsartikel wird im folgenden Kapitel erläutert.

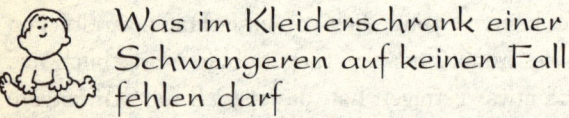

Was im Kleiderschrank einer Schwangeren auf keinen Fall fehlen darf

Der Badeanzug

Da sich eine Schwangerschaft über drei Viertel eines Jahres hinzieht, wird ein Teil deiner Schwangerschaft auf die warmen Sommermonate fallen. Das bedeutet, daß du einen Badeanzug brauchst. Wenn du Glück hast und während der Badesaison erst im fünften Monat oder in einem noch früheren bist, kannst du vielleicht einfach den normalen Badeanzug, den du schon vor der Schwangerschaft getragen hast, ein paar Nummern größer kaufen. Sind deine Beine so schlank wie die von Prinzessin Diana und bist du Anfang Zwanzig, kommt vielleicht sogar ein Bikini mit Bauchbetonung in Frage. Das wäre immer mein Traum gewesen, aber da eine Schwangerschaft bei mir gewöhnlich mit Cellulitis von der Taille bis zu den Knien einhergeht, mußte ich mich notgedrungen immer für ein Modell mit reichlich Stoff und viel Halt entscheiden. Nach dem fünften Monat wirst du dann um den Schwangerschaftsbadeanzug nicht mehr herumkommen, selbst wenn du noch nicht zwanzig Kilo über deinem Normalgewicht liegst.

Als erstes wird dein gewohnter Badeanzug wahrscheinlich an einer Stelle nicht mehr sitzen, wo du es erst gar nicht bemerkst. Genau, ich spreche wieder vom Po. Es ist also wieder einmal an der Zeit für einen Gang zum dreitürigen Spiegel, denn da dein Bauch immer mehr Stoff für seinen stetig wachsenden Umfang benötigt, bleibt für deinen Allerwertesten nicht mehr allzuviel übrig. Und ein ausladender Po, der nur notdürftig von einem kleinen Stoffdreieck bedeckt wird, ist kein erfreulicher Anblick, besonders wenn deine Beine nicht mehr ganz so straff sind. Es dauert auch nicht mehr lange, bis sich der vordere Teil deines Badeanzugs so weit nach oben zieht, daß die Beinausschnitte fast bis zur Taille reichen. Ebenfalls kein besonders schöner Anblick. Wenn es für dich schon im nichtschwangeren Zustand der wahre Horror ist, am Sommeranfang Badeanzüge anzuprobieren, dann warte, bis du nach einem Schwangerschaftsbadeanzug suchst. Ein Alptraum! Die Auswahl ist breit gefächert und reicht von Modellen mit neckischen, kleinen Volants über schlichte, zeltartige Designs bis hin zu witzigen Varianten mit waagerechten Streifen, die an ein Hummelkostüm erinnern. Während einiger meiner Schwangerschaften habe ich an diesem Punkt die Flinte ins Korn geworfen. Ich konnte die Erniedrigung einfach nicht mehr ertragen und beschränkte mich beim Schwimmen auf meine Badewanne. Doch während meiner dritten Schwangerschaft war ich im August in Orlando in Florida und hatte die Wahl, entweder zu schwimmen oder zu sterben. Damals kaufte ich mir meinen ersten Schwangerschaftsbadeanzug. Er war gar nicht so übel. Diese Anzüge sind vielleicht nicht die schönsten, haben dafür aber gegenüber einem normalen Modell auch ein paar nicht zu unterschätzende Vorteile. Zum Beispiel ist fast immer ein stabiler Büstenhalter eingenäht, was für Frauen, die monatelang ihren Busen ungestützt getragen haben, eine große Erleichterung sein kann. Schwangerschaftsbadeanzüge sind außerdem am Rücken um die Hüften herum großzügiger geschnitten, so daß man sich die zarte Haut am Po nicht verbrennt. Und natürlich ist auf der Vorderseite ausreichend Platz für deinen Bauch. Falls dir dein Badeanzug auch so gut paßt wie mir meiner damals, möchtest du ihn vielleicht gar nicht mehr ausziehen und auch am liebsten unter deiner Kleidung tragen, weil der Halt so angenehm ist.

Am besten meidest du die Rüschen und Volants und suchst nach einem Modell, das wie ein Gymnastikanzug geschnitten ist. Nicht schlecht ist ein tiefer Ausschnitt, denn du solltest nie eine Gelegenheit verpassen, deine üppigen Brüste zu betonen. Außerdem lenkt ein Dekolleté besser als jeder Volant oder Matrosenkragen von Beinen und Bauch ab. Wenn ich nicht schwanger bin, trage ich normalerweise schwarze Badeanzüge. Deshalb war ich aufgrund der Theorie, daß Schwarz kein Licht reflektiert und daher dünner macht, versucht, auch während meiner Schwangerschaft auf diese Farbe zurückzugreifen. In Wahrheit ist es aber der Schnitt und nicht die Farbe, die einen dicker oder dünner aussehen lassen. Laß die langweiligen, winzigen Blumenmuster einfach links liegen und probier mal was ganz Neues. Vielleicht einen Anzug in ausgefallenen Farben oder sogar mit Tigerdesign? Wenn du schon so mutig bist, während der Schwangerschaft einen Badeanzug anzuziehen – und dafür braucht man viel Mut –, dann nur keine falsche Bescheidenheit! Denk an die wertvolle Lektion, die ich in Orlando gelernt habe: SCHWANGERE

Frauen haben das Recht zu schwimmen und wehe dem, der uns schief anschaut! Vergiß nicht, daß in deinem Bauch ein Baby heranwächst und die Bewerbung für das Playmate des Monats wird warten müssen. Meine Freundin Dona genoß bei ihrem Schwangerschaftsbadeanzug vor allem, daß sie zum ersten Mal seit Jahren nicht das Gefühl hatte, ihren Bauch einziehen zu müssen.

Leggings

Du weißt, was Leggings sind, oder? Sie sind elastisch, man zieht sie über die Beine, sie sind dicker als Strümpfe, aber dünner als Hosen. Wenn wir nicht gerade Gymnastik machen oder so gut in Form sind wie Cindy Crawford, tragen wir lange Oberteile darüber, damit man die Wölbungen an Oberschenkeln und Bauch nicht sieht. Wenn du zu den Frauen gehörst, die ihre Leggings ohne lange Bluse oder Blazer tragen, dann schäm dich! Du kannst mir glauben, daß kein Mensch den Elastikbund deiner Leggings sehen möchte! Ob schwanger oder nicht.

Schwangere Frauen scheinen von den elastischen Leggings wie magisch angezogen zu werden. Fühlst du dich an einem Tag aufgeschwemmt, passen sie trotzdem, hast du vor lauter Übelkeit tagelang keinen Bissen hinuntergebracht, passen sie auch noch. Während der ersten Monate deiner Schwangerschaft wird es eine x-beliebige Leggings tun. Schließlich sind sie sehr dehnbar. Gegen Ende deiner Schwangerschaft wird jedoch irgendwann das Unvermeidliche geschehen: Du niest oder beugst dich nach vorn, und der Elastikbund rutscht bis zum Schambein hinunter, das du nur leider nicht mehr spüren kannst. Ein schreckliches Gefühl. Ich habe zahllose Frauen dabei beobachtet, wie sie panisch ihren Hosenbund wieder nach oben gezogen haben, ohne zu bemerken, daß um sie herum alle zusahen. Zu diesem Effekt kommt es auch bei Strumpfhosen. Deswegen solltest du meinen Rat befolgen und dir einige Leggings und Strumpfhosen für Schwangere besorgen. Und zwar bevor du sie wirklich brauchst. Du wirst dich in den Schwangerschaftsmodellen sehr viel wohler fühlen. Früher oder später brauchst du sie sowieso. Also kaufe sie dir lieber früher, damit sie sich richtig bezahlt machen. Eigentlich bin ich kein großer Fan von Leggings (jedenfalls was mich betrifft), besonders dann nicht, wenn sie mit flachen Schuhen und ohne Socken getragen werden. Frauen fällt es oft nicht auf, daß selbst ihre Knie und Knöchel schwanger aussehen. Aber natürlich gibt es kaum eine andere Bekleidung, die so bequem und vielseitig ist. Man wird also auch in Zukunft sicher nicht auf Leggings verzichten. Wenn du Leggings während deiner Schwangerschaft trägst, solltest du Stiefel oder Schuhe mit Absätzen dazu anziehen, denn sie gleichen das Gewicht deines Oberkörpers aus und bedecken gleichzeitig deine Knöchel. Ein wahrer Geheimtip in dieser Hinsicht sind jedoch Steghosen. Sie reichen über die Knöchel und lassen dein Bein dadurch dünner und länger aussehen. Vor allem schnüren sie deine dicker gewordenen Knöchel nicht ein.

Büstenhalter

Auch wenn du normalerweise flach wie ein Brett bist und dein Busen auch ohne BH in Form bleibt, SOLLTEST DU WÄHREND DER SCHWANGERSCHAFT UNBEDINGT EINEN BÜSTENHALTER TRAGEN. Gegen Ende der Schwangerschaft wirst du ihn vielleicht sogar nachts im Bett anbehalten, damit du dich trotz deiner schweren Brüste bequem bewegen kannst. Die vermehrten Wasser- und Fetteinlagerungen sind eine enorme Belastung für die Brustmuskulatur. Da deine Brüste während Schwangerschaft und Stillzeit zusätzlich beansprucht werden, solltest du sie mit einem speziellen Büstenhalter stützen. Auch wenn deine Brüste ausgesprochen empfindlich sind, kann ein guter BH als eine Art Schutzschild zwischen ihnen und der bedrohlichen Außenwelt dienen.

Du wirst ziemlich schnell feststellen, daß dir deine alten Büstenhalter nicht mehr passen. Wenn du nicht soviel Busen hast, reicht vielleicht auch ein größeres Modell des BHs, den du normalerweise trägst. Ab einem bestimmten Zeitpunkt bist du aber einfach besser mit einem Schwangerschafts-BH beraten.

Ich weiß, daß eine ganze Reihe von euch der Meinung sind, mit ihrem BH in Größe 75D gut zurechtzukommen, und es einfach nicht einsehen, für viel Geld einen dieser grauenhaften, überteuerten Büstenhalter zu kaufen. Aber tatsächlich ist nicht alles, was in Geschäften für Umstandsmode verkauft wird, überflüssig. Einige Dinge sind wirklich besser, praktischer und stabiler, wenn sie speziell für Schwangere entworfen wurden. Büstenhalter gehören dazu. Erstens hat ein Schwangerschafts-BH sehr viel mehr Häkchen am Verschluß und bietet damit nicht nur genug Spielraum für die größer werdenden Brüste, sondern auch für den Brustkorb, der sich ebenfalls ausdehnt, um dem Baby Raum zum Wachsen zu geben. Wenn du keinen Schwangerschafts-BH kaufst, wirst du ziemlich oft neue Büstenhalter für deinen wachsenden Umfang brauchen. Zweitens sind Bund und Träger eines Schwangerschafts-BHs breiter und geben so deinen Brüsten mehr Halt und verteilen ihr zunehmendes Gewicht besser. Wenn deine Brüste schwerer geworden sind, können dich normale BH-Träger an den Schultern einschneiden. Der breitere Bund unter den Brüsten sorgt für besseren Halt von unten. Drittens sind die Körbchen beim Schwangerschafts-BH größer, so daß dein Busen mehr Platz hat. Dieses Design soll nicht etwa deinem sexy Dekolleté schaden, sondern deine Brustmuskulatur entlasten. Wie die meisten Büstenhalter für die üppigere Oberweite haben auch Schwangerschafts-BHs normalerweise mit Bügeln verstärkte Körbchen. Wenn dir diese Modelle genausowenig zusagen wie mir und du es wenig angenehm findest, nachts damit zu schlafen, schau dich etwas um. Gute Fachgeschäfte für Umstandsmode führen auch BHs ohne Bügel. Um den achten Monat herum solltest du dir, falls du stillen möchtest, zwei oder drei Stillbüstenhalter kaufen. Still-BHs unterscheiden sich von Schwangerschafts-BHs darin, daß sie sich vorne öffnen lassen, damit man zum Stillen nicht jedesmal den Büstenhalter ausziehen muß. Du kannst dir also auch gleich Stillbüstenhalter kaufen. Manchmal läßt sich das Körbchen vorne in der Mitte des BHs schließen und manchmal von der Brust abstreifen, weil der Stoff nicht am Bund festgenäht ist. Sei wählerisch, denn du wirst staunen, wie oft und lang du sie tragen wirst. Ich weiß nicht, wie es andere Frauen handhaben, aber ich trug fast während der ganzen sechs Monate, in denen ich mein erstes Baby stillte (und während der immer kürzer werdenden Stillperioden bei jedem weiteren Baby), nachts im Bett einen weichen Still-BH. Milchproduzierende Brüste erschienen mir ohne zusätzlichen Halt einfach zu schwer und unbequem. Ein weiterer Vorteil ist, daß man Stilleinlagen im BH tragen kann, denn die Milch kann nachts genauso auslaufen wie tagsüber.

Schwangerschafts- und Stillbüstenhalter müssen nicht automatisch unförmige, weiße Kleidungsstücke aus Baumwolle sein, die aussehen wie zu Großmutters Zeiten. Es gibt inzwischen nicht nur hübsche Modelle mit Spitzen, mir ist sogar zumindest eine Firma bekannt, die *schwarze*, spitzenbesetzte Schwangerschafts- und Stillbüstenhalter herstellt. Du brauchst also für einen guten BH keineswegs ein Jahr lang deine sexuellen Reize zu opfern (für bequeme Höschen wirst du dieses Opfer allerdings bringen müssen. Stell dich lieber schon einmal darauf ein).

Wenn du dir schon die Zeit nimmst, Schwangerschafts- und Stillbüstenhalter zu besorgen, solltest du dich vergewissern, daß sie auch wirklich gut passen. Dabei können dir die erfahrenen Verkäuferinnen in den Fachgeschäften für Umstandsmode behilflich sein. Sie wissen, wie man am besten Maß nimmt und das zukünftige Wachstum mit einplant. Begib dich also für eine halbe Stunde vertrauensvoll in ihre Hände. Es wird sich lohnen.

Unterhosen

Schwangerschaftsunterwäsche ist für schwangere Frauen ein Reizthema. In einem Punkt sind sich jedoch alle einig: SCHWANGERSCHAFTSUNTERHOSEN SIND HÄSSLICH. Du solltest dir darüber im klaren sein, bevor du ein Geschäft für Umstandsmode betrittst. Sonst machst du wahrscheinlich auf dem Absatz wieder kehrt. Sie sehen aus wie die Exemplare, die wir mit sechs Jahren getragen haben und die man damals Liebestöter nannte. Sie sind extra groß geschnitten, damit sie deinen Bauch bedecken. Der elastische Bund reicht also bis knapp unter deinen Schwangerschafts-BH.

Du wirst dich fragen, aus welchem Grund du so etwas tragen solltest. Darauf gibt es zwei Antworten: Erstens sind sie bequem, und zweitens vermeidest du damit den Rutscheffekt, den ich bei Strumpfhosen und Leggings bereits beschrieben habe. Natürlich ist Bequemlichkeit eine sehr subjektive Angelegenheit. Eine (zumindest für mich) überraschend hohe Anzahl meiner Freundinnen trug während der Schwangerschaft weiterhin Tangas. Sie fanden die minimale Bedeckung sehr angenehm. Außerdem paßte der elastische Bund genau unter den Bauch. Mir allerdings verursacht schon die Vorstellung, im schwangeren Zustand irgend etwas weit weg zwischen meinen Beinen zu haben, eine Gänsehaut. Aber damit stehe ich wahrscheinlich ziemlich alleine da. Egal für welches Modell du dich entscheidest – wichtig ist, daß du *überhaupt* eine Unterhose trägst. In der Schwangerschaft hat man nämlich verstärkt vaginalen Ausfluß. Und es ist so einfach, die Unterhose am Ende des Tages in die Waschmaschine zu stecken.

Anders als beim Schwangerschafts-BH kann man bei Schwangerschaftsunterhosen ruhig billige Modelle kaufen, die aber in großer Anzahl. Normalerweise werden sie im Zweier- oder Dreierpack angeboten, und du solltest die günstigsten nehmen, die du finden kannst. Sie sollten allerdings aus Baumwolle sein. Schließlich müssen sie nur so lange halten, bis du das Baby bekommen hast und nicht mehr blutest (beziehungsweise keinen Wochenfluß mehr ausscheidest, das heißt Restblut, Schleim und Gewebeteilchen aus der Gebärmutter). Nach der Entbindung mußt du sie leider noch eine Weile tragen, da du dann extra-starke Binden benötigst, um den sintflutartigen Wochenfluß aufzusaugen. Wenn sie Flecken bekommen, wirf sie einfach weg. Du kannst mir glauben: Du wirst dich nie wieder so gern von einem Kleidungsstück trennen.

Die Theorie vom »Grund-Outfit«

Schwangerschaftsmode ist manchmal chic und immer teuer. Die Boulevardpresse liefert jede Woche schlagende Beweise dafür, wie schwierig es für eine Schwangere ist, sich gut zu kleiden. Regelmäßig werden in Zeitschriften Bilder von tollen Models und Schauspielerinnen veröffentlicht, die schwanger sind und unattraktiv aussehen. Warum also sollte *ich* mir über *meine* Kleidung den Kopf zerbrechen, wenn sich sogar ein sogenanntes Supermodel gehenläßt? Wir Freundinnen können dir nur den guten Rat geben, dich für den Kleidungsstil zu entscheiden, der dir am vorteilhaftesten, bequemsten und vielseitigsten erscheint, und während deiner ganzen Schwangerschaft und der ersten Zeit danach dabei zu bleiben. Diese Idee von einem »Grund-Outfit« wird dir sehr hilfreich sein, denn während einer Schwangerschaft sollte man keinesfalls mit verschiedenen Kleidungsstilen experimentieren. Wenn dir ein bestimmter Stil gut steht, dann bleib dabei. Es kommt dich insgesamt günstiger, eine Reihe miteinander kombinierbarer Teile im Schrank hängen zu haben. Außerdem sparst du dir viel Zeit, wenn du jeden Tag mehr oder weniger dasselbe trägst, und es bewahrt dich davor, eines Tages in der gebatikten Schwangerschafts-Latzhose, die du im Geschäft so entzückend fandst, im Büro zu erscheinen. Niemand wird dich schief ansehen, wenn du in deiner Schwangerschaft nicht mehrmals täglich die Garderobe wechselst. (Als ich anfing, dieses Buch zu schreiben, habe ich von einer meiner Freundinnen, die an der Ostküste lebt, gehört, daß dort ein Geschäft für Umstandsmode *meine* Idee vom »Grund-Outfit« in die Tat umgesetzt hat. Dort bietet man eine Schachtel mit vier oder fünf grundlegenden Kleidungsstücken für den Kleiderschrank einer Schwangeren an.)

»Grund-Outfit« fürs Büro

Frauen, die in Büros oder Unternehmen arbeiten, wo man eine professionelle und elegante Erscheinung erwartet, haben es in der Schwangerschaft nicht einfach. Die Hauptbestandteile der Garderobe einer Schwangeren, wie Kleider im Empire-Stil und weit fallende Röcke, sind in einem Büro unpassend. Leggings und weite Hemden können zu leger und nachlässig aussehen, und klassische Umstandskleider sind so konservativ, daß man dich darin vielleicht für eine Stewardeß hält.

Da Frauen schon seit einiger Zeit die traditionelle Männermode bis zu einem gewissen Grad kopieren, wenn sie sich kompetent und professionell kleiden wollen, würden wir dir nochmals raten, dir einige Stücke aus dem Kleiderschrank deines Mannes zu borgen. Vielleicht findest du dort einige wirkliche Schätze wie Westen, Anzughosen und -hemden. Laß die Jacketts lieber hängen, sie mögen zwar bequem sein, lassen dich aber durch die breiten Schultern zu kräftig aussehen. Meine Freundin Maryann trug neulich zu einer Geburtstagseinladung eine Hose ihres Mannes mit Hosenträgern und dazu einen Body. Es sah umwerfend aus und brachte ihren Bauch und Busen voll zur Geltung. Eine weitere großartige Idee hatte meine Freundin Maria, die ein Hemd ihres Mannes mit französischen Manschetten offen über seiner Jeans trug und mit seiner Weste abrundete. Westen sind wirklich ein guter Tip. Du kannst dir davon ein paar günstige Modelle zulegen und sie dann abwechselnd über einem »Grund-Outfit« wie schwarzen Hosen oder Leggings tragen und mit einem weißen, langen Anzughemd kombinieren. Vergiß nicht, daß es Sinn und Zweck dieser Mode ist, wie ein Mädchen in den Kleidern seines Vaters auszusehen. Die Sache ist nutzlos, wenn nicht deprimierend, wenn dir die Kleider deines Mannes überall gut passen, nur in der Taille zu eng sind. Du solltest dir unbedingt einen langen Blazer zulegen, wenn du nicht schon einen fürs Büro hast. Er kaschiert die Problemzonen, und gleichzeitig bist du gut angezogen. Wenn du ihn in der richtigen Größe kaufst, sitzt er an Hüften und Po locker, und du kannst ihn entweder offenlassen, so daß man deinen Bauch ein bißchen sieht, oder ganz zuknöpfen. Der Blazer sollte unbedingt lang genug sein und bis gut über die Oberschenkel reichen, damit er auch alles bedeckt, was er bedecken soll. Die Schultern sollten nicht zu breit sein, damit du nicht wie ein Stecknadelkopf darin aussiehst. Wenn du dich in Röcken und Kleidern wohler fühlst, möchte ich dir einen guten Tip geben – trage blickdichte Strümpfe! Wenn du Beine wie eine Gazelle hast, kannst du natürlich genausogut die normalen hauchdünnen Strümpfe anziehen, aber wenn du wie die meisten von uns Krampfadern, kleine rote Punkte auf der Haut und Cellulitis bis zu den Fußknöcheln bekommst, bist du mit einem festeren Modell in einem dunkleren Ton am besten bedient. Wie gesagt, ich hoffe, du versuchst es wenigstens einmal mit einer Schwangerschafts-Strumpfhose. Ich bin mir sicher, du wirst dich darin sehr viel wohler fühlen.

Einige weitere »Grund-Outfits«

Ich war viermal schwanger, und bei jeder Schwangerschaft hatte ich einen völlig anderen Kleidungsstil. Keinen dieser Stile habe ich ganz allein entworfen, sondern von meinen Freundinnen kopiert und teilweise mit einer persönlichen Note versehen. Deshalb nenne ich die verschiedenen Stile »Sondra«, »Shannon«, »Corki« und »Mindy«.
Der »Sondra«-Stil war mehr oder weniger ein Laura-Ashley-Look mit hochgeschlossenen Kleidern aus Samt, die bis zu den Knöcheln reichten. Alles sehr englisch, züchtig und romantisch, und trotz des offensichtlichen Gegenbeweises

wirkte ich damit wie eine Jungfrau. Den Kleidern gab ich mit breitkrempigen Strohhüten den letzten Schliff. Alle waren begeistert, und ich bekam häufig zu hören, ich sähe »genauso aus, wie eine Schwangere aussehen sollte«. Ich glaube, den Leuten gefielen diese Kleider, weil sie völlig unerotisch waren und so vermuten ließen, daß ich meine mütterlichen Aufgaben bereits sehr ernst nahm. Ich mochte sie, weil sie weit und bequem und aus Naturfasern waren – wonach man bei anderen Umstandskleidern lange suchen muß. Eltern und Schwiegereltern können beim Anblick einer Schwangeren, die in diesem Stil gekleidet ist, die Tränen kaum zurückhalten, besonders an Weihnachten. Ehemänner hassen ihn ausnahmslos. Sex mit einer Frau in einem rot-weiß-blauen Matrosenanzug ist für sie so aufregend wie mit Tante Berta. Deshalb ein Geheimtip, den sexy Sondra intuitiv kannte: Trage kurze Röcke und hohe Absätze, wenn du mit deinem Mann ausgehst (aber setz dich so oft wie möglich hin). Es ist deine einzige Chance, später auf deine Kosten zu kommen.

Meine zweite Schwangerschaft war meine »Shannon«-Periode. Dieser an die Mode der fünfziger Jahre angelehnte Stil bestand aus Oberteilen in hellen Farben oder mit schrillen Tupfen-Mustern. Besonders pfiffig waren sie mit U-Boot-Ausschnitt oder schulterfrei. Mein erklärtes Lieblingsstück ähnelte einem Malerkittel. Shannon trug diese Oberteile über Capri-Hosen, die im Prinzip nichts anderes waren als Leggings, die nur bis knapp übers Knie reichten. Die idealen Schuhe für diesen Look sind Pumps, weiße Espandrillos tun es aber genauso und sind sehr viel bequemer.

In meiner dritten Schwangerschaft war dann der »Corki«-Look angesagt. Er bestand aus Hippie-Kleidern mit Empire-

Mieder, die aus reiner Baumwolle gearbeitet waren. Erinnerte sehr an Woodstock. Es war in etwa so, als würde man den ganzen Tag über sein Nachthemd tragen, aber in Kalifornien regt sich über so etwas kein Mensch auf. Die Idee mit dem Mieder war wirklich gut, denn es betonte meinen Busen und verringerte die Stoffmassen, die sich um meinen Körper wanden, so daß ich dünner aussah. So hübsch und sexy diese Kleider auch waren – irgendwie war ich darin nicht so richtig ich selbst. Ich fühlte mich wohler, wenn ich Kleider trug, die etwas besser saßen und unauffälliger waren. Ich glaube, ich bin einfach nicht der wahnsinnig lockere Typ.

Die meisten dieser Kleider waren außerdem fürs Büro völlig ungeeignet. Während der Zeit, als ich im Büro arbeitete und feststellte, daß ich schwanger war, bat ich meine Freundin Mindy um Rat. Ihr Kleidertip Nummer vier waren lange Blazer, schwarze Strümpfe und erträgliche Absätze. Mindy ist Rechtsanwältin, und sie schaffte es, während ihrer Schwangerschaft immer sexy und professionell auszusehen. Ich konnte mir also ruhig ein bißchen was von ihr abgucken. Natürlich ist sie für ihre wahnsinnigen Beine bekannt, mit denen wir anderen nicht konkurrieren können. Sie kombinierte Umstandsröcke und -kleider mit normalen Blazern. Aber das fiel niemandem auf, denn sie trug stets Schuhe mit hohen Absätzen (habe ich übrigens schon ihre Beine erwähnt?).

Ich besaß eine Reihe von Umstandskleidern fürs Büro, aber bis zur Mittagspause hatte ich sie schon über und konnte es kaum erwarten, sie am Ende des Arbeitstages auszuziehen und auf den Boden zu werfen. Sie waren unsagbar langweilig, saßen schlecht und knitterten schlimmer als Wachspapier. Mein Lieblingskleidungsstück in dieser Zeit war ein einteiliger schwarzer Hosenanzug aus Velours mit Schildkrötenkragen, langen Ärmeln und – was das beste war – mit Steg. Ich fühlte mich darin, als würde ich Stützstrümpfe für meinen ganzen Körper tragen. Ein unglaublich angenehmes Gefühl. Um etwas Abwechslung hineinzubringen, kombinierte ich dieses »Grund-Outfit« mit verschiedenen Blazern, langen Westen und Pullovern. Der Hosenanzug erfreute sich so großer Beliebtheit, daß ich ihn an Amy weitergab, die ihn mir wieder zurückgab, und jetzt trägt ihn Maryann. Schließlich mußten wir den Reißverschluß erneuern, weil er völlig verschlissen war.

Hier ein weiterer, wichtiger Rat für alle Schwangeren: LEIH DIR WÄHREND DEINER SCHWANGERSCHAFT MÖGLICHST VIEL KLEIDUNG AUS. Es ist sicher keine Zumutung, wenn du deine Freundin bittest, dir ein paar Sachen zu leihen. Die wenigsten Frauen tragen nämlich nach der Entbindung ihre Umstandskleider weiter. Wir Freundinnen wollten nicht einmal mehr besagten Hosenanzug anziehen, obwohl er nicht zu den klassischen Kleidungsstücken der Umstandsmode gehört und an einer schlanken Frau wirklich gut aussieht. Das ist übrigens eine allgemein gültige Tatsache: Sobald du wieder deine frühere Figur hast, kannst du dich einfach nicht überwinden, jemals wieder ein Kleidungsstück aus der Zeit deiner Schwangerschaft zu tragen. Nach vier Schwangerschaften hat sich mittlerweile ein riesiger Haufen an Umstandskleidung bei mir angesammelt, an dem sich meine Freundinnen bedienen dürfen. Ich habe auf meinem Computer sogar ein Verzeichnis aller Kleidungsstücke erstellt, damit ich weiß, wo was zu finden ist. Nicht, daß ich plane, irgendwas davon noch mal selbst zu benutzen. Aber man weiß ja nie.

Accessoires

Ich mag Accessoires nicht besonders, weil ich mir einfach dämlich damit vorkomme (ich will gar nicht erwähnen, daß ich damit auch gar nicht umgehen kann). Mit Accessoires kannst du jedoch etwas Abwechslung in dein »Grund-Outfit« bringen, ohne viel Geld auszugeben. Ich habe einige meiner Freundinnen immer dafür bewundert – Lili beispielsweise, die sich einfach Bänder mit falschen Perlen um den Hals band und toll damit aussah, oder meine Freundin Carol Lee, die den Tuch-Look erfunden hat. Auf diesem Gebiet kann ich dir nur einen persönlichen Rat geben, der auf eigener schmerzlicher Erfahrung beruht: Ungefähr nach dem sechsten Monat, wenn dein Bauch unübersehbar ist, hängen lange Ketten und Tücher nicht mehr gerade herunter. Sie fallen entweder auf die eine Seite deines Bauchs oder – was noch schlimmer ist – legen sich wie ein Lasso um eine Brust. Kein besonders schöner Anblick.

Die Sache mit der sauberen Unterwäsche

Wenn du dich anziehst, frag dich jedesmal: »Wenn die Wehen heute einsetzen, muß ich mich dann im Krankenhaus für meine Kleidung schämen?« Das ist eine Variation zu der Begründung, mit der dir deine Mutter das tägliche Wechseln der Unterwäsche nahelegte: Man kann schließlich nie wissen, ob sie jemand sieht. Alle schwangeren Frauen, die ehrlich sind, werden zugeben, daß sie modische Kompromisse machen, von denen sie denken, daß sie damit durchkommen, solange sie sich nicht nach vorne beugen oder ihre Jacke ausziehen. Wie viele von uns haben Hosen getragen, die sie nicht mehr zumachen konnten und die von einem Gummiband zusammengehalten wurden, das durchs Knopfloch über den Bauch und um den Po herum auf die andere Seite führte. (Du kannst diesen Trick übrigens ruhig auch in den ersten Wochen der Schwangerschaft anwenden, aber besorg dir sobald wie möglich weitere Hosen). Meine Freundinnen und ich bekennen uns alle schuldig. Was ist mit der Strumpfhose, die zwischen den Beinen so weit nach unten hängt, daß du wie ein Pinguin läufst? Und die Bluse, die bei weitem zu kurz für deinen schwangeren Bauch ist und wie ein nabelfreies Top über dem Bund deiner Schwangerschaftshose sitzt oder – noch schlimmer – über dem Gummiband, das deine alten Hosen zusammenhält? Der lange Blazer kann diese kleinen Tricks in der Tat vertuschen, aber was ist, wenn ein starker Wind weht? Was, wenn du Kaffee auf dem Blazer verschüttest? Wenn es überraschend unerträglich heiß wird und du deinen Blazer einfach ausziehen mußt? Was machst du dann? Dich ergeben in dein Schicksal fügen? Nach Hause zurückgehen und dich umziehen? Nein, du sortierst alles aus, was dir zu klein geworden ist. Und zwar je früher, desto besser. Also, hier noch einmal zusammengefaßt die besten Tips von uns Freundinnen zum Thema Umstandsmode:

1. Sei kein Snob. Kauf deine Kleidung in dem Laden, der hat, was du brauchst.
2. Besorg dir zumindest einen Büstenhalter, eine Strumpfhose, Leggings, Jeans und einen Badeanzug aus einem Fachgeschäft für Umstandsmode.

239

3. Such dir einen Stil und bleib ihm treu. Eine Schwangerschaft ist nicht die richtige Zeit für Experimente.

4. Wechsle lieber früher als später zur nächsten Größe. Du wirst dir so viel Unbequemlichkeit und, möglicherweise, einige peinliche Situationen ersparen.

5. Leih dir, soviel du kannst.

6. Rechtfertige nie die Anschaffung eines neuen Kleidungsstücks damit, daß du es auch nach der Entbindung tragen kannst. Wenn du das Teil auch nur noch ein einziges Mal anziehst, sobald du deine alte Figur wieder hast, freß ich einen Besen.

Eine schwangere Frau ist meist so sehr mit ihren eigenen Emotionen, Gedanken und Sorgen beschäftigt, daß sie nur wenig Zeit oder Interesse dafür aufbringt, wie ihr Mann mit der Schwangerschaft zurechtkommt. Meiner Meinung nach ist das nur allzu verständlich. Schließlich sind es wir Frauen, die von einem fremden Wesen in Beschlag genommen werden, deren Hormone völlig verrückt spielen und die am Ende für die Auslieferung der Ware zuständig sind. Die Männer müßten sich eigentlich nur um uns kümmern, doch genau darin liegt das Problem. Sich um uns zu kümmern kann – wenn man danach geht, was die Männer meiner Freundinnen mir erzählt haben – eine äußerst fordernde und einschüchternde Aufgabe sein. Einer von ihnen hat sogar vorgeschlagen, diesem Kapitel den Untertitel zu geben »WER BIST DU, UND WAS HAST DU MIT MEINER FRAU GEMACHT?«.

Fort ist die Frau, die er geheiratet hat. Die jetzige Frau sieht nicht nur anders aus, sondern scheint auch ein völlig anderer Mensch zu sein. Und viele Männer finden das ganz und gar nicht gut. Selbst wenn ein Mann vorher von seiner Frau nicht sonderlich begeistert war (was wir nicht hoffen wollen!), so war sie ihm doch immerhin vertraut. Nun sieht sie zwar noch aus wie seine Frau, verhält sich aber wie eine völlig andere Person. Ich kann natürlich nicht für alle Paare sprechen, aber für meinen Mann ist die Angelegenheit ganz einfach: gleich = gut, anders = schlecht. Es gefiel ihm überhaupt nicht, wenn er nicht wußte, wer ihn nach seinem Arbeitstag zu Hause erwarten würde: die vertraute, ausgeglichene Gattin oder die überempfindliche Schwangere mit dem Terminkalender in der Hand, die bei ihm eingezogen war. Wie oft kam es vor, daß er nach Hause kam und ich schon wie ein Tiger in Angriffsstellung auf ihn lauerte. Er sollte mir dann vielleicht helfen, die Wiege aufzustellen – *und zwar sofort, bevor er ins Badezimmer ging.* Oder er sollte sich sofort wieder ins Auto setzen, um mir saure Gurken zu besorgen. Am meisten fürchtete er jedoch die Gespräche, die folgendermaßen begannen: »Du hast ja keine Ahnung, was es heißt, schwanger zu sein. Du weißt überhaupt nicht, was ich durchmache.« Er gab mir in diesem Punkt zwar vollkommen recht, haßte jedoch diese Art Diskussion.

Schließlich wußte er, daß ich so lange keine Ruhe geben würde, bis er sich hingesetzt und alle meine momentanen Sorgen und Nöte angehört hatte: Daß er die Schwangerschaftsbücher nicht las, die ich für ihn gekauft hatte, und daß er mir nie mehr sagte, daß ich sexy aussehe. Außerdem hatte ich Angst, ich wäre zu egoistisch, um eine gute Mutter zu sein, und wollte von ihm hören, ich sei die großzügigste und liebevollste Person, die er kennt. Und so weiter und so weiter …

Irgendwie mußte er doch verflixt noch mal verstehen, was ich durchmachte, oder ich würde uns beide umbringen bei dem Versuch, es zu erklären!

Wenn ein ansonsten glücklich verheiratetes Paar in einer Krise steckt, hilft es normalerweise, in aller Ruhe darüber zu reden. Dies trifft jedoch nicht zu, wenn die Frau in anderen Umständen ist. Wenn du der Prämisse zustimmst, daß Frauen von der Venus und Männer vom Mars stammen, dann sind die Frauen während der Schwangerschaft wie Scheren, und die Männer sind entweder Papier oder Stein. Schon allein aus biologischen Gründen sind in dieser Zeit Kommunikationsschwierigkeiten zwischen Mann und Frau vorprogrammiert. Am Ende der neun (zehn) Monate wird dies keinem von euch mehr schlaflose Nächte bereiten. Laß dich von dieser unbefriedigenden Kommunikation nicht beunruhigen. Wenn erst das Baby da ist und ihr euch beide physisch und emotional erholt habt, wird sich das Problem von selbst lösen. Da das Elternsein im Gegensatz zur Schwangerschaft eine Aufgabe ist, die man gemeinsam bewältigt, werdet ihr auch eure Freuden und Sorgen wieder miteinander teilen. Schließlich seid ihr dann beide zu gleichen Teilen mit der großen Frage konfrontiert: »Wie um alles in der Welt ziehen wir ein Kind groß?«

Irgendwann wird der Moment kommen, wo du deinen Mann geradeheraus fragst, ob du dich wie eine Verrückte benimmst. *Das ist wirklich absolute Zeitverschwendung,* denn seine Antwort ist völlig bedeutungslos. Ein Mann, der auch nur einen Funken Überlebensinstinkt besitzt, hat gleich zu Beginn deiner Schwangerschaft gelernt, daß es besser ist, dir nur das zu sagen, was du hören möchtest. Mit anderen Worten: *Er wird lügen.* Ich weiß das, denn ich habe Männer gemeinsam mit ihren Frauen und allein oder mit anderen Männern befragt. In Gegenwart ihrer Frauen erzählen sie begeistert, wie tapfer diese sich während des ganzen Martyriums verhalten haben, wie wunderbar und mütterlich sie sich entwickeln und wie sehr sie sie bewundern. Befinden sich ihre Frauen jedoch außer Hörweite (und Wurfweite) klingt alles gleich ganz anders. Besonders wenn diese sonst so zurückhaltenden Herren von anderen Männern schwangerer Frauen angestachelt werden, nehmen sie kein Blatt vor den Mund. Ihre Frauen seien schizophren, schmollten ständig, weil man sie angeblich gekränkt habe, täten nichts anderes mehr als schlafen und essen und führten sich einfach auf wie die reinsten Zicken. Schließlich setzen sie dem Ganzen noch mit der dämlichen Bemerkung die Krone auf: »Ich verstehe nicht, was das ganze Theater soll. Meine Mutter hat fünf Kinder bekommen, und zwar ohne Auto, geschweige denn eine Putzfrau. Und *sie* ist nicht total durchgedreht.« Solche Worte können einen auf die Palme bringen, aber laß dich davon *bloß nicht* provozieren. Den meisten Männern will es einfach nicht in den Kopf, daß eine Schwangerschaft ein solches Gefühlschaos auslösen kann. Der Mann meiner Freundin Maryann ist als Mediziner sozusagen vom Fach und sollte es eigentlich besser wissen. Trotzdem ist es für ihn der reine Zufall, daß sich der Nervenzusammenbruch seiner Frau in den ersten fünf Monaten ihrer Schwangerschaft ereignete. Er läßt sich durch nichts davon überzeugen, daß ihr Verhalten eine Reaktion auf die ganzen physischen und emotionalen Veränderungen ist, die sie durchmacht. Ausgeschlossen, daß ihre Schwangerschaft eine mögliche Erklärung sein könnte für ihre Labilität oder ihren unersättlichen Appetit auf alles – vom Essen bis zum Sex. Für ihn ist es einfach *undenkbar,* daß eine Schwangerschaft allein zu solchen Verirrungen führen kann. Da muß schon ein Gehirntumor oder eine geistige Verwirrung dahinterstecken.

Jeder dieser Herren hat seine Horrorgeschichte parat. Einer erzählt von seiner Frau, die den ganzen Tag im Schlafanzug im Bett verbracht hat. Ein anderer beschreibt, wie seine werte Gattin einen Kellner in ihrem Lieblingsrestaurant an Leib und Leben bedrohte, nachdem er ihr gesagt hatte, die Schwarzwälderkirschtorte sei aus. Natürlich darf auch die Geschichte von der Schwangeren nicht fehlen, die in Tränen aufgelöst nach Hause kommt, weil man ihr an der Tankstelle die Windschutzscheibe nicht geputzt, ein anderer Fahrer sich vor ihr auf der Spur eingeordnet oder ein Kollege im Büro in ihrer Nähe geraucht hat. (Letzteres ist ein ständig wiederkehrendes Thema: Schwangere Frauen sind zutiefst verletzt, wenn man ihren besonderen Zustand ignoriert und sie wenig rücksichtsvoll behandelt. Sie erwarten nicht, daß man ihnen ihre üblichen Verpflichtungen abnimmt, sondern nur, daß man ihnen ein wenig Respekt entgegenbringt, während sie diese in schwangerem Zustand erledigen.)

Natürlich gibt es auch Männer schwangerer Frauen, auf die diese Beschreibung nicht zutrifft. Auf zehn Männer, die glauben, mit dieser Defensivtaktik die Schwangerschaft ihrer Frau am besten zu überstehen, kommt einer, der sich seiner Frau nie näher gefühlt hat als während dieser Zeit. Wir alle kennen das Märchen von dem außergewöhnlichen Mann, für den die Schwangerschaft seiner Frau auch die seine ist und der diese Erfahrung so intensiv wie möglich mit ihr teilen möchte. Das ist der Mann, der seine Frau nicht nur zu ihrem monatlichen Besuch beim Frauenarzt begleitet, sondern auch noch die Videokamera zur Untersuchung mitbringt. Ich persönlich muß mich da immer ein bißchen wundern. Habt ihr vielleicht auch den Eindruck, daß diese Männer ein bißchen zuviel Zeit haben? Ich weiß nicht – nur so ein Gedanke.

Ein Nachteil (wenn auch ein relativ unbedeutender) bei solch mitfühlenden Männern kann sein, daß sie sich mit der Schwangerschaft nicht nur gefühlsmäßig, sondern auch *phy-*

sisch identifizieren. Das kann zu dem merkwürdigen Phänomen führen, das man als »Couvade Syndrom« bezeichnet und bei dem der Mann wie seine schwangere Frau dick, emotional labil und von Übelkeitsattacken heimgesucht wird. Für mich ist das eine schreckliche Vorstellung. Wenn dein Mann nämlich ebenfalls Schwangerschaftssymptome entwickelt, kümmerst du dich schon – bevor es dir überhaupt bewußt wird – um *ihn* (und nicht umgekehrt). Wenn ihr beide erkältet seid, geht es deinem Mann schließlich auch grundsätzlich schlechter als dir. Warum sollte er also nicht auch schwangerer sein können als du? Sag ihm, er soll zur Arbeit gehen und sich um seinen eigenen Kram kümmern.

Mein Mann ist ein schlechtes Beispiel, denn ihm waren beinahe alle Aktivitäten zuwider, die mit Schwangerschaft und Entbindung zusammenhängen. (Er ist mit Leib und Seele Vater, aber wenn man unsere Kinder per Federal Express hätte liefern können, wäre er zutiefst dankbar gewesen). Erstens paßt es ihm ganz und gar nicht, wenn irgend jemand im Haus mehr umsorgt werden muß als er. Wurde ich von Übelkeitsattacken geplagt, hatte er eine Lebensmittelvergiftung. Hatte ich während der Schwangerschaft Blutungen, entdeckte er bei sich ein Geschwür oder war herzkrank. Zweitens hat er panische Angst vor allem, was mit Körperfunktionen zu tun hat. Nachdem wir nun seit fünfzehn Jahren zusammen sind, beleidigt es ihn immer noch, wenn ich auf der Toilette sitze und gleichzeitig meine Unterhaltung mit ihm fortführe. Du kannst dir also vorstellen, wie begeistert er davon war, mich zu einer gynäkologischen Untersuchung zu begleiten.

Während der Schwangerschaft war er immer sehr besorgt, mir und dem Baby könnte etwas passieren. Als gegen Ende die Purzelbäume des Babys besonders heftig wurden, machte es ihm angst, die Bewegungen mit seiner Hand mitzuverfolgen. Seiner Meinung nach war es meine Aufgabe als Mutter, dieses Herumgeturne zu beenden, bevor sich jemand dabei weh tat. Wenn bei mir die Wehen einsetzten, schlief er sofort ein (genauer gesagt, er wurde bewußtlos), ganz gleich zu welcher Uhrzeit, ob Tag oder Nacht. Er konnte es schwer ertragen, mit anzusehen, wie ich mich quälte. Mehr als vor dem Durchtrennen der Nabelschnur graute ihm nur noch davor, mich beim Einkaufen von Babykleidung und -möbeln zu begleiten. Es war für ihn der reinste Horrortrip, mit mir durch Babyfachgeschäfte zu tigern und die Melodien verschiedener Spieluhren zu vergleichen. (Allerdings waren diese Einkaufsexkursionen für die meisten der werdenden Eltern, mit denen ich mich unterhalten habe, alles andere als ein Kinderspiel.) Aber als unsere Kinder erst einmal auf der Welt waren und ich die Entbindungen gut überstanden hatte, wurde mein Mann zu einem großartigen Vater. Mach dir also keine Sorgen, wenn der Vaterinstinkt deines Mannes noch etwas zu wünschen übrig läßt. Er wird sich schon noch einstellen.

Ehemänner als Geburtshelfer

Fast jedes Paar, das sein erstes Kind erwartet, meldet sich zu einem Geburtsvorbereitungskurs an. Die Motivation dazu beruht auf den folgenden zwei Sachverhalten:

> Alle anderen haben es auch gemacht und –
> der Frauenarzt hat ihnen dazu geraten.

Die meisten Frauen, die ihr erstes Kind bekommen, hoffen inständig, daß ein Kurs nach der Lamaze- oder Bradley-Methode ihnen helfen wird, während der Wehen und der Entbindung auf Medikamente zu verzichten, oder ihnen wenigstens die Zeit erleichtert, bevor sie Medikamente bekommen. Ihre Männer fügen sich meist stillschweigend, da sie schon lange Zeit vorher aufgegeben haben, sich irgendeinem Wunsch ihrer schwangeren Frauen zu widersetzen. Für fast neunzig Prozent der Männer, mit denen ich gesprochen habe, ist ein Geburtsvorbereitungskurs obligatorisch. Im allgemeinen dachten diese Herren kein einziges Mal daran, sich vor dieser Verpflichtung zu drücken – bis sie ungefähr die erste Viertelstunde im Kurs gesessen hatten. Zunächst erscheint so manchem Mann ein Geburtsvorbereitungskurs sogar als Chance, endlich an etwas teilzuhaben, das bisher allein ihren Frauen vorbehalten war.

Auf die Frage, was sie rückblickend darüber dachten, verdrehten die Männer meiner Freundinnen fast ausnahmslos die Augen. Sicher, man habe so manches gelernt, was man vorher nicht gewußt habe, und natürlich habe der Kurs auch ein bißchen geholfen. Ob er ihnen gefallen habe? Nein. Erstens knüpfen Männer in diesen Kursen nicht so schnell Kontakt wie Frauen. Sie fühlen sich den anderen Kursteilnehmern nicht automatisch besonders verbunden, nur weil diese auch bald Eltern werden. Die Frauen dagegen kennen bereits nach dem ersten Treffen die Telefonnummern der anderen Teilnehmerinnen und deren Schwangerschaftsgeschichten auswendig. Bei den Geburtsfilmen bekommen Männer entweder Angst oder es wird ihnen schlecht. Und der Anblick eines Raumes voll dicker Frauen, inklusive der eigenen, die mit gespreizten Beinen auf dem Rücken liegen, um das Pressen zu üben, versetzt sie nicht gerade in Entzücken. Sie hassen es, mit einem Kopfkissen unter dem Arm vom Parkplatz zum Kursraum zu gehen, als wären sie auf dem Weg zur Gruppenmeditation.

Es mag zwar gemein sein, aber am meisten hatten alle Befragten an den *Kursleiterinnen* auszusetzen. Ich weiß nicht, was es mit diesen Frauen auf sich hat, und möchte ganz bestimmt nicht einen ganzen Berufszweig schlechtmachen, aber einige von ihnen *sind wirklich* etwas seltsam. Ich für meinen Teil habe bei zwei meiner Schwangerschaften einen Geburtsvorbereitungskurs besucht, und beide Kursleiterinnen waren nicht einmal verheiratet, geschweige denn Mutter. Die erste hatte besondere Ehrfurcht vor der Geburt und beschrieb die Wehen als zärtliches Fest der Liebe, das mein Mann und ich miteinander teilen würden. Ich glaube, in Gedanken sah sie uns nackt und schweißüberströmt dieses Fest begehen, bei dem mein Mann mir die schwierigen Momente mit Massagen und Zärtlichkeiten erleichtert. Hätte sie selbst bereits ein Kind zur Welt gebracht, wäre ihr klar gewesen, daß ein Mann, der seine Frau während der Wehen berührt, Gefahr läuft, in die Hand gebissen zu werden – wenn nicht gar, sie ganz zu verlieren.

Unser zweiter Kurs war privat und fand gegen Ende meiner Schwangerschaft bei uns zu Hause statt. Schon beim zweiten Treffen hatte mein Mann eine ziemliche Aversion gegen die Flower-Power-bewegte Kursleiterin entwickelt und bestellte sich während ihres Vortrags Essen beim Chinesen. Die Leckereien verzehrte er dann vor ihren Augen, ohne ihr wenigstens einen Glückskeks anzubieten. Wenn sie vorschlug, Videos von Entbindungen anzusehen, warf er ihr einen bitterbösen Blick zu, weil sie ihm den Appetit verderben wollte. Er bot ihr sogar an, das Doppelte für den Kurs zu bezahlen, wenn sie sich bereit erklärte, unsere Teilnahmebestätigung zu unterschreiben, ohne eine einzige weitere Stunde zu halten.

Aber ich komme vom Thema ab. Auf was ich eigentlich hinauswill, ist folgendes: Meiner Meinung nach sollte man sich keinesfalls unter Druck setzen lassen, nur weil man zur Zeit überall hört, Männer hätten ihre schwangeren Frauen bei dem Martyrium der Entbindung zu begleiten. Versteh mich nicht falsch – meiner Meinung nach sollte jeder Mann, der bereit dazu ist, während der Wehen und der Entbindung dabeisein, insbesondere während der Entbindung, denn sie ist zweifellos eines der großen Wunder im Leben. Du solltest dir aber auch überlegen, ob du bei der Entbindung nicht zusätzlich noch *weiblichen Beistand* haben möchtest. Natürlich wäre eine Frau von Vorteil, die bereits selbst ein Kind zur Welt gebracht hat, aber sicher wird dir jede einfühlsame Freundin eine große Stütze sein. Vielleicht hast du Glück und deine Hebamme im Krankenhaus kümmert sich sehr liebevoll um dich. Diese Frauen sind wirklich großartig und werden in dieser schwierigen Situation sofort zu Freundinnen.

Da im Moment der Trend hin zu größeren Entbindungsräumen geht, müßte normalerweise mehr als genug Platz für dich, deinen Mann, deinen Arzt, deine Hebamme und ein oder zwei Freundinnen sein. Besonders wenn sich deine Wehen über mehrere Stunden hinziehen – was ich dir jetzt schon prophezeien kann – wirst du froh sein, wenn dir außer dem Typ, dem du die ganze Misere zu verdanken hast, noch jemand anderes Gesellschaft leistet. Und nicht nur du wirst die Anwesenheit einer Freundin zu schätzen wissen, auch dein Mann wird insgeheim dankbar sein, daß er zwischendurch vor der Tür eine Verschnaufpause einlegen kann.

Männer haben ihre eigenen Ängste

Ich will damit nicht sagen, es sei deine Aufgabe, dich darum zu kümmern, aber du solltest dir gelegentlich in Erinnerung rufen, daß nicht nur du in naher Zukunft zu einem Elternteil wirst. Du bist nicht die einzige im Haus, die sich Sorgen macht. Auch Männer haben ihre Sorgen. Im folgenden sind die verbreitetsten Ängste in willkürlicher Reihenfolge aufgeführt:

1. Wenn er Vater wird, kann er nicht mehr das Baby sein

Viele von uns sind mit Männern verheiratet, die eines gewissen Maßes an mütterlicher Fürsorge bedürfen, um glücklich zu sein. Sie werden gerne umsorgt und verhätschelt und befürchten zu Recht, daß du für sie weniger Zeit hast, wenn du dich um das Baby kümmern mußt. Wie mein Mann so treffend bemerkte: »Du bist wie ein Kuchen. Jedesmal, wenn du schwanger wirst, wird mein Stück kleiner.«

2. Ein Baby ist so teuer, daß die Familie in Geldnöte gerät

Auch wenn euch nicht sofort der Gerichtsvollzieher auf den Leib rückt, muß dein Mann zumindest auf die langersehnte Stereoanlage verzichten. Geldsorgen sind für Männer oft das größte Schreckgespenst. Schließlich erwartet man seit jeher von ihnen, daß sie finanziell für das Baby sorgen (zumindest in der Zeit, wo du nicht arbeiten kannst), und sie wissen nicht, ob sie der Aufgabe gewachsen sind. Selbst wenn ihr Doppelverdiener seid und du bald nach der Entbindung wieder zu arbeiten anfangen möchtest, steht es außer Frage, daß Babys teuer sind – und mit zunehmendem Alter immer teurer werden. Die meisten von uns haben jedoch entschieden, daß sich das finanzielle Opfer lohnt. Schließlich wären wir sonst gar nicht erst schwanger geworden.

3. Seine Frau wird häßlich werden

Nun, das ist vielleicht zu hart ausgedrückt. Vielleicht wäre es treffender zu sagen, daß er einfach nur Angst hat, die neue und voluminösere Ausgabe seiner Frau nicht mehr so anziehend zu finden. Vielleicht hat er auch von Frauen gehört, die während der Schwangerschaft den ganzen Tag nur noch im Bademantel herumlaufen und es mit der Körperpflege nicht mehr so genau nehmen. Wer weiß, ob seine Frau nicht auch so wird?

4. Seine Frau wird nie mehr wie früher aussehen

Erinnere dich, daß dein Mann sich in eine Frau mit einem bestimmten Aussehen verliebt hat. Während der Schwangerschaft verändert man sich äußerlich von Grund auf. Natürlich gibt es Männer, die ihre schwangeren Frauen sexy oder niedlich finden. Aber selbst diese Männer fragen sich gelegentlich, ob ihre Frauen wirklich alles daransetzen werden, ihre alte Figur wiederzubekommen und wie früher auszusehen. Du brauchst dir bloß Grace Kelly, Elizabeth Taylor oder andere frühere Schönheiten anzusehen. Sie wurden nie wieder so schön wie in »*Vater der Braut*« oder »*Das Fenster zum Hof*«, nachdem sie ein paar Kinder zur Welt gebracht hatten. (Wir wären froh, wir sähen so aus, oder?) Du siehst, auch die Schönsten sind davor nicht gefeit.

5. *Seine einstmals so vernünftige, ausgeglichene Frau mußte für immer dieser verheulten, verschlafenen, ungeduldigen, verfressenen, babybesessenen Person mit Blähungen das Feld überlassen*

Die meisten Herren der Schöpfung würden zu gerne glauben, daß dieser ganze schwangerschaftsbedingte Wahnsinn nur vorübergehend ist. Trotzdem werden sie das Gefühl nicht los, daß ihre Frau nie mehr ganz die alte sein wird. Männer können nur schwer nachvollziehen, welche emotionalen Auswirkungen die Schwangerschaft auf eine Frau hat. Schließlich haben sie noch nie unter dem prämenstruellen Syndrom gelitten, geschweige denn eine Schwangerschaft am eigenen Leib erlebt. Insgeheim vermuten sie deshalb, daß diese Launen nichts mit dem Baby zu tun haben, sondern auf eine Psychose hinweisen. Wenn ihnen Freunde mit Kindern von Wochenbettdepressionen erzählt haben, befürchten sie, daß auch du nach der Entbindung nicht wieder zur Vernunft kommen wirst.

6. Er wird in Panik geraten, wenn bei seiner Frau die Wehen einsetzen, und den Weg zum Krankenhaus nicht mehr finden

In den Alpträumen von uns Frauen werden die Babys vertauscht. Unsere Männer dagegen haben schlaflose Nächte, weil sie Angst haben, im entscheidenden Moment zu versagen. Auf jeder Fahrt zum Krankenhaus, ob zu einem Besichtigungstermin, einem Geburtsvorbereitungskurs oder einfach bei einer Testfahrt, werden sie sich vorstellen, wie sie im Ernstfall krampfhaft versuchen, den Weg zu finden, und vor lauter Panik keinen klaren Gedanken mehr fassen können. Aber mach dir keine Sorgen, daß dein Mann sich nicht mehr an den Weg zum Krankenhaus erinnern kann. Du wirst dich auf jeden Fall daran erinnern und ihm während der ganzen Fahrt zuschreien, wie er fahren soll.

7. Er muß das Baby eigenhändig zur Welt bringen

Er stellt sich vor, daß das Auto kaputtgeht, ein Schneesturm wütet oder sich irgendein anderes Desaster genau in dem Moment ereignet, in dem du dringend ins Krankenhaus mußt. Am Ende bleibt ihm nichts anderes übrig, als das Kind mit eigenen Händen zur Welt zu bringen. Diese Angst ist nicht völlig unberechtigt. Wer hat schließlich noch nicht von einem Paar gehört, das es aufgrund widriger Umstände nicht mehr ins Krankenhaus geschafft hat. Mein Schwager zum Beispiel fuhr während eines New Yorker Schneesturms im Januar sein Auto aus der Garage, um meine Schwägerin zur Entbindung ins Krankenhaus zu bringen. Er hatte die Fahrertür offengelassen, damit er klar nach hinten sehen konnte, während er die rutschige Auffahrt rückwärts hinabfuhr. Dabei blieb die Autotür in einer Schneewehe stecken und wurde weggerissen. Aber wenn du glaubst, daß ihn das davon abgehalten hat, rechtzeitig im Krankenhaus zu sein, dann hast du dich getäuscht. Der Mensch ist zu den erstaunlichsten Dingen fähig, wenn er in Panik gerät. Eine fehlende Autotür muß also kein Grund dafür sein, daß die Entbindung nicht in einem professionellen Rahmen stattfinden kann.

8. *Er wird während der Entbindung ohnmächtig (oder noch schlimmer – er bleibt bei Bewußtsein und muß alles mit ansehen)*

Ich glaube, die meisten Männer befürchten, im Entbindungsraum in Ohnmacht zu fallen. Schließlich ist das ein beliebtes Klischee aus Fernsehen und Kino. Wehen und Geburt sind aber keine raschen Vorgänge, von denen man unvorbereitet überrascht wird, sondern vollziehen sich eher langsam und bedächtig. Deshalb ist es ziemlich unwahrscheinlich, daß man dabei in Ohnmacht fällt. Vielleicht erbricht man sich, aber in Ohnmacht fällt man bestimmt nicht.

9. *Er soll die Nabelschnur durchtrennen*

Dies kann nun wirklich ein guter Grund sein, in Ohnmacht zu fallen. Zum einen erinnert die Nabelschnur fraglos an ein bestimmtes männliches Körperteil. Daher wird sich so mancher Mann scheuen, sie zu beschädigen. Außerdem können beim Durchtrennen Blut und andere obskure Sekrete herausspritzen. Wenn dein Mann sich vorher darüber nicht im klaren ist, kann es sein, daß sich seine Ohnmachtsängste bestätigen. Meine Freundin Dona untersagte ihrem Mann strengstens, die Nabelschnur ihrer Tochter zu durchschneiden. In Anbetracht seiner beiden linken Hände keine schlechte Idee. Da es sowieso nicht ganz oben auf seiner Wunschliste stand, war er nicht allzu traurig, diese Aufgabe den Ärzten zu überlassen.

10. Wehen und Entbindung werden seiner Frau Schmerzen bereiten, und er kann nichts dagegen tun

Dies ist eine häufige und wirklich rührende Sorge bei Männern. Die meisten meiner Freundinnen haben mir erzählt, daß es für ihre Männer bei der Entbindung am schlimmsten war, mit ansehen zu müssen, wie die Frau, die sie lieben, leiden muß. Sie wissen nicht, wie sie ihr helfen können, und fühlen sich angesichts dieser passiven Rolle sogar schuldig. (Und wenn nicht, sorgen die meisten Frauen während der Wehen dafür.) Mein Mann bat mich bei jeder Entbindung gleich zu Anfang, mir eine Periduralanästhesie geben zu lassen. Er war der Meinung: »Wir wissen, daß dies früher oder später weh tun wird. Warum tust du uns also nicht den Gefallen und läßt dir die Spritze gleich geben?«

11. Er wird nie wieder Sex mit seiner Frau haben können

Für eine beträchtliche Anzahl Männer wurden Brüste und Vaginas nur für eines geschaffen: FÜR DEN MANN. Verstandesmäßig sind sie sich bewußt, daß sie diese Organe mit dem Neugeborenen teilen müssen, aber sexuell gesehen wollen sie davon nichts wissen. Viele Männer haben sich gefragt, ob sie wohl jemals wieder mit ihren Frauen Geschlechtsverkehr haben wollen, nachdem sie gesehen haben, wie zwischen ihren Beinen der Kopf des Babys hervorgetreten ist. Meine Freundin Patti ließ es gar nicht erst soweit kommen, sondern nahm ihrem Mann das Versprechen ab, sich während der Entbindung unter keinen Umständen dieser Zone zu nähern. Hätte der Arzt ihr angeboten, einen Spiegel dort unten hinzuhalten, damit sie und ihr Mann beobachten können, wie der Kopf des Babys hervortritt, hätte sie ihm wahrscheinlich den Spiegel am Schädel zerschlagen und die sieben Jahre Unglück bereitwillig in Kauf genommen.

12. Seine Frau wird sterben und ihn mit diesem merkwürdigen Baby allein zurücklassen

Beide Geschlechter geben zu, die irrationale Angst zu haben, daß die Frau bei der Geburt stirbt. Die Frau macht sich aus offensichtlichen Gründen Sorgen, und der Mann befürchtet, nicht nur einen geliebten Menschen zu verlieren, sondern außerdem mit dem Baby alleine dazustehen. Bis auf wenige Ausnahmen ist für Männer die Pflege von Neugeborenen reine Frauensache. Sie können sich nur schwer vorstellen, dem Kind all die Pflege und Zuwendung zu geben, die es benötigt. Für den Mann ist das Baby ein fremdes Wesen, das noch nicht ganz zur Familie gehört. Er hat Angst, das Baby abzulehnen, falls es seiner Frau in irgendeiner Weise Schaden zufügt. Da du im Moment wahrscheinlich ein wenig empfindlich bist, möchte ich dich noch einmal daran erinnern (auch wenn du es sowieso schon weißt): Es kommt heutzutage nur noch äußerst selten vor, daß Frauen bei der Geburt sterben.

13. Er ist für immer an diese Frau gekettet

Auch wenn man kinderlos verheiratet ist, ist der Gedanke an eine Trennung schlimm genug. Man weiß jedoch, daß eine klare Trennung möglich ist und jeder der Partner sein eigenes Leben fortführen kann. Sind aber Kinder aus der Verbindung hervorgegangen, wird jeder Partner über Jahrzehnte immer sehr präsent im Leben des anderen bleiben, ob man nun will oder nicht. Kinder sind ein gemeinsames, fortlaufendes Projekt, das bestehen bleibt, ganz gleich, in wen man sich verliebt oder wie sehr man sich vielleicht eines Tages entfremdet. Die gute Nachricht ist, daß Kinder einen so auf Trab halten, daß man vielleicht nicht einmal bemerkt, daß die Beziehung schon lange in die Brüche gegangen ist.

14. Er wird nicht so ein guter Vater werden wie sein eigener

Ein guter Vater ist der Stoff, aus dem Helden gemacht werden. (Wegen seiner Mutter, egal wie gut oder schlecht sie war, macht man später eine Psychotherapie.) Wenn ein Mann seinen eigenen Vater bewundert und liebt, befürchtet er manchmal, es selbst nicht so gut hinzukriegen. Schließlich ist er ja nur ein dreizehnjähriger Junge in einem Männerkörper, während *sein* Vater ein richtiger VATER war. Wenn er erst ein eigenes Kind hat, wird er erkennen, daß sein Vater auch kein Übermensch ist, sondern ein genauso unsicherer, aber hingebungsvoller Vater war, wie er selbst es nun ist.

15. Er wird wie sein eigener Vater werden

Das ist schon eher die Realität. Viele Männer wuchsen mit Vätern auf, die alles andere als perfekt waren, manche sogar ganz ohne Vater. Wenn dein Mann von dem väterlichen Können seines eigenen Vaters nicht allzu begeistert war, hat er nun vielleicht Angst, selbst Vater zu werden. Es gibt keine Bücher oder Kurse, aus denen man lernen könnte, was gute Eltern ausmacht. Wenn du Glück hast, lernst du es, indem du deinen eigenen Eltern nacheiferst. Diejenigen, die ohne Vorbilder aufwuchsen, hängen damit natürlich ganz schön in der Luft. Oder noch schlimmer: Sie entwickeln unrealistische Phantasien, wie ein *guter* Papa hätte sein sollten. Phantasien, die sich meist stark an Märchenfiguren und Vätern aus Fernsehserien orientieren.

Jungen Vätern und Müttern können wir Freundinnen nur raten, ganz dem eigenen Instinkt zu vertrauen. Ihr werdet das Kind schon schaukeln! Das Wichtigste an der ganzen Sache ist, für das Baby dazusein und es zu lieben. Wenn ihr viel Zeit mit ihm verbringt, lernt ihr den Rest ganz von allein. Wir Freundinnen sind der Meinung, daß die Schwangerschaft durch diese ganzen Sorgen erst so richtig schwierig wird. Also, werdende Vater: Wir Freundinnen sind auch für euch da. Wir werden euch eure Ängste nicht nehmen können, aber wir werden euch beistehen (und euch wahrscheinlich hin und wieder ein bißchen aufs Korn nehmen).

12 Die letzte Durststrecke

Ehrlich gesagt habe ich noch nie eine Frau getroffen, die einen Monat vor ihrem errechneten Entbindungstermin noch nicht bereit gewesen wäre, diesen Schwangerschaftsmarathon zu beenden. (Außer meiner Freundin Mindy, die aufgrund ihres Nestbautriebs gerade ihr Haus renovieren ließ und nicht einmal wußte, ob bis zu ihrem Entbindungstermin schon der Fußboden gelegt sein würde.) Ganz gleich, wie enthusiastisch man den acht (neun) Monaten entgegengesehen hat – irgendwann wird es auch der Geduldigsten zuviel. Und wer wollte einem das verübeln? Das Atmen fällt schwer, selbst die größten Klamotten sind zu eng, nachts kriegt man kein Auge mehr zu, man leidet an chronischem Sodbrennen und Blähungen und ist sich völlig im klaren darüber, daß dieses Baby irgendwie, irgendwann auf die Welt kommen muß – und zwar *bald!* Meistens ist man sich zu diesem Zeitpunkt allerdings auch bewußt, daß es einfacher ist, für ein Baby zu sorgen, das noch im Bauch ist, als für eines, das schon auf der Welt ist.

Jetzt gibt es auch nicht mehr viel zu tun. Deine Freunde hast du alle noch einmal gesehen, der Geburtsvorbereitungskurs liegt hinter dir, die Geschenke fürs Baby sind verstaut, und im Kinderzimmer ist alles bestens organisiert – das Baby muß nur noch kommen. Wenn du außer Haus gearbeitet hast, bist du wahrscheinlich schon im Mutterschutz oder wirst ihn in Kürze antreten. Auf einmal hast du jede Menge Zeit, in der deine Stimmung zwischen Langeweile, Aufregung und Furcht hin- und herschwankt. In dieser angespannten Situation mußt du dir dann auch noch ständig die gutgemeinten Kommentare der anderen anhören: »Mensch, du hast ja einen *riesigen* Bauch bekommen! Wann ist es denn soweit?« Und jede Woche, wenn du zur Maniküre gehst oder deine Einkäufe erledigst, wird man dich fragen: »Ist es etwa *immer noch nicht* da?« Mutter und Schwiegermutter werden dich täglich anrufen, weil sie angeblich ein bißchen mit dir plaudern möchten, wollen aber eigentlich nur wissen, ob die Wehen bereits eingesetzt haben und du ihnen nicht Bescheid gesagt hast. Vielleicht solltest du ihnen erzählen, daß selten etwas passiert, wenn man es erzwingen will. In diesem Kapitel geht es um die körperlichen und emotionalen Veränderungen, auf die du dich einstellen mußt, um den letzten Monat der Schwangerschaft gut zu überstehen. Wenn es dir so vorkommt, als ob diese Zeit überhaupt kein Ende nähme, dann blättere zum nächsten Kapitel, und du wirst sehen, daß du es bald geschafft hast: Es handelt nämlich vom Aufbruch ins Krankenhaus.

»Ich bekomme keine Luft mehr!«

Wenn du unter einem Meter fünfundsiebzig bist und ein durchschnittlich großes Baby erwartest, wirst du es schwierig, wenn nicht gar unmöglich finden, tief Luft zu holen. Die Plazenta – das Zellgebilde, in dem dein Baby lebt – dehnt sich nach oben aus und drückt schließlich auf Zwerchfell und Lungen. Da sich in dieser Phase die meisten Babys bereits in der Startposition befinden, kommen einem hauptsächlich Po und Füße in die Quere. Vielleicht haltet ihr mich für verrückt, aber diese Atembeschwerden hatten für mich etwas Beunruhigendes. Da ich sowieso etwas zur Klaustrophobie neige, hat mir dieses leichte Erstickungsgefühl fast den letzten Nerv geraubt. Um mehr Raum für mich und das Baby zu schaffen, stellte ich mich dann so aufrecht wie möglich hin, verschränkte meine Arme unter der Brust und streckte sie nach oben.

In diesem Stadium der Schwangerschaft ist es erleichternd, sich mit Händen und Knien auf den Boden zu begeben, weil das Baby in dieser Position durch sein eigenes Gewicht nach unten gezogen wird und das Rückgrat und die Organe entlastet werden. Möglicherweise wird dir diese Stellung sogar so guttun, daß du am liebsten den Rest deiner Schwangerschaft im Vierfüßlerstand verbringen würdest. Probier sie ruhig auch während der Wehen aus.

Natürlich gerät man gegen Ende der Schwangerschaft auch deshalb so leicht außer Puste, weil man fünfzehn bis zwanzig Kilos zusätzlich mit sich herumzuschleppen hat.

Eine weitere, typische Schwangerschaftserscheinung, die die Atembeschwerden noch verschlimmern kann, ist die sogenannte »Schwangerschaftsrhinitis« – auf gut deutsch: eine ständig verstopfte Nase. Da die Nasenhöhle mit derselben weichen Membran ausgekleidet ist wie die Vagina, ist sie meist genauso geschwollen. Aber während geschwollene Vaginawände und Schamlippen die sexuelle Erregung fördern, hat man von geschwollenen Nasennebenhöhlen nur Atembeschwerden und keinen Spaß. Verwunderlich ist an diesem ärgerlichen Zustand, daß er fast im selben Moment verschwunden ist, in dem das Baby geboren wird. Bis dahin kannst du außer Schneuzen nicht viel dagegen tun.

»Ich kann nichts mehr essen!«

Das ist an sich kein großes Problem, sollte aber doch erwähnt werden. Das Baby verdrängt nicht nur Lunge und Zwerchfell aus ihrer eigentlichen Position, sondern drückt auch auf deinen Magen. Bei jeder Mahlzeit kriegst du nur noch ein paar Bissen herunter, weil einfach nicht mehr so viel Platz ist. Das ist dir wahrscheinlich sogar ganz recht, aber freu dich nicht zu früh, du verlierst dadurch kaum an Gewicht, weil du zwar bei jeder Mahlzeit weniger, dafür aber um so öfter ißt. Was sollte man auch sonst tun? Einige meiner Freundinnen haben berichtet, daß sie gegen Ende tatsächlich ein paar Pfund abgenommen haben (natürlich noch vor dem Einsetzen der Wehen), aber auch dann meist nicht über den ganzen letzten Monat hinweg.

Häufig treten nun auch Verdauungsstörungen auf, die dir den Appetit auf die üppigen Mahlzeiten verderben, die so typisch für das zweite Schwangerschaftsdrittel sind. Die weniger Glücklichen unter uns haben schon die meiste Zeit ihrer Schwangerschaft unter Sodbrennen und knurrendem Magen gelitten, doch gegen Ende verstärken sich diese Beschwerden meist noch. Der Po des Babys drückt dann so stark gegen das Zwerchfell, daß die Speiseröhre sich dehnt und die Nahrung nicht mehr im Magen halten kann, wo sie eigentlich hingehört. Vielleicht wirst du wieder auf die leichte Kost der ersten Schwangerschaftsmonate zurückgreifen, es sei denn, du schenkst der alten Weisheit Glauben, daß scharfes Essen das Einsetzen der Wehen fördert. Was du auch immer ißt – säurebindende Tabletten gegen Sodbrennen sind das ideale Dessert.

»Ich kann nicht schlafen!«

Am meisten hatte ich gegen Ende meiner Schwangerschaft mit Schlaflosigkeit zu kämpfen. Egal wie müde ich war – ich konnte nicht einschlafen, wenn ich abends zu Bett ging. Eine Nachbarin meinte dazu belustigt, daß die Natur uns auf diese Weise auf die vielen schlaflosen Nächte vorbereiten will, die eine junge Mutter erwarten. Soll das heißen, daß wir durch Fastenkuren besser aufs Verhungern vorbereitet sind, falls wir je davon betroffen sein sollten? Meiner Meinung nach richtet die Natur, die den Chamäleons die Gabe der Tarnung gegeben hat, es nicht so dumm ein und verordnet uns als Heilmittel gegen wenig Schlaf noch weniger Schlaf.

Nein, es gibt zwei Gründe für deine Schlaflosigkeit. Erstens hat dein Baby inzwischen jeden Teil deines Körpers in Beschlag genommen – mit Ausnahme vielleicht von Gesicht und Füßen (und die sind geschwollen, weil du Wasser hast). Zweitens bist du völlig mit dem beschäftigt, was vor dir liegt: Wehen, Entbindung, *Muttersein* – da wird es dir schwerfallen, nachts das Denken und Grübeln einzustellen. (Was einer gewissen Ironie nicht entbehrt, da du ja tagsüber in letzter Zeit keinen klaren Gedanken mehr fassen konntest.) In dieser Situation wirst du deine Kopfkissen wieder schätzen lernen. Sie werden zu deinen besten Freunden werden – und zwar nicht nur deine bisherigen Lieblingskissen, sondern auch die neuen Kissen, die du dir zusätzlich kaufen oder von deinem Mann unter den Nagel reißen wirst. Wir Freundinnen sind uns einig, daß du jetzt mindestens drei Kissen brauchst – eins, das du dir zwischen die Knie klemmst, um so deine Hüften zu entlasten (später mehr darüber), eins zur Stütze deines

Bauchs und eins für Kopf und Schultern. Du kannst dir auch eines dieser Stillkissen kaufen, die heutzutage in fast jedem Katalog angeboten werden. Ich hatte eines und habe es mutig mit ins Bett genommen, nachdem ich mich an seine riesigen Ausmaße gewöhnt hatte. Es war unglaublich bequem, errichtete aber eine unüberwindbare Barriere zwischen mir und meinem Mann. Da mein Mann dieses Riesenkissen meinen neuen »Liebhaber« nannte, gab ich ihm den Namen »Phil«. Zum Glück – oder Unglück, je nach meiner Laune, fand mich mein Mann nicht besonders unwiderstehlich und beklagte sich nie über diese Barrikade zwischen uns. Wenn du mich fragst – ich glaube, er war dankbar dafür. Meine Beziehung zu Phil wurde jedoch jedesmal dann auf eine harte Probe gestellt, wenn ich mich umdrehen wollte. Zuerst wälzte ich mich von einer Seite auf die andere, dann griff ich mir Phil mit beiden Armen und Beinen und drehte mich, als kämpfte ich mit einem Krokodil. Unser Bett wackelte jedesmal so stark, daß mein Mann beinahe herausfiel und das Kissen irgendwo im Zimmer landete.

Leider können wir, was deine Nachtruhe betrifft, nicht mit einem wirklich guten Ratschlag aufwarten. Dein Arzt würde mich wahrscheinlich *lynchen*, aber meiner Meinung nach hat jede Frau, die am Ende einer gesunden Schwangerschaft ohne besondere Vorkommnisse angelangt ist, sich hin und wieder ein Glas Wein vor dem Zubettgehen verdient. Ein kleiner Schlummertrunk zusammen mit einem heißen Bad (nicht zu heiß natürlich) kann wahre Wunder vollbringen, wenn man angespannt ist und an Schlaflosigkeit leidet wie die meisten der werdenden Mütter.

Mit schuld an dieser Schlaflosigkeit können auch Wadenkrämpfe sein, die Schwangere häufig bekommen. Ich habe keine Ahnung, warum man sie bekommt, weiß aber, daß unwahrscheinlich viele darunter zu leiden haben. In einem Moment schmiegt man sich noch an sein Kissen und träumt vom Sex mit irgendeinem Fremden, und im nächsten versucht man verzweifelt, einen Muskel zu massieren, der sich wie ein gerissenes Gummiband zusammengezogen hat. Wenn ich meine Waden streckte und den Fuß dabei anzog, bekam ich immer einen solchen Wadenkrampf, daß ich dachte, man würde mir meine Achillessehne ohne jegliche Betäubung entfernen. In diesem Fall bleibt dir nicht viel anderes übrig, als so lange zu laufen, bis der Krampf aufgehört hat.

»Ich kann nicht mehr laufen!«

Eine schwangere Frau kann man, wie jeder weiß, schon von hinten erkennen, ohne ihren Bauch gesehen zu haben. Erstes Erkennungszeichen sind die Schuhe – für gewöhnlich große, breite und ganz sicher flache Modelle, vielleicht sogar Hausschuhe, wenn die Frau wirklich keinen Wert mehr auf ihr Äußeres legt. Die Ärmste hat möglicherweise so viel Wasser in Armen und Beinen, daß nichts anderes mehr paßt. Ihre Füße versuchen schlürfend bei jedem Schritt in den großen, unförmigen Schuhen Halt zu finden. Der Abstand zwischen ihren Füßen ist meilenweit: Der rechte stützt den rechten Hüftknochen, der linke, einen Meter davon entfernt, den linken Hüftknochen. Abgerundet wird das Ganze durch den watschelnden Gang, durch den der Eindruck entsteht, als würde sie ihren Bauch im Schubkarren vor sich herschieben.

Bevor ich zum ersten Mal schwanger wurde, sah ich verächtlich auf diese schlürfenden Frauen herab und fragte mich, wie tief ihr Selbstwertgefühl wohl gesunken sein mußte, daß sie sich so in der Öffentlichkeit zeigten. Wenigstens im Sitzen könnten sie ihre Beine geschlossen halten, dachte ich entrüstet. Meine Mutter, die hochschwanger ganze sechzig Kilo auf die Waage gebracht hatte, schüttelte angesichts dieser armen Seelen jedesmal den Kopf und flüsterte mir zu, sie würde sich mit mir öffentlich nicht zeigen, wenn ich mich als Schwangere auch so gehenließe.

Bis zu einem gewissen Grad habe ich mich dann doch gehenlassen, und zu diesem Zeitpunkt war es mir vollkommen egal, oder ich bemerkte es gar nicht mehr, *wer* sich mit mir in der Öffentlichkeit zeigte. Wenn meine Mutter glaubte, ich würde mich für sie quälen, um gut auszusehen, hatte sie sich geschnitten – schließlich tat ich es nicht einmal für meinen Mann. In diesem Stadium war mein Frauenarzt der einzige, für den ich mich noch immer zusammenriß. Wenn ich zu meinen Untersuchungen in seine Praxis kam, sah ich mit frisch rasierten Beinen und Achselhöhlen, Parfüm, Schuhen mit Absätzen, sauberem Haar (sogar in Locken gelegt) und einem Hauch von Make-up immer aus wie die Gewinnerin aus einem Schwangeren-Schönheitswettbewerb. Wenn ich mich nicht einmal mehr diese eine Stunde im Monat hätte zusammenreißen können, hätte ich in meinen Augen alle Selbstachtung verloren. Nach dem Termin eilte ich sofort nach Hause und machte es mir in einem riesigen, lockeren Kleidungsstück wieder richtig bequem.

Natürlich wirkte ich bei meinem Arzt auch deswegen so adrett, weil ich bei ihm nicht weit laufen mußte. Hätte er mich laufen sehen, wäre ihm aufgefallen, daß ich meine Knie nicht mehr zusammenbrachte und meine Hüftgelenke so locker waren, daß ich bei jedem Schritt das Gefühl hatte, meine Oberschenkelknochen würden aus der Gelenkpfanne springen. Du mußt wissen, daß deine Knochen wie durch elastische Bänder in der richtigen Position gehalten werden. In der Schwangerschaft dehnen sich diese Bänder, damit sich deine Knochen weiten können, um für das Kind und die Geburt Platz zu schaffen. Wie bereits erwähnt, weitet sich auch der Brustkorb, damit sich das Baby auch in diesem Bereich ausbreiten kann. Und sicher hörst du gern, daß sich dein Becken ebenfalls weitet und so der kleinen Wassermelone den Weg nach draußen erleichtert. Die Dehnung der Bänder ist also prinzipiell eine gute Sache. Allerdings ist es weniger angenehm, wenn man mitten in der Nacht aus dem Bett springt, um auf die Toilette zu rennen, und sofort hinfällt, weil die Beine aus der Steh- und Gehposition gerutscht sind. Ich weiß noch genau, daß ich das Gefühl hatte, ich wäre in ein Loch getreten, weil ich das Gleichgewicht nicht mehr halten konnte und sich meine Beine asymmetrisch in die Hüftgelenke eingefügt hatten. Wenn du gerne mal wieder einen Spagat machen würdest, ist jetzt der richtige Moment gekommen, denn du bist nun sehr beweglich. Allerdings brauchst du jemanden, der dich wieder hochhebt, wenn du im Spagat auf dem Boden sitzt. Ohne Hilfe müßtest du wahrscheinlich in dieser Stellung verharren, bis der Kopf des Babys hervortritt und dich aus dem Gleichgewicht bringt.

Jetzt weißt du, warum es in der fortgeschrittenen Schwangerschaft beinahe unmöglich ist, zu gehen. Selbst wenn du nicht schwanger wärst, würden dich diese biologischen Veränderungen lahmlegen. Aber jetzt befindet sich ein ausgewachsenes Baby samt Fruchtwasser und Plazenta in deinem Bauch. Wenn dies dein erstes Baby ist, wird es bald tiefer in dein Becken rutschen (oder ist bereits gerutscht), um sich auf die Geburt vorzubereiten. Dieses Rutschen oder »Senken«, wie es in der Fachsprache genannt wird, wird dir das Atmen ungemein erleichtern, weil das Baby nun nicht mehr auf dein Zwerchfell drückt. Das Laufen wird dadurch allerdings noch schwieriger. Erinnerst du dich noch an den Wettbewerb in Kinderzeiten, bei dem man mit einem Luftballon zwischen den Knien über eine Wiese laufen mußte? So ähnlich fühlt es sich an, wenn man im neunten Monat ist und das Baby ins Becken gesunken ist. Statt eines Luftballons mußt du jetzt allerdings eine Wassermelone balancieren.

Wo wir gerade von Babys sprechen, die zwischen den Oberschenkeln sitzen – meine Freundin Colleen hat den reizenden Ausdruck »Vagina-Pups« für das merkwürdige Geräusch erfunden, das zwischen deinen Beinen herauskommen kann, wenn dein Baby tief liegt und stark auf den Muttermund und den umliegenden Bereich drückt. Das kann sehr verdächtig klingen.

Um noch einmal kurz auf die Gewichtszunahme zu sprechen zu kommen – du kannst dich natürlich auch nicht mehr so gut bewegen, weil fünfzehn bis zwanzig Kilo Fett, Wasser und Baby deinen Körper polstern. Jede Übergewichtige hat einen etwas watscheligen Gang, selbst wenn die Bänder nicht so stark gedehnt sind und kein Kopf zwischen den Beinen hervorzukommen droht. Du rennst jetzt nicht mehr, wenn das Telefon klingelt, könntest um keinen Preis der Welt in die Höhe springen und gerätst schon aus dem Gleichgewicht, wenn du aus dem Auto aussteigen mußt. Viele meiner Freundinnen haben erzählt, daß sie während der letzten Wochen ihrer Schwangerschaft hingefallen sind. Zum Glück nehmen die Babys davon normalerweise keinen Schaden.

»Mir tut mein Rücken weh!«

Wenn du gegen Ende der Schwangerschaft eine Massage bekommen kannst, dann gönne sie dir. Erkundige dich am besten bei anderen Müttern, Krankenschwestern oder den Leiterinnen von Geburtsvorbereitungskursen, ob sie eine Masseurin kennen, die speziell mit den Wehwehchen von Hochschwangeren vertraut ist. Es gibt sogar Massagetische mit einem ausklappbaren Mittelteil, so daß du auf dem Bauch liegen und dein Baby bequem in einer Art Mulde ablegen kannst. Ich fand das einfach phantastisch, denn nachdem ich ungefähr sechs Monate auf der Seite gelegen hatte, lechzte ich förmlich danach, mich wieder einmal auf den Bauch zu legen. Noch eine letzte Bemerkung: Nur eine andere Frau kann das nötige Feingefühl aufbringen, das für die Massage einer Hochschwangeren nötig ist. Auch wenn du sonst liberal und aufgeschlossen gegenüber männlichen Masseuren bist, ist es wirklich besser, sich während der Schwangerschaft von einer Masseurin behandeln zu lassen.

Übrigens rät man den Männern in allen Schwangerschaftsbüchern, die ich über die Jahre gelesen habe, sich mit Massage und Druckmassage zu befassen, um ihren Frauen Schwangerschaft und Entbindung zu erleichtern. Das sah in den Büchern immer sehr innig und harmonisch aus, aber keine meiner Freundinnen wurde während ihrer Schwangerschaft mit Massagen verwöhnt. Als ich mich eines Abends schlecht fühlte und meinen Mann bat, mir meine Lendenwirbelsäule zu massieren, tat er das auf so phantasielose Weise und ohne seine Finger zu bewegen, daß ich danach einen roten Fleck auf dem Rücken hatte. Meine Freundinnen berichteten ausnahmslos, daß sie ihre Männer, die ihnen während der Wehen zögerlich über den Rücken streichen wollten, angeschrien hätten: »Faß mich bloß nicht an!« (Mehr über die Abneigung, während der Wehen berührt zu werden, in Kapitel fünfzehn).

Meine Freundin Patti litt am Ende ihrer Schwangerschaft unter heftigen Schmerzen, die vom Rücken über den Po bis in ihre Beine ausstrahlten. Dieses Phänomen, auch Ischiasbeschwerden genannt, tritt in der Schwangerschaft recht häufig auf. Das Gewicht deines Bauches konzentriert sich auf einen Bereich, der nur ungefähr dreißig Zentimeter lang ist. Dadurch wird die Wirbelsäule stark nach vorne gezogen, und du mußt den oberen Rücken unnatürlich weit nach hinten beugen, um den Zug nach vorne auszugleichen. Wenn deine Brüste schwer sind, ist das noch eine zusätzliche Belastung für die Schultern und den oberen Rücken. Am besten kannst du dich entspannen, wenn du dich mit einem Kissen zwischen den Beinen und einem weiteren unter Kopf und Schultern auf die linke Seite legst und etwas ausruhst. (Die linke Seite wird von Ärzten allgemein empfohlen, da in dieser Lage das Blut ungehindert vom Herzen zu Beinen und Baby fließen kann.) Du kannst es auch mal mit dem Vierfüßlerstand versuchen, den ich bereits beschrieben habe. Oder setz dich im Schneidersitz auf den Boden. Du kannst dabei deinen Bauch bequem auf den Unterschenkeln ablegen und die Wirbelsäule entlasten. Wenn dies alles nichts hilft, erkundige dich am besten bei deinem Arzt, ob du ein unbedenkliches Schmerzmittel einnehmen darfst.

»Mein Bauch ist so groß, daß ich das Gefühl habe zu explodieren!«

Um den achten (neunten) Monat herum glauben die meisten Erstgebärenden fälschlicherweise, daß ihr Bauch unmöglich noch größer werden kann. Sie sind so rund, als hätten sie einen Fußball verschluckt, ihre Haut ist straff, und alle Kleider aus der Boutique für Umstandsmode sitzen perfekt. Und dann kommen die letzten vier Wochen ...

Der Bauch einer Hochschwangeren ist kein anmutig gerundeter Bauch, sondern eher eine dünne Hautschicht, die über Ellbogen, Knie und den knochigen Po des Babys gespannt ist. Man erkennt, wie ich immer sage, daß eine Frau kurz vor der Entbindung steht, wenn ihr Bauch »eckig« wird. Das Baby ist jetzt so groß und kräftig, daß man seine Körperteile häufig ganz deutlich erkennen und ertasten kann. Wenn dein Bauch noch keine merkwürdigen Formen annimmt und dein Nabel noch nicht nach vorne steht, braucht das Baby noch ein bißchen. Du kannst dich darauf verlassen: Wenn dein Nabel sich nach vorne stülpt, hast du es bald geschafft.

»Mein Arzt sagt, die Wehen können jeden Moment einsetzen!«

Je näher dein Entbindungstermin rückt, desto öfter mußt du zu deinem Frauenarzt gehen – zuerst alle zwei Wochen, während der letzten drei oder vier Wochen sogar wöchentlich. Wahrscheinlich ist dir schon aufgefallen, daß dein Arzt selten, wenn überhaupt, eine vaginale Untersuchung durchgeführt hat, seit deine Schwangerschaft festgestellt wurde. Nun wird er dich jedoch wieder genauer unter die Lupe nehmen und nach Anzeichen für die bevorstehende Geburt suchen. Er wird dir zum Beispiel mitteilen: »Ihr Gebärmutterhals ist zu fünfzig Prozent verstrichen und Ihr Muttermund einen Zentimeter geöffnet.« (Das bedeutet, daß die Geburt kurz bevorsteht. Mehr darüber in Kapitel fünfzehn und sechzehn.) Du wirst die Praxis äußerst angespannt und in der vollkommenen Überzeugung verlassen, daß noch in dieser Nacht die Wehen einsetzen werden, falls du überhaupt noch zum Abendessen kommst. Freunden und Verwandten rätst du am Telefon, sich bereitzuhalten, weil es wahrscheinlich bald losgeht. Wenn das Baby drei Tage später immer noch nicht da ist, wartest du ungeduldig auf den nächsten Arzttermin, um mehr über deinen Gebärmutterhals und Muttermund zu erfahren. Ich weiß zwar nicht warum, aber wir alle stürzen uns auf diese Informationen, als hätten sie weiß Gott was für eine Bedeutung. Im Prinzip sagen sie überhaupt nichts aus. Bei unzähligen Frauen tut sich wochenlang überhaupt nichts, obwohl ihr Gebärmutterhals zu siebzig Prozent verstrichen und ihr Muttermund drei Zentimeter geöffnet ist. Und es gibt ebenso viele Frauen, denen beim Abendessen die Fruchtblase platzt und die ihr Baby noch vor dem Frühstück in den Armen halten, obwohl ihr Arzt ihnen ein paar Stunden vorher erzählt hatte, ihr Muttermund sei völlig geschlossen.

Ich könnte die nächsten zwanzig Seiten damit zubringen, dir immer wieder vor Augen zu führen, wie wenig man sich auf solche Informationen verlassen kann. Du würdest mir trotzdem nicht glauben, so wenig, wie du mir vorhin geglaubt hast, als ich dich davor warnte, in dem errechneten Geburtstermin mehr als einen Anhaltspunkt zu sehen. Ich weiß das, denn bei mir war es nicht anders.

»Ich halte das keinen Tag mehr länger aus!«

Jetzt, wo du deinen Bauch an die vierzig Wochen mit dir herumgeschleppt hast, beginnst du dich für diverse Hausmittel zu interessieren, die angeblich die Wehen einleiten. Du willst das Ganze endlich hinter dich bringen. Ich komme hier auf ein etwas heikles Thema zu sprechen, aber es wäre wirklich naiv, so zu tun, als hättest du noch nie davon gehört oder nie daran gedacht, eines dieser Mittel auszuprobieren. Du weißt schon, wovon ich spreche – lange Spaziergänge, wilder Sex, scharfes Essen, Rizinusöl oder das Einführen eines Klistiers sind die »Hausmittelchen«, mit denen man eine nicht enden wollende Schwangerschaft angeblich »kurieren« kann. Ein Restaurant in Hollywood hatte sogar einen Salat auf der Speisekarte, von dem behauptet wurde, er leite die Wehen ein. Wochenlang wurde darüber im lokalen Nachrichtenprogramm berichtet. Ärzte und Wissenschaftler nahmen das Häufchen Blätter und die weiteren Ingredienzen genau unter die Lupe und kamen dann zu den verschiedensten Ergebnissen über die Ursachen der Zauberwirkung. Einige waren der Meinung, es läge am Koriander (ein Gewürz, das in der mexikanischen und chinesischen Küche häufig verwendet wird). Andere vermuteten, der exotische Balsamico-Essig im Dressing verursache die Kontraktionen. Wie dem auch sei – bei jedem Restaurantbesuch konnte man einige hochschwangere Frauen beim genußvollen Verzehr dieses Salats beobachten.

Um die Wehen in Gang zu bringen, setzen Ärzte und Fitneßfanatiker bevorzugt auf das Laufen. Ich persönlich fand eine Oxytozin-Infusion effektiver, aber meine Vorliebe für die jeweils kürzeste und schmerzloseste Version ist dir ja bereits bekannt. Bei drei meiner Schwangerschaften war ich an einem Punkt angelangt, wo ich alles getan hätte, und versuchte, die Sache mit einer Lauftherapie ins Rollen zu bringen. Ich lief im tiefen Sand am Strand, hastete durch Einkaufszentren (ich muß ausgesehen haben wie ein Lastkahn in voller Fahrt) und nahm, wann immer möglich, die Treppen anstatt des Aufzugs. Leider verstand keines meiner Babys den Wink, und dachte daran, seinen Weg nach draußen anzutreten. Erst als meine Fruchtblase platzte, zeigte meine Lauferei plötzlich Wirkung. Da hatte ich dann gerade noch genug Zeit, ein paar Mal um den Block zu laufen, bevor ich so starke Kontraktionen bekam, daß man mich im Krankenhaus sofort in ein Entbindungszimmer brachte.

Dir sollte klar sein, daß nach dem Platzen der Fruchtblase die Geburt innerhalb weniger Stunden erfolgen muß, da das Baby nicht mehr geschützt ist und sich infizieren kann. Wenn du das Gefühl hast, daß deine Fruchtblase geplatzt ist, oder du ununterbrochen auf die Toilette mußt, solltest du *umgehend* deinen Arzt anrufen. Eventuell wird dein Arzt auch in Betracht ziehen, deine Fruchtblase zu sprengen, sollte sich das Baby am Entbindungstermin (so unsicher der auch sein mag) noch nicht bemerkbar gemacht haben. Als sich bei meinem vierten Kind der Geburtstermin näherte, hätte ich sogar eigenhändig versucht, meine Fruchtblase zum Platzen zu bringen, wenn ich mit meiner Hand über meinen riesigen Bauch bis in die Nähe meiner Scheide gekommen wäre. Aber, wie heißt es im Fernsehen immer so schön: »Versuchen Sie diesen Stunt nicht zu Hause nachzumachen. Er sollte nur von Profis durchgeführt werden.«

Meine Freundin Caroline schwört, daß wilder Sex am Ende der Schwangerschaft die Wehen auslöst. Soweit ich weiß, konnte man sogar wissenschaftlich nachweisen, daß im Sperma eine ähnlich wehenauslösende Substanz enthalten ist. Vermutlich wacht das Baby nach seinem neun- (zehn-)monatigen Schlaf auf, wenn der Muttermund vom besten Stück des Mannes massiert wird, und macht sich auf den Weg. Aber da Caroline für ihre Unersättlichkeit allseits bekannt ist, war das Ganze vielleicht auch nur ein Trick, damit sich ihr Mann ihrer erbarmte, obwohl er eigentlich lieber den zweiten Teil der Sportschau gesehen hätte.

Es gibt eine Methode, die man als »Muttermundsdehnung« (eine heftige Vaginaluntersuchung) bezeichnet. Sie wird natürlich vom Arzt durchgeführt, und zwar erst, wenn er oder sie sich eingehend vergewissert hat, daß das Baby vollständig entwickelt und bereit zur Geburt ist. Ich vermute, dieses Verfahren funktioniert ähnlich wie leidenschaftlicher Sex (allerdings ohne den angenehmen Nebeneffekt) und soll ebenfalls deinen Muttermund in bißchen wachkitzeln. Wenn du dich mit deinem Arzt darauf einigst, dann stell dich darauf ein, daß damit Schmerzen verbunden sind, die starken Menstruationskrämpfen ähneln, und du ähnlich starke Blutungen wie zu Beginn der Periode hast. Diese »Muttermundsdehnung« löst nicht zwangsläufig Wehen aus (jedenfalls nicht bei mir). Soviel ich weiß, ist die Wahrscheinlichkeit, daß die Wehen einsetzen, größer, wenn die Krämpfe einige Stunden andauern, als wenn sie bald nach der Untersuchung schwächer werden und dann ganz aufhören, wie es bei mir der Fall war. Bei meiner Freundin Amy schlug zum Beispiel die Kombination aus einer »Muttermundsdehnung« durch ihren Arzt und einem Klistier, das sie sich noch am selben Abend zu Hause verabreichte, voll an. Ungefähr um vier Uhr morgens war sie mitten in den Preßwehen. (Ist das nicht merkwürdig – die Vorstellung, jemand führt mir einen dreißig Zentimeter langen Stahlhaken ein, um meine Fruchtblase zu sprengen, läßt mich völlig kalt, aber nur bei dem Gedanken an ein Klistier wird mir schon schwindlig.)

Jede Hochschwangere sieht dem großen Ereignis mit anderen Gefühlen entgegen. Ich habe schon erwähnt, daß ich es immer kaum erwarten kann, wenn die Schwangerschaft endlich zu Ende ist und ich Mutter bin – ein Zustand, der mir schon immer viel lieber war. Vielleicht hast du etwas mehr Geduld, was bei einer Frau kurz vor der Entbindung ein wirklich bewundernswerter Zug wäre. Wahrscheinlich kannst du es genausowenig erwarten, dein Baby endlich in den Armen zu halten, aber dank deines gesunden Menschenverstandes und deiner Gelassenheit kannst du es vielleicht eher akzeptieren, daß diese Situation nicht berechenbar ist. Es hat natürlich etwas unglaublich Romantisches, mitten in der Nacht mit unverkennbaren Wehen aufzuwachen, dem Ehemann zärtlich ins Ohr zu flüstern: »Liebling, es ist soweit!« und wie berauscht im Dunklen zum Auto zu eilen, das für die Fahrt zum Krankenhaus schon bereitsteht. Aber so rührend diese Vorstellung auch sein mag, ich habe immer versucht, meinen Arzt dazu zu überreden, meine Wehen zu einem Zeitpunkt einzuleiten, der für das Baby, den Arzt und mich gleichermaßen günstig war. So konnte ich sicher sein, daß das Baby zur Geburt bereit, mein Arzt satt, ausgeruht und nicht verreist war und ich meine Haare gewaschen, meine Beine rasiert und meine Fußnägel lackiert hatte. Außerdem mußten wir nicht mitten in der Nacht zum Krankenhaus rasen, wo man sich in der Dunkelheit verfahren kann. Wie macht man es nun am besten? So wie ich natürlich (nicht ernst nehmen!).

13   Der Klinikkoffer

 Ein Koffer voll nützlicher Dinge

Ins Krankenhaus mußt du außer dir selbst auch einen Koffer mitbringen. Wahrscheinlich steht deine Tasche schon lange, bevor die Wehen anfangen, bereit – es sei denn, dein Baby kommt früher als erwartet, oder du hast immer noch nicht akzeptiert, daß du schwanger bist. Sollte es jedoch Zeit fürs Krankenhaus sein und du hast deinen Koffer nicht gepackt, dann GEH EINFACH OHNE. Mach dir keine Sorgen deswegen, denn bevor das Baby da ist, brauchst du sowieso noch nichts. Wenn nach der Geburt die größte Anspannung vorbei ist, kannst du jemanden bitten – aber besser nicht deinen Mann – eine Tasche für dich zu packen und zum Krankenhaus zu bringen. Wenn es unbedingt dein Mann sein muß, gib ihm lieber eine Liste mit, auf der jedes gewünschte Stück genau aufgeführt ist. Wenn du ihm nur allgemeine Anweisungen erteilst wie: »Bitte pack mir etwas für die Fahrt nach Hause ein und noch ein paar Sachen zum Duschen«, kann es durchaus sein, daß er dir ein Cocktailkleid und Turnschuhe, einen Rasierapparat und Rasiercreme mitbringt.

Du kannst dir, deinem Mann und dem Krankenhauspersonal die Sache erleichtern, wenn du nur eine kleine (na ja gut – mittlere) Tasche mitnimmst, denn wahrscheinlich wirst du während deines Krankenhausaufenthalts mindestens einmal in ein anderes Zimmer verlegt. Jemand muß also deine Tasche tragen. Außerdem ist die Gefahr geringer, beim Umzug etwas zu verlieren, wenn du weniger Sachen dabeihast. Mach dir keine Gedanken, daß du in einer Tasche mit normalem Umfang (also kleiner als ein Überseekoffer) nicht alles unterbringst, was du im Krankenhaus brauchst, denn eigentlich benötigst du nicht mehr als ein paar Toilettenartikel und etwas zum Anziehen für dich und das Baby.

Outfit für die Fahrt nach Hause

Da ich nicht weiß, ob du dein Baby während einer Hitzeperiode oder im Schneesturm zur Welt bringen wirst, kann ich beim besten Willen nicht entscheiden, was du anziehen sollst (so gern ich es auch tun würde). Ich kann dir jedoch ein paar allgemeine Ratschläge geben.

- Nimm am besten ein weitgeschnittenes Kleidungsstück mit, auch wenn du dich noch so sehr nach deiner alten Jeans und schlanken Taille sehnst. Du wirst nach der Entbindung immer noch einen Bauch haben und wahrscheinlich noch für einige Tage (oder Wochen) schwanger aussehen. Mit Umstandskleidern bist du am besten beraten, auch wenn dir der Gedanke daran ganz und gar nicht behagt. Aber du kannst ganz beruhigt sein – es wird alles nur halb so schlimm werden. Wenn es soweit ist, kann nämlich zumindest eine Person neue Kleidung in kleinen Größen tragen – dein Baby. In nächster Zukunft wird dir sowieso niemand mehr allzuviel Beachtung schenken – wenigstens nicht, solange sich dein Baby im gleichen Raum befindet.
- Trag am besten flache Schuhe. Nachdem du die Geburt

hinter dich gebracht hast und eine ganze Weile im Bett gelegen bist, wirst du noch etwas erschöpft und wackelig auf den Beinen sein. Wenn du dein Baby sicher nach Hause tragen willst, wirst du bestimmt nicht auf Pfennigabsätzen daherschwanken wollen. Vielleicht hast du zu diesem Zeitpunkt auch immer noch Wasser in den Beinen und sicher keine Lust, dich in enge Schuhe zu zwängen.

Zieh eine Bluse an, durch die deine Haut gut »atmen« kann, und die Schweiß absorbiert. Du mußt dich im Krankenhaus abmelden, das Baby in den Autositz setzen und nach Hause fahren – da kann man ganz schön ins Schwitzen kommen. Außerdem kann man davon ausgehen, daß das Baby dir mindestens einmal auf deine Kleidung spuckt, bevor ihr zu Hause ankommt.

Wenn du stillen möchtest, solltest du dir auf jeden Fall eine Bluse oder ein Kleid aussuchen, das sich zu diesem Zweck vorne problemlos öffnen läßt. In den nächsten Wochen wirst du deinen Busen so oft entblößen, daß du gar nicht mehr dazu kommst, dich zu schämen. Du wirst, ohne mit der Wimper zu zucken, mitten in einem Monster-Truck-Rennen stillen und selbst dem Mann vom Federal Express (der wieder ein Geschenk fürs Baby bringt) mit entblößter Brust die Tür öffnen. Das Schockierendste aber ist, daß es dir bald nichts mehr ausmachen wird, dein Baby vor deinem eigenen *Vater* zu stillen. Schrecklicher Gedanke! Wahrscheinlich glaubst du mir kein Wort, aber wenn du dich erst einmal eine Stunde lang im Schlafzimmer versteckt hast, während die Familienfeier ohne dich im Wohnzimmer stattfindet, wirst du deine Vorsätze bald aufgegeben haben und dich mit an den Kaffeetisch setzen.

- Mach dich schön. Du brauchst dich nicht aufzudonnern, denn wie bereits erwähnt, wirst du sowieso nicht im Mittelpunkt stehen, aber denk daran, daß man dich einige Dutzend Mal fotografieren wird, bevor du das Krankenhaus verläßt und dein Zuhause betrittst. Schmink dich ruhig ein wenig, mach dir deine Haare zurecht, und versuch dich zu entspannen. Vergiß aber auf keinen Fall, dir die Zähne zu putzen – um des Babys willen. Dann halt dir dein Kind wie ein Schutzschild vors Gesicht und, falls das auch nichts nützt, droh damit, jedem die Kamera zu öffnen, der eine Nahaufnahme von dir macht.

Nimm nur Nachthemden mit, die du nachher wegwerfen kannst

Wir Freundinnen können dir nur raten, hübsche Nachthemden und dazu passende Morgenmäntel zu Hause zu lassen. Eine Geburt und ihre Nachwirkungen sind eine blutige Angelegenheit, und wenn du deine schönsten Stücke trägst, wirst du sie die nächsten Wochen in Fleckensalz einweichen müssen. Nimm unkomplizierte Sachen mit, die sich gut waschen lassen und um die es dir nicht leid tut, wenn du sie wegwerfen mußt. Du wirst sie ohnehin nicht lange tragen müssen, denn heutzutage werden junge Mütter so schnell wieder nach Hause geschickt, daß sie gerade noch Zeit haben, ihre Zähne zu putzen und eine Dusche zu nehmen.

Pack dir Shampoo, Seife und Creme ein

Nach der Entbindung gibt es nichts Schöneres, als eine Dusche zu nehmen und sich die Zähne zu putzen. Es ist wahrscheinlich schon Stunden her, seit du das letzte Mal dazu gekommen bist, und es tut fast so gut, sich wieder sauber zu fühlen, wie sieben Kilo verloren zu haben. Verwöhn dich und pack dir ein gutes Shampoo, Duschgel oder Seife und etwas Creme ein. Bedenke jedoch, daß Neugeborene eine äußerst empfindliche Nase haben. Das kleine Wesen muß womöglich ununterbrochen niesen, wenn das ganze Zimmer nach Armani riecht. Am besten du verwendest milde Düfte und verzichtest ganz auf Parfüm und Cologne. Wenn du dein Baby stillen möchtest, spar deinen Busen aus, egal ob du nun Creme oder Puder verwendest: Du fändest es auch nicht toll, wenn jemand Puder über *dein* Essen streut.

Laß deinen Schmuck zu Hause

Wenn dir dein Ehering noch nicht das Blut am Ringfinger abdrückt, kannst du ihn im Krankenhaus tragen. Aber deinen übrigen Schmuck solltest du zu Hause lassen, wo er nicht so leicht verlorengeht. Du brauchst nicht einmal eine Armbanduhr, denn deine stets einsatzbereite Hebamme wird eine tragen und falls nicht, so habe ich noch keinen Raum auf der Entbindungsstation gesehen, in dem nicht eine riesige Wanduhr hing, wie wir sie früher in der Schule hatten. Wer weiß, vielleicht siehst du ohne deine Ohrringe und Anhänger so nackt aus, daß dein Göttergatte dadurch inspiriert wird, dich mit einer kleinen Aufmerksamkeit für deine Tapferkeit bei der Entbindung zu belohnen.

Nimm ein oder zwei Kissen mit

Wir haben schon über die innige Beziehung gesprochen, die Schwangere zu ihren Kissen haben. Du wirst sie dir beim Schlafen zwischen die Beine klemmen, sie gegen deine Brust drücken, und du wirst sie sogar ins Krankenhaus mitnehmen. Sie haben dir schon bisher gute Dienste geleistet, aber nie wirst du sie mehr zu schätzen wissen als in dem Moment, wo du dich auf deinem Krankenhausbett sanft an sie schmiegen kannst. Ich habe keine Ahnung, mit welchem Material die Standardkissen im Krankenhaus gefüllt sind, aber vermutlich handelt es sich um Sägemehl oder zerbröckelten Gips. Auf deinen eigenen Kissen wirst du nicht nur bequem schlafen (was du dir verdient hast), sie werden dir und dem Baby auch beim Stillen eine große Hilfe sein. Am schönsten ist es natürlich, daß sie nach Zuhause riechen. (Nur deine besten weißen Bezüge solltest du aus bekannten Gründen nicht mitnehmen.)
Laß diese Passage offen auf dem Kissen deines Mannes liegen oder kleb sie über eure Toilette:

An alle werdenden Väter

Wir Freundinnen möchten dir dringend ans Herz legen, kurz nach der Geburt deine Liebste mit einem Geschenk zu beglücken. Mit Schmuck liegst du eigentlich nie daneben, da er deiner Frau schon passen wird, wenn sie ihr altes Gewicht noch nicht wieder erreicht hat. Mit einem Geschenk kannst du all deiner Bewunderung und Anerkennung Ausdruck verleihen. Wenn man schön großzügig dafür belohnt wird, einen verlorenen Hund gefunden zu haben, hat deine Frau sich jetzt für ihre Meisterleistung allemal ein langersehntes Schmuckstück verdient.

Nimm Hausschuhe mit

Ich weiß, daß Krankenhäuser völlig steril sein sollen, aber ich habe da so meine Zweifel. Wenn du dich nur in deinem Zimmer ausruhst, genügt dir vielleicht ein Paar dicker Socken, um deine Füße warm und sauber zu halten. Aber wenn du auf der Station auf und ab laufen sollst, um deine Darmtätigkeit wieder in Gang zu bringen, kannst du ein Paar Hausschuhe gut gebrauchen (am besten flach, bequem und nicht zu häßlich). Es ist auf jeden Fall ratsam, die federgeschmückten Modelle zu Hause zu lassen, weil du darin wahrscheinlich noch Gleichgewichtsprobleme haben wirst. Oder deine Beine sehen damit so gut aus, daß sie deinen Mann erregen und ihm Appetit auf Sex machen. Welche Vorstellung!

Nimm viele Socken mit

Wir Freundinnen raten dir, möglichst viele dicke Socken einzupacken. Das erste Paar wirst du während der Wehen tragen – dabei bekommen viele Frauen kalte Hände und Füße (im wörtlichen und übertragenen Sinn). Dein Arzt hat sicher nichts dagegen, daß du deine Socken während der Geburt anbehältst. Sie werden aber dabei wahrscheinlich Blutflecken bekommen, und du wirst sie danach wegwerfen wollen. Die anderen Socken trägst du im Krankenhausbett, damit deine Füße nicht kalt oder schmutzig werden, wenn du zur Toilette gehen mußt. Einige davon wirst du hinterher sicher aussortieren müssen. Manchmal bemerkt man einfach zu spät, daß die Binde voll ist, und diverse Flüssigkeiten laufen schon auf dem Weg ins Badezimmer am Bein herunter und in die Socken. (Mal dir diese Situation besser nicht zu plastisch aus. Glaub mir einfach und lies weiter).

Nimm Schwangerschaftsunterwäsche mit

Im Gegensatz zu den Socken wirst du deine Unterwäsche während Wehen und Geburt nicht benötigen, da die meisten Ärzte sie für eher störend halten. Für deinen Krankenhausaufenthalt solltest du jedoch mit mindestens drei oder vier Garnituren rechnen, egal wie lange du bleibst. Nachdem das Baby auf der Welt ist und die Nachgeburt ausgestoßen wurde, wird dich eine Schwester mit Binden versorgen und auf eine Einmal-Unterlage umbetten. Während der ersten Stunden nach der Geburt ziehst du vielleicht am besten gar keine Unterwäsche an, denn höchstwahrscheinlich bekommst du Eispackungen, um deine geschwollene Scheide zu kühlen. Außerdem wird alle paar Stunden jemand nachsehen wollen, wie es »da unten« bei dir aussieht.

Nach der Phase mit den Eispackungen wirst du wieder deine eigene Unterwäsche anziehen wollen – aus Schamgefühl und um die Binden richtig befestigen zu können. Mit Schwangerschaftsunterwäsche bist du jetzt am besten beraten, auch wenn du während der Schwangerschaft ein absoluter Tanga-Freak warst. In Tangas halten die Binden einfach nicht richtig, die du für die bis einige Tage nach der Geburt anhaltenden Blutungen brauchen wirst. Und außerdem wird dir deine geliebte Muschi nach einer normalen Entbindung und einer Naht eher als übles Folterinstrument vorkommen. Ich kann dir wirklich nur raten, dir weite Unterhosen zuzulegen, die weich, bequem und billig sind.

Nimm Lippenbalsam mit

Bei einer Entbindung trocknen die Lippen aus (selbst bei Frauen, die die Lamaze-Atmung nur angewendet haben, um nach dem Anästhesisten zu schreien), weil dem Körper dabei viel Flüssigkeit entzogen wird. Außerdem bekommst du in vielen Krankenhäusern während der Geburt nichts zu essen und zu trinken. Gegen das Austrocknen deiner Brustwarzen kannst du nichts tun, aber für die Lippen wirkt ein guter Balsam wahre Wunder. Denk also daran, ihn einzupacken.

Nimm einen Kugelschreiber mit

Eigentlich wollte ich auch vorschlagen, Papier einzupacken, aber dann haben mich meine Freundinnen daran erinnert, daß einem zum Schreiben keine Zeit bleibt: Man muß das Stillen lernen, bekommt Besuch, muß schlafen und sich entspannen, damit man auf die Toilette gehen kann. Wenn du glaubst, daß es ohne dein Tagebuch nicht geht, dann nimm es mit, aber laß bitte Dankschreiben und Kuverts für die Geburtsanzeigen zu Hause.

(Meine Freundin Dorothea, die gerade ihr zweites Kind zur Welt gebracht hat, empfiehlt, alle Umschläge für die Geburtsanzeigen bereits während der letzten langweiligen Wochen der Schwangerschaft zu adressieren und zu frankieren (oder zumindest die Adreßaufkleber zu beschriften). Nach der Entbindung mußt du dann nur noch der Druckerei die wichtigsten Informationen durchgeben und später deine Mutter oder eine Freundin bitten, die Briefe für dich in die Umschläge zu stecken und einzuwerfen.

Aber zurück zum Kugelschreiber. Du wirst während deines Krankenhausaufenthalts für Dinge wie Babyfotos und Menüwünsche mehrere Formulare auszufüllen haben. Die Schwester hat nach einer Stunde meist einen Bleistiftstummel ohne Radiergummi für dich aufgetrieben. Höchstwahrscheinlich bekommst du damit einen Krampf in der Hand, oder die Mine bricht ab, noch bevor du zu den Menüwünschen fürs Abendessen gekommen bist. Ein Kugelschreiber ist sicher nicht das wichtigste Utensil fürs Krankenhaus, gehört aber zu den kleinen Dingen, die das Leben ungeheuer erleichtern können.

Pack dir was zum Essen ein

Meine Freundin Dona hatte doch wirklich die Frechheit, mir zu erzählen, daß in ihrer Klinik auf der Entbindungsstation für Patientinnen und deren Ehemänner mehrere Stunden täglich ein *Buffet* aufgestellt wurde! Sie vermutete sogar, daß Patienten von anderen Stationen sich dort des öfteren bedienten. *Mach dir lieber keine Hoffnungen, in deinem Krankenhaus ein ähnliches Arrangement vorzufinden.* Normalerweise scheitert man da nämlich schon bei dem Versuch, außerhalb der normalen Essenszeiten ein Glas Saft oder einen kleinen Imbiß zu bekommen.

Nach den ganzen Anstrengungen der Geburt bist du wahrscheinlich völlig ausgehungert. Außerdem muß dein Körper sich anschließend auf die Milchproduktion vorbereiten. Gerne würdest du deshalb das nette Angebot deines Mannes annehmen, dir von der Cafeteria schnell etwas zum Essen zu holen. Du bist dir hoffentlich im klaren darüber, daß du den Mann die nächste Stunde nicht mehr zu Gesicht bekommst: Während er darauf wartet, daß man dein Käsebrötchen einpackt, wird er sich in ein viergängiges Menü stürzen. Wehen und Geburt sind schließlich auch an ihm nicht spurlos vorbeigegangen.

Du wirst dir selbst dankbar sein, wenn du vorausgeplant und einige Flaschen Wasser, Saft und haltbare Snacks wie Müsliriegel, Trockenobst oder Cracker in deinem Koffer verstaut hast. Am besten verzichtest du jetzt auf Schokolade und Kekse, auch wenn du sie noch so gerne ißt. Dein Körper ist nach einer Entbindung völlig geschwächt und benötigt etwas sehr viel Nahrhafteres. Außerdem haben viele Babys Schwierigkeiten, die Milch zu verdauen, wenn ihre Mutter die ganze Nacht Schokolade gegessen hat.

Nimm dir etwas zum Lesen mit

In den meisten Krankenzimmern gibt es einen Fernseher, aber vielleicht möchtest du ja lieber lesen, wenn du schon einmal dazu Zeit hast. Aus persönlicher Erfahrung weiß ich, daß man als junge Mutter keinen klaren Gedanken fassen kann. Daher würde ich dir zu einer Lektüre raten, bei der du dich nicht zu sehr konzentrieren oder nachdenken mußt, denn zu beidem bist du im Moment nicht fähig. Ein oder zwei Zeitschriften werden dich intellektuell genug fordern, besonders wenn sie komplizierte Psychotests über dein Sexualleben enthalten.

Nimm deine eigenen Binden mit

Es ist wahrscheinlich je nach Krankenhaus verschieden, aber als ich meine Kinder bekam, hat man mir die Art Binden gegeben, die man mit einem Gürtel oder einer Sicherheitsnadel befestigen mußte. Solche Dinger kannte ich nur von einem uralten Aufklärungsbuch. Welche Relikte! Du brauchst jedenfalls Binden mit Klebestreifen – und zwar in Maxi-Größe. Nimm dir eine große Packung mit, denn du wirst die ersten Tage, *auch wenn du einen Kaiserschnitt hattest*, eine ganze Menge davon benötigen, manchmal vielleicht sogar zwei gleichzeitig. Wenn du Glück hast, bekommst du sie im Krankenhaus und brauchst deine eigenen nicht zu benutzen, aber geh lieber auf Nummer Sicher.

Nimm einen Still-BH mit

Wenn du bereits weißt, daß du dein Baby stillen möchtest, oder du dir unsicher bist, es aber versuchen möchtest, solltest du einen Still-BH mit ins Krankenhaus nehmen. Auch wenn du nicht stillen willst, wirst du deren Halt und Schutz als wohltuend empfinden. Du solltest auf jeden Fall weiterhin einen Schwangerschafts-BH tragen, da deine Brüste durch den Milcheinschuß schwerer und voller werden.

Zwar möchten Neugeborene sofort nach der Entbindung an der Brust der Mutter saugen und sollten auch angelegt werden, sie bekommen aber zu diesem Zeitpunkt noch keine Muttermilch. Du hast wahrscheinlich schon von der Kolostralmilch gehört – der gelblichen Flüssigkeit, die sich in der Brust bildet, bevor die richtige Milchproduktion beginnt. Während dieser Phase kannst du dich in aller Ruhe mit dem Stillen vertraut machen, denn das Baby braucht noch nicht allzuviel Nahrung, und deine Brüste haben noch eine handliche Größe. Wenn die Milch dann einschießt, geht's richtig los. Meine weichen, vollen Brüste wurden innerhalb weniger Stunden so groß und hart wie zwei Fußbälle. Ich glaube, nur der Hunger hielt mein Baby davon ab, beim Anblick dieser Riesenbrüste vor Furcht zu erstarren. Damals wurde mir zum ersten Mal klar, welch wichtige Rolle mein Still-BH in Zukunft spielen würde. Ich trug ihn bei Tag und Nacht, denn mit milchgefüllten Brüsten zu schlafen kann ausgesprochen unbequem sein. Angeblich gehen Französinnen ja mit »Schlaf-BHs« zu Bett, weil der Busen ihrer Meinung nach ständigen Halt benötigt. Da ich inzwischen weiß, was der weibliche Busen so alles zu leisten hat, bin ich der Meinung, daß er nicht nur einen hübschen Büstenhalter, sondern einen Karibik-Urlaub für zwei verdient hätte. Apropos Still-BHs, du solltest auch Stilleinlagen mitnehmen (runde Einmal-Einlagen, die die auslaufende Milch auffangen). Man schiebt sie zwischen Brustwarze und Stillklappe in den BH. So bleibt dein Büstenhalter länger sauber, und du mußt dich nicht um einen Berg Wäsche kümmern, wenn du vom Krankenhaus kommst.

Vielleicht lohnt es sich auch, einmal »Brusthütchen« aus Latex oder Plastik auszuprobieren. Sie liegen eng an den Brustwarzen an und nehmen nicht nur mehr Flüssigkeit auf, sondern verhindern durch einen kleinen Luftraum, daß der Stoff auf deinen wunden Brustwarzen aufliegt.

Nimm ein Buch übers Stillen mit

Stillen kann unter Umständen schwieriger sein als das Erlernen der Kochkunst. Ich weiß, daß es ein völlig natürlicher Vorgang ist, aber trotzdem sind schon Frauen in Tränen ausgebrochen, weil sie es nicht geschafft haben, ihr Baby richtig anzulegen. Deshalb eine wichtige Information für Neulinge: Die Milch fließt nicht einfach aus einem Loch an der Spitze der Brustwarze, wie ich immer geglaubt habe. Sie kommt vielmehr aus mehreren kleinen Öffnungen, die über die ganze Brustwarze verteilt sind, und fließt nur, wenn das Baby die

Warze fest umschließt und den gesamten Warzenhof gegen seinen Gaumen preßt.

Bevor du in Panik ausbrichst, laß dir gesagt sein, daß dir in fast jedem Krankenhaus jemand vom Personal zeigen kann, wie man stillt. Manche Schwestern sind sogar eigens darauf spezialisiert und nennen sich »Laktationsberaterinnen«. Aber auch ein guter Ratgeber mit Illustrationen kann dir weiterhelfen. Wenn du etwas Ruhe hast und dein Baby schläft, blättere ein bißchen in dem Buch. Wenn das Baby dann schreiend und hungrig aufwacht, weißt du in etwa, was du zu tun hast. Solltest du trotzdem Schwierigkeiten mit der Technik haben, wird sofort eine Schwester deine Brust in die eine und den Kopf des Babys in die andere Hand nehmen und so lange herumprobieren, bis es funktioniert. Dir bleibt währenddessen nichts anderes übrig, als so ruhig wie möglich dazusitzen und zuzusehen, wie du von einer völlig Fremden recht unsanft behandelt wirst.

Nimm eine Kamera und einen Film mit

Eine Geburt ist wahrscheinlich die wichtigste Erfahrung deines Lebens, und du solltest dieses Ereignis auf vielen Fotos festhalten. Bis zum Ende deiner Tage wirst du dir von Zeit zu Zeit gerührt die Fotos von dem Tag ansehen, an dem dein Kind geboren wurde. Heutzutage sind Videokameras bei der Geburt sogar beliebter als Fotoapparate. Und jeder kennt wohl jemanden, der *jedes einzelne Detail* der Geburt auf Video festgehalten hat und dem diese Kassetten heilig sind. Für mich haben weder Videokamera noch Fotoapparat unterhalb meiner Gürtellinie etwas zu suchen, aber das liegt eher daran, daß ich den Typen in den Entwicklungslaboren nicht traue. Was ist, wenn ich eines Tages berühmt werde und einer von ihnen ein paar der Negative zurückbehalten hat, oder, schlimmer noch, wenn mein sechsjähriger Sohn die Videokassette findet und denkt, es handele sich um eine Aufnahme vom *»König der Löwen«*?

Denk daran, daß Wehen und Geburt sehr viel länger dauern, als du planst (oder dir vorstellen kannst). Du mußt also schon im voraus sorgfältig kalkulieren, sonst geht deinem Mann vielleicht der Film aus, oder die Batterie ist genau dann zu Ende, wenn das Baby kommt. Wenn er das Ereignis auf Video aufzeichnet, sollte er statt Batterien den Stromanschluß benutzen oder zusätzlich einige Batterien dabeihaben.

Ärzte scheinen eine künstlerische Ader zu haben und erklären sich oft gern bereit, Fotos zu schieben, wenn der frischgebackene Vater sich zu schwach dazu fühlt oder die Hände für sein Kind freihaben möchte. Der Kinderarzt meines Sohnes war ein großartiger Fotograf. Er fotografierte nicht nur während der Geburt, sondern auch, als man das Baby auf die Säuglingsstation brachte und wir die Großeltern trafen. Sein Ärztekittel hatte eine ähnliche Wirkung wie ein Presseausweis: Er durfte überall mit hinein und konnte fotografieren, was er wollte, ohne daß ihn jemand hinausschmiß.

Nimm deine Telefonliste mit

Sicher gibt es einige Leute, die einen Anruf erwarten, wenn das Baby da ist. Ein paar werden vielleicht nicht mehr mit dir sprechen oder dich nicht mehr zu ihrer Geburtstagsparty einladen, wenn du ihnen nicht sofort Bescheid sagst, daß man den kleinen Frechdachs auf die Säuglingsstation geschoben hat. Höchstwahrscheinlich wird sich dein Mann um die Telefonate kümmern müssen, da du vor lauter Erschöpfung oder Glück einer so komplizierten Apparatur wie einem Telefon nicht mehr gewachsen bist. Aber vergiß nicht, daß sich auch für deinen Mann gerade die Welt völlig verändert hat. Falls er überhaupt an irgendwelche Telefonate denken kann, dann wird er vielleicht gerade noch der Person absagen, mit der er am nächsten Morgen zum Frühstück verabredet war.

In den langweiligen Tagen, bevor die Wehen beginnen, kannst du eine Liste mit Namen und Telefonnummern, *nach Dringlichkeit geordnet,* zusammenstellen. Deine Eltern sollten beispielsweise an erster Stelle stehen, da du bei der ganzen Sache schließlich die Heldin bist. Anschließend die Eltern deines Mannes, eure Großeltern, engste Freunde und Nachbarn (wenn du sie noch nicht angerufen hast, als die Wehen eingesetzt haben). Wenn die Telefonnummern in einer bestimmten Reihenfolge geordnet sind und dein Mann irgendwann die Lust verliert, hat er zumindest die wichtigsten Anrufe abgehakt (bevor er neben deinem Bett im Krankenhaus einschläft oder sich auf die Suche nach etwas Eßbarem macht).

Zum Schluß noch eins: Wenn du mitten in der Nacht, also nach zehn Uhr abends oder vor acht Uhr morgens, entbinden solltest, werden sich nur deine Eltern, Geschwister und Freunde mit Kindern über einen *sofortigen* Anruf von dir freuen. Freunde, die dieses Wunder noch nicht selbst miterlebt haben, werden einen Anruf lediglich als Störung ihrer

Nachtruhe empfinden und von deinen sensationellen Neuigkeiten lieber erst nach einer Tasse Kaffee hören wollen.

Nimm eine Freundin mit

Auch wenn sie nicht in eine kleine Reisetasche paßt, solltest
du dir überlegen, ob du nicht eine Freundin zur Entbindung
mit ins Krankenhaus nehmen möchtest. Jede warmherzige
und liebevolle Freundin wird dir eine große Hilfe sein. Aber
eine Frau, die bereits selbst ein Kind bekommen hat, kann
noch besser nachvollziehen, was du durchmachst. Kinderkriegen ist Frauensache – wie ich in diesem Buch schon von
Anfang an gesagt habe –, und es tut unglaublich gut, dabei
andere Frauen um sich zu haben, die dich beruhigen, mit dir
sprechen und dir Mut machen. Vielleicht hast du ja das
Glück, eine Freundin wie Amy zu haben, die bei jeder Wehe
meine Füße massierte. Ich werde nie vergessen, mit welcher
Ruhe sie ununterbrochen für mich da war.
Vielleicht denkst du dir, daß solch intime Stunden wie Wehen und Entbindung nur Mann und Frau allein gehören sollten. Du befürchtest, die Magie dieses Moments zu zerstören,
wenn sich außer dem Erzeuger des Kindes noch eine weitere
Person im Raum befindet. Nur zu deiner Kenntnisnahme: Erstens wird in deinem Zimmer alles andere als eine private Atmosphäre herrschen, auch wenn du ein sogenanntes Privat-
zimmer hast. Bevor deine Hebamme kommt, wirst du wahrscheinlich von mehreren, völlig fremden Personen vaginal
untersucht. Der Anästhesist wird hin und wieder herein-
schauen, ein, zwei Schwestern werden sich um dich kümmern

und am Ende ihrer Schicht abgelöst. Zweitens ziehen sich die Wehen ewig hin und schaffen auch den aufopferungsvollsten Ehemann. Nach fünf Stunden unterhält er sich wahrscheinlich mit seinen neuen Freunden im Wartezimmer, während du in deinen Wehenpausen fernsiehst. Bevor du einen Wutanfall bekommst, weil dein Mann schlappmacht und zum dritten Mal erwähnt, daß er Hunger hat, gestatte ihm lieber eine Pause und bitte eine Freundin, sich zu dir zu setzen. Wenn du dir einen Moment nur für euch beide bewahren möchtest, dann bitte jeden, außer deinen Mann (der zu diesem Zeitpunkt wahrscheinlich gerade bei Kaffee und Kuchen sitzt), den Raum zu verlassen, wenn es an der Zeit zum Pressen ist. So könnt ihr ganz intensiv miteinander erleben, wie aus euch beiden eine Familie wird.

Was du für das Baby brauchst

Ist das nicht ein komisches Gefühl, Sachen für jemanden einzupacken, den man noch nicht einmal gesehen hat? Nicht, daß das Baby im Krankenhaus nackt bleiben müßte, wenn du nichts von zu Hause mitbringst. Man zieht ihm oder ihr sofort Strampelanzug und Windel an und wickelt das Neugeborene in eine Decke (die ich aus irgendeinem sentimentalen Grund, an den ich mich nicht mehr richtig erinnern kann, habe mitgehen lassen). Manchmal setzen sie dem Winzling auch noch ein Strickmützchen auf, damit er oder sie es schön mollig warm hat.

Du brauchst unbedingt einen Autositz!

Das einzige, was du auf jeden Fall für die Nachhausefahrt vom Krankenhaus brauchst, ist ein richtiger Autositz, der den geltenden Sicherheitsanforderungen entspricht. Autositze werden in den unterschiedlichsten Modellen und in Preisklassen von sechzig bis zu einigen hundert Mark angeboten. Einige können für Neugeborene und später auch für Kleinkinder benützt werden, da die Sicherheitsgurte und die Befestigung des Sitzes verstellbar sind. Nimm dir beim Kauf wirklich Zeit, denn ein guter Autositz kann dein Baby vor all den furchtbaren Dingen schützen, an die wir nicht einmal denken wollen. Frag deine Freundinnen, informier dich in Verbrauchertestheften, schau dich in Geschäften um, bis du den Sitz gefunden hast, der dir wirklich zusagt. Viele meiner Freundinnen haben sich schließlich zwei Autositze für ihr Baby angeschafft. Zum einen eine Art Schale, ein Modell, das nur für Neugeborene bis zum sechsten Lebensmonat vorgesehen ist. Da Neugeborene noch keine Kontrolle über Rückgrat und Nacken haben und sich in einer angewinkelten Position wohl fühlen, ist dieses schalenförmige Modell besonders gut geeignet. Du wirst dich wundern, wie klein dein Baby in einem Autositz aussieht. Wenn du von Anfang an eines der großen Modelle kaufst, wirst du dich auf den Rücksitz neben dein Baby setzen müssen, um seinen wackligen Kopf zu stützen.

Zwischen Autositzen für Neugeborene und ältere Babys besteht vor allem folgender Unterschied: AUTOSITZE FÜR NEUGEBORENE WERDEN GEGEN DIE FAHRTRICHTUNG ANGEBRACHT. Untersuchungen haben gezeigt, daß so ein geringeres Risiko für Babys besteht, bei einem plötzlichen Bremsmanöver ein Schleudertrauma davonzutragen. Wir Freundinnen haben uns alle für ein Modell entschieden, das wie eine Plastikschüssel aussieht, und auf einem Sockel einschnappt, der wiederum mit Hilfe der Pkw-Gurte befestigt wird. Die Sitzschale, in der das Baby liegt, läßt sich vom Sockel lösen und an einem Tragebügel aus dem Auto heben, damit das Baby nicht aufgeweckt wird, wenn man mit ihm aussteigen will. Man kann den Sitz dann auch zu Hause verwenden. Wenn möglich, solltest du dir eines der Modelle mit Sonnendach besorgen, weil du dich die nächsten Monate ständig darum kümmern mußt, daß dem Baby die Sonne nicht ins Gesicht scheint. Ein Baby ist nämlich nicht nur extrem sonnenbrandgefährdet, sondern wird auch ziemlich quengelig, wenn ihm die Sonne ins Gesicht scheint.

Da bei jedem neuen Modell die Sicherheitsvorkehrungen verbessert werden, ist es ratsam, daß du dir einen völlig neuen Autositz anschaffst und nicht einen ausleihst, der dem Kind deiner Freundin zu klein geworden ist. Einige der älteren Sitze, die vor sieben bis zehn Jahren auf dem Markt erhältlich waren, entsprechen nämlich wahrscheinlich nicht mehr den gegenwärtigen Sicherheitsanforderungen.

Eins noch, bevor wir wieder auf unterhaltsamere Dinge zu sprechen kommen: Neuesten Untersuchungen zufolge werden Autositze von vielen ansonsten intelligenten Eltern falsch benützt. LIES DIR DIE GEBRAUCHSANLEITUNG DURCH! Wenn es dort heißt, daß der Gurt mit dem »beiliegenden Metallclip« festgezogen werden soll, dann wirf den Metallclip nicht weg, sondern benütze ihn auch! Wenn beschrieben wird, daß der Gurt durch eine Reihe von Verstrebungen unter dem Kindersitz gezogen werden muß, dann zieh den Gurt durch jede einzelne und nicht nur durch die große in der Mitte. Du solltest auch nicht davon ausgehen, daß jeder Autositz auf die gleiche Art funktioniert, sondern die Gebrauchsanleitung jedesmal durchlesen, wenn du einen neuen Sitz kaufst. Ich weiß, wie mühsam es sein kann, den ganzen Abbildungen zu folgen, aber vergiß nicht, daß es um die Sicherheit deines Babys geht. Lies also wenigstens dieses eine Mal in deinem Leben die Gebrauchsanleitung. Wenn du das Gefühl hast, du weißt, wie es funktioniert, solltest du am besten ein paarmal das Montieren und Lösen des Sitzes üben. Nütze es, daß du vor der Geburt noch gelassen und ruhig genug bist, um diese Technik zu meistern.

Outfit für die Fahrt nach Hause (Fortsetzung)

Es macht ungeheuren Spaß, Babysachen für die Fahrt nach Hause zusammenzustellen. Am besten eignet sich ein Kleidungsstück mit wenig Knöpfen, das man nicht über den Kopf ziehen muß, denn es kostet ganz schön Nerven, wenn man das Baby das erste Mal anzieht (und zwar deine Nerven, nicht die des Babys). Ein Strampelanzug ist besser geeignet als ein Kleidchen, da der Sicherheitsgurt zwischen den Beinen des Babys befestigt wird.

Hemdchen

Fangen wir bei der Unterwäsche an – das erste unentbehrliche Stück ist ein Hemdchen. Du solltest es zu Hause bereits mit einem milden Babywaschmittel, das in jedem Supermarkt erhältlich ist, gewaschen haben (und so, wenigstens während der ersten drei Monate, bei allen Kleidungsstücken vorgehen). Einige dieser Hemdchen zieht man über den Kopf, aber für eine junge Mutter ist es viel angenehmer, wenn sie sich binden oder wie ein Kimono an der Seite schließen lassen. Während der ersten Tage wirst du befürchten, daß dein Baby erstickt oder sich das Genick bricht, wenn du ihm etwas über den Kopf ziehst. Da man hier mit logischen Argumenten nur wenig ausrichten kann, versuche ich erst gar nicht, dir zu versichern, wie robust ein Baby eigentlich ist. Am besten du suchst nach Babykleidung, die dich nicht in diese Situation bringt.

Bei deinen Einkäufen für die Babyausstattung wirst du auch Hemdchen gefunden haben, die man über den Kopf des Babys zieht und zwischen seinen Beinen schließt. Diese Modelle nennt man »Bodys«. Wir Freundinnen finden sie äußerst praktisch, aber nicht unbedingt für ein Neugeborenes geeignet. Erstens ist da wieder die Angst, das Baby könnte ersticken. Zweitens kommt man bei Bodys nur schwer an den Nabel, der meist noch mit Alkohol gesäubert wird, bis der Rest der Nabelschnur abgefallen ist. Und drittens liegt durch den Verschluß zwischen den Beinchen das Hemdchen eng am Nabel an, was für das Baby sicher ziemlich unangenehm ist, solange noch ein Rest der Nabelschnur vorhanden ist.

Windeln

Nächster Punkt der Baby-Uniform ist die Windel. Bitte frag mich nicht, ob es besser ist, sich für Stoff- oder für Einmal-

Windeln zu entscheiden. Da ich in Südkalifornien lebe, weiß ich nicht, ob es schlimmer ist, noch mehr Abfall zu produzieren oder zu Wasserknappheit und Abwasserverschmutzung (durch Chemikalien im Waschmittel) beizutragen. Bleibt nur zu sagen, daß man Windeln regelmäßig wechseln und am Rand umknicken sollte, damit der abheilende Nabel trocken bleibt und die Windel an dieser Stelle nicht reibt. Und denk daran, daß alle Babys ein paar Jahre lang Windeln tragen.

Bekleidung für die Füßchen

Babys sollten auf jeden Fall etwas an den Füßchen tragen. Da diese kleinen Lebewesen in den ersten Lebenstagen nur schwer ihre Körpertemperatur regulieren können, muß man Kopf, Hände und Füße stets warm halten. Du kannst deinem Baby entweder einen Schlafanzug mit Füßen oder gestrickte Babyschühchen anziehen, die man im Fachhandel bekommt. Schuhe solltest du aber möglichst meiden. Ich weiß, wie niedlich diese Puppenschuhe im Schaufenster aussehen, aber die Füßchen eines Babys sind so winzig und rundlich, daß Schuhe ihnen ganz und gar nicht behagen. Außerdem ist es fast unmöglich, einem strampelnden Säugling irgend etwas anderes als Socken anzuziehen – und selbst die werden nicht allzulang an den Füßen bleiben.

Reine Geschmackssache

Was du dem Baby über diese Grundausstattung hinaus anziehst, hängt ganz von deinem Geschmack ab (oder von deinem Sinn für Humor, da Babykleidung sehr witzig sein kann).

Du solltest dir allerdings im klaren darüber sein, daß die meisten Neugeborenen während der ersten Tage fast ununterbrochen schlafen. Aus diesem Grund sind weiche Schlafanzüge oder Strampelanzüge besser geeignet als winzige Matrosenanzüge oder Kleidchen. Du solltest auch bedenken, daß Babys nach der momentanen Lehrmeinung auf der Seite oder auf dem Rücken schlafen sollen. Es ist daher für sie angenehmer, wenn sich die Kleidung an der Schulter oder vorne öffnen läßt und nicht auf dem Rücken, damit sie nicht auf Knöpfen oder auf einem Reißverschluß liegen müssen. Und halt dich im Moment noch bei Rüschen, Knöpfen und Krägen zurück.

Kopfbedeckung – ja oder nein?

Für unsere Eltern war es noch undenkbar, daß ein Kind das Haus ohne Hut oder Mützchen verließ. Ein Baby ohne Kopfbedeckung galt bei allen anderen Müttern als völlig vernachlässigtes Kind, das sich auf jeden Fall eine Erkältung holen würde. Meine Schwiegermutter, die in New York lebt, schickte insgeheim jedesmal ein Stoßgebet zum Himmel, wenn sie sah, wie ich mit ihren kalifornischen Enkeln ohne Kopfbedeckung außer Haus ging. Wäre ich ihre Tochter gewesen – ich bin mir sicher, sie hätte gedroht, mich beim Jugendamt anzuzeigen. Aber da sie sich nicht in meine Angelegenheiten einmischen wollte, schützte sie das Baby heimlich und hielt ihre Hände über seinen Kopf, wenn sie dachte, ich sähe es nicht. Ich muß jedoch zugeben, daß sie recht hatte: Babys verlieren über den Kopf *wirklich* sehr schnell Wärme. Bei etwas kühleren Temperaturen ist ein Mützchen also eine gute Sache. Im übrigen liebe ich meine Schwiegermutter, und wenn ich sie mit einem Mützchen glücklich machen kann, warum nicht? (Zumindest immer dann, wenn sie da ist.)

Was die Farbe der Mütze angeht, wählst du am besten zwischen rosa und blau, so ersparst du dir die ständigen Fragen völlig Fremder nach dem Geschlecht des Babys. Im übrigen gibt es keinen Grund, übervorsichtig zu sein und das Baby wie einen Eskimo anzuziehen. Es sei denn, es *ist* ein Eskimo.

Schnuller

Egal was du von Schnullern hältst, tu dir einen Gefallen und kauf ein paar. (Eventuell bekommst du sie auch im Krankenhaus, aber verlaß dich sicherheitshalber nicht darauf.) Wahrscheinlich wirst du mir für diesen Rat noch dankbar sein, wenn du auf der Nachhausefahrt vom Krankenhaus neben dem Baby auf dem Rücksitz sitzt und es plötzlich untröstlich zu schreien anfängt. Meistens kommen junge Eltern in dieser Situation ins Schwitzen, werden hektisch und fragen sich, ob es nun besser ist, Gas zu geben, um so schnell wie möglich nach Hause zu kommen, oder anzuhalten, das Baby aus dem Autositz zu nehmen und zu füttern oder es für den Rest der Fahrt im Schoß zu halten. Was du auch immer tust, fahr keinen Millimeter, wenn das Baby nicht im Autositz sitzt. Es ist nämlich nicht nur unwahrscheinlich gefährlich, sondern verstößt auch gegen das Gesetz. Ihr seid jetzt Eltern und dürft euch unter keinen Umständen aus einer momentanen Verzweiflung heraus zu Dummheiten hinreißen lassen. Es könnte sonst passieren, daß ihr in Zukunft nur noch Dummheiten macht. Versuche also lieber folgendes: Steck dem Baby einen Schnuller in den Mund und bewege das Ende leicht hin und her, bis es sich beruhigt und daran saugt. Solltest du dir in deinen schlimmsten Träumen ausmalen, wie dein Kind als Sechsjähriges mit einem Schnuller im Mund eingeschult wird, dann setz das auf die ständig wachsende Liste der Dinge, um die du dir später Sorgen machen kannst.

Decken

Auch bei schönem Wetter sollte man sein Baby in eine Decke wickeln, da es sich darin entspannt und beschützt fühlt. Wenn seine Arme und Beine zu viel Bewegungsfreiheit haben, hat es Angst zu fallen und macht mit einer ruckartigen Reflexbewegung auf sich aufmerksam. Selbst im Autositz kann man das Baby in eine Decke einwickeln. Besonders Hände und Füße sollten immer schön warm eingepackt sein.

»Spucktücher«

Als »Spucktuch« bezeichnet man die Stoffwindeln, die Mütter über den Schultern tragen, wenn sie ihr Baby aufstoßen lassen. Sie verhindern nicht nur, daß deine Kleider Flecken bekommen, sondern auch, daß die Gesichtshaut des Babys durch bestimmte Materialien oder Waschmittelrückstände in deiner Kleidung gereizt wird. Außerdem sind sie ständig im Gebrauch, um den Kleinen Sabber oder ähnliches aus dem Gesicht zu wischen.

Stoffwindeln fühlen sich mit jeder Wäsche angenehmer an, im neuen Zustand sind sie meist etwas steif. Nach Ansicht von uns Freundinnen sind die sogenannten Musselintücher sogar noch praktischer. Sie sind in den meisten Babyfachgeschäften erhältlich und so preisgünstig, daß du gleich mehrere davon kaufen kannst. Ich habe meine Babys darin eingewickelt, ihnen damit die Nase geputzt, sie als Decke über den Autositz gelegt und immer eins über der Schulter getragen. Sie wurden zu einem so selbstverständlichen Bestandteil meiner Garderobe, daß ich oft das Haus mit einem Tuch über der Schulter verließ, ohne es zu bemerken. Ein ziemlich gewagtes Accessoire, besonders wenn Flecken darauf sind.

Nackenrolle

Vor einigen Jahren fiel mir in einem der unzähligen Kataloge, die ich immer bekomme, etwas Neues auf: ein schmaler, U-förmiger Baumwollring mit Schaumstofffüllung. Mit Hilfe dieses Ringes kann der Kopf eines schlafenden Säuglings in Autositz, Wippe oder Tragesack gestützt werden. Zuerst wußte ich nicht so recht, ob dies nun eine brillante Erfindung oder nur ein weiterer Schnickschnack ist, den man gutgläubigen werdenden Müttern andrehen will. Ich habe die Nackenrolle jedoch bei zwei meiner Kinder ausprobiert und festgestellt, daß sie eine großartige Sache ist. Da die Nackenmuskulatur eines Säuglings noch schwach und sein Kopf sehr schwer ist, hat man bei einem Baby, das im Autositz schläft, immer den Eindruck, sein Kopf könnte jeden Moment nach vorne fallen. Auf der Nackenrolle kann der schwere Kopf des Babys ruhen, und seine Mutter kann ruhigen Gewissens die Autofahrt genießen. Und wie wir alle wissen, ist jede Sorge weniger ein Geschenk des Himmels.

Für die Pflege und Bequemlichkeit eines winzigen (durchschnittlich dreitausendzweihundert Gramm schweren) Babys benötigt man so allerhand. Allein die Wickeltasche ist schon größer und schwerer als das Baby selbst, wenn alles Wesentliche für eine Ausfahrt drin ist. Wenn du dein erstes Kind erwartest (was ich annehme, denn Frauen, die schwanger sind und sich zusätzlich noch um weitere Kinder kümmern müssen, haben keine Zeit zum Lesen), wirst du noch nicht wissen, was absolut notwendig und was nichts als Platz- und vor allem Geldverschwendung ist. Irgendwann wirst du allerdings einige Babysachen besorgen müssen, egal ob du den Einkäufen mit großer Vorfreude oder dem Gefühl völliger Hilflosigkeit entgegensiehst. Du kannst dir ja die langen Tage am Ende der Schwangerschaft damit vertreiben, die Babykommode auszulegen und die Hemdchen immer wieder aufs neue zu falten. Oder, wenn du abergläubisch bist, kannst du dir deine Babysachen aussuchen, bezahlen und sie dann bis zur Ankunft des Babys im Laden zurücklegen lassen. Wie auch immer du dich entscheidest, du solltest nicht einfach ein Babyfachgeschäft betreten und eine Verkäuferin fragen, was du alles für ein Baby brauchst. Wenn du mit deinem dicken Bauch daherkommst, wird man dort sofort deine Unsicherheit spüren und Beute wittern. Selbst die ehrlichste Verkäuferin wird in Versuchung geraten, dich auch noch zum Kauf der roten Lampe zu überreden, weil sie mit dem gleichen Stoff bespannt ist wie der Himmel über der

Wiege. Wahrscheinlich will sie dich nicht einmal überrumpeln, sondern erliegt nur genauso wie wir alle dem Zauber dieser Babysachen. Solltest du natürlich ein Schlafzimmer in der Größe eines Ausstellungsraums und jede Menge Geld für ein winziges Baby zur Verfügung haben, dann nimm die Verkäuferin beim Wort: Du brauchst alles – und zwar sofort. Ansonsten versuch den Verführungen, so gut du kannst, zu widerstehen und deine anfänglichen Einkäufe auf das Nötigste zu beschränken. Denk daran, daß du nach der Entbindung noch Monate und Jahre Zeit hast, die passenden Winnie-the-Pooh-Bücherstützen und Teller, Tassen und Tischsets von Beatrix Potter anzuschaffen. Außerdem sind genau das die netten, überflüssigen Dinge, die Freunde und Verwandte dir gerne schenken. Sie werden ganz bestimmt etwas frustriert reagieren, wenn du dir lediglich einen Autositz wünschst. Wie die meisten von uns wirst du wahrscheinlich auf einen Feuchttücher-Wärmer (damit die Tücher zum Abwischen des Babypopos stets angewärmt sind) verzichten können. Der hat zwar durchaus seinen Sinn, denn Feuchttücher sind in der Regel wirklich kalt, aber du kannst sie genauso gut mit der Hand wärmen. Es gibt unzählige Produkte dieser Art, zu deren Kauf du dich eventuell überreden läßt, wenn sich mütterliche Schuldgefühle und vollkommene Ahnungslosigkeit in deiner Progesteron-benebelten Psyche vereinen.

Entspann dich und hol tief Luft

Es wäre lächerlich, ein Rennrad zu kaufen, wenn das Baby noch gar nicht auf der Welt ist. Ebensowenig brauchst du jetzt hektisch von Geschäft zu Geschäft rennen, um Hochstuhl, Laufstall und Gehfrei zu besorgen. Im Prinzip kannst du sogar mit der Anschaffung eines Kinderbettes warten, bis das Baby ungefähr drei Monate alt ist. Natürlich ist es ein gutes Gefühl, wenn die kleine Babysuite bereits an dem Tag, an dem du aus dem Krankenhaus kommst, fix und fertig eingerichtet ist. Es ist aber auch ein gutes Gefühl, die Rechnungen nicht alle auf einmal, sondern über mehrere Monate hinweg zu begleichen. So gibst du deinem Mann nicht die geringste Chance zu einem dieser langweiligen Gespräche, bei denen er dich mit seinen Klagen nervt, daß das Kinderkriegen ihn noch ruinieren wird. Wenn du die Ausgaben verteilst, tun sie nicht so weh.

Apropos finanzieller Ruin – wir Freundinnen würden dir empfehlen, dich in einem der wenigen rationalen Momente hinzusetzen und dir zu überlegen, wieviel du maximal für das Baby ausgeben kannst. Anschließend verdoppelst du den Betrag. (Nur ein Witz – oder auch nicht …). Dann sieh dich in verschiedenen Geschäften um. Babysachen werden auch heruntergesetzt, und die Preise sind je nach Geschäft sehr unterschiedlich. Außerdem sind sie auch in einigen eher untypischen Läden, wie zum Beispiel in Drogeriemärkten, erhältlich. Ich habe so einmal eine Babyschaukel für die Hälfte des Preises erstanden, der in einem Babyfachgeschäft verlangt worden wäre. Informier dich auch in Verbrauchertestheften, welche Produkte als qualitativ gut, erschwinglich und sicher gelten, bevor du einen Haufen Geld dafür ausgibst. Noch besser: Du bittest deinen Mann, sich kundig zu machen, dann hat er etwas zu tun.

Mit einigen Anschaffungen wartest du auch deshalb besser

bis nach der Entbindung, weil du dein Baby noch nicht kennst und noch nicht weißt, wie deine mütterlichen Aufgaben im einzelnen aussehen werden. Wenn es zum Beispiel stark an Blähungen leidet, ist für dich ein Tragebeutel wahrscheinlich der wichtigste Teil der Babyausrüstung, damit du ab und zu auch mal die Hände frei hast. Du weißt noch nicht, ob du ausschließlich stillen wirst oder ob du zufüttern mußt, daher ist es ein wenig verfrüht, ein Paket Fertignahrung zu besorgen. Und den Jogging-Sportwagen, dem du im Geschäft einfach nicht widerstehen konntest, hast du nach der Entbindung vielleicht ziemlich schnell über, weil du nicht einmal zum Duschen, geschweige denn zum Joggen kommst. Vergiß nicht, daß die Hersteller von Babyartikeln clever sind und ständig verbesserte und veränderte Produkte auf den Markt bringen, damit wir die Modelle des letzten Jahres aussortieren und uns das jeweils Neueste zulegen. Warte mit den meisten Anschaffungen lieber, bis du sie wirklich brauchst. Dann hast du garantiert die neueste Version.

Kinderkriegen macht erfinderisch

Babyartikel, insbesondere Möbel, werden im allgemeinen so hergestellt, daß sie allen Arten kindlicher Belastung standhalten. In der Regel wachsen Babys aus ihren Sachen heraus, bevor sie sie abnützen. Daher macht es sich wirklich bezahlt, wenn du dich nach einigen gebrauchten Utensilien für die Babyausrüstung umsiehst. Wiege, Wickelkommode, Laufstall, Mobile, Babysitz, Wippe und Kinderwagen sollten mindestens zwei, wenn nicht drei bis vier Babygenerationen überdauern. Hör dich in deinem Freundeskreis um, ob sich jemand von seinen Babysachen trennen kann und dir die Wiege überläßt, die schon jahrelang in der Garage steht. Vielleicht bekommst du ein paar Sachen *geliehen*, die inzwischen zu Staubfängern im Keller oder auf dem Dachboden geworden sind, wenn du versprichst, sie zurückzugeben, falls der Storch bei deinen Freunden noch einmal vorbeischauen sollte. Eine gute Fundgrube sind auch Flohmärkte, außerdem gibt es in den meisten Städten Secondhand-Geschäfte, die ausschließlich gebrauchte Kinderartikel verkaufen.

Wenn du den Großteil der Babysachen neu kaufen möchtest, solltest du einkalkulieren, daß du sie eventuell für die nächsten zwei Babys auch noch benützen wirst. Du solltest deshalb nicht unbedingt eine rosa Wiege kaufen, nur weil dein erstes Baby ein Mädchen ist. Mach es jedoch nicht so wie ich: Ich habe das ganze Babyzeug der Kirche gestiftet, nachdem mein zweites Kind in ein »ganz normales« Bett umgezogen war. Schließlich passieren immer wieder Unfälle. Ich zum Beispiel habe nach zwei »Überraschungen« vier Kinder und mußte alles noch mal kaufen. Man sollte sich meiner Meinung nach nicht von seinen Babysachen trennen, bevor man die Wechseljahre hinter sich hat, die Eileiter durchtrennt sind, der Ehemann sich hat sterilisieren lassen oder – die wahrscheinlichste Variante – für weitere Kinder kein Platz mehr ist.

Auch wenn man bei der Babyausrüstung ganz gut improvisieren kann, würde ich dir aus verschiedenen Gründen doch zur Anschaffung von speziellen Babyartikeln raten. Babymöbel werden beispielsweise mit giftfreien Farben und Färbemitteln hergestellt, die Kanten sind weich und abgerundet, und die Knöpfe lassen sich nur schwer entfernen und in den Mund stecken. Babykommoden haben Schubladen mit einem Sicherheitsstop, die von einem neugierigen, krabbelnden Baby nicht herausgezogen werden können, um ihm auf Kopf oder Zehen zu fallen. Du wirst dich noch wundern, welche Faszination Schubladen und deren Inhalt auf Kleinkinder ausüben. Sie können Stunden damit verbringen, sie zu öffnen, zu schließen und jedes einzelne Kleidungsstück herauszuziehen. Auch bei Babymöbeln wirst du dir Sorgen machen, daß dein Kind sich die Finger einklemmt, aber wenigstens kannst du dir sicher sein, daß die Kommode nicht umkippt.

Im folgenden haben wir einiges aufgelistet, was du am besten noch vor der Entbindung besorgen solltest. Dinge, die unserer Meinung nach für Pflege und Wohlbefinden deines Babys und für deine eigene Seelenruhe unerläßlich sind. Wir werden allerdings nicht alle Babyartikel vorstellen. Wenn du dich in ein Musikmobile mit den Sieben Zwergen verliebt hast, wollen wir dir das Vergnügen daran nicht nehmen. Du wirst erstaunt sein, was für ausgefallene und – zuweilen – schöne Dinge man dir zur Geburt deines Kindes schenken wird. Hier eine Auflistung des notwendigen Rüstzeugs für die ersten turbulenten Wochen nach der Entbindung.

Ein Platz zum Schlafen

Besonders wenn du stillst, wird das Baby wahrscheinlich die meiste Zeit neben dir im Bett schlafen. Denn nach einer guten Mahlzeit werdet ihr beide nur noch aufstoßen und dann in einen tiefen Schlaf versinken (oft gleichzeitig). Vielleicht hat dein Mann aber genauso Angst wie meiner, sich im

Schlaf aufs Baby zu rollen (übrigens wird es dir am Anfang nicht anders ergehen). Sollte dein Mann Anspruch auf seinen Platz im Bett erheben, brauchst du eine Ausweichmöglichkeit für das Baby. In den ersten Monaten schliefen meine Kinder neben dem Bett in einem Stubenwagen, den ich für nicht einmal sechzig Mark in einem Laden für Kinderspielzeug und -möbel erstanden hatte. Ein Stubenwagen besteht aus einem Weidenkorb auf einem Gestell, und mit einem Himmel und Sprossenschutz kannst du ihn so richtig schön für das Baby herrichten. Einige meiner Freundinnen hatten eine Wiege neben ihrem Bett stehen, aber meine Kinder haben sich durch Schaukeln nie beruhigen lassen. Außerdem hatte ich immer Angst, meine Hunde würden gegen die Wiege stoßen (das Baby hätte dann wahrscheinlich vermutet, es befände sich gerade mitten in seinem ersten Erdbeben).

Wie fast alle Frauen wirst auch du nach der Rückkehr aus dem Krankenhaus dein Baby nicht in einem anderen Zimmer schlafen lassen wollen, weil es zu weit entfernt ist, um es atmen zu hören, weil du zu erschöpft bist, um jedesmal über den Flur zu laufen, wenn es nachts Hunger hat, oder weil du es einfach jede Minute in deiner Nähe haben möchtest. Wenn es dir zu teuer ist, für zwei oder drei Monate einen Stubenwagen anzuschaffen, kannst du das Baby auch im Kinderwagen schlafen lassen. Natürlich nicht in einem dieser Modelle, in denen die Babys aufrecht mit dem Gesicht nach vorne sitzen, sondern in einem dieser großen, alten Kinderwägen. Ich erhielt einen als Geschenk zur Geburt meines ersten Kindes, und jedes meiner vier Kinder schlief darin, bis er zu klein wurde. Ich konnte den Wagen überall hinschieben, ohne das Baby aufzuwecken, und es mitnehmen, wenn ich im Haus nach einem halbwegs ordentlichen Zimmer suchte, in dem ich mich in Ruhe niederlassen konnte, ohne mich vor lauter schlechtem Gewissen gleich ans Aufräumen machen zu müssen.

Irgendwann wirst du dir allerdings ein Babybett anschaffen müssen, es sei denn, du bist eine Anhängerin der Familienbett-Philosophie (frag mich lieber nicht, was das ist, für meinen Geschmack ist die ganze Sache etwas zu natürlich, um sie mit ernster Miene erklären zu können). Bei einem Babybett ist die Matratze meist nicht automatisch mit dabei. Hast du es nicht geahnt? Du wirst also zwischen den verschiedensten Matratzen in den unterschiedlichsten Preislagen wählen müssen. Ich kann dir nur raten, die billigste zu kaufen, die du finden kannst. Sie sollte natürlich alle feuerpolizeilichen Bestimmungen erfüllen und robust genug sein, um Kleinkinder auszuhalten, die vor dem Umzug in ein Kinderbett bis zu fünfzehn Kilo wiegen können. Mit ein paar schönen, weichen Unterlagen kannst du es dem Baby dann so richtig bequem machen. Übertreiben solltest du es jedoch nicht, damit Babys Gesicht nicht zu tief in den Kissen versinkt. Da die meisten Babys beim Schlafen nicht flach und ausgestreckt wie Erwachsene liegen, sondern sich am Bettrand in einer gemütlichen Ecke zusammenrollen, sehe ich nicht ein, horrende Preise für eine Matratze mit »spezieller Rückenstütze« oder anderem Schnickschnack zu bezahlen.

Da Babys dazu neigen, sich im Schlaf an den Bettrand zu robben, sollte man zum Schutz des kleinen, weichen Kopfes am Kopfende einen Sprossenschutz anbringen. Laß dir jedoch nicht einreden, daß du dazu passende Kissen und Deckbetten brauchst. Sie sind nicht nur nutzlos, sondern unter Umständen sogar gefährlich, wenn das Baby mit dem Kopf darunter gerät. Die meisten meiner Freundinnen benutzten Deckbett und Kopfkissen schließlich anderweitig im Kinderzimmer, zum Beispiel als Polster über der Lehne des Schaukelstuhls. Vor einigen Jahren gab ich eine Menge Geld für ein wunderschönes weißes Babybett aus, das man als besonders gute Investition anpries, weil man es in ein »Juniorbett« für Kleinkinder umbauen konnte, wenn das Kind die Sprossen auf beiden Seiten nicht mehr braucht. Während das Babybett in vielerlei Hinsicht großartig war, muß ich zugeben, daß ich nicht ein einziges Mal das »Juniorbett« benutzt habe. Im nachhinein gesehen hätte ich also gar nicht soviel Geld dafür ausgeben müssen. Meine Kinder kamen allerdings auch so schnell nacheinander auf die Welt, daß jedes sofort vom Babybett in ein Kinderbett verfrachtet wurde, sobald das Jüngste nicht mehr in den Stubenwagen paßte und das Babybett brauchte. (Wenn ich so darüber nachdenke, hat sich das Babybett wohl doch bezahlt gemacht – »Juniorbett« hin oder her.)

Noch wichtiger als Preis und Ausführung eines Babybetts sind die vorhandenen Sicherheitsvorrichtungen. Abzuraten ist von Modellen, bei denen an den Eckpfosten große, dekorative Knöpfe oder andere vorstehende Verzierungen angebracht sind, an denen sich die Kleidung des Babys verhaken könnte. Die meisten Hersteller produzieren solche Babybetten gar nicht mehr, aber falls du ein gebrauchtes kaufst oder erbst, solltest du auf diese Punkte besonders achten.

Wenn das Babybett, das du ausgesucht hast, vom vorhergehenden Besitzer überstrichen wurde, vergewissere dich auf jeden Fall, daß er eine bleifreie Farbe verwendet hat, andernfalls kauf es nicht. Wenn du es unbedingt haben mußt, dann laß es abbeizen und mit giftfreier Farbe streichen, die für Babymöbel geeignet ist. Babys lieben es, an den Sprossen ihres Bettchens zu nagen, wenn sie Zähne bekommen, und das ist keineswegs der richtige Moment, Blei in den Speiseplan einzuführen (eigentlich ist dafür niemals der richtige Moment). Meine Tochter Jade nagte so wild an ihrem Kinderbettchen, daß es am Ende aussah, als hätten wir einen Biber darin gehalten.

Am besten suchst du nach einem Babybett, bei dem sich die seitlichen Sprossen mit einer Hand herausnehmen oder absenken lassen. Sonst mußt du ständig versuchen, dir das Baby so unter den Arm zu klemmen, daß du zwei Hände dafür freihast. Vermutlich erscheint dir diese Geschicklichkeitsprobe schon schwierig genug, aber warte erst einmal, bis du ein quengelndes, zahnendes Baby nach zwei Stunden wiegen in deinen Armen endlich zum Schlafen gebracht hast und es dann mit deinem Ruckeln wieder aufweckst, weil du mit den Sprossen des Babybetts kämpfst (und dabei deine Durchblutung in den Armen wieder in Schwung bringst). Bei einem Neugeborenen, das noch wenig aktiv ist, wirst du die Matratze auf der obersten Ebene befestigen. Während dieser Zeit brauchst du dich um die Sprossen nicht zu kümmern, weil du mühelos darüberfassen und das Baby hineinlegen kannst. Wenn das Baby jedoch älter wird und sich an den Sprossen hochziehen kann, muß die Matratze nach unten verstellt werden. Das ist der Zeitpunkt, an dem sich die Gitterstäbe entfernen oder absenken lassen müssen, damit man das schlafende Baby ins Bett legen kann, ohne daß es das letzte Stück bis zur Matratze im freien Fall zurücklegen muß.

Kommode

Wenn du zur Geburt des Babys reich beschenkt wirst, wird es nicht lange dauern, bis die Garderobe deines Babys umfangreicher ist als deine eigene. Da du wahrscheinlich nicht mehr nach jeder Mahlzeit dein Bäuerchen machst, brauchst du nicht so viele Hemdchen und mußt dich nicht drei- bis viermal am Tag umziehen. Selbst für das winzigste Baby braucht man mehrere Schubladen für all die Hemdchen, Schlafanzüge, Schühchen, Decken und Spucktücher – Dinge, die du wohlweislich schon vor der Entbindung besorgt hast. Solltest du knapp bei Kasse sein, kannst du einen Teil der Babysachen vorerst auch in deiner Kommode verstauen – dort, wo früher die engen Kleider und Gürtel aus der Zeit vor der Schwangerschaft lagen. In naher Zukunft wirst du aber nicht darum herumkommen, eine Kommode für das Baby anzuschaffen.

Ein Plätzchen zum Wickeln

Nachdem man dir in der Babymöbelabteilung all die wunderschönen Wiegen gezeigt hat, wird man dich gleich zu den passenden Wickeltischen führen. Bei Gefallen und entsprechendem Geldbeutel, greif einfach zu. Falls du aber nicht soviel Platz oder Geld zur Verfügung hast, laß dir die gepolsterten Wickelauflagen zeigen, die auf jede normale Kommode passen. Wenn du sie dort sicher befestigst und noch genügend Platz ist, Öltücher, Windeln und Babycreme zu deponieren, bist du bestens ausgestattet. Mit zwölf Monaten wird dein

Baby wahrscheinlich zu groß für die Wickelkommode geworden sein, vielleicht auch schon einige Monate früher. Mit neun Monaten sind Babys meist so bewegungsfreudig und können sich deinem Griff so geschickt entwinden, daß der einzig sichere Ort zum Anziehen und Windelwechseln auf einem großen Bett oder, noch besser, auf dem Fußboden ist, wo sie sich früher oder später sowieso die meiste Zeit aufhalten werden. Übrigens möchte ich dich unbedingt daran erinnern, daß Babys von einer Sekunde auf die andere und ohne große Vorwarnung von Wickelkommode oder Bett herunterrollen oder robben können. Du solltest ihnen also nie den Rücken zuwenden, noch nicht einmal, um die schmutzige Windel in den Eimer zu werfen.

Windeleimer

Wenn du wirklich Geld sparen möchtest, kannst du auch ohne einen Mülleimer auskommen, der nur für dein Baby bestimmt ist. Aber wenn das Baby älter wird und die Windeln immer übler riechen, wirst du sie nur sehr ungern in den Küchenmüll werfen und dir sehnlichst einen luftdichten Behälter wünschen, um die zusehends penetranter werdenden Düfte in Schach zu halten. (Behälter wie die zur Entsorgung von Atommüll sind gut geeignet.) Die Windeln von Neugeborenen sind die reinsten Blumenbouquets im Vergleich zu denen eines elf Monate alten Kindes, das außer Spaghetti, Hühnchen und Erbsen auch noch alles ißt, was es aus dem Hundenapf erwischen kann (wenn du gerade nicht hinsiehst). DU BRAUCHST UNBEDINGT EINEN WINDELEIMER, UND

ER MUSS EINEN LUFTDICHTEN VERSCHLUSS HABEN (und dein *Mann* muß ihn regelmäßig leeren).

Fläschchen

Auch wenn du dein Baby ausschließlich stillen möchtest, solltest du dir ein paar Fläschchen besorgen, damit du Milch abpumpen und zur späteren Verwendung einfrieren kannst. Solltest du zufüttern oder ausschließlich Fertignahrung füttern, benötigst du mehrere Fläschchen – wir empfehlen sechs für den Anfang. Du kannst dir nämlich viel Zeit sparen, wenn du gleich eine größere Menge des Milchpulvers anmischst und die Rationen für den ganzen Tag in mehreren Fläschchen abfüllst. Meiner Meinung nach ist es egal, ob man die herkömmlichen Plastikfläschchen mit den austauschbaren Griffen oder die Greifflasche mit dem Loch in der Mitte kauft. Du hast also freie Wahl – ich misch' mich diesmal nicht ein. Bei Saugern ist die Sache allerdings anders. Während einer meiner Schwangerschaften besorgte ich mir verschiedene Sauger, um sie selbst zu testen: Ich saugte und kaute also höchstpersönlich an Modellen unterschiedlichster Marken und Farben. Dabei kam ich zu dem Ergebnis, daß die durchsichtigen besser schmecken als die braunen – besonders nachdem sie in der Spülmaschine oder im Sterilisator waren (danach schmecken die braunen wie abgestandener Kaffee). Mir war wichtig, daß der Sauger etwas abgeflacht und gebogen war, um sich dem Gaumen des Babys anpassen zu können, so ähnlich wie die Brustwarze beim Stillen. Es gibt sie unter den verschiedensten Markennamen. Schnuller habe ich übrigens demselben Test unterzogen und bin zum gleichen Ergebnis gekommen. Ich würde dir raten, gleich mehrere zu besorgen – *nur für den Fall* – und sie beim gleichen Hersteller zu kaufen wie die Sauger, um jede unnötige Saugverwirrung bei deinem Kind zu vermeiden.

Am Anfang wird dein Baby pro Mahlzeit wahrscheinlich zwischen fünfzig und achtzig Millimeter aus der Flasche oder von der Brust trinken. Am geeignetsten sind also zunächst die kleinen 100ml-Fläschchen. Du kannst dir aber genausogut auch gleich die großen 250ml-Fläschchen zulegen, die du in ein paar Monaten sowieso brauchst, wenn dein Baby mehr Appetit hat (und spätestens nachdem sich die lustigen Bildchen restlos von den kleinen Fläschchen gelöst haben), und sie für dein Neugeborenes nur zur Hälfte füllen. Nachdem wir schon einmal dabei sind, möchte ich noch kurz die Frage ansprechen, ob man sich einen Sterilisator anschaffen sollte. Wenn es um meine Kinder geht, gebe ich nur äußerst ungern zu, auch nur das kleinste Risiko eingegangen zu sein. Aber für drei meiner vier Kinder habe ich keinen Sterilisator benützt.(Ich werde mich hüten, dir zu verraten, bei wem ich etwas nachlässiger war. Das würde die bereits schwelenden Geschwisterrivalitäten bei uns zu Hause nur noch anheizen.) Mir erschien es ausreichend, die Schraubverschlüsse von den Saugern zu lösen (was du übrigens keinesfalls vergessen solltest), die einzelnen Teile in heißem Spülwasser zu säubern und dann in die Spülmaschine zu legen. Es gibt äußerst praktische kleine Plastikkörbe und -ständer im Babyfachhandel, in die man Sauger, Verschlüsse und Fläschchen stellen kann. So vermeidet man auch, daß die kleineren Flaschenteile auf den Boden der Spülmaschine fallen und dort auf der Wärmespirale zerschmelzen. Da mir beim Öffnen meiner Spülmaschine genügend Dampf entgegenströmt, um meine Gesichtsporen zu öffnen, kann man wohl ruhigen Gewissens davon ausgehen, daß es da drin ganz schön heiß wird. Trotzdem werden deine Mutter oder Schwiegermutter vielleicht weiterhin auf ihrer Meinung bestehen, daß eine moderne Mutter *unbedingt* einen Sterilisator benützen sollte. Die Vorstellung, daß in der Spülmaschine möglicherweise Essensreste mit den heiligen Babyfläschchen in Berührung kommen, verursacht bei so manchem eine Gänsehaut. Wenn deine Mutter das Gerät unbedingt für dich kaufen will, soll sie das tun, aber ich würde dir nicht raten, Geld für einen Sterilisator auszugeben, wenn du mit Hilfe deiner Spülmaschine die Babyfläschchen genauso keimfrei halten kannst. Ich bin allerdings auch der Meinung, daß es ausreicht, sich die Hände zu waschen, bevor man ein Neugeborenes anfaßt, während sich bei meiner Freundin Corki jeder Besucher die Hände desinfizieren muß, bevor er sich dem Baby nähern darf. Jeder hat seinen eigenen hygienischen Anspruch. Nach deinem ersten Baby wirst du feststellen, daß sich deine Vorsätze bei jedem darauffolgenden lockern. (Nein, es war nicht mein *erstes* Baby, das in den Genuß sterilisierter Fläschchen kam – du brauchst nicht zu denken, du hättest mich ertappt!). Wie heißt es so schön: Wenn deinem *ersten* Baby der Schnuller auf den Boden fällt, steckst du ihn in den Sterilisator oder kochst ihn aus, bevor du ihn dem Baby zurückgibst. Wenn deinem *zweiten* Baby der Schnuller auf den Boden fällt, hältst du ihn unter heißes Wasser, bevor du ihn zurückgibst. Wenn deinem *dritten* Baby der Schnuller auf den Boden fällt, steckst du ihn in den Mund und gibst ihn gleich wieder zurück. Aber kannst du dir vorstellen, was bei meinem vierten Kind passierte? Wenn sie ihren Schnuller auf den Boden fallen ließ, bemerkte es niemand. Sie mußte ihn sich aus dem Maul unseres Hundes ziehen und ihn sich selbst wieder in den Mund stecken.

Ein anderer Grundsatz, der sich normalerweise mit jedem weiteren Baby lockert, ist die strikte Separierung der Babywäsche. Beim ersten Baby wird nicht nur getrennt gewaschen, sondern auch mit einem besonders milden Waschmittel. Dritt- und Viertgeborene haben Glück, wenn sich ihre kleinen Socken und Hemdchen nicht lila färben, weil aus Versehen der Karategürtel des großen Bruders mitgewaschen wurde. Aber zurück zum Sterilisieren der Fläschchen: Aus Respekt gegenüber den ganz besonders Gründlichen unter uns habe ich den Sterilisator in diese Auflistung mit aufgenommen, ich würde ihn aber unter die Rubrik »nicht unbedingt notwendige Anschaffungen« einordnen.

Transportmittel für das Baby

Neugeborene können noch nicht in Sportwägen sitzen, da sie in einer anrührend-hilflosen Art immer wieder zusammensacken. Wenn du dein Baby also nicht ständig auf dem Arm tragen möchtest, kannst du entweder auf einen klassischen Kinderwagen, einen Kindersitz, ein Babytragetuch, einen Tragebeutel, den man vor der Brust trägt, oder eine Tragetasche zurückgreifen, in der es ausgestreckt liegen kann. In ausgesuchten Babyfachgeschäften wird außerdem oftmals als weitere Tragemöglichkeit eine Art »Moseskörbchen« angeboten – im Prinzip nichts anderes als ein geflochtener, hübsch ausgekleideter Korb mit einer Überdachung. Ich würde dir allerdings von dieser Anschaffung abraten. So unwiderstehlich diese Körbe auch aussehen mögen – sie sind groß und schwer, und du brauchst beide Hände zum Tragen (allerdings ist es gut möglich, daß dir jemand, der selbst keine Kinder hat, einen solchen Korb schenkt). AUSSERDEM KÖNNEN SIE AUF KEINEN FALL VERWENDET WERDEN, UM EINEN SCHLAFENDEN SÄUGLING IM AUTO ZU BEFÖRDERN.

Am empfehlenswertesten ist zweifellos ein Autositz für Babys, bei dem man mit einer Bewegung den Tragebügel hochklappen und ihn dann als Babytrage und Sitz verwenden kann. Diese Sitze haben sogar ein kleines Sonnendach, das du noch sehr zu schätzen lernen wirst, da Mütter ständig versuchen, ihre Babys vor grellem Licht zu schützen. Diese herausnehmbaren Autositze sind einfach großartig, weil man das Baby nicht zu stören braucht, wenn man es aus dem Auto holt und zum Einkaufen oder zum Kinderarzt geht (wo es dann oft zu einem ziemlich unsanften Erwachen kommt, aber dazu später). Die meisten Babys können bei Autofahrten nämlich ihre Augen nicht länger als fünf Minuten offenhalten.

An dieser Stelle möchte ich dir noch einmal einen der Grundsätze des Mutterseins in Erinnerung rufen: WENN DU ES IRGENDWIE VERMEIDEN KANNST, DANN WECKE NIE EIN SCHLAFENDES BABY. Nach kurzer Zeit wirst du den Autositz mit einem einzigen routinierten Griff im Sockel befestigen und wieder abnehmen, aber beim ersten Versuch ist es kaum auf Anhieb zu schaffen. Daher würden wir dir empfehlen, den Griff einige Male zu üben, bevor das Baby da ist und seinen Ehrenplatz in Beschlag nimmt.

Der neueste Zusatz zu diesem Auto-/Babysitz, der erst seit kurzem auf dem Markt ist, ist ein zusammenklappbares Gestell, mit dem sich der Sitz in eine Art Buggy verwandeln läßt. Der Sitz wird auf diesem Gestell genauso befestigt wie auf dem Sockel im Auto. In einer schönen, geräumigen Tasche, die unter dem Babysitz angebracht ist, lassen sich die zahlreichen Pflegeprodukte für einen Säugling gut unterbringen. Ich fand diese Taschen immer unglaublich nützlich, besonders bei Flugreisen, wo ich das Baby direkt bis zur Flugzeugtür rollte, den Sitz herausnahm (natürlich mit Baby) und das Flugpersonal bat, das zusammengelegte Buggygestell für mich zu verstauen oder es als Gepäckstück aufzugeben. Wenn man auf Flügen für das Baby einen eigenen Platz bucht, kann es während des Fluges in seinem Autositz sitzen bleiben, was sehr praktisch ist (wenn auch eine teure Angelegenheit, da man für ein extra Ticket zahlen muß). Selbst wenn du dir deinen Platz mit dem Baby teilst und es auf dem Arm hast, kannst du dich etwas ausruhen, wenn du den Autositz nach dem Start auf den Boden stellst und das Baby von Zeit zu Zeit hineinsetzt. Vielleicht sollte ich noch erwähnen, daß meine Freundin Dona der Meinung ist, die Kombination Auto- und Tragesitz sei sperrig und nicht besonders schön (um ehrlich zu sein, stimme ich ihr darin zu), aber manchmal geht Nützlichkeit vor Schönheit.

Wir Freundinnen sind auch große Befürworter der Tragebeutel, die man mit Trägern über den Schultern und mit einem Band um die Taille befestigt, so daß das Baby vor der Brust getragen wird. Erstens hast du dabei beide Arme frei, was für eine junge Mutter ein Gefühl unglaublicher Freiheit ist. Zweitens mußt du nur einen Blick nach unten werfen, um dich zu vergewissern, daß es dem Baby gutgeht. Und drittens – und für viele von uns der größte Vorteil – ist es mit diesem Tragebeutel für eifrige Bewunderer fast unmöglich, an deinem kleinen Engel herumzufingern, nachdem sie gerade alles mögliche angefaßt haben. Die meisten Babys lieben Tragebeutel, weil sie es darin mollig warm haben, spüren, wie dein Herz schlägt, wie deine Stimme in deinem Brustkasten vibriert und weil deine Bewegungen sie beruhigen – so, als wären sie noch in deinem Bauch. Später, wenn das Baby seinen Kopf sicher halten kann und du langsam Nackenschmerzen bekommst, weil sein Gewicht dich nach vorne zieht, kannst du auf eine Rückentrage umstellen (die du aber noch nicht sofort kaufen mußt). Darin kann das Baby über deine Schulter schauen und die Welt begutachten (oder über deinen Kopf gucken, wenn es auf der in Taillenhöhe angebrachten Fußstütze steht). Lange Spaziergänge mit dem Baby auf dem Rücken waren meine Geheimwaffe, um meine ehemals mädchenhafte Figur wenigstens andeutungsweise wiederherzustellen.

Zwar sind Kinderwägen für die ersten Monate besonders geeignet, aber aus mehreren Gründen nicht besonders praktisch. Sie sind erstens ganz schön teuer (mit ein paar hundert Mark muß man rechnen). Zweitens langweilt es das Baby nach den ersten sechs Monaten, nur Himmel und Vögel zu sehen (und die seltsamen Gesichter, die sich gelegentlich über den Wagen beugen). Es will dann lieber aufrecht mit dem Gesicht nach vorne sitzen, um die Welt und ihre Wunder von Angesicht zu Angesicht sehen zu können. Daher wirst du dir einen Sportwagen zulegen müssen. Im Babyfachhandel findest du Kinderwägen, die sich zu einem Sportwagen umbauen lassen, was ich für eine ideale und ökonomische Lösung halte, weil du einen solchen Wagen pro Kind zwei bis drei Jahre lang benützen kannst. Zum Aussuchen solltest du dir aber wirklich Zeit lassen und die Entscheidung nicht aufgrund des schicken schwarzen Gestells und des Leopardenbezugs treffen, auch wenn das gerade noch so in ist. Ein Blick in Verbrauchertesthefte ist hier durchaus angebracht.

Du solltest dir nicht nur vorführen lassen, wie man den Wagen zum Sportwagen umbauen kann, sondern auch, wie man ihn für den Transport im Auto auf- und zusammenklappt. *Anschließend* solltest *du selbst* versuchen, diese Aufgabe in Anwesenheit eines Verkäufers zu meistern. Ich habe meinen Sportwagen vier Monate lang aufgeklappt im Auto transportiert, weil ich nicht wußte, wie er funktionierte. Zum Glück fahre ich ein riesiges, lastwagenähnliches Auto, in dem genügend Platz ist. Aber du kannst dir einige peinliche Situationen ersparen (zum Beispiel wenn du das Riesenteil vor der Waschanlage aus dem Auto holst und die anderen Mütter dich ansehen, als hättest du soeben einen Elefanten in voller Lebensgröße aus dem Auto gelassen) und dir die Sache erleichtern, wenn du dich ein paarmal mit deinem Sportwagen befaßt, bevor das Baby da ist.

Was du auch tust – kauf auf keinen Fall einen Buggy, jedenfalls nicht im Moment. Es mag dir vielleicht verlockend erscheinen, aber auch wenn sie noch so leicht, einfach zu bedienen und günstig im Preis sind, für Neugeborene sind sie absolut ungeeignet: Es kann darin nicht ausgestreckt liegen, und es gibt keine Vorrichtung, um das Baby seitlich abzusichern oder seinen Kopf zu stützen. Wie du weißt, wird es während der ersten Monate deine Hauptaufgabe als junge

Mutter sein, dem Baby bei der Handhabung seines schweren Kopfes zu helfen, der gefährlich hin und her wackelt, wenn er nicht irgendwie gehalten oder gestützt wird.

Utensilien zur Babypflege

Klar, ich weiß, daß man mit einem kleinen Babywaschlappen und etwas warmem Wasser ein Neugeborenes wunderbar waschen kann. Trotzdem wirst du ein unwiderstehliches Verlangen verspüren, dein Baby in eine Wanne zu stecken, nachdem der Nabelschnurrest abgefallen ist. Bis zu diesem Zeitpunkt mußt du dich darauf beschränken, jeden Körperteil des Babys mit einem Schwamm warm abzureiben und jeweils den restlichen Körper mit einem Handtuch warm zu halten. Danach mußt du dich um den Nabel kümmern und, falls du einen Jungen hast, der beschnitten ist, um seinen abheilenden Penis. Der Nabel sollte mit Alkohol gesäubert werden, indem du einen Wattebausch oder – mein Favorit – ein Ohrstäbchen in Alkohol tauchst. So wird der Nabelbereich nicht nur gesäubert, der Alkohol fördert auch das Abtrocknen und Abfallen des Nabelschnurrests. Der arme, kleine Penis benötigt eine gründliche, *aber sanfte* Säuberung und anschließend etwas antibakterielle Creme und eine schützende Gaze.
Nachdem Nabel und Penis abgeheilt sind, ist es Zeit für den Sprung ins warme Naß. Wenn du kein Schlangenmensch bist oder nicht jedesmal mit dem Baby in die Badewanne steigen möchtest, ist die Familienbadewanne ungeeignet. Du brauchst eine Plastikbadewanne, die man auf den Tisch stellen kann, damit sich das Baby in Taillenhöhe befindet. Du

kannst mir glauben, es gibt nichts Glitschigeres als ein nasses, neugeborenes Baby (außer rohen Eiern – ohne Schale). Für circa fünfzehn Mark kannst du eine Wanne mit weichem Gummibelag erstehen, auf dem das Baby nicht ausrutscht. Diese Modelle sind einfach großartig, billig und absolut erforderlich. Und denke bloß nicht, daß man ein Baby einfach in die Badewanne stecken und mit der Familienseife abwaschen kann. *Falsch!* Babyhaut ist so empfindlich, daß fast jede Seife alkalischer Basis die Haut austrocknet, wenn nicht sogar Hautausschläge hervorruft. Im Prinzip benötigt man für ein Neugeborenes überhaupt keine Seife, denn der »Schmutz«, mit dem es vielleicht in Berührung gekommen ist, kann mühelos mit warmem Wasser und sanftem Rubbeln entfernt werden. Sollte ich dir damit die Vorfreude darauf genommen haben, dein Baby so richtig schön einzuseifen, keine Sorge: Auch ich habe das gerne getan und mir deshalb sanfte Babyseifen besorgt. Wenn du deine Lieblingsbabyseife gefunden hast, brauchst du nur noch ein paar Baby-Waschlappen, und schon kann's losgehen. Mit einem Waschlappen in normaler Größe wirst du dieses mysteriöse, dunkle Zeug zwischen den Zehen eines Babys wohl nicht entfernen können, ohne ihm dabei die Zehen auszurenken.

Wie alle Mütter wissen, gibt es kaum einen Bereich, der so zart ist und soviel zusätzliche Pflege benötigt wie der Babypopo. Zu allem Unglück wird diese empfindliche Stelle nur allzu leicht durch Urin (oder noch übelriechendere Ausscheidungen) gereizt. Mit einer Creme oder Salbe kann man den Babypo am besten schützen. Frag deinen zukünftigen Kinderarzt oder deine Freundinnen, die selbst Kinder haben, welche Marken die besten sind. Ein oder zwei Markennamen fallen meist in jeder Unterhaltung und sollten fürs erste genügen.

Umstrittener ist allerdings die Verwendung von Babypuder. Man hört immer wieder, daß Puder so fein ist, daß er vom Baby eingeatmet werden und sich in seinen winzigen Lungen festsetzen kann. Das möchtest du natürlich auf jeden Fall vermeiden. Einige Marken verwenden anstelle von Puder Stärkemehl, das nicht so leicht eingeatmet werden kann. Trotzdem muß man sich, besonders wenn es sich um weibliche Babys handelt, die berechtigte Frage stellen: »Ist dieses zusätzliche Geschmier, das sich da in den winzigen Fältchen ansammelt, wirklich nötig?« Wenn du dem bezaubernden Duft von Babypuder nicht widerstehen kannst, dann streu etwas auf Rücken und Bauch des Babys und spar die Windelgegend aus.

Wenn du dein Baby wirklich ärgern willst, brauchst du einen Nasensauger. Babys haben unter einer so simplen Sache wie Schleim in Nase und Hals oft schrecklich zu leiden, und du kannst dir das Leben leichter machen, indem du einen Teil dieses störenden Sekrets absaugst. Du solltest vorher wissen, daß Babys diese Behandlung hassen, sich aber nachher auf jeden Fall besser fühlen.

Noch furchteinflößender als der Nasensauger, wenigstens für die Mütter, sind die winzigen Nagelclipper und Scheren für die Fingernägel des Babys. Deine Aufgabe wird darin bestehen, etwas zu schneiden, das hauchdünn ist, weniger als drei Millimeter groß und sich oft völlig unerwartet bewegt. Man sollte aber Babys die Nägel oft schneiden, damit sie sich nicht im Gesicht kratzen oder – der Alptraum schlechthin – sich ihre Augen mit rasiermesserscharfen Nägeln verletzen.

Wir Freundinnen raten dir, die Prozedur durchzuführen, wenn das Baby schläft. Wenn du die Sache bei jedem Nickerchen angehst, hast du die Maniküre in ungefähr vierundzwanzig Stunden beendet, weil du jeweils nur zwei bis drei Nägel schneiden kannst, bevor das Baby wieder aufwacht.

Ich finde, es gibt keinen großen Unterschied zwischen einem Nagelclipper und einer Schere. Ich hatte mit beiden meine Probleme und schnitt meinem ersten Kind bei unserer ersten Maniküre etwas ab, das wie ein Stück seines Daumens aussah. Ich kann mich nicht mehr erinnern, wer bitterlicher weinte – er oder ich – aber ich weiß, daß er es noch jetzt, sieben Jahre später, haßt, wenn ich ihm seine Nägel schneide. Unter uns gesagt, ich habe die Nägel meiner Babys lieber *abgebissen*. Ich saugte einfach an ihren Fingern, wenn ich sie fütterte – sie bemerkten dabei kaum, was ich tat.

Babytasche

Wie bereits erwähnt, gehören mehr Planung und Strategie dazu, mit einem Neugeborenen das Haus zu verlassen, als damals bei der Landung in der Normandie nötig waren. Du brauchst Windeln, Kleider zum Wechseln, Feuchttücher, Fläschchen, Decken, eine Unterlage oder ein Stofftuch, auf dem du das Baby auch an Orten, die deinen hygienischen Ansprüchen nicht genügen, wickeln kannst (zum Beispiel auf Ablagen in öffentlichen Toiletten), Schnuller (oder auch nicht), Mützchen, Creme, Wasser für dich (falls du stillst), Snacks für dich (wenn du stillst oder immer noch wie eine Schwangere ißt), Sonnencreme, Rasseln, Lieblingsstofftiere und – für mich persönlich das Wichtigste, da ich Meilen von der Zivilisation entfernt lebe – Fieberzäpfchen. All diese Dinge packt man seit jeher in eine Wickeltasche, und auch du wirst wahrscheinlich diese Tradition fortsetzen. Bei meinem dritten Kind habe ich diese Taschen schließlich gehaßt. Ich fand sie häßlich und ärgerte mich darüber, wie schnell sie schmuddelig wirkten (es gibt nichts, was so hartnäckige Flecken verursacht wie Milchpulver oder das Erbrochene eines Babys). Da keine Mutter Wickeltasche *und* Handtasche mitnimmt (sondern einfach Schlüssel und Geldbeutel in die Tasche des Babys wirft), wird die Wickeltasche leider auch Teil deines persönlichen Stils. Bei meinem dritten Kind griff ich mit einigem Erfolg auf Camping- oder Wanderrucksäcke zurück. Bei meinem vierten Baby legte ich mir sogar eine schwarze Schultertasche aus Leder zu, weil ich trotz meiner permanenten Schwangerschaften wenigstens ein wenig schick aussehen wollte. Ich glaube, ich konnte niemanden täuschen. Wenn du eine Wickeltasche kaufst, sollte sie sich zumindest waschen lassen oder aus Vinyl hergestellt sein, verschiedene Fächer haben, damit man die Babyfläschchen von den dreckigen Windeln und deine Geldbörse von beidem trennen kann, und, was am wichtigsten ist, einen Träger haben, mit dem du sie über der Schulter tragen kannst. Denn deine Hände wirst du für Baby, Säuglingssitz, Sportwagen und andere Utensilien brauchen. Vergiß nicht, daß diese Verwandlung von Babytasche zu gemeinsam genutzter Tasche zwangsläufig stattfinden wird. Vielleicht solltest du deshalb lieber auf die schwarz-weiß-getupfte Tasche mit der grinsenden Giraffe auf beiden Seiten verzichten.

Medikamente

Bei deinem ersten oder zweiten Besuch beim Kinderarzt wird man dir wahrscheinlich ein Rezept für Zäpfchen gegen Fieber und den brennenden Schmerz bei der ersten Impfung mitgeben. (Laß dir am besten auch ein Rezept für Erwachsene geben, denn der Einstich wird für dich sehr viel schmerzhafter sein als für dein Baby.) Du solltest nie irgendein Medikament ohne genaue Anweisung deines Kinderarztes verabreichen. Dennoch ist es sinnvoll, die von deinem Kinderarzt empfohlenen Medikamente gegen Fieber und Schmerzen schon am voraus zu Hause vorrätig zu haben, falls du mitten in der Nacht mit einem kranken Baby bei ihm anrufen mußt und er dir sagt, daß du nur ein Zäpfchen zu geben brauchst. Sonst mußt du deinen Mann mitten in der Nacht auf die Suche nach einer Apotheke mit Notdienst schicken.

Babythermometer

Um ganz ehrlich zu sein (wann war ich das nicht?), ich habe bei keinem meiner Kinder Fieber gemessen, als sie Säuglinge waren. Keine Krankheit schien mir so bedrohlich, daß ich ihnen ein Fieberthermometer mit etwas Vaseline an der Spitze in den Po hätte stecken wollen. Wenn Babys Fieber haben, ist das ziemlich eindeutig, weil nicht nur Stirn und Wangen, sondern auch Hände, Bauch und Nacken heiß werden. Ich habe mich daher immer auf mein Gefühl verlassen. Die meisten meiner Freundinnen waren da mutiger und wußten die Temperatur ihres Babys bis auf die zweite Dezimalstelle. Baby-

fieberthermometer sind günstig und überall erhältlich (vergewissere dich aber, daß du damit rektal messen kannst). Noch
ein Tip von uns Freundinnen: Mit einem Fieberthermometer
kannst du nicht nur Fieber messen, sondern auch deinem
Säugling beim Stuhlgang helfen. Wenn du ihm nämlich das
Thermometer in den Po steckst, löst das einen Reflex aus, der
ähnlich zuverlässig funktioniert wie der Kniereflex. Hinein
mit dem Fieberthermometer und heraus kommt der Senf aus
der Tube.

Die größte Erfindung unseres Jahrhunderts ist für mich das
elektronische Ohrthermometer. Dieses erstaunliche Ding
läßt einen Lichtstrahl am Trommelfell des Babys reflektieren
und ermittelt so in ungefähr zwei Sekunden die Körpertemperatur. Du kannst das Thermometer sogar ins Ohr des Babys
stecken, während es tief schläft! Es ist im Moment noch relativ teuer, scheint aber, wie damals die Taschenrechner, von
Jahr zu Jahr billiger zu werden. Sieh dich also am besten in
verschiedenen Geschäften um. Du kannst ja auch ein paar
Freundinnen gegenüber Andeutungen machen, damit sie
sich zusammentun und dir eins zur Entbindung schenken. Es
wird dir so gut gefallen, daß du aus Spaß auch deine eigene
Temperatur und die deines Mannes damit messen wirst.

Beleuchtung

Wenn du dein Baby zu Hause hast und es mehrmals in der
Nacht wickeln mußt, wirst du einen Dimmer oder ein starkes
Nachtlicht zu schätzen wissen. Wenn du zum Windelwech-
seln das normale Licht anmachst, weckst du das Baby auf und

bekommst selbst womöglich ziemliche Kopfschmerzen. Du mußt schließlich keine Operation durchführen (und die Tage der Windelnadeln sind auch schon lange vorbei) und benötigst daher nur so viel Licht, um sicherzugehen, daß du das richtige Ende des Babys in die Windel verpackt und den Popo gründlich gesäubert hast, bevor die neue Windel zum Einsatz kommt. Vergiß die unzähligen Häkchen auf der Beininnenseite des Schlafanzugs, es genügt auch, wenn du drei oder vier davon zumachst. Heb dir die Perfektion lieber für dann auf, wenn andere dabei sind und dich bewundern können.

Gedämpftes Licht schafft auch eine angenehm beruhigende Atmosphäre zum Füttern des Babys. Es liegt dann warm in deinen Armen, kann dein Herz schlagen hören und fühlt sich an die Dunkelheit im Bauch erinnert. Vielleicht sieht es dich in seiner seligen Behaglichkeit nicht an, aber ich kann dir garantieren, daß du deinen Blick nicht abwenden wirst und dir vor Rührung die Tränen in die Augen steigen werden.

Babyphone

Am liebsten hättest du dein Baby wahrscheinlich die ganze Zeit im Arm, in deinem Bett oder direkt vor dir im Babysitz, aber schon nach kurzer Zeit wirst du feststellen, daß ein schlafendes Baby ein Geschenk des Himmels ist und man diese Zeit für solch exotische Dinge verwenden sollte wie ein Nickerchen, ein Bad oder dafür, das schmutzige Geschirr der Woche in die Spülmaschine zu räumen. Mit einem Babyphone kannst du all diese Dinge tun, ohne daß dir auch nur ein Atemzug deines Babys entgeht. Das einfachste und effektivste Modell besteht aus einem Lautsprecher, den man in der Nähe des Babys aufstellt, und einem Empfänger, der sich in deiner Nähe befindet und den man sich sogar am Gürtel befestigen kann. Diese Geräte sind unglaublich empfindlich und geben auch das leiseste Geräusch wieder, wenn man sie laut genug stellt. Die gängigsten Marken sind unter fünfundsiebzig Mark erhältlich (auch eine gute Geschenkidee), bestehen aus Plastik und können, ohne erkennbaren Schaden zu nehmen, wiederholt auf den Boden oder vom Wickeltisch in den Windeleimer fallen. Ich verwende bei meinem vierten Kind das Gerät, das ich schon vor sieben Jahren für mein erstes Baby gekauft habe, und wahrscheinlich werde ich meine Kinder noch ein paar Jahre lang damit bespitzeln können. (Eine gute Sache, denn wie ich bemerkt habe, werden ihre Heimlichkeiten mit zunehmendem Alter dramatischer und potentiell gefährlicher, nach dem Motto: »Komm, wir gehen in Mamas Zimmer, knoten ihre Bettlaken zusammen, hängen sie aus dem Fenster und schwingen uns dann wie Tarzan in den Swimmingpool«. Wenn du das Babyphone von Geburt an ins Kinderzimmer gestellt hast, nimmt es dein Sprößling irgendwann nicht mehr wahr und vergißt, es auszuschalten, bevor er irgendeinen teuflischen Plan ausheckt.)

Milchpumpe

Wenn du denkst, deine körperlichen Veränderungen hätten ihren Höhepunkt mit dem Ende des neunten (zehnten) Schwangerschaftsmonats erreicht, dann warte ab, bis sich deine Brüste mit Milch füllen. Dieser beinahe explosionsartig auftretende Zustand wird »Milcheinschuß« genannt und ist kein Grund zur Beunruhigung, aber auch nicht sehr angenehm. Wenn du stillst, besteht die einzige Erleichterung darin, etwas Milch abzupumpen, und zwar möglichst schnell. Mütter, die nicht stillen, müssen diesen Zustand einfach ertragen und darauf warten, daß ihr Körper die Nachricht bekommt, die Milchfabrik mangels Aufträgen zu schließen. Viele Ärzte geben Frauen, die sicher sind, daß sie nicht stillen wollen, eine Spritze, damit ihr Körper diese Nachricht schneller registriert.

Im allgemeinen wird dein Baby diese überschüssige Milch nur zu gerne abzapfen, aber manchmal ist es einfach nicht hungrig oder möchte sein Nickerchen fortsetzen. Oder deine Brüste und Brustwarzen werden so voll und hart, daß es die Brustwarze nicht richtig festhalten kann und keine Milch bekommt. Aus diesem Grund möchten wir Freundinnen dir ans Herz legen, dir eine Milchpumpe zu besorgen, damit du dir selbst Milch abpumpen kannst (und zwar wortwörtlich). Auch wenn sich das jetzt etwas unappetitlich anhört, du wirst später dankbar dafür sein. Mit einer Milchpumpe kannst du dir nicht nur selbst Erleichterung verschaffen oder deinem hungrigen Baby das Trinken erleichtern (meine Freundin Amy zum Beispiel hatte so viel Milch, daß sie vor dem Stillen jedesmal einige Gramm abpumpen mußte, damit ihre Babys sich nicht verschluckten und erstickten), du kannst damit auch deine Brüste stimulieren, damit sie noch mehr Milch produzieren. Der beste Grund für die Anschaffung einer Milchpumpe ist, daß du die zusätzlich abgepumpte Milch in Fläschchen abfüllen kannst und JEMAND ANDERES DEIN BABY FÜTTERN KANN, während du ein Nickerchen machst oder dir zum ersten Mal seit Monaten die Beine rasierst. Abgepumpte Milch ist für eine stillende Mutter eine äußerst wertvolle Flüssigkeit: Je mehr du davon hast, desto öfter hast du Zeit für dich selbst.

Milchpumpen gibt es in verschiedenen Ausführungen, von sehr einfachen und billigen, zylinderförmigen Geräten, die wie riesige Spritzen aussehen, bis hin zu elektrischen Pumpen, die in ein paar Minuten zwei Brüste gleichzeitig leeren können. Da niemand ein paar hundert Mark für eine elektrische Milchpumpe hinlegen möchte, die man wahrscheinlich nicht einmal ein Jahr lang in Gebrauch hat, gibt es viele Apotheken, die diese Geräte an junge Mütter verleihen. Wenn du die Möglichkeit hast, eine elektrische Milchpumpe auszuleihen, dann mach es auf jeden Fall. Es ist zwar komisch zu sehen, wie die eigenen Brustwarzen von den Saugvorrichtungen ungefähr zehn Zentimeter lang gezogen werden, aber trotzdem eine idiotensichere Erfindung. Ich habe mich bei diesen Handpumpen immer so dumm angestellt, daß kein einziger Tropfen herauskam, und dabei habe ich es mit mehreren Modellen versucht. (Die einzige Schwierigkeit bei einer elektrischen Pumpe kann darin bestehen, die Schläuche der Pumpe richtig mit den Fläschchen zu verbinden. Du kannst dir ja gleich in der Apotheke oder wo immer du die Pumpe entliehen hast, alles zusammenbauen lassen.)

Windeln

Habe ich da jemanden stöhnen hören? Du weißt natürlich, daß du das Baby wickeln mußt, aber weißt du auch, *wie viele*

Windeln du in diesen ersten Tage verbrauchen wirst? Stellen wir folgende Rechnung auf: Am Anfang wirst du wahrscheinlich alle drei bis vier Stunden rund um die Uhr stillen. Vor jedem Stillen, gleich nachdem das Baby von seinem Nickerchen aufgewacht ist, wirst du es wickeln. Außerdem wird es des öfteren vorkommen, daß du *während des Stillens* etwas hörst oder spürst und richtig vermutest, daß die Windel gleich wieder gewechselt werden muß. Außerdem gibt es diese seltenen Momente, in denen das Baby schon eine ganze Weile wach ist und dich das Bedürfnis überkommt, die Windel zu wechseln, um sicherzugehen, daß sie nicht naß ist. Das macht ungefähr zehn bis zwölf Windeln pro Tag.

Du brauchst nicht glauben, daß du schon am zweiten oder dritten Tag Lust hast, mit dem Baby zum nächsten Geschäft zu rennen und neue Windeln zu kaufen. Besorge dir deshalb eine kleine Packung in der kleinsten Größe für Neugeborene und eine Packung in der nächsten Größe, und benütze dann die Größe, die paßt.

Zum Glück sind die Windeln für Neugeborene meist weiß und die Verzierungen bei Jungen und Mädchen die gleichen. Aber es gibt auch rosa Windeln für Mädchen, die meist mit Kätzchen oder Regenbogen geschmückt sind, während die für Jungen blau und mit passenden maskulinen Motiven wie Autos oder Zügen verziert sind. Selbst wenn du einen Pack rosa Windeln kostenlos bekämst, kann ich dir versichern, daß du sie eher als Geschenkpapier verwenden würdest, als sie deinem ersten *Sohn* anzuziehen! Klar, es ist eigentlich doof, und wir könnten unsere Therapeuten mit diesen geschlechtsspezifischen Stereotypen wochenlang beschäftigen, aber es ist die Wahrheit. Ach ja, eins noch zu diesem Thema: Wie schon gesagt, es ist deine Entscheidung, ob Stoff- oder Einmal-Windeln.

Kleidung

Babys benötigen zwar kein besonders breitgefächertes Sortiment an Kleidung, dafür aber von jedem Stück mehrere Exemplare. In den ersten Lebenswochen sind Hemdchen, Windeln, Söckchen oder Schühchen und Stoffwindeln, um das Baby darin fest einzuwickeln, eigentlich vollkommen ausreichend. Ich weiß, du wirst es nicht dabei belassen, denn bisher konnte noch niemand all den lustigen Mützchen, Nicki-Pyjamas, den imitierten Turnschühchen und all den anderen Dingen widerstehen. Aber man kann auch mit weniger auskommen.

Fangen wir bei den grundlegenden Kleidungsstücken an. Da wir bereits erwähnt haben, daß du einen ganzen Haufen Windeln für das Baby bereithalten solltest, können wir gleich zu den Hemdchen übergehen. Wie bereits im vorhergehenden Kapitel erwähnt, finden wir Freundinnen die Hemdchen zum Zubinden besser als die, die man über den wackligen Kopf des Babys ziehen muß. Unserer Meinung nach benötigst du am Anfang ungefähr sechs Hemdchen. Dann hast du genug, um das Baby dreimal am Tag umzuziehen und um einen weiteren Tag, an dem du nicht zum Waschen kommst, zu überstehen. Da das Hemdchen das »Grundkleidungsstück« eines kleinen Babys ist, wird dein Schätzchen wahrscheinlich die ersten Monate über eins tragen. Du solltest sie in guter Qualität kaufen, damit sie weich und saugfähig sind, aber auch nicht unnötig viel für Designermodelle ausgeben, aus denen dein Baby mit erstaunlicher Geschwindigkeit herauswachsen wird. Im Gegensatz zur übrigen Babykleidung, die man an Freunde weitergeben oder für zukünftige Kinder aufbewahren kann, muß man Säuglingshemdchen meist wegwerfen, wenn das Baby herausgewachsen ist (erinnerst du dich, was ich über Milchpulver und das Erbrochene von Babys erzählt habe? Sie verursachen wirklich hartnäckigere Flecken als ein Gemisch aus Grapefruitsaft und Tusche).

Babyfüßchen sehen unwahrscheinlich dünn und klein aus, wenn du sie das erste Mal siehst. Man kann sich kaum vorstellen, daß diesen Füßchen überhaupt irgendein Kleidungsstück paßt, ohne daß es sofort wieder verlorengeht. Die Wahrheit ist, daß nur die wenigsten passen, was uns aber nicht davon abhält, den Kleinen Söckchen anzuziehen und diese immer wieder überzustreifen, auch wenn sie dauernd von den strampelnden Füßen rutschen. Am besten du kaufst drei oder vier Paar für den Anfang. Sie werden nicht sehr schnell schmutzig (außer dein Baby steckt beim Wickeln seinen Fuß in die dreckige Windel), und du brauchst sie nicht so oft zu wechseln wie die Hemdchen. Da sie so winzig sind, gehen sie ständig verloren. Kaufe deshalb am besten alle Strümpfe in der gleichen Farbe, damit du mit den verbleibenden Einzelexemplaren neue Paare bilden kannst.

Wir Freundinnen finden auch Schlafsäcke für Neugeborene ausgesprochen praktisch. Du bindest sie einfach unten zu, und das Baby kann sich nicht freistrampeln und kalte Beine bekommen, wenn du ausnahmsweise mal nicht hinsiehst. Außerdem können darin Socken, die sich ansonsten verselbständigen würden, nicht verlorengehen. Bei den meisten

Schlafsäcken kann man problemlos die Windeln wechseln, was du mitten in der Nacht durchaus zu schätzen wissen wirst. Du brauchst dich im Halbschlaf dann nicht mit irgendwelchen Häkchen oder Knöpfen herumzuärgern, sondern lediglich den Schlafsack bis zum Bauch des Babys zu öffnen, kannst die Windel wechseln und das Kleine wieder schön einpacken und zurücklegen. Warte mit den Pyjamas lieber, bis das Baby zu groß für einen Schlafsack geworden ist beziehungsweise mehr Freiraum für seine Beine braucht, als ihm der Schlafsack läßt.

Ich habe die Deckenfrage für diesen Abschnitt aufgehoben, denn Decken werden während der ersten Monate fester Bestandteil der Kleidung sein. Für mich gibt es zwei Arten: Stoffwindeln und Überdecken. Stoffwindeln sind dünne Flanell- oder Baumwollwindeln, in denen man das Baby fest einwickeln kann, damit es sich richtig wohlbehütet und sicher fühlt, ohne stark zu schwitzen. Diese Decken kann man in der Maschine waschen, sie sind günstig und können bei jedem Wickeln gewechselt werden. Stoffwindeln benützt man auch als »Spucktücher«, wie ich schon im vorhergehenden Kapitel erwähnt habe. Du weißt schon, Spucktücher sind diese Dinger, die man über der Schulter trägt, um sich und das Baby zu schützen, wenn es spucken muß.

Überdecken sind normalerweise wunderschön gewebt und gesäumt, sehen aus wie aus Wolle, obwohl sie meist ziemlich viel Polyester enthalten, sind häufig mit Applikationen oder Satinrändern versehen und in der Regel schwerer als Stoffwindeln. Für mich sind es sog. »Ausfahrdecken«, denn du wickelst dein Baby eigentlich nur darin ein, um Leute zu beeindrucken oder es beim Spazierengehen warm zu halten. Sie sehen besonders hübsch aus, wenn man das Baby im Kinderwagen damit zudeckt oder es darin eingewickelt bei einem Familienfest auf dem Arm trägt. Ansonsten sind sie oft kratzig und zu warm.

Alles andere

Wenn du nach der Entbindung wieder Lust auf Einkaufsbummel bekommst, werden Babyfachgeschäfte wahrscheinlich eine starke Anziehungskraft auf dich ausüben. Diese Exkursionen werden an die Stelle deiner Einkaufsbummel in der Zeit vor der Schwangerschaft treten, weil du höchstwahrscheinlich noch nicht wieder deine normale Größe trägst und noch keine Lust auf Kleidungsstücke hast, die man nicht ungebügelt tragen kann. Wenn du die Grundausstattung zusammengestellt hast, die wir hier aufgelistet haben, kannst du kaufen, wonach dir der Sinn steht, und für Cowboy-Anzüge oder Ballerina-Kleidchen, solarbetriebene Mobile, Brumm-Teddys und motorisierte Babyhängematten nach Herzenslust dein Geld ausgeben. Genieß es und probier alles aus (wenn du es dir leisten kannst). Fürs erste haben wir Freundinnen unsere Pflicht getan und dir etwas Starthilfe gegeben. Nun bist du dran.

15   Die Wehen beginnen (endlich!)

Kaum eine Schwangere wird sich beim Thema Wehen nicht zwei bange Fragen stellen: »Wird es weh tun?« und »Woran erkennt man, daß es losgeht?« Die Antwort auf die erste Frage lautet ganz einfach: Ja, es wird weh tun, in den ersten Stunden aber wahrscheinlich erträglich sein. Wichtiger ist im Moment, woran du erkennst, daß die Wehen bald einsetzen werden – oder ob du schon mittendrin bist. Im folgenden haben wir Freundinnen alle Anzeichen zusammengetragen, die uns dazu einfielen.

Nestbautrieb

Einige Tage vor dem Einsetzen der Wehen kann es sein, daß du den unwiderstehlichen Drang verspürst, das Haus zu putzen, den Kühlschrank abzutauen, alle CDs in alphabetischer Reihenfolge zu ordnen oder irgend etwas anderes Überflüssiges zu tun. Ich meine nicht die panikartigen Putzanfälle, die dich überkommen, wenn deine Mutter überraschend ihren Besuch ankündigt, oder die Tatsache, daß du es doch endlich schaffst, den Toilettenpapierhalter wieder an der Wand zu befestigen, wenn ein Wochenendbesuch deines Bruders und seiner neuen Frau ins Haus steht. Ich spreche von den fieberartigen Putzanfällen, bei denen du mit der Zahnbürste deines Mannes das Toilettenrohr säuberst und jeden Lichtschalter im Haus abmontierst und desinfizierst. In dieser Zeit sind sonst sehr vernünftige Frauen plötzlich der Meinung, keine Nacht mehr in einem Haus schlafen zu können, in dem die Fußleisten nicht frisch gestrichen sind. Auf diese Art und Weise stellt die Natur sicher, daß alles für die Ankunft des Babys vorbereitet ist. Man nennt diese Anwandlungen daher auch »Nestbautrieb«.

Eine Woche nach ihrem offiziellen Entbindungstermin (der von Anfang an ein hypothetisches Datum ist) wurde meine Freundin Mindy von ihrer Mutter ertappt, als sie schwankend auf einer fast zwei Meter hohen Leiter stand und wie im Wahn die obersten Regalbretter ihres Wandschranks abwusch. Um zu verdeutlichen, wie untypisch dieses Verhalten für Mindy war, muß man hinzufügen, daß ihr »Baby« nun sieben Jahre alt ist und die Regalbretter seither keinen Schwamm mehr gesehen haben. Mindys Mutter war außer sich und versuchte, ihrer Tochter gut zuzureden – so wie man es bei jemandem tun würde, der kurz davor ist, aus dem Fenster eines Hochhauses zu springen. »Bist du sicher, daß das eine gute Idee ist, Liebling?« fragte sie. »Warum kommst du nicht wieder herunter und läßt mich das für dich machen?« Aber Mindy konnte einfach nicht aufhören und hatte keinerlei Einsicht in die Absurdität ihres Verhaltens.

Meine Freundin Sondra fing an zu kochen, als sie sich ihrem Entbindungstermin näherte. Sie erklärte ruhig und vernünftig, daß sie für ihren Mann nur ein paar Mahlzeiten einfrieren wolle, die er sich während ihres Krankenhausaufenthaltes und in den ersten Tagen nach ihrer Rückkehr in der Mikrowelle aufwärmen könne. Es klang einleuchtend, bis ich Sondra eines Tages um sieben Uhr früh auf dem Parkplatz sah, wo sie in ihrem Auto darauf wartete, daß der Supermarkt öffnete.

Sie füllte die ganze Kühltruhe und bald auch die ihrer Freundinnen. Als sie davon genug hatte, beschloß sie, ihrem Mann etwas kulinarische Abwechslung zu bieten. So vertiefte sie sich in den Morgenstunden, bevor der Supermarkt seine Tore öffnete, in die Raffinessen der chinesischen Küche. Dann begann sie zu grillen, was ihr in die Finger kam – auch wenn sie dabei im Regen stehen und einen Schirm über den Gasgrill halten mußte. Um es kurz zu machen: Bei Sondra setzten die Wehen ein, sie ging ins Krankenhaus, brachte ihr Kind auf die Welt und kam zurück nach Hause, bevor ihr Mann dazugekommen war, auch nur eine einzige Lasagne zu verzehren. Anschließend feierte sie die Geburt ihrer Tochter und backte knapp sechs Stunden nach der Entbindung Waffeln für Eltern und Schwiegereltern. (Ich geb's ja zu, Sondra ist vielleicht kein besonders gutes Beispiel.)

Der Mann meiner Freundin Shirley wachte eines Morgens bei Tagesanbruch kurz vor Ende ihrer Schwangerschaft auf und fand das Bett leer vor. In der Überzeugung, daß seine Frau sich bereits in den Wehen befand oder irgendwo im Haus ihr Baby zur Welt brachte, sprang er nackt aus dem Bett, um sie zu suchen. Sie antwortete nicht auf seine Rufe, und er konnte sie im ganzen Haus nicht finden, obwohl ihr Auto noch in der Garage stand. Schließlich entdeckte er sie im Garten, wo Shirley einen Schubkarren voll Dünger einen steilen Hügel hinaufschob. Ihr Baby sollte unbedingt in ein Haus mit Rasen einziehen, und Shirley hatte schon Stunden vor Sonnenaufgang etwas dafür getan. Nie hätte sie zugelassen, daß ein Gärtner den Rasen *ihres* Babys düngte – nein, das war Aufgabe der *Mutter*.

Während einer meiner Schwangerschaften richtete sich mein

Putzwahn vor allem gegen Fensterbretter und Fensterläden. Ich wollte unbedingt jeglichen Staub aus allen Ritzen und Räumen entfernen und kaufte deshalb verschiedene Hilfsmittel, um ihn abzuwischen, wegzufegen oder vollständig aus der Luft zu filtern. Eines Nachts wachte ich schweißgebadet auf, weil mir klargeworden war, daß der ganze Staub, den ich von Fensterläden und Fensterbrettern gewischt hatte, im Teppich gelandet sein müßte. Mein Mann mußte mich gewaltsam davor zurückhalten, den ganzen Teppich im Haus herauszureißen.

Meine Freundin Jillian, deren Nestbautrieb sich eher auf künstlerische als auf antiseptische Weise bemerkbar machte (und die eine Putzfrau hat, die ihr bei den banaleren Putzpflichten unter die Arme greift), begann kurz vor ihrer Entbindung, fanatisch alle losen Fotos in Alben einzukleben, und versuchte verzweifelt, die Fotoalben ihrer zwei anderen Kinder auf den aktuellsten Stand zu bringen. (Diese Baby-Fotoalben können übrigens zu einer Plage werden, besonders nach dem ersten Baby. Es sammeln sich darin nämlich ganz schnell Zeitungsausschnitte, Arztberichte, Postkarten und alles, wofür man sonst keine passende Ablagemöglichkeit gefunden hat. Du kannst mir glauben, daß die meisten Mütter im Hinblick auf Baby-Fotoalben ein äußerst schlechtes Gewissen haben. Und wenn nicht, dann haben sie entweder viel zuviel Zeit oder – noch besser – sie haben sich erst gar keines angeschafft!)

Aber kommen wir auf Jillian zurück: Sie saß also inmitten von Fotos und Alben auf dem Fußboden mit einem Bauch in der Größe einer Weltkugel und versuchte etwas Ordnung in dieses Chaos zu bringen. Ihr einfühlsamer beziehungsweise ängstlicher Mann kam einige Male vorbei, wagte aber nicht, ihr vorzuschlagen, doch lieber ein Nickerchen zu machen. Nein, Jillian hatte einen Auftrag zu erledigen und niemand würde sie davon abhalten. Und – wie du sicher geahnt hast – als sie das allerletzte Foto ins allerletzte Album geklebt hatte, machte es »Plop«, und ihre Fruchtblase war geplatzt.

Allgemeines Genervtsein

Ein weiteres Zeichen dafür, daß du im Endspurt bist, ist die immer schlechter werdende Laune. Ich weiß, ich weiß – man sagt, daß Schwangere während der gesamten neun (zehn) Monate ihrer Schwangerschaft häufig launisch sind, aber es gibt eine ganze Reihe guter Gründe, warum deine Laune nun besonders zu wünschen übrig läßt: Erstens schläfst du nur noch wenig und sehr schlecht, zweitens hast du genug davon, ein biologisches Experiment zu sein, und drittens wird dir langsam klar, daß es kein Zurück mehr gibt und alles schwieriger wird, wenn das Baby erst da ist.

Wir Freundinnen glauben jedoch, daß etwas an diesen letzten Wochen voll schlechter Laune dem erfahrenen Beobachter eindeutig zeigt, daß es bei *dieser Frau bald soweit ist*. Stell dir eine Schwangere als Vulkan vor, als einen großen, alten Berg – das ist sie ja jetzt seit ein paar Monaten –, bei dem man von außen nicht erkennen kann, ob er ruht oder ob die Lava am Brodeln ist. Nur eine dünne Rauchfahne deutet an, daß der Ausbruch kurz bevorsteht. Ich kann mich noch daran erinnern, daß ich meine Freundin Maria bei einem Kindergeburtstag traf, kurz bevor sie ihren Sohn zur Welt brachte. Als ich sie begrüßte, sah sie mich an, als wüßte sie nicht genau, wo sie mich hinstecken sollte, obwohl wir zu diesem Zeitpunkt bereits zehn Jahre miteinander befreundet waren. Für den normalen Betrachter wirkte sie sehr ruhig, fast schon an der Grenze zur Bewußtlosigkeit, aber die anderen Mütter auf dem Fest wußten, daß sie ihr Baby in den nächsten Stunden zur Welt bringen würde. Maria spürte intuitiv, daß sie kurz vor der größten Herausforderung und Veränderung ihres Lebens stand, und schien sich innerlich darauf vorzubereiten. Viele Frauen beginnen sich kurz vor ihrer Entbindung unauffällig aus dem Alltagsleben zurückzuziehen. Sie entwickeln ein Syndrom, das ich als »Fremde in einem fremden Land« bezeichnen würde, das heißt, sie erledigen ihre täglichen Aufgaben, sind aber mit ihren Gedanken ganz woanders. Dinge, die sie normalerweise amüsieren würden, erscheinen ihnen plötzlich trivial oder werden lästig. Sie haben genug vom Schwangersein, wollen die Geburt endlich hinter sich bringen, damit sie keine Angst mehr davor zu haben brauchen. In dieser Zeit sollten Freunde und Familie, besonders Ehemänner, sich sehr rücksichtsvoll verhalten und auf all ihre Fragen mit »Ja« antworten, da jede Konfrontation höchstwahrscheinlich in größere Streitereien ausarten würde.

Meine Freundin Julee, die in einem Maniküre-Salon arbeitet, war die vergnügteste und ausgeglichenste Schwangere, die ich je kennengelernt habe. Jede Woche versuchte ich sie zum Klagen zu bringen, und jedesmal wurde ich enttäuscht. Sie fand, daß die Übelkeit nur eine kleine Unannehmlichkeit sei, man das Sodbrennen mit Humor nehmen müsse und wußte nicht, wie sich Hämorrhoiden anfühlen. Dann kamen die letzten drei Wochen. Es schien, als sei die alte Julee von einem Tag auf den anderen ausgetauscht worden und an ihre Stelle eine Frau getreten, die den ganzen Tag mit gesenktem Kopf ihre Arbeit verrichtete. Sie feilte und lackierte mit einer Inbrunst, als glaube sie, jede Feilbewegung brächte sie dem Ende ihrer Schwangerschaft näher. Sie war kurz vor dem Ziel und bereit, sich jedem zu widersetzen, der sich ihr in den Weg stellen wollte. All der Klatsch und Tratsch im Maniküre-Salon ging sie nichts mehr an. Sie schien ihn nicht einmal mehr zu hören und, falls doch, dann muß ihr das Geschwätz angesichts dessen, was ihr bevorstand, völlig bedeutungslos und trivial erschienen sein.

Das Baby rutscht nach unten

Das klingt gefährlich, oder? Die Veränderung ist jedoch sehr unauffällig und oft kaum zu spüren. Am Ende deiner Schwangerschaft wirst du irgendwann bemerken, daß das Baby tiefer sitzt als vorher. Das liegt daran, daß es sich in die Geburtsposition begibt, der Muttermund sich aber noch nicht öffnet. Im allgemeinen passiert das nur bei der ersten Schwangerschaft, denn bei weiteren Schwangerschaften sind die Bauchmuskeln schwächer und das Baby rutscht allmählich nach unten, wenn es schwerer wird. Dieses Rutschen wird auch als Senkung bezeichnet.

Wie so viele Dinge in der Schwangerschaft hat auch das Rutschen zwei Seiten. Das Gute daran ist, daß man wieder leichter tief Luft holen kann. Dafür nimmt allerdings der Druck auf Magen und Blase zu. Von jetzt an wirst du kaum eine Mahlzeit beenden können, weil du dich nach kürzester Zeit voll fühlst. Das wäre ja noch nicht besonders schlimm, aber deine Blase fühlt sich ständig so an, als ob du in die Hose machen müßtest. Wenn du dann endlich auf der Toilette sitzt, kommen immer nur ein paar Tröpfchen.

Durchfall

Einige meiner Freundinnen haben mir erzählt, daß sie, bevor die Wehen einsetzten, den ganzen Tag über Bauchkrämpfe hatten und ihr Stuhlgang flüssig und wässerig war. Natürlich ist es nicht so einfach, zwischen Bauchkrämpfen, die vom Durchfall ausgelöst werden, und den ersten Kontraktionen zu unterscheiden. Und wenn wir Freundinnen es uns genau überlegen, glauben wir sogar, daß beides sich identisch anfühlt. Aus diesem Grund sollte man bei Bauchkrämpfen im letzten Schwangerschaftsdrittel aufmerksam werden. So, wie du das Bedürfnis hast, vor der Entbindung die Wohnung zu putzen, scheint auch dein Darm eine Art Nestbautrieb zu verspüren. Kurz vor oder während der Wehen entleert er sich meist von all dem, was du in den letzten vierundzwanzig Stunden gegessen hast. Falls das bei dir der Fall ist, sei dankbar, denn dann mußt du nicht während der Entbindung zur Toilette rennen, und es gibt keine böse Überraschung beim Pressen. Bis vor kurzem war es in Krankenhäusern üblich, jeder Frau vor der Entbindung einen Einlauf zu machen. Mittlerweile hat man aber eingesehen, daß etwas Stuhlgang noch niemanden umgebracht hat.

Der Schleimpfropf geht ab

Der Schleimpfropf sieht genauso aus, wie er heißt. Man muß sich darunter eine Art blutiges, klebriges Ding vorstellen, das den Muttermund verschließt, damit keine Bakterien in die Gebärmutter eindringen können, während das Baby dort heranwächst. Die Öffnung des Muttermundes kann dazu führen, daß der Schleimpfropf zu klein wird und ausgestoßen wird. Ich werde nie vergessen, wie meine hochschwangere Freundin Lorraine mich ins Badezimmer rief. »Sieh dir das an«, schrie sie und starrte völlig perplex in die Toilette. »Was ist *das?*« Ich, die ich zu diesem Zeitpunkt selbst noch keine Kinder hatte, hatte nie zuvor etwas so Ekliges in einer Toilettenschüssel umherschwimmen sehen und hielt mich stumm an ihrem Arm fest, da ich sicher war, daß eine von uns in Ohnmacht fallen würde.

Zwei Dinge sollte man über den Schleimpfropf wissen: Man kann davon ausgehen, daß die Wehen bald nach der Ablösung des Pfropfens einsetzen, allerdings nicht zwangsläufig unmittelbar danach. Bei vielen meiner Freundinnen löste sich der Schleimpfropf, und trotzdem begannen die Wehen erst einige Tage später. Und zweitens ist es eine gute Sache, wenn er sich löst. Es tut nicht weh, und da es meistens auf der Toilette passiert, hinterläßt es auch keine Schweinerei. Ach ja, eins noch: Nicht bei jeder Frau geht er vor den Eröffnungswehen und der Geburt ab. Ich zum Beispiel habe meinen Schleimpfropf noch nie gesehen, und du kannst mir glauben, daß ich schon in so mancher Toilettenschüssel danach gesucht habe.

Die Fruchtblase platzt

Jeder hat diesen Ausdruck schon gehört, aber nur wenige Schwangere wissen, was man sich darunter vorzustellen hat (die Membran der Fruchtblase, in der das Baby während der letzten vierzig Wochen umhergeschwommen ist, platzt) und woran man erkennt, daß es passiert ist. Die Fruchtblase platzt als Folge einer Gebärmutterkontraktion oder weil der Kopf des Babys dagegen stößt. Manchmal zerreißt sie wie ein Luftballon, und das Fruchtwasser geht in einem Schwall ab, und durchnäßt dich, deine Kleidung und alles um dich herum. Es kann aber auch sein, daß sie nur einen Riß hat und das Fruchtwasser tröpfchenweise abgeht. In beiden Fällen hat man jedenfalls ständig das Gefühl: »Ich muß Wasser lassen und kann nicht mehr aufhören!«

Meine Freundin Jillian rannte zur Toilette, als ihre Fruchtblase platzte. Sie pinkelte so viel (oder tat das, was sie für pinkeln hielt – sie haßt allerdings dieses Wort und würde es nie in den Mund nehmen), daß sie mehrmals auf die Spülung drückte, da sie befürchtete, die Toilette würde überlaufen und den Badezimmerboden überschwemmen. Man muß dazu sagen, daß sie bereits vier Kinder hat – was nur wieder zeigt, daß jede Geburt voller Überraschungen steckt. Der Eindruck, der Fruchtwassernachschub sei unerschöpflich, wird noch dadurch verstärkt, daß tatsächlich immer weiter Fruchtwasser ausgeschieden wird. Dein Körper ersetzt es in einer erstaunlich großen Menge, damit das Baby niemals im Trockenen liegt und, was noch wichtiger ist, sich keine Infektionen ausbreiten können. Aus diesem Grund kann es sein, daß du stundenlang tröpfchenweise Fruchtwasser verlierst.

Da bei der Hälfte aller Schwangeren die Fruchtblase platzt, bevor sie ins Krankenhaus gehen, ist es ratsam, gewisse Vorkehrungen zu treffen. Es ist zum Beispiel gut, einen Matratzenschoner oder eine Plastikauflage über die Matratze zu legen (in den meisten Fällen platzt die Fruchtblase im Bett, weil das Baby gegen die Wirbelsäule drückt, wenn du schläfst). Wenn du aufstehst, wird der Schwall aufhören oder stark nachlassen, da der Kopf des Babys dann wieder zum Muttermund hinunterrutscht und ihn wie ein Stöpsel abdichtet. Ich würde dir raten, während der letzten Wochen immer eine Binde zu tragen. Natürlich kann keine Binde, auch nicht die Maxi-Ausgabe, das ganze Fruchtwasser aufnehmen, aber du gewinnst dadurch wenigstens etwas Zeit, um aus der Schlange vor der Kasse im Supermarkt zum nächsten Badezimmer zu rennen.

Zwei Dinge solltest du unbedingt wissen, wenn deine Fruchtblase zerreißt:

Es tut überhaupt nicht weh!

Du mußt deinen Arzt anrufen und dich fürs Krankenhaus fertigmachen, denn die Geburt steht jetzt kurz bevor. Du kannst noch ein paar Tage ohne Schleimpfropf verbringen, aber wenn du dich kurz vor deinem Entbindungstermin befindest oder ihn schon überschritten hast, wird dein Arzt dich sicher nicht länger als ein paar Stunden mit einer tropfenden Fruchtblase herumlaufen lassen.

Die Öffnung des Muttermundes und das Verstreichen des Gebärmutterhalses

Wenn du dein Baby bekommen hast, werden diese beiden Ausdrücke zu deinem Standardwortschatz gehören, aber da wir noch nicht soweit sind, laß mich erklären, was damit gemeint ist.

Die Öffnung des Muttermundes, nach Ansicht von uns Freundinnen der wichtigere Vorgang, bezieht sich auf die Dehnung der Zervix, der kurzen Engstelle zwischen Gebärmutter und Scheide. Unter Verstreichen versteht man, daß sich der an den Muttermund anschließende Gebärmutterhals verkürzt, bis er schließlich nur noch eine Art Membran zwischen Gebärmutter und Vagina ist. Unter dem Ausdruck »Öffnung des Muttermundes« versteht man die Öffnung dieser Membran so, daß der Kopf des Babys austreten kann. Der Grad der Öffnung wird in Zentimetern von eins bis zehn gemessen. Wenn dein Muttermund ein oder zwei Zentimeter geöffnet ist, paßt das Baby noch keinesfalls hindurch. Ist er zehn Zentimeter weit offen und dein Arzt könnte theoretisch alle zehn Finger in die Öffnung stecken, ist es bald da!

Du kannst selbst nicht feststellen, wie weit dein Muttermund geöffnet oder dein Gebärmutterhals verstrichen ist, außer du bist ein Schlangenmensch. Diese Informationen wird dir dein Arzt während der letzten Untersuchungen geben. Für Erstgebärende ist es eine unglaubliche Befriedigung, Freunde und Verwandte anzurufen und mitzuteilen, daß der Muttermund nun zwei Zentimeter geöffnet und der Gebärmutterhals zu fünfundzwanzig Prozent verstrichen ist. Bedeutet das, daß die Wehen praktisch schon vor der Tür stehen? Nun, nicht unbedingt. Unzählige schwangere Frauen laufen mit einem zwei bis drei Zentimeter geöffneten Muttermund herum, und ihre Babys lassen trotzdem noch ein oder zwei Wochen auf sich warten (oder sogar drei, tut mir leid).

Andere hochschwangere Frauen verlassen niedergeschlagen die Praxis ihres Arztes, nachdem sie gerade erfahren haben, daß ihr Muttermund sich noch keinen Zentimeter weit geöffnet hat, und trotzdem setzen bei ihnen noch in der gleichen Nacht die Wehen ein. Mein Rat: Wenn dein Muttermund sich öffnet und der Gebärmutterhals verstreicht, dann freu dich ruhig darüber, denn diese Informationen vertreiben dir wenigstens die Zeit. Und wenn sich gar nichts tut, brauchst du dir auch keine Gedanken zu machen, denn es hat nichts zu bedeuten. Bei meiner vierten Schwangerschaft war mein Muttermund einige Wochen so weit eröffnet, daß meine Vagina bei jedem Schritt leicht quietschende Geräusche von sich gab und ich das Gefühl hatte, als ob der Kopf des Babys bereits zwischen meinen Oberschenkeln säße. Aber du brauchst nicht zu glauben, daß das Baby deshalb auch nur eine Sekunde zu früh kam.

Wehen

Das Verwirrende an Wehen ist, daß sie in allen Formen und Stärken auftreten. Ich schätze, daß bei ungefähr neunundneunzig Prozent von uns die Wehen einsetzen, ohne daß wir uns auch nur im geringsten vorstellen können, was uns erwartet. Und wenn es dann soweit ist, fragen wir uns: »Fängt es jetzt *wirklich* an?« Wir Freundinnen raten dir folgendes:

Wenn du denkst, daß die Wehen angefangen haben, bleib ganz ruhig. Es ist kaum anzunehmen, daß das erste Kind bereits zehn Minuten nach der ersten Kontraktion da ist. Du brauchst also nicht sofort den Notruf zu verständigen. Allerdings solltest du die Wehen auch nicht märtyrerhaft erdulden. Wenn du das Gefühl hast, daß sich etwas tut, verständige am besten deinen Arzt, auch wenn du sie oder ihn erst zwei Stunden vorher gesehen hast. Du kannst mir glauben, Ärzte *erwarten*, daß du sie über den Beginn der Wehen informierst (es gibt ihnen das Gefühl, gebraucht zu werden).

Der Mythos von den falschen Wehen

Dies ist ein guter Zeitpunkt, um das Thema falsche Wehen anzusprechen. Es wird dich sicher beruhigen, wenn ich sage, daß es keine falschen Wehen gibt. Das Gerede von falschen Wehen ist wirklich absoluter Blödsinn und nur eine weitere Sache, die dir das Gefühl gibt, überhaupt nicht Bescheid zu wissen. Jede Kontraktion ist auch eine Wehe, und alle Kontraktionen bereiten auf die Geburt vor. Einige finden unmittelbar vor der Geburt statt, andere eben schon früher. Du bildest dir also nichts ein, wenn du Wehen spürst – geh ruhig ins Krankenhaus und laß dich wieder nach Hause schicken. Das kommt ständig vor. Es bedeutet einfach, daß durch diese Kontraktionen der Muttermund nicht merklich geöffnet wird und es vielleicht noch ein paar Stunden oder Tage dauert, bevor es richtig losgeht.

Meine Freundin Sondra bat mich, sie zum Arzt zu fahren, als sich ihr zweites Baby ankündigte. Ich raste über die Autobahn, weil Sondra bereits Wehen hatte – und da sie schon ein Baby bekommen hatte, wußte sie, wie sich Wehen anfühlen. Ungefähr eine halbe Stunde später wurden wir unverrichteter Dinge wieder nach Hause geschickt – kein Sesamöffne-Dich. Eine Woche später hatte sie wieder Kontraktionen, aber dieses Mal waren sie stärker und regelmäßiger, also ging sie gar nicht erst zu ihrem Arzt, sondern traf ihn gleich im Krankenhaus. Tja, wieder kein Sesam-öffne-Dich. Aber nun hatte Sondra die Nase voll und weigerte sich, das Krankenhaus zu verlassen. Sie teilte ihrem Arzt mit leicht hysterischer Stimme mit, daß sie das Krankenhaus ohne Baby nicht mehr verlassen würde.

Tatsächlich ist es so, daß sich deine Gebärmutter vom Zeitpunkt der Befruchtung an leicht zusammenzieht, aber wahrscheinlich bemerkst du das erst ab Mitte oder Ende der Schwangerschaft. Kontraktionen, die den Muttermund nur unmerklich öffnen, nennt man Braxton-Hicks-Kontraktionen. Sie sollen dich auf die Wehen vorbereiten. Gegen Ende der Schwangerschaft wird sich deine Gebärmutter häufiger und mit steigender Intensität zusammenziehen. Manchmal wird dein Bauch so hart und fest, daß du ein Markstück daran abprallen lassen könntest. Nach Ansicht der meisten Schwangerschaftsbücher sind Braxton-Hicks-Kontraktionen nicht schmerzhaft, und verglichen mit den produktiven Wehen stimmt das vielleicht auch. Freundinnen, die diese Kontraktionen bereits mehrmals hatten, sind da allerdings anderer Meinung. Auch wenn man vielleicht nicht das Gefühl hat, als werde einem ein Messer in den Bauch gejagt, können sie so stark sein, daß man nicht mehr durchatmen kann und sich irgendwo hinsetzen oder anlehnen muß. Übrigens fühlen sich die ersten Wehen ähnlich an, was wiederum zeigt, wie verwirrend das Ganze doch ist.

Einige Frauen haben ein, zwei Tage leichte Krämpfe, bevor die Kontraktionen so stark werden, daß sie ins Krankenhaus gehen. Meine Freundinnen Janis und Tracy fühlten sich im Anfangsstadium der Wehen matt und kaputt, so als ob sie eine Grippe oder ihre Periode bekämen (weißt du noch, wie das war?). Sie informierten ihren Arzt und warfen hin und wieder einen Blick auf die Uhr, um zu sehen, ob die Krämpfe mit einer gewissen Regelmäßigkeit auftraten. In der Zwischenzeit verständigten sie ihre Familien und blieben zu Hause. Meine Freundin Patti hatte anfangs ebenfalls diese leichten Kontraktionen, wollte aber nicht den ganzen Tag zu Hause warten, ob doch noch etwas passieren würde. Sie und ihr Mann gingen zu einer Matinee ins Kino und danach ins Krankenhaus.

Meine Freundin Amy hatte nicht einmal mehr Zeit, sich eine Schachtel Popcorn zu kaufen, geschweige denn einen ganzen Film anzusehen, denn ihre Wehen kamen jedesmal völlig unerwartet und mit der Intensität eines Wirbelsturms. Bei der ersten Kontraktion wußte sie, es war Zeit ins Krankenhaus zu gehen, und wenn sie dort ankam, hatte sie schon das Bedürfnis zu pressen. Ihre Beschreibung, wie sie mitten in den Wehen versucht, ihre Cowboystiefel in einem winzigen Badezimmer im Krankenhaus auszuziehen, ist wirklich sehr witzig (Cowboystiefel sind auch unter normalen Umständen nicht so einfach auszuziehen). Schnell aufeinanderfolgende, effiziente Wehen haben ihre guten und schlechten Seiten. Sie sind gut, wenn du Angst hast vor langwierigen, ermüdenden Wehen, sind aber schlecht, wenn du dir auf jeden Fall eine Periduralanästhesie geben lassen willst, denn dazu wird dann kaum noch Zeit sein.

Wenn du grippe- und periodeähnliche Symptome verspürst (und dich um deinen Entbindungstermin herum befindest) und die Sache etwas in Schwung bringen möchtest, solltest du es vielleicht einmal mit Laufen versuchen. Aber mach dir keine Gedanken, wenn dir nicht nach Laufen zumute ist. Schlaf ist jetzt ebenso wichtig, und ein kleines Nickerchen kann genau das richtige sein. Manche Frauen haben mehr als einen Tag lang unregelmäßige und eher schwache Kontraktionen. Die Schmerzen sind nicht so stark, daß sie ins Krankenhaus hasten würden, aber zu stark, um schlafen zu können. Wenn das bei dir der Fall ist, verschreibt dein Arzt dir wahrscheinlich ein Beruhigungs- oder Schlafmittel, damit du etwas zur Ruhe kommst, bevor die Wehen so richtig losgehen.

Ratsam wäre es auch, etwas Leichtes zu essen – vorausgesetzt, du bist dazu nicht zu nervös –, denn wenn du erst einmal im Krankenhaus bist, gibt es wahrscheinlich nichts mehr, bis das Baby da ist. Etwas Suppe oder ein Milchshake können daher nicht schaden.

Geplanter Kaiserschnitt

Ein weiteres, sehr eindeutiges Anzeichen dafür, daß dein Baby bald dasein wird, ist, wenn der Termin für einen geplanten Kaiserschnitt naht. Du vereinbarst mit deinem Arzt einen Termin, zu dem du in ruhigem und entspanntem Geisteszustand ins Krankenhaus kommst, wo dein Baby durch einen schmalen Schnitt oberhalb der Schamhaare herausgeholt wird. Es gibt eine Vielzahl von Gründen für einen Kaiserschnitt, zum Beispiel medizinische Indikationen wie Plazenta praevia (frag mich bloß nicht, was das ist), Steißlage oder Mehrlingsgeburt. Wieder andere Frauen entscheiden sich bewußt für einen Kaiserschnitt, weil sie sich die vaginale Elastizität eines Teenagers erhalten wollen – vorausgesetzt, ihr Arzt kann diesen Eingriff irgendwie vor der Krankenkasse rechtfertigen. Und dann gibt es Frauen, die die ganze Warterei einfach nicht ertragen können. Wenn sie Glück haben, hilft auch ihnen der Arzt, diese geplante Entbindung versicherungstechnisch abzusegnen. Ich muß dich natürlich darauf hinweisen – sonst habe ich kein gutes Gewissen –, daß für das Baby eine vaginale Entbindung aus vielerlei Gründen besser ist: In der Preßphase wird Fruchtwasser aus den Lungen des Babys gepreßt, man benötigt weniger Betäubungsmittel (falls das für dich ein *Vorteil* ist) und erholt sich schneller. Ein Kaiserschnitt ist jedoch eine sichere Angelegenheit für Mutter und Kind und die Erholungsphase trotzdem überraschend kurz.

Ja, auch ich lese Zeitung und weiß, daß einige gesellschaftliche Gruppierungen angesichts der hohen Zahl unnötiger Kaiserschnitte in den Krankenhäusern empört sind. Ob ich mich darüber aufrege? Nicht besonders. Zu diesem Zeitpunkt deiner Schwangerschaft würdest du dir wahrscheinlich lieber die Fingernägel an den Wurzeln herausziehen lassen, als dich einem Kaiserschnitt zu unterziehen. Du bist der festen Überzeugung, daß zu einer Schwangerschaft die physischen Herausforderungen der Wehen und einer vaginalen Geburt gehören. Versuch am besten, dich nicht zu sehr darauf zu versteifen. Eine ganze Anzahl von Frauen, die ihr Kind unbedingt vaginal gebären möchten, entbinden schließlich mit Kaiserschnitt, und es gibt wirklich keinen Grund, deswegen enttäuscht zu sein.

Ich habe selbst mit und ohne Kaiserschnitt entbunden und kann nicht sagen, daß ich eins dem anderen vorziehe. Am wichtigsten war mir, ein gesundes Baby zur Welt zu bringen – und zwar egal, wie. Bei meinem vierten Kind bat ich meinen Arzt um einen Kaiserschnitt aus Angst, daß mein Mann nach einer weiteren vaginalen Entbindung in meine Vagina hineinjodeln und anschließend sein Echo hören könnte. Mein Arzt gab mir die enttäuschende Information, daß die Vagina bei der *ersten* Entbindung am meisten gedehnt wird. So stimmte ich schweren Herzens zu, noch ein weiteres Kind vaginal zu entbinden (allerdings erst, nachdem er mir versprochen hatte, meinen Dammschnitt mit äußerster Sorgfalt zu nähen).

Was tun, wenn die Wehen eingesetzt haben?

In Schwangerschaftsbüchern wird allgemein geraten, nicht zu früh ins Krankenhaus zu fahren, weil man dort sofort eine Kanüle gelegt bekäme, nichts mehr zu sich nehmen dürfe und außerdem dazu angehalten werde, sich hinzulegen (was während der Wehen keine besonders wirksame Haltung ist). Ich wurde allerdings *nie* gebeten, mich während der Wehen hinzulegen, außer für die Periduralanästhesie, und da war es eine unwahrscheinliche Erleichterung. Einige Stunden nach der Geburt erschien sogar eine Schwester an meinem Bett, um mir zu sagen, ich solle aufstehen und herumlaufen. Aber ich schweife ab …

Wenn du und dein Arzt der Meinung sind, daß es dir gutgeht, und du während der ersten Wehen gern zu Hause sein möchtest, solltest du das auch tun. Ich für meinen Teil liebe Entbindungsstationen mit den vielen jungen Müttern und den Babyfotos an der Wand, die Säuglingsstation und das medizinische Fachpersonal. Ich kann mir keinen Ort vorstellen, wo ich mit meinen Wehen besser aufgehoben wäre, egal, wie viele Stunden ich dort verbringen müßte. Aber du hast die Wahl, ob du zu Hause auf und ab laufen willst, um deine Wehen in Schwung zu bringen, oder im Krankenhaus. Im Krankenhaus hast du wenigstens nicht das Gefühl, daß du zwischendurch die Betten machen und die Geschirrspülmaschine ausräumen mußt. Und du bist schon dort, wenn's richtig losgeht.

Also, Freundinnen – los geht's! Du und dein Arzt,
ihr habt Grund zu der Annahme, daß dein Baby
bald kommen wird und es an der Zeit fürs Krankenhaus ist
(oder für ein professionelles Geburtshaus deiner Wahl mit
kompetentem und fürsorglichem Fachpersonal). Du kannst
mir glauben, die Nervosität eines Astronauten, kurz bevor er
in die Weltraumkapsel steigt, ist nichts im Vergleich mit der
Aufregung, Angst und Anspannung, die du in diesem Moment empfinden wirst. Bis zum Start dauert es noch ein wenig, aber von jetzt an strebt alles auf ein Ziel hin. Neun
(zehn) Monate lang hast du dich auf dieses Ereignis vorbereitet, aber du weißt immer noch nicht, was dich erwartet,
auch wenn du bereits Kinder auf die Welt gebracht hast.

Ich kann Astronauten und Frauen, die kurz vor der Entbindung stehen, nur den guten Rat geben, vor dem Start noch
schnell eine Dusche zu nehmen, denn es wird eine ganze
Weile dauern, bis sich die Gelegenheit dazu wieder bietet.
Wenn deine Wehen noch nicht so stark sind und du nicht
das Risiko eingehst, dein Baby auf den Badezimmerfliesen zu
bekommen, stell dich kurz unter die Dusche und rasier dir die
Achseln, bevor du ins Krankenhaus aufbrichst. Zwei Dinge
solltest du allerdings beachten:

Dusche nicht, wenn du allein zu Hause bist, denn eventuell brauchst du jemanden, der dir wieder heraushilft.
Nimm kein Bad, wenn du vermutest, daß deine Frucht-

blase geplatzt ist, weil dann die Gefahr besteht, daß Bakterien in die Gebärmutter gelangen. Außerdem ist es schon eine ausreichend große Herausforderung, während der Wehen wieder aus der Dusche zu kommen, sich aus der Badewanne zu hieven ist aber noch ungleich schwieriger.

Die Fahrt

Ich weiß, daß du es sowieso nie in Erwägung gezogen hättest, aber mir ist trotzdem wohler, wenn ich es dir noch einmal ans Herz lege: VERSUCH NICHT, SELBST INS KRANKENHAUS ZU FAHREN. Auch wenn du mit deinen Wehen gut zurechtkommst und glaubst, problemlos fahren zu können, setz dich trotzdem nicht hinters Steuer, denn Wehen können sehr schnell stärker werden. Außerdem ähneln Frauen während der Wehen Leuten unter Alkoholeinfluß – sie denken, sie verhielten sich normal und hätten alles im Griff, sollten aber unter keinen Umständen hinters Lenkrad gelassen werden. Wenn dein Mann nicht zu Hause ist, verständige eine Freundin, einen Nachbarn, ein Taxi oder den Notruf. Für beinahe alle meine Freundinnen war die Fahrt ins Krankenhaus keineswegs so einfach, wie sie geglaubt hatten. Sie hatten die Zeit vor den Wehen zu Hause und die Zeit im Krankenhaus in ihre Planungen einbezogen, die Fahrt dazwischen aber eher als unwichtiges Detail betrachtet. Als sie dann mit Wehen im Auto saßen, wurde ihnen klar, daß auch die Fahrt es in sich haben und einem Transport in einer Kutsche mit Holzbank und viereckigen Wagenrädern ähneln kann.

Es ist schon nicht besonders angenehm, während der Wehen aufrecht zu sitzen und sich einen Sicherheitsgurt umschnallen zu müssen. Am besten, du stellst den Beifahrersitz in Liegeposition, falls das möglich ist. Falls nicht, setz dich einfach auf den Rücksitz, wo du dich gut ausbreiten kannst. Egal wie oder wo du sitzt, versuch dich auf jeden Fall anzuschnallen. Dein Fahrer wird nämlich sehr nervös sein und eventuell unerwartet abbremsen müssen. Schließlich hast du dir nicht die letzten neun (zehn) Monate Mühe gegeben, alles gut über die Runden zu bekommen, um dich nun auf der Fahrt ins Krankenhaus einem Unfallrisiko auszusetzen.

Wie die Prinzessin auf der Erbse wirst du jedes Schlagloch und jeden Stein auf der Straße spüren und außerdem wahrscheinlich so gereizt sein, daß du den ganzen Weg über das Verkehrsministerium fluchst (wenn du nicht im stillen mit deinem Göttergatten haderst, weil er die Kurven so scharf nimmt, so abrupt bremst oder dich überhaupt geschwängert hat). Hier können dir deine Kopfkissen gute Dienste leisten. Nimm also ruhig so viele mit, wie du dir unter den Arm klemmen kannst. (Sie werden dich nicht nur während der Fahrt trösten, du wirst sie auch im Krankenhausbett zu schätzen wissen, wo es meist nur flache, waffelförmige Exemplare aus Polyester gibt, die man in einen Kopfkissenbezug gesteckt hat.) Leg dir ein Kissen unter den Kopf und eins zwischen die Beine, und versuche, dich im Auto auf die Seite zu legen. (Besser wäre, wie gesagt, die linke, aber in einem Moment wie diesem nimmst du einfach die, die dir eher zusagt.) Mach das Radio an und sieh, ob dir das Programm gefällt. Vielleicht beruhigt dich die vertraute Musik, oder das Geplauder lenkt dich ein wenig ab. Du brauchst dich dann auch nicht zu einer

Unterhaltung mit deinem Mann verpflichtet zu fühlen, der genauso nervös ist wie du. Nach Meinung der Ärzte ist eine Wehe »produktiv«, wenn man währenddessen nicht sprechen, sondern höchstens stöhnen kann. Sobald die Kontraktion vorüber ist, bist du wieder ganz du selbst und kannst erneut losplappern oder jammern. Wenn du während der Fahrt starke Wehen hast, wird eure Unterhaltung stets von deinen Kontraktionen unterbrochen werden. Wenn dich das Radio stört, bitte deinen Mann, es auszuschalten, auch wenn gerade sein Lieblingssong gespielt wird. Sei einfallsreich und probier alles, was dir guttun könnte: Versuch es mit Schweigen, bitte deinen Mann, dir eine Geschichte oder einen Witz zu erzählen, sing ein Lied, zum Beispiel »So ein Tag, so wunderschön wie heute …«. Ja, du könntest es sogar mit der Lamaze-Atmung versuchen (warum wertvolle Zeit im Krankenhaus damit vergeuden, wenn du in dieser Zeit schon eine Periduralanästhesie bekommen kannst?).

Nimm dir eine Flasche Wasser mit (Zimmertemperatur ist am besten, denn davon bekommst du keine Magenkrämpfe), damit du während der Fahrt ab und zu einen Schluck nehmen kannst. Du solltest aber nicht zuviel oder zu schnell trinken, weil es dir davon übel werden kann. Und schlimmer, als Wehen in einem fahrenden Auto zu haben, ist nur noch, wenn man sich dabei auch noch übergeben muß.

Das Eintreffen im Krankenhaus

Bitte erwarte an dieser Stelle keine Details, denn jedes Krankenhaus hat seinen eigenen Ablauf. Im folgenden findest du deshalb nur eine allgemeine Beschreibung dessen, was bei der Ankunft im Krankenhaus passiert.

Du solltest dich im Krankenhaus unbedingt rechtzeitig – das heißt spätestens einige Wochen vor dem Entbindungstermin – anmelden, damit man dort auf deine Ankunft grundsätzlich vorbereitet ist. Im Idealfall werden deine Wehen in regelmäßigem Abstand stärker, und du hattest Zeit, das Krankenhaus anzurufen und zu informieren, daß du bereits auf dem Weg bist. Unter diesen Umständen wendest du dich nach deiner Ankunft an die Stationsschwester auf der Entbindungsstation.

Als nächstes wirst du untersucht und an einen Wehenschreiber angeschlossen, um zu überprüfen, ob du produktive Kontraktionen hast. Wenn ja, wird dein Arzt gerufen, und man bringt dich in ein Entbindungszimmer. Wenn nicht, wird man dich bitten, dich wieder anzuziehen und nach Hause zu gehen. Wenn dies der Fall sein sollte, darfst du dich nicht entmutigen lassen, und auf keinen Fall braucht es dir peinlich zu sein.

Ich bin selbst schon einige Male wieder nach Hause geschickt worden – und das, obwohl ich bereits zwei Kinder entbunden hatte und man hätte annehmen können, daß ich Bescheid weiß.

Es kann sein, daß du die Frau im Entbindungszimmer neben dir während der Wehen laut stöhnen und schreien hörst. Konzentriere dich in diesem Fall auf dich selbst, und sag dir immer wieder: »Es geht mir gut. Meine Wehen müssen nicht zwangsläufig so verlaufen wie bei der Frau neben mir.« Vertrau mir – diese Worte sind wahr, und es gibt keinen Grund, sich von der Angst einer anderen völlig durcheinanderbringen zu lassen. Es wird alles gutgehen. Übrigens auch bei der Frau nebenan.

In patientenfreundlichen Krankenhäusern tendiert man vermehrt dazu, Entbindungsräume in eher privater Atmosphäre zu gestalten. Oft finden komplikationslose Entbindungen in dem gleichen Raum statt, in dem man sich schon während der Wehen aufgehalten hatte. Diese Entwicklung ist aber nicht selbstverständlich. Vor nicht allzu langer Zeit wurde man noch gerade dann, wenn man es am wenigsten wollte (wenn man nämlich eine Wehe nach der anderen hatte) von einem Wehenraum in einen sterilen und grell beleuchteten OP verfrachtet, um dort – mit Beinstützen und allem Drum und Dran – zu entbinden. Ich habe meine beiden Jüngsten in einem Zimmer mit Fernseher, Telefon, Stereoanlage und gedämpftem Licht zur Welt gebracht.

Nachdem man dich in ein Entbindungszimmer geführt hat, wird man dich bitten, bequeme Kleidung anzuziehen.

Dann triffst du deine Hebamme. Diese Frau wird eine wichtige Rolle in deinem Leben spielen. Sie wird dir bei der Entbindung beistehen und dir dabei eine größere Stütze sein als dein Arzt, dein Mann und jedes Schwangerschaftsbuch. Vertrau ihrem Rat. Sie hat bereits einige Dutzend Geburten hinter sich gebracht und weiß, wovon sie spricht. Wenn du Glück hast, wird sie so etwas wie eine neue Freundin für dich. Solltest du jedoch sofort spüren, daß du deine Hebamme absolut nicht ausstehen kannst, bitte deinen Mann, sich darum zu kümmern, daß dir eine ihrer Kolleginnen zugeteilt wird. Begründe deine Abneigung nicht damit, daß *sie* nicht nett und wenig einfühlsam ist oder Mundgeruch hat: In deiner momentanen Situation ist Bescheidenheit angesagt. Sag also lieber, daß *du* etwas schwierig bist und daß es dir leid tut, so unvernünftig zu sein, aber daß du nicht anders kannst. Wir Freundinnen sind der Meinung, daß du dein Bestes tun solltest, um niemanden vor den Kopf zu stoßen, auf dessen Hilfe du später vielleicht noch angewiesen bist. Vertrau uns – später, kurz vor der Preßphase, wirst du höchstwahrscheinlich mehrere Leute beleidigen und beschimpfen. Vergewissere dich nur, daß du dich auf deine Hebamme verlassen und ihr vertrauen kannst.

Kurz nach der Aufnahme wird man dich über einen Gurt auf dem Bauch an einen Wehenschreiber anschließen, der deine Wehen und die Herztöne des Babys aufgezeichnet. Du solltest wissen, daß Positionsveränderungen von dir oder deinem Baby die Aufzeichnungen stören können. *Das bedeutet aber nicht, daß mit dem Baby etwas nicht stimmt,* sondern lediglich, daß der Gurt neu angelegt werden muß.

In manchen Krankenhäusern wird man dir eine Kanüle in Handrücken oder Unterarm legen und dich an eine Infusion mit Salzlösung anschließen, um einer möglichen Dehydrierung vorzubeugen. Falls du später dringend ein anderes Medikament benötigst, liegt die Kanüle dann bereits. Wie du darauf reagierst, läßt sich nur schwer voraussagen. Einige meiner Freundinnen regten sich darüber auf und fanden es sadistisch, einer Frau während der Wehen noch zusätzlich eine große Nadel in den Arm zu stechen. Ich jedenfalls war so sehr mit Wehen und bevorstehender Geburt beschäftigt, daß ich kaum etwas davon bemerkte.

Beeil dich und warte

Nachdem sich die erste Aufregung gelegt hat und du dich etwas eingerichtet hast, wirst du wahrscheinlich nicht allzuviel zu tun zu haben. Besonders beim ersten Kind ziehen sich die Wehen meist über mehrere Stunden hin. Ab und zu werden ein Arzt oder deine neue beste Freundin (deine Hebamme) vorbeischauen, um dich zu untersuchen und zu überprüfen, wie weit der Muttermund sich mittlerweile geöffnet beziehungsweise nicht geöffnet hat. Wenn du dich nicht zu schlecht fühlst, versuch dich ein wenig auszuruhen, denn eine Entbindung ist eine athletische Höchstleistung, und du wirst viel Kraft brauchen.

Jetzt können ein paar Freundinnen vorbeischauen, oder du telefonierst mit ihnen, denn es wird dir vielleicht ein wenig langweilig (jedenfalls in der Zeit, in der du keine Wehen hast).

Fast jede meiner Freundinnen war geschockt, wie lang und stark die Kontraktionen sein müssen, um den Muttermund so weit zu öffnen, daß das Baby durchpaßt (zehn Zentimeter im Durchschnitt). Viele Frauen haben stundenlang so starke Wehen, daß ihnen schwarz vor Augen wird, und erfahren dann, daß ihr Muttermund gerade vier Zentimeter geöffnet ist. Man hat den Eindruck, an einem Rennen teilzunehmen, bei dem das Ziel ständig weiter nach vorne verschoben wird. Das kann unglaublich auslaugend sein. Wahrscheinlich hast du zudem Angst, daß du körperlich nicht kräftig oder ausdauernd genug bist, um eine Geburt durchzustehen. Vergiß nicht, was ich dir vorher gesagt habe: Eine Entbindung ist kein Fitneß-Test, und du wirst dieses Baby auf die Welt bringen –

auch wenn sich jemand auf deinen Bauch setzen muß, um dir beim Pressen zu helfen.

Vielleicht denkst du: »Ich könnte die Schmerzen ertragen, wenn mir jemand versprechen würde, daß alles in zwei Stunden vorbei ist.« Das ist das Problem – niemand weiß, wie lange sich die Wehen noch hinziehen werden, und das kann sehr entmutigend sein. Versuch dich jetzt nicht auf die Wehen zu konzentrieren, sondern auf den Preis am Ende des Rennens: ein wunderbares Baby, das man in deine zitternden Arme legen wird. Und du kannst dir sicher sein – spätestens am nächsten Tag hast du es überstanden.

Wie schmerzhaft sind Wehen?

Die Anfangswehen lassen sich am ehesten mit den stärksten Menstruationskrämpfen vergleichen, die du dir vorstellen kannst. Bei Wehen ist der ganze Körper allerdings stärker involviert. Eine gute Kontraktion nimmt dich so in Anspruch, daß du dich auf absolut nichts anderes mehr konzentrieren kannst. Du wirst weder sprechen können, noch besonders versessen darauf sein, jemandem zuzuhören. Einige meiner Freundinnen schrien ihren Mann und andere Besucher während einer Wehe an, sie sollten gefälligst den Mund halten, da sie es nicht ertragen konnten, daß sich andere unterhielten, während sie sich aufs Atmen konzentrieren wollten.

Wenn die Wehen stärker werden, können sie verschiedenste Formen annehmen.

Vielleicht hast du schon davon gehört, daß eine Frau während ihrer Wehen furchtbare Rückenschmerzen bekam. Dies ist meist der Fall, wenn das Baby so liegt, daß es auf das Rückgrat der Mutter drückt. Bei anderen Frauen folgen die Kontraktionen so schnell aufeinander, daß ihnen überhaupt keine Zeit mehr bleibt, sich auf die nächste vorzubereiten. Wenn Frauen von ihren Wehenschmerzen sprechen, verstehen sie darunter sowohl die Intensität des Schmerzes, als auch die Länge der Wehen. Wenn du dir eine Stunde lang mit dem Hammer auf den Finger schlägst, tut das sehr weh, aber nach fünfzehn Stunden stehst du sicherlich kurz vor dem Delirium. Wir sind alle der Meinung, daß das Schlimmste an der ganzen Sache ist, daß man nicht weiß, wie lange es dauert. Der Gedanke, daß die Schmerzen nie mehr aufhören, schafft auch die Tapfersten unter uns. In dieser Situation würde man einfach alles dafür geben, wenn einem jemand garantieren könnte, daß in siebzig Minuten alles vorbei ist.

Ein anderes Problem, das einer Frau in den Wehen schwer zu schaffen machen kann, ist Übelkeit. Ich wette, dir hat nie jemand davon erzählt, richtig? Nun, liebe Freundinnen, es ist sehr häufig der Fall, daß einer Frau während der Wehen übel wird und sie sich erbrechen muß, besonders wenn sie sich dem Ende der Eröffnungswehen, der »Übergangsphase«, nähert. Auf diese Weise reinigt sich der Körper zur Vorbereitung auf die Geburt. Denk nicht, daß es abnormal oder eine Zumutung für die anderen ist (es ist nur eine für dich). Sag einfach der Hebamme oder demjenigen, der gerade neben dir steht, daß dir übel ist, und du wirst erstaunt sein, wie schnell man dir eine Schüssel bringen oder ein Handtuch unters Kinn legen wird. Sieh das Erbrechen als eine Art Ruhepause an, als Unterbrechung des regulären Programms. Danach wirst du dich sehr viel leichter und wohler fühlen.

Pressen

Ich habe eine Freundin, eine intelligente und erfahrene Geschäftsfrau, die mir erzählte, sie hatte allen Ernstes nicht gewußt, daß man pressen muß, um das Baby herauszubekommen. Sie dachte, die Kontraktionen seien stark genug, um das Baby durch den Geburtskanal herauszuschieben, ohne daß man zusätzlich etwas dafür tun muß. Sie war vielleicht überrascht! Pressen ist harte körperliche Arbeit und kann sich von ein paar Minuten bis zu einigen Stunden hinziehen. Wenn dein Gebärmutterhals verstrichen und dein Muttermund weit genug geöffnet sind, wird eine Hebamme hinter dir und dein Arzt zum Empfang des Babys vor dir stehen. Beide unterstützen dich bei dieser sportlichen Hochleistung.

Bei jeder Wehe wirst du dich vorbeugen, deine Knie umklammern und dich zusammenkrümmen, um dem Baby auf diese Weise möglichst wenig Platz in deinem Schoß zu lassen. Da man davon ausgehen kann, daß es diesen Wink allein nicht ganz verstehen wird, mußt du zusätzlich mit jedem einzelnen Muskel zwischen Brust und Knie nach unten pressen. Wahrscheinlich wird dich das Ganze an eine Sitzung auf der Toilette erinnern. Glückwunsch, dann machst du es richtig! Du kannst sicher sein, daß deine Technik stimmt, wenn du dein Gesicht verziehst, als wolltest du dir Krähenfüße bis zum Hinterkopf machen. Mach dir keine Gedanken, wenn du das Gefühl hast, das Baby kommt aus dem falschen Loch – in einem Moment wie diesem tut es jedes. (Außerdem besitzt sie oder er wahrscheinlich einen besseren Orientierungssinn, als du denkst.)

Wenn du keine Schmerzmittel nimmst – entweder, weil du es

nicht möchtest oder weil der Arzt festgestellt hat, daß das Baby zu schnell kommt –, erwartet dich der schrecklichste Moment deines Lebens, wenn man dir sagt, es sei Zeit zum Pressen. Du hast zwar das Bedürfnis dazu, weißt aber gleichzeitig genau, daß es verdammt schmerzhaft sein wird, das Baby durch den Geburtskanal zu schieben. Stell dir einen brennenden Schmerz vor, der sich über deinen gesamten Unterleib ausdehnt, und zusätzlich ein Dehnen, als ob deine Hüften auseinanderbrechen und du in zwei Teile gerissen würdest – oder stell es dir besser nicht vor. Nun hol tief Luft, denn ich sage dir, welches die einzige Möglichkeit ist, diesen Schmerz zu besiegen: PRESS, SO FEST DU KANNST, DURCH DEN SCHMERZ HINDURCH. Mach also genau das Gegenteil dessen, was dein Verstand dir sagt, nämlich dich still hinzulegen und zu wimmern. Du mußt dazu viel Mut aufbringen, aber es hilft wirklich. Entweder wird dann von der Natur eine natürliche Schmerzdämpfung ausgelöst, wenn der Kopf des Babys austritt, oder die ganze Tortur wird zumindest möglichst schnell beendet. Auf jeden Fall nützt es rein gar nichts, wenn du nur daliegst und ständig wiederholst: »Ich habe es mir anders überlegt, ich will doch kein Baby!«. Nun ist endlich der Zeitpunkt gekommen, wo dein Mann in Aktion treten und dir helfen kann. Er kann dich von hinten stützen und dir damit das Pressen während der Wehen erleichtern. Außerdem können er oder die Hebamme dir dabei behilflich sein, deine Beine anzuwinkeln (in einer Art Froschhaltung). Seine Hilfestellung könnte allerdings seinen Kameraverpflichtungen in die Quere kommen. Du solltest also die verschiedenen Aufgaben sehr sorgfältig delegieren.

Periduralanästhesie

Die geläufigste Art der Schmerzerleichterung während der Wehen ist die Periduralanästhesie, eine Kombination von Medikamenten, die man mit einer Nadel ins Rückenmark des unteren Wirbelsäulenbereichs injiziert. Wenn du diese Beschreibung liest, schwörst du dir wahrscheinlich, die Wehen lieber ohne Schmerzmittel zu überstehen, als dir eine Nadel ins Rückgrat stechen zu lassen. Aber nach einigen Stunden heftiger Wehen würdest du dir eine Periduralanästhesie wahrscheinlich auch dann dankend verabreichen lassen, wenn sie in die Augäpfel injiziert werden müßte.

Eine Periduralanästhesie muß von einem Anästhesisten durchgeführt werden. Du brauchst dir also keine Sorgen zu machen, daß ein Amateur in dein Rückgrat sticht und dich für den Rest deines Lebens zum Krüppel macht. Leider steht nicht in allen Krankenhäusern rund um die Uhr ein Anästhesist zur Verfügung. Vielleicht ist also gerade keiner da, wenn du einen bräuchtest. Meine Freundin Chris entschied in letzter Minute, daß sie ihr drittes Kind nicht ohne Schmerzmittel bekommen wollte. Sie hatte bei den Entbindungen ihrer zwei anderen Kinder auf Schmerzmittel verzichtet und mußte sich dieses Mal nichts mehr beweisen. Sie bat ihren Arzt also, einen Anästhesisten zu rufen.

Unglücklicherweise war der bereits zu Hause und schlief, und als er schließlich im Krankenhaus ankam, hielt Chris bereits Baby Nummer drei völlig erschöpft in den Armen. Auch wenn nur im entferntesten die Möglichkeit besteht, daß du eine Periduralanästhesie möchtest, solltest du das mit deinem Arzt bereits während der Schwangerschaft besprechen. Von dem Moment an, in dem du im Krankenhaus ankommst, erwähnst du es am besten gegenüber jeder Person in weißem Kittel, bis du die Spritze im Rücken spürst.

Bei der Injektion der Periduralanästhesie drehst du dich entweder auf die Seite, oder du sitzt auf der Bettkante, und eine Hebamme stützt dich. Der Arzt wird dich dann bitten, dich, so gut es geht, vorzubeugen. In dieser Haltung weichen die Wirbelzwischenräume auseinander, so daß der magische Punkt besser gefunden werden kann. Aller Wahrscheinlichkeit nach hast du während der Prozedur eine Wehe, aber man wird sehr geduldig sein und so lange warten, bis du völlig, stilliegen kannst. Dann wird man dir ein Schmerzmittel in den Rücken spritzen und kurz darauf eine dünne Kanüle am Rücken anlegen und befestigen. Es wird dich vielleicht überraschen, daß eine Periduralanästhesie wie eine Infusion ist, die während der restlichen Wehen und der Entbindung ständig zugeführt wird. So hat der Anästhesist die Möglichkeit, die Schmerzintensität zu überprüfen und die Zufuhr des Anästhetikums dementsprechend zu erhöhen oder zu verringern. Du kannst auf der Kanüle problemlos liegen und dich umdrehen, ohne etwas davon zu spüren.

Wahrscheinlich hast du das Gefühl, du bekämst einen elektrischen Schlag, wenn die Periduralanästhesie zu wirken beginnt. Keine Angst, es dauert nur einen kurzen Moment und ist völlig normal. Im nachhinein wird es dir als völlig unbedeutend erscheinen. Nach dem kleinen Schlag ist die Erleichterung fast sofort spürbar. Du wirst unsagbar dankbar und überrascht sein, wenn du siehst, daß eine weitere Kontraktion auf dem Wehenschreiber neben deinem Bett aufgezeichnet wird und du lediglich einen leichten Druck verspürst. Das ist der Zeitpunkt, an dem die Gebärende wieder sie selbst wird, sich liebevoll um ihren Mann kümmern und sich mit Hebammen und Freundinnen unterhalten kann. Manche halten sogar ein Nickerchen.

So großartig eine Periduralanästhesie auch sein mag – sie hat auch einige Nachteile. Zum einen verlangsamt sich die produktive Wehentätigkeit fast unmittelbar danach, zum anderen bist du von der Taille ab so gefühllos, daß du unter Umständen in der Preßphase nicht genug mithelfen kannst. Aus diesem Grund führt der Anästhesist auch kein Anästhetikum mehr zu, wenn es Zeit zum Pressen wird und dein Einsatz gefordert ist. Meine Freundin Janis schwor beim Leben ihres Mannes, daß sie es schaffen würde, auch ohne Gefühl zu pressen, wenn man ihr nur weiterhin das Anästhetikum geben würde. Ihr Arzt war damit einverstanden, es zu versuchen, und Janis preßte vor lauter Panik ihre kleine Tochter mit *reiner Willenskraft* heraus.

Oxytozin

Es kann passieren, daß sich dein Muttermund nur einen Zentimeter pro Stunde weitet. Nach einer Periduralanästhesie wird er sich vielleicht eine ganze Weile lang überhaupt nicht weiter öffnen. In dieser Situation hilft man oft medikamentös nach und verabreicht Oxytozin durch die bereits gelegte Kanüle an der Hand. Das Medikament wird auch zur Einleitung der Geburtswehen verwendet, wenn Arzt und Mutter gemeinsam beschließen, daß das nötig ist. Normalerweise löst es so starke und regelmäßige Wehen aus, daß Frauen, die bis dahin ihre Wehen ohne Schmerzmittel tapfer ertragen haben, nach einer Periduralanästhesie schreien. Jeglicher Versuch, die Lamaze-Atmung anzuwenden, endet gewöhnlich in Hyperventilation und völliger Frustration. Das kannst du mir glauben oder wirst es selbst feststellen, wenn du in die Situation kommst.

Kaiserschnitt

Es ist möglich, daß sich dein Muttermund trotz Oxytozin und Wehen nicht weit genug öffnet. An diesem Punkt bist du wahrscheinlich völlig am Ende, und auch dein Baby zeigt Ermüdungserscheinungen. Dann kommt der Vorschlag, vor dem du dich neun (zehn) Monate lang gefürchtet hast: »Vielleicht sollten wir es mit einem Kaiserschnitt probieren.« Dieser Vorschlag wird meist mit großer Enttäuschung und Panik aufgenommen, die sich nicht selten in Weinkrämpfen äußern. Plötzlich sind all deine Träume von einer natürlichen Entbindung dahin. Die Chance, dich der körperlichen Herausforderung einer Geburt zu stellen und sie erfolgreich zu bestehen, ist dir genommen. Diese Enttäuschung und das Gefühl, versagt zu haben, setzt den Frauen meist mehr zu, als die Aussicht, daß ihnen jemand mit einem Messer den Bauch aufschneidet. Einige meiner Freundinnen haben sogar noch Jahre nach ihrem Kaiserschnitt das Gefühl, einer der größten Erfahrungen im Leben beraubt worden zu sein, und glauben noch immer, sie hätten ihr Kind vaginal entbinden können, wenn man ihnen noch »etwas länger Zeit« gelassen hätte. Bitte setz dich jetzt nicht selbst mit Erwartungen und Vorstellungen unter Druck, was eine »erfolgreiche« Entbindung ist und wann es sich um ein »Versagen« handelt. Eine Entbindung, aus der Mutter und Kind gesund hervorgehen, ist ein Geschenk Gottes, egal, wie sie vonstatten gegangen ist. Punkt. Eine Entbindung ist kein Zuckerschlecken und weder zu deinem persönlichen Vergnügen noch zu deiner Erfüllung da, daß du deine Fitneß oder deine Fähigkeiten unter Beweis stellst. Sie dient der Erhaltung der menschlichen Gattung, und das ist alles. Wenn eine Frau von ihrer Entbindung enttäuscht ist, weil sie nicht ihren Erwartungen entsprochen hat, ist das meiner Meinung nach nur ein weiterer Beweis für unsere moderne Egozentrik – kein besonders sympathischer Zug.

Wenn du und dein Arzt sich für einen Kaiserschnitt entscheiden, wird man zuerst die Dosis des Anästhetikums erhöhen. Falls noch nicht geschehen, bekommst du sofort eine Kanüle gelegt oder, wenn es kritisch wird, eine Vollnarkose oder Spinalanästhesie. Ich hatte einen Kaiserschnitt mit einer Periduralanästhesie und kann mich vor allem noch an die Hektik und Aufregung erinnern, die um mich herrschte. Ich hatte keinerlei Schmerzen, spürte aber, daß etwas mit meinem Körper gemacht wurde. Und ich war überrascht, wie lange es dauerte, bis das Baby endlich draußen war. Ich bin sicher, daß es auch sehr schnell gehen kann, wenn es sein muß, aber ein Kaiserschnitt, der in entspannter Atmosphäre stattfindet, besteht aus vielen methodisch gesetzten Schnitten durch verschiedene Schichten, die das Baby von der Welt draußen trennen, und nicht aus einem tiefen Schnitt, der direkt zum Kind führt. Wenn das Baby entbunden und die Nabelschnur durchtrennt ist, bekommt man ein lange wirkendes Schmerzmittel. Dann herrscht zunächst allseits Freude – so lange, bis seine Wirkung nachläßt.

Geburt

Da ich eine »reife« (sprich »alte«) Mutter bin, wurden bei mir immer genetische Untersuchungen durchgeführt, bei denen unter anderem auch das Geschlecht meines Kindes festgestellt wurde. Einige Frauen bitten ihren Arzt, ihnen diese Information nicht mitzuteilen, weil sie sich bei der Geburt überraschen lassen möchten. Da für mich jedoch eine Entbindung bereits genug an Überraschungen zu bieten hat, kann ich auf diese eine gut verzichten. Außerdem dekoriere ich das Kinderzimmer immer gern so früh wie möglich. Wenn du das Geschlecht deines Kindes aber nicht vorher weißt, kommt der große Moment, nachdem du das letzte Mal völlig erschöpft gepreßt hast: »Es ist ein Junge!« oder »Es ist ein Mädchen!« Vergewissere dich auf jeden Fall, daß diese Aussage aus dem Mund einer medizinisch geschulten Person kommt, denn Väter verwechseln bekanntlich gern die Nabelschnur mit dem Penis. Verlaß dich also nur auf Personen, die ihre anatomischen Kenntnisse in einem Examen erfolgreich unter Beweis gestellt haben. Es gibt keine Worte, mit denen man beschreiben könnte, was in dir vorgeht, wenn du dein Baby zum ersten Mal siehst. Auch wenn du nach Wehen und Medikamenten völlig erschöpft und verwirrt bist, wird dir der Anblick dieses kleinen Lebewesens, das all die Zeit in deinem Körper gelebt hat, die Augen öffnen für die Wunder dieses Lebens, und das ganz ohne die Hilfe eines brennenden Dornbuschs oder geteilten Meeres. In Gedanken hast du dir das Ganze sicher wie in einem schönen Film ausgemalt: Man legt dir nach der Entbindung das Baby in den Arm, dein Mann und du blicken einander liebevoll in die Augen, im Hintergrund ertönt Musik, und die Danksagungen werden abgespielt. Tut mir leid, daß ich dir wieder mitteilen muß, wie anders die Realität aussieht ...

Wenn du vaginal entbunden hast, legt man dir das Baby auf den Bauch, damit es warm bleibt, der Arzt bindet die Nabelschnur ab, und jemand (vielleicht dein Mann) durchtrennt sie. Dann mußt du noch einmal pressen, damit die Plazenta ausgestoßen wird. Wenn du einen Kaiserschnitt hattest, übernehmen das die Ärzte für dich, du kannst dich also zurücklegen und entspannen. Nachdem die Plazenta ausgestoßen wurde (zusammen mit einer Menge anderem blutigen Zeug, das fürchterlich aussieht, aber völlig normal ist), wird der Arzt untersuchen, ob Plazentareste zurückgeblieben sind, die unter Umständen zu einer Infektion führen könnten. Diese Untersuchung ist weniger angenehm und kommt für eine junge Mutter, die nach allem, was sie mitgemacht hat, nur noch in Ruhe gelassen werden möchte, oft völlig überraschend. Atme einfach tief durch oder bitte deinen Arzt, die Periduralanästhesie nachzuspritzen.

Dann kommt das Nähen. Wenn du eine vaginale Entbindung hattest und es dein erstes Kind ist, hat man kurz vor Austritt des Köpfchens höchstwahrscheinlich einen Dammschnitt vorgenommen (ein Schnitt in das gedehnte Gewebe, um mehr Raum für das Köpfchen zu schaffen). Man rechtfertigt das präventive Schneiden damit, daß ein glatter Schnitt leichter zu nähen ist als ein Riß. Bei mir jedenfalls gab es immer Dammschnitte, Tränen und mehr Nähte als bei Frankensteins Monster. Das Nähen tut normalerweise nicht weh, dauert jedoch eine Weile. Während dein Mann und die Hebamme sich mit dem Baby vergnügen, liegst du also noch mit weit gespreizten Beinen da und läßt dich wieder zusammennähen.

Liebe auf den ersten Blick?

Vielleicht brauchst du dein Baby nur anzusehen und schon füllen sich deine Augen vor lauter Rührung mit Tränen. Es kann aber auch sein, daß du nur kurz einen Blick darauf wirfst, um dich zu vergewissern, daß alles dran ist, und dann insgeheim hoffst, daß eine fachlich geschulte Person es mitnimmt und sich darum kümmert. Das bedeutet nicht, daß du dein Baby nicht so lieben wirst, wie eine Mutter normalerweise ihr Kind liebt, oder daß du ein schlechter Mensch bist. Sei einfach nicht so streng mit dir, und übe Nachsicht dir selbst gegenüber. Eine Geburt ist auch unter den besten Umständen ein traumatisches Erlebnis, und man braucht eine Weile, bis man diese Erfahrung gefühlsmäßig verarbeitet hat. Am besten du siehst es so: Selbst deine beste Freundin hast du nicht von der ersten Sekunde an sofort ins Herz geschlossen, und ihretwegen hast du keine Schwangerschaftsstreifen – warum also solltest du dich sofort in dieses fremde, kleine Wesen verlieben? Du kannst dir sicher sein, daß du dieses Kind über kurz oder lang mehr als alles andere in der Welt lieben wirst.

Und was nun?

Nachdem alles vorbei ist, werden sich dein Arzt und deine Hebamme zurückziehen. Das Baby wird auf die Säuglingsstation gebracht, bekommt dort Konakion-Tropfen, wird gewogen und gemessen, Händchen und Füßchen werden untersucht und andere bürokratische Dinge erledigt. Seine Wahrnehmung, Reflexe und Stärke werden beurteilt. Das Ergebnis dieser Untersuchung nennt man Apgartest. Darauf möchte ich allerdings nicht näher eingehen, da Tests und Beurteilungen mich immer unter Leistungsdruck setzen. Du wirst vom Entbindungszimmer in ein normales Zimmer verlegt. Während deines Aufenthalts wirst du die Zeit damit verbringen, dir deine geschwollene Scheide mit Eispackungen zu kühlen, dich möglichst viel auszuruhen, stillen zu lernen, Windeln zu wechseln und Besucher zu empfangen. Zu Anfang wirst du es wahrscheinlich gar nicht bemerken, aber diese angenehme Zeit hört viel zu schnell auf. In ungefähr drei Monaten wirst du dich nach dem Krankenhaus sehnen, wo dir deine Mahlzeiten ans Bett serviert wurden (auch wenn sie nicht besonders schmackhaft waren), jeden Tag dein Bett frisch bezogen wurde und sich Fachpersonal um dein Kind kümmerte, wenn du müde warst. Wir Freundinnen raten dir, so lange wie möglich im Krankenhaus zu bleiben. Selbst ein Tag länger macht immerhin vierundzwanzig Stunden, in denen du das Unvermeidliche noch ein bißchen hinausschieben kannst: lebenslange Arbeit und Verantwortung.

Es ist schockierend, aber irgendwann wird man dir im Krankenhaus ein hilfloses, zerbrechliches und bedürftiges Bündel aushändigen. Nun seid ihr, du und dein Mann, also zu dritt. Mit weniger Starthilfe, als du für das Einsetzen deines Diaphragmas erhältst, erwartet man nun, daß du nach Hause gehst und diesen Winzling bis ins Erwachsenenalter großziehst. (Wenn du bei diesen Aussichten keine Angst bekommst, hast du kein besonders ausgeprägtes Vorstellungsvermögen.)

So allein du dich in diesem Moment auch fühlen magst – deine Ängste sind nicht neu. Seit der Mensch die Fähigkeit zu neurotischem Verhalten hat, haben wahrscheinlich die meisten Frauen diese Ängste durchgemacht. Und solltest du keinerlei Befürchtungen haben, dann setze dich nur ein einziges Mal tagsüber vor den Fernsehapparat: Du wirst keine Talk-Show und kein Nachrichtenmagazin ohne das Problem-Thema Kind finden. Im folgenden die häufigsten Ängste junger Mütter:

»Ich breche dem Baby das Genick!«

Da wir so oft gehört haben, daß Neugeborene ihren Kopf nicht halten können, haben wir ständig Angst davor, ihnen das Genick zu brechen. Bis jetzt habe ich bei meinen vielfältigen Recherchen noch nie gehört, daß eine Mutter versehentlich ihr Baby verletzt hat, weil sie seinen Kopf hat fallen lassen. Es stimmt allerdings, daß man das Baby mit zwei Händen halten sollte, weil es oft unerwartet seinen Kopf bewegt. Wenn man gerade nicht aufpaßt, kugelt er vielleicht nach hinten. Am unsichersten ist man anfangs beim Anziehen oder Baden, denn der Kopf eines Neugeborenen ist mindestens so schwer wie alle seine restlichen Körperteile zusammen.

Zu der Befürchtung »Ich breche dem Baby das Genick!« kommt noch die weitere Befürchtung »Ich werde seinen Kopf verletzen!«. Der Kopf eines Neugeborenen ist sehr weich, da die Schädelknochen erst noch zusammenwachsen müssen. Du wirst sicher besonders behutsam mit dieser Stelle umgehen, aber die Kinder deiner Freundinnen oder ältere Geschwister tätscheln dem Baby bestimmt auch einmal unsanft und mit schmutzigen Pfoten den Kopf – wenn sie ihm nicht gar mit einem Stück Holz darauf hauen. Warte nicht, bis es deinen Freundinnen auffällt und sie ihre Lieblinge zurückrufen, sondern schnapp dir einfach den Übeltäter und versuch freundlich »Nein, Nein« durch deine zusammengebissenen Zähne zu sagen.

»Wenn ich das Baby nicht ständig beobachte, hört es auf zu atmen!«

Du wirst schon sehen, wie oft du neben deinem schlafenden Baby stehen und es anstarren wirst, als ob seine Lungen allein durch deine Willenskraft und Konzentration funktionieren würden. Junge Mütter haben panische Angst, daß ihrem Baby etwas Furchtbares passiert, während sie einen Moment lang nicht hinsehen. Wenn du ausnahmsweise ganze drei Stunden lang ein besonders erholsames Nickerchen halten konntest, wirst du anschließend sofort zu deinem Baby rasen und das Schlimmste befürchten. Man kann nur hoffen, daß es nicht gerade tief und fest schläft, denn vor lauter Panik wirst du es sofort aufwecken, um sein Schreien zu hören und dich so zu vergewissern, daß alles in Ordnung ist.

»Ich könnte vergessen, daß ich ein Baby habe, und lasse es irgendwo stehen!«

Ich hatte sehr realitätsnahe Träume, in denen ich mein Baby in den Autositz setzte und auf dem Kofferraum abstellte, während ich in der Wickeltasche nach meinen Schlüsseln suchte. Nachdem ich die Schlüssel gefunden hatte, setzte ich mich ins Auto, fuhr los und vergaß vollkommen, daß das Baby noch auf dem Kofferraum stand. Eine meiner Freundinnen befürchtete, ihr Baby bei einem Einkaufsbummel versehentlich in der Umkleidekabine stehenzulassen und es erst zu Hause zu bemerken. Diese Angst, in der Fürsorge für dein Kind zu versagen, kann sich in einer Vielzahl von Bildern manifestieren. Meine Freundin Chrissie hatte immer wieder einen Alptraum, in dem sie ihr Baby über die Brüstung eines Hotels fallen ließ. Die Szene spielte sich in Zeitlupe ab, und sie war machtlos, sie zu stoppen, obwohl sie wußte, wie sie ausgehen würde. Ich möchte noch hinzufügen, daß Chrissies Kinder inzwischen fast erwachsen sind und unverkennbar eine großartige Erziehung genossen haben. Dieser Alptraum war also keineswegs ein Hinweis auf ihre Natur, sondern vielmehr Ausdruck dafür, wie sehr sie ihre Kinder liebte und beschützen wollte.

»Ich verschlafe eine Mahlzeit, und das Baby verhungert!«

Überraschend viele Mütter (wenigstens finde ich das überraschend) halten sich streng an den Essenszeitplan, den ihnen ihr Kinderarzt empfohlen hat, und fühlen sich sogar verpflichtet, ein schlafendes Baby zu wecken, damit ja keine Mahlzeit versäumt wird – als ob das Baby ohne diese paar Gramm nicht überleben würde. Babys können durchaus auch einmal auf eine Mahlzeit verzichten. Es gibt für mich nur einen einzigen Grund, ein Baby zu einer Mahlzeit aufzuwecken: Wenn ich stille und meine Brüste so prall gefüllt sind, daß sie kurz vor der Explosion stehen.

Du solltest nicht vergessen, daß das Baby sich angewöhnen sollte, die ganze Nacht durchzuschlafen, ohne gefüttert zu werden. Entspann dich und sei dankbar, wenn dein Baby die traditionelle Elf-Uhr-Mahlzeit hat ausfallen lassen – es wird beim nächsten Mal genug trinken, um das Defizit wieder auszugleichen. Wenn es unbedingt sein muß, dann wecke es tagsüber, aber nicht nachts. Babys haben einmal am Tag eine längere Schlafphase, und es ist für alle Beteiligten besser, wenn diese nachts stattfindet, nachdem alle guten (oder wenigstens einigermaßen interessanten) Fernsehshows vorbei sind.

»Was ist, wenn das Baby mich nicht mag?«

Viele meiner Freundinnen, besonders die, die sich während der ersten Wochen von einer Kinderfrau oder der Großmutter unterstützen ließen, befürchteten, daß ihr Baby sie weniger gern haben könnte als den Babysitter. Sie erzählten, ihr Baby weine mehr oder sei unruhiger als bei einer anderen Person, wenn sie es auf dem Arm hätten.

Ich kann dir zwar nicht garantieren, daß es auch in fünfzehn Jahren noch so aussehen wird, aber im Moment liebt dein Baby dich mehr als jeden anderen, denn du bist der Vermittler zwischen ihm und einer fremden Welt. Vielleicht liebt es dich nicht für deinen Witz oder deine Großzügigkeit, aber es liebt dich als Teil seiner selbst. Du mußt dir diese Liebe nicht verdienen, sie ist sehr viel elementarer. Dein Baby muß dich lieben, das ist einfach die Regel. Vielleicht reagiert es mit seiner Unruhe nur auf deine eigene Nervosität. Oder, noch wahrscheinlicher, es ist einfach aufgeregt, weil es gleich eine Mahlzeit bekommt und du so vielversprechend riechst wie ein ganzer Milchwagen. Wenn dein Baby außer dir noch andere Personen liebt, sei nicht so egoistisch. Es ist genug Liebe für alle da.

»Was ist, wenn ich mein Baby nicht mag?«

Du wirst dein Baby immer lieben, vielleicht wird es dich aber ab und zu *nerven*. Eine Mutter, die ihr Baby fünf Stunden lang den Flur auf und ab geschoben hat, ohne es zum Schlafen zu bringen, ist vielleicht kurz davor, das Kleine zu verkaufen.

Würden unsere Freunde oder sogar Partner sich uns gegenüber derartig fordernd, egozentrisch und gleichgültig verhalten, hätten wir sie schon lange fallengelassen wie eine heiße Kartoffel. (Du wirst allerdings staunen, bis zu welchem Grad du schlechte Manieren bei deinem eigenen Baby tolerierst.) Nein, du weißt erst, was Bedürftigkeit ist, wenn du ein Baby hast, das dich rund um die Uhr auf Trab hält. Und was bekommst du im Gegenzug? Dann und wann ein schiefes Lächeln, vielleicht eine schmutzige Windel. Wenn du das Gefühl hast, daß du einfach etwas Abstand brauchst, bitte eine wohlwollende Seele wie Mutter, Mann oder Freundin (ist es nicht wunderbar, Freundinnen zu haben?), das Baby ein oder zwei Stunden irgendwohin mitzunehmen, wo du es nicht hören und sehen kannst. Du wirst sehen, eine Ruhepause wirkt wahre Wunder.

»Warum ist mein Leben nur ein solches Chaos?«

Selbst Pedanten und Organisationstalente haben ihren Haushalt nicht mehr unter Kontrolle, wenn ein Neugeborenes einzieht. Während du über Berge dreckiger Wäsche auf dem Wohnzimmerboden steigst, wirst du dich wundern, wie ein winziges Baby nur so viel Arbeit und Zeit kosten kann. Dankesbriefe und Telefonate werden erst einmal warten müssen, denn du kannst schon von Glück sagen, wenn du es bis unter die Dusche schaffst und irgend etwas Sauberes und Passendes zum Anziehen findest. Im allgemeinen läßt deine äußere Erscheinung im Moment wahrscheinlich etwas zu wünschen übrig – schließlich muß das Baby versorgt werden –, und dein Mann und du, ihr lebt seit drei Wochen von Fertiggerichten. Dann ruft auch noch deine Schwiegermutter an, um dir zu sagen, daß Tante Annie sich schon zum fünften Mal bei ihr erkundigt hat, ob du ihr Winnie-the-Pooh-Buch bekommen hast, und sich wundert, daß sie *immer noch nichts* von dir gehört hat.

Das ist die eigentliche Wochenbettdepression, nicht die paar Tränen im Krankenhaus nach der Entbindung. All dies, zusammen mit zwei Monaten Schlafentzug und wunden Brustwarzen, kann dich an den Rand der Erschöpfung bringen. Wahrscheinlich fängst du dir erst einmal eine ziemliche Erkältung ein. Ich wünschte, ich hätte ein Patentrezept parat, aber es gibt leider keins. Ich kann dir nur raten, die momentane Situation einfach zu akzeptieren und dir von Freunden und Familie unter die Arme greifen zu lassen. Selbst wenn sie dich verrückt machen oder sie sich kaum den Weg durch deine Küche bahnen können, gib ihnen eine Chance – sie sind im Moment belastbarer als du. Ich kann dir nur sagen, daß wir alle dasselbe durchgemacht haben und du unser tiefstes Mitgefühl hast. Auch diese Zeit geht vorbei (leider nur unmenschlich langsam).

»Ich will nicht stillen!«

Stillen liegt heutzutage sehr im Trend. Es gibt dafür eine ganze Reihe von Begründungen, die ehrfurchtsvoll in fast jedem Schwangerschaftsbuch angeführt werden. Unsere Meinung dazu lautet folgendermaßen: Versuch es. Wenn es dir gefällt,

dann mach weiter. Wenn nicht, hast du unsere Erlaubnis aufzuhören. Es gibt unzählige Frauen, für die es fast ein Verbrechen ist, sein Kind nicht zu stillen, und die dir nur zu gerne erzählen werden, daß sie ihre Kinder praktisch bis zum
Schulanfang an ihrer Brust genährt haben. Selbst Freundinnen, die gestillt haben, finden diese Geschichten langweilig
und moralisierend. Es besteht wirklich kein Grund, ein
schlechtes Gewissen zu haben, wenn man sich gegen das Stillen entschieden hat. Ob Muttermilch besser ist als Fertignahrung? Ich denke schon. Aber es ist auch besser, sein Brot
selbst zu backen, Spaghetti-Sauce aus frischen Tomaten zuzubereiten und keinen Kaffee zu trinken.

Die Wahrheit ist außerdem, daß Stillen am Anfang ziemlich
schmerzhaft sein kann. Eine stillende Mutter muß zusätzlich
permanent auf Abruf stehen, es sei denn, sie mausert sich zum
Abpump-Profi. Für mein Empfinden ist eine stillende Frau
immer noch ein wenig schwanger, da ihr Körper für einen anderen arbeitet. Einige meiner Freundinnen erwähnten auch,
daß ihr Mann nur schwer sexuelle Gefühle für sie entwickeln
konnte, wenn ein Baby an seinen Lieblingsspielzeugen saugte. Das soll kein Urteil sein, ich gebe nur die Fakten wieder.
Wenn das so ist, warum entscheiden sich Frauen dann überhaupt fürs Stillen? Zunächst einmal ist es für das Kleine Hausmannskost vom Feinsten. Außerdem ist es so einfach, wenn
man erst einmal die Technik beherrscht: Du öffnest einfach
deine Bluse, stillst das Baby und knöpfst die Bluse wieder zu.
Es gibt kein schmutziges Geschirr, du brauchst keine speziellen Zutaten, die du erst einkaufen mußt, und es ist viel billiger als Fertignahrung. Mitten in der Nacht (und damit ist jeder Moment des Tages gemeint, an dem du mindestens ein-

einhalb Stunden am Stück schlafen konntest), wenn dein Baby vor Hunger schreit, ist dir mit Sicherheit nicht danach, eine Flasche mit Fertignahrung aufzuwärmen. Da ist es wesentlich einfacher, eine Brust herauszuholen und weiterzudösen, während dein Baby gierig saugt. Ein weiterer, äußerst positiver Nebeneffekt für die Mutter ist, daß sich durch das Stillen die Gebärmutter wieder zu ihrer normalen, birnengroßen Form zurückbildet, nachdem sie sich zur Größe eines Matchbeutels ausgedehnt hatte.

Noch eine Sache zum Stillen, von der du vielleicht bisher nichts gehört hast. Wir Freundinnen schwören jedenfalls, daß es wahr ist: Nachdem deine wunden Brustwarzen abgeheilt sind und du das Stillen gut im Griff hast, fühlt es sich richtig gut an. Mit »richtig gut« meine ich so, wie sich Sex richtig gut anfühlt. Es wird nämlich beim Stillen ein Hormon freigesetzt, das einen beruhigenden Effekt hat. Dieses leicht benommene Gefühl zusammen mit den sanften Kontraktionen deiner Gebärmutter (wie nach einem Orgasmus) ist äußerst wohltuend. Deshalb haben auch so viele Frauen beim Stillen dieses entrückte Lächeln auf den Lippen. Leider wird gleichzeitig auch eine weniger angenehme Chemikalie freigesetzt, die dich durstiger macht, als du es nach einer stundenlangen Wanderung durch die Wüste wärst. Am besten, du stellst dir vor dem Stillen oder bevor du ins Bett gehst, ein großes Glas Wasser (ungefähr von der Größe eines Eimers) neben dich. Meine Freundin Dona hatte immer ein riesiges Glas mit Eiswürfeln neben dem Bett stehen, damit sie beim nächsten Stillen gekühltes Wasser parat hatte.

Für mich war das Beste am Stillen, daß ich Prioritäten setzen mußte, um Raum für mein Baby zu schaffen: Ich war gezwungen, sinnlose Dinge zu vernachlässigen, um mich ganz auf mein Baby und mich zu konzentrieren. Wir machen heute den großen Fehler, daß wir nach Schwangerschaft und Entbindung so schnell wie möglich wieder fit werden wollen. Schließlich hat unser Körper neun Monate lang diesen Zustand aufgebaut und aufrechterhalten. Genausoviel Zeit sollten wir uns für die Erholung zugestehen. Wir sollten uns einfach mehr Zeit lassen und nicht versuchen, bereits sechs Wochen später wieder unser normales Leben aufzunehmen.

»Was ist, wenn ich auf die Toilette muß?«

Dieses menschlichste aller Bedürfnisse wird dich nach deiner Entbindung vor deine erste körperliche Krise stellen. Wenn du vaginal oder durch Kaiserschnitt entbunden hast, läuft es dir nämlich schon beim bloßen Gedanken an Stuhlgang eiskalt den Rücken hinunter. Da fällt mir ein triftiger Grund für eine vaginale Entbindung ein – sofern du die Wahl hast. Nach einem Kaiserschnitt darf man das Krankenhaus nämlich erst verlassen, nachdem man der Schwester das Produkt eines erfolgreichen Toilettenbesuchs zeigen konnte. Nach einer Vaginalentbindung mußt du vor deiner Entlassung lediglich das Versprechen abgeben, bald auf die Toilette zu gehen. Wahrscheinlich bist du im Scheidenbereich noch immer sehr wund und sicher nicht gerade versessen darauf, das abheilende Gewebe zu dehnen. Du wirst allerdings nicht darum herumkommen. Einige Ärzte empfehlen, täglich ein mildes Abführmittel einzunehmen und damit am Tag der Entbindung zu beginnen, um sich das Ganze etwas zu erleichtern. Sie täten allerdings besser daran, ein Beruhigungsmittel zu verschreiben, weil die Angst vor dem Gang zur Toilette fast schlimmer ist als die Sache an sich. Einige Tage nach deiner Entbindung wird dein Körper dir signalisieren, daß er die Geburtsstrapazen überwunden hat und bereit ist, sich zu »entleeren«. Wenn du so ein Angsthase bist wie ich, wirst du versuchen, dieses Gefühl so lange zu ignorieren, bis du kurz vorm Explodieren bist. Den Tränen nahe wirst du schließlich den Gang zur Toilette antreten wie Anne Boleyn den Weg zur Guillotine – in der Gewißheit, daß beim Drücken dein Dammschnitt aufreißt und deine Hämorrhoiden leiden werden. Aber wie bei der Entbindung kommt auch hier der Augenblick, wo dir keine Wahl mehr bleibt und du pressen mußt, auch wenn du kurz davor bist, ohnmächtig zu werden. Es ist schnell vorbei, und du wirst es überstehen, ohne daß deine Naht im Damm aufreißt, selbst wenn du ein wenig bluten solltest. Ob es weh tut? Ja, aber ich verspreche dir, es ist das letzte Mal, daß es so weh tut, wenigstens bis zum nächsten Baby. Deine Hämorrhoiden werden vielleicht ein wenig bluten, aber dazu gibt es ja Wattebäusche, die man in Hamamelis tauchen kann.

»Was ist, wenn mein Mann mit mir schlafen will?«

Alle Freundinnen sollten weltweit einen Pakt untereinander schließen: Selbst wenn dein Arzt dir sechs Wochen nach der Entbindung bei der ersten Untersuchung mitteilt, daß du nun wieder Geschlechtsverkehr haben kannst, BRAUCHST DU DAS

JA NICHT UNBEDINGT DEINEM MANN ZU ERZÄHLEN. Wir müssen uns nur einig sein und unseren Männern versichern, daß wir drei Monate lang auf keinen Fall Geschlechtsverkehr haben dürfen.

Schließlich treibt dir schon die Untersuchung beim Arzt den Angstschweiß auf die Stirn. Zu diesem Zeitpunkt ist der Gedanke an sexuelles Vergnügen einfach ein Widerspruch in sich.

Warum, fragst du dich vielleicht, sollte eine gesunde, attraktive Frau nach einer Entbindung nicht mit ihrem Mann schlafen wollen? Nun, hier einige der ganz offensichtlichen Gründe:

1. Angst vor Schmerzen

Zwei Hämorrhoiden und ein Dammschnitt mit unzähligen Stichen machen Schamlippen und Vagina zu einem äußerst empfindlichen Bereich. Außerdem hat dein Damm, der Bereich zwischen Vagina und After, bei der Geburt zahlreiche Blutungen und Schwellungen davongetragen.

2. Du hast vielleicht noch Blutungen

Nach der Entbindung setzt eine Art nicht enden wollende Periode ein. Zuerst ist sie sehr stark, rot und ziemlich klumpig. Mit der Zeit dann eher bräunlich und schließlich gelblich. Je nach deinen persönlichen sexuellen Vorlieben steigert das bei deinem Mann oder dir vielleicht nicht gerade die Lust.

3. Du bist völlig trocken

Die Vagina einer jungen Mutter ist so trocken, daß sie jegliche Art von Befeuchtung gut gebrauchen kann. Deine Hormone stellen vorübergehend die Produktion von Scheidensekret ein, besonders wenn du stillst. Für mich ist das völlig einleuchtend, denn auf diese Weise sorgt die Natur dafür, daß die Mutter eines Säuglings erst wieder schwanger wird, wenn das erste Baby aus dem Gröbsten heraus ist, und erschwert uns den Geschlechtsverkehr. Du kannst ja versuchen, ob du mit dieser anthropologischen Erklärung bei deinem liebeshungrigen Mann Erfolg hast. Vielleicht funktioniert sie bei dir besser als bei einigen meiner Freundinnen.

4. Du bist nicht in der Stimmung

Mutter zu werden ist physisch und emotional eine solch überwältigende Erfahrung, daß sich am Anfang die Welt nur noch um das Baby und dich selbst drehen wird. Nachdem tagsüber ständig ein kleines Wesen an dir saugt, sein Bäuerchen auf deiner Schulter macht und sich auf andere Weise deines Körpers bedient, hast du am Ende des Tages wirklich keine Lust auf einen liebeshungrigen Gatten, der dasselbe tut. Du bist einfach nicht in der Stimmung, dir die Beine zu rasieren und sexy Dessous anzuziehen. Viel lieber würdest du allein im Bett liegen, es dir in schlabberigen T-Shirts bequem machen, fernsehen und einfach nur in Ruhe gelassen werden.

Zu diesem mangelnden Interesse an Sex kommt – nebenbei bemerkt – noch, daß du dich die ersten Monate nach der Geburt nicht besonders attraktiv fühlst. Wahrscheinlich dauert es noch einige Wochen, bis dein Bauch nicht mehr schlaff herunterhängt, wenn du dich zur Seite rollst, und deine Brustwarzen nicht mehr schmerzen (falls du stillst). Außerdem bist du vielleicht frustriert, weil du noch nicht wieder aussiehst wie früher. *Du* jedenfalls hättest keine Lust auf Sex mit jemandem, der so aus der Form gegangen ist. Warum also sollte dein Mann dazu Lust haben?

5. Du bist so müde, daß du heulen könntest

Die meisten meiner Freundinnen sind sich einig, daß die permanente Müdigkeit nach einer Entbindung das größte Hindernis ist, um wieder ein normales Sexualleben zu führen. Wenn du Zeit für Sex hättest, könntest du auch ein Nickerchen halten, und letzteres wird während der ersten paar Monate sehr viel verlockender sein. Du bist müde, weil du dich von den Geburtsstrapazen erholen mußt und dein Körper hart arbeitet, um die Milchversorgung aufrechtzuerhalten. Meistens jedoch bist du einfach müde, WEIL DU NICHT ZUM SCHLAFEN KOMMST! Es zehrt ganz schön, wenn man nur hin und wieder ein Nickerchen halten kann und nicht einmal mehr Zeit zum Träumen hat.

6. Du hast Angst, deinen Mann zu ertränken

Zuerst muß ich dir erzählen, welch sinnigen Witz sich Mutter Natur ausgedacht hat: Sexuelle Stimulation und Orgasmus aktivieren den Milchflußreflex. Das bedeutet, gerade dann, wenn der Sex so richtig gut wird, bespritzt du euch beide mit Milch. Vielleicht solltest du also besser deinen BH (mit zusätzlichen Stilleinlagen) anbehalten, während du dich langsam wieder in den Sattel schwingst (ein weiterer Grund, mit dem Liebesleben noch etwas zu warten). Sonst habt ihr das Gefühl, euch in einer Autowaschanlage zu lieben.

Bevor du nun befürchtest, nie wieder Lust auf Sex zu haben, wollen wir dir aus dieser Misere helfen. Ich garantiere dir, irgendwann hast du wieder Lust darauf (und je früher das passiert, desto lieber ist es den meisten Männern). Im folgenden einige Ratschläge meiner Freundinnen, wie sich das Eis brechen läßt.

1. Du brauchst mindestens eine Stunde Pause von dem Baby, bevor du überhaupt an Sex denken kannst.

Du mußt vor allem das »Mami-Gespinst«, das du um dich gewoben hast, durchbrechen und wieder mit deinem Mann vertraut werden. Es wird euch beiden vielleicht schwerfallen, aber sprecht während dieser vorbereitenden Phase nicht über das Baby. Ihr verpaßt sonst die Chance, euch wirklich aufeinander einzulassen. Außerdem beginnt beim Gedanken an das Baby, bei dir vielleicht die Milch zu laufen.

Das ist der Moment, deinem Mann zu zeigen, wie schwach du dich noch immer fühlst und wie sehr du es begrüßen würdest, wenn er es schön langsam angehen lassen könnte. Jegliche Form von Bitten, Bestechungen oder Drohungen ist zu diesem Zeitpunkt völlig legitim.

2. Trink ein Glas Wein

Ich hätte das sowieso vorgeschlagen, aber nun wurde sogar kürzlich eine medizinische Untersuchung veröffentlicht, in der nachzulesen war, daß Wein eine aphrodisierende Wirkung auf Frauen hat. Ich denke, die meisten meiner Freundinnen wußten das sowieso schon. Aber selbst wenn er diese Wirkung nicht hätte, würde ich dir zu einem Glas raten, weil du danach vergessen hast, worüber du dir überhaupt Sorgen machst. Vielleicht tut es beim Sex noch ein bißchen weh, aber mit einem kleinen Schwips wird es dir kaum auffallen.

3. Benutze ein Gleitgel

Aber es reicht nicht, betrunken zu sein, du solltest auch etwas feucht sein. Zu diesem Zweck sind verschiedene Gele im Handel erhältlich. Am besten, du besorgst dir eines im voraus, damit du nicht dein Medizinschränkchen panisch durchwühlen und dann mit Vaseline oder Babyöl vorliebnehmen oder sogar in der Speisekammer suchen mußt. Und warum leitet ihr eure erste sexuelle Vereinigung nicht mit einer Massage ein? Ich bin mir sicher, du könntest eine vertragen, und dein Mann wird sich eine Gelegenheit wie diese nicht entgehen lassen. Seine Lust ist wahrscheinlich so groß, daß er sogar einen Ölwechsel bei deinem Auto vornehmen würde, wenn das deine Bedingung wäre. Benutzt kein normales Körperöl, sondern richtiges Massageöl. Meine Freundin Sondra, das gerissene Ding, schenkte mir damals *eßbares* Massageöl – sozusagen als eine Art Dessert, bei dem man seiner Phantasie freien Lauf lassen kann.

4. Vergiß die Verhütung nicht

Auch wenn du es schon oft gehört hast, möchte ich es noch einmal wiederholen: DU KANNST SCHWANGER WERDEN, WÄHREND DU STILLST, UND DU KANNST SCHWANGER WERDEN, AUCH WENN DU BISHER NOCH KEINE PERIODE HATTEST. Ein Kondom kann hier eine gute Lösung sein (besonders wenn du stillst und die Pille nicht nehmen darfst). Außerdem enthalten Kondome Gleitmittel, was die Sache zusätzlich erleichtert.

Keine meiner Freundinnen kann mir weismachen, sie hätte beim ersten Verkehr nach der Entbindung einen Orgasmus bekommen. Vielleicht meine Freundin Melanie, aber die hat ihren Mann auch schon ein paar Stunden nach ihrem Kaiserschnitt im Krankenhaus oral befriedigt und zählt also nicht. Es ist mir wirklich ein Rätsel, warum ich sie so mag. Jedenfalls geht es beim ersten Mal nach der Entbindung nicht darum, ein sexuelles Feuerwerk zu erleben, sondern darum, Intimität und Zärtlichkeit auszutauschen. Ich weiß, im Moment ist es nur schwer vorstellbar, daß du jemals wieder deine frühere sexuelle Leidenschaft entwickeln wirst, aber irgendwann wird es ganz bestimmt so sein.

18 »Nichts wird mehr sein, wie es war«

Es ist ganz simpel: Mutter zu werden verändert deinen Körper von Grund auf (und die Seele, aber damit könnte man ein weiteres Buch füllen). Du kannst (und wirst) jedes Kilo verlieren, das du zugenommen hast, deine Bauchmuskeln trainieren, bis du als Bauchtänzerin auftreten könntest, und deine Beckenbodenübungen machen, bis du Walnüsse knacken kannst. Aber du wirst nie mehr sein wie früher. Sicher werden einige geteilter Meinung sein und mir ihre Bikinifotos zuschicken, um mich vom Gegenteil zu überzeugen. Spart euch das Porto! Ich sage ja nicht, daß ihr nicht mehr so *gut* aussehen werdet wie vorher. Wahrscheinlich seht ihr sogar viel *besser* aus, aber eben *nicht genauso* wie vorher. Freundinnen haben mir erzählt, daß sie früher Locken hatten und nach Schwangerschaft und Geburt förmlich zusehen konnten, wie ihre Haare glatt wurden. Wer früher trockene Haut hatte, bekommt plötzlich eine fettige und umgekehrt. Viele Frauen klagen, daß sie um die Hüften nie mehr so schmal wurden wie früher. Ich persönlich kann mich mit meinem Nabel nicht abfinden, der nicht mehr so wohlgeformt ist wie vor der Entbindung. Aber später zu den Dingen, an denen wir nichts mehr ändern können. Zuerst zu dem, was wir ändern können.

Gewicht verlieren

Wir alle wissen, daß man nur Gewicht verliert, wenn man weniger ißt und intensiv Sport treibt. Du vergeudest deine wertvolle Zeit, wenn du versuchst, Kalorien zu zählen, und nur noch Salat ißt. Ernähr dich ausgewogen, aber nimm kleine Portionen zu dir, und mach jeden Tag etwas Gymnastik. Aber wir wollen uns nicht weiter in die Details eines Diätplans vertiefen, denn das wäre langweilig und frustrierend.

Zum Thema Abnehmen nach Schwangerschaft und Geburt können wir Freundinnen noch folgendes beitragen:

- *Es wird länger dauern,* als du denkst. Am besten du stellst dich auf folgendes ein: »Du nimmst neun Monate lang zu, und du brauchst neun Monate, um wieder abzunehmen.« Du wirst dein altes Gewicht wieder erreichen, aber da nicht alle zusätzlichen Kilos auf das Gewicht des Babys zurückzuführen sind, wird es langsamer gehen, als dir lieb ist. Das Gute ist allerdings, daß nach der Geburt der Großteil deines dicken Bauches sofort verschwunden ist. Erst dann wird dir allerdings auffallen, das du auch an Armen, Po, Hüften und im Gesicht zugenommen hast.

- *Du hast vergessen,* wie du ausgesehen hast. Ich bin überzeugt, das ist der Grund, warum so viele Frauen die letzten paar Kilos nicht mehr loswerden – sie *erinnern* sich einfach nicht mehr daran, wie schlank sie wirklich waren, und geben sich zufrieden, obwohl sie noch ein paar Kilo zuviel wiegen. Wenn du wirklich sichergehen willst, daß jedes zusätzliche Kilo wieder unten ist, zieh deine ältesten Jeans an und trag sie ein paar Stunden lang. Wenn du dich nicht eingezwängt fühlst, hast du deine alte Figur wieder erreicht.

- Solange du stillst, bekommst du deine alte Figur nicht wieder. Alle Befürworter des Stillens werden sofort das Gegenteil behaupten, aber wir Freundinnen bleiben dabei. Ja, es stimmt, daß beim Stillen täglich so einige Kalorien verbraucht werden – mehr als beim Training an irgendeinem Fitneßgerät. Am Anfang wirst du durchs Stillen also eher abnehmen.

Wenn dir dann noch die letzten zwei bis fünf Kilos bis zu deinem alten Gewicht fehlen, sieht die Sache allerdings anders aus. Es ist einfach so gut wie unmöglich, die letzten Fettdepots von Oberarmen, Hüften und natürlich Brüsten wegzubekommen, solange man stillt. Auf diese Weise sorgt die Natur dafür, daß die Milchproduktion während des Stillens auf jeden Fall in Gang bleibt.

- Auch wenn du die letzten Pfunde verloren hast, wirst du dich noch eine Weile gedulden müssen, bis sich auch deine schlaffe Haut wieder strafft und deine Hüften wieder in Form kommen. Du kannst so dünn werden, wie du willst, du wirst einige Monate lang einen kleinen Rettungsring um die Taille haben. Solltest du allerdings wie ich vier Kinder haben, schleppst du diesen Ring ein Leben lang mit dir herum.

- Werde nicht wieder schwanger, bevor du nicht dein altes Gewicht erreicht hast. Dies ist natürlich kein Gesetz, dessen Nichtbeachtung unter Strafe steht. Du brauchst also nicht in Panik zu geraten, wenn es anders kommt. Im Prinzip sollte man aber folgendes beachten: Jedes zusätzliche Kilo, das du bei einer erneuten Schwangerschaft mit dir herumträgst, ist *dein eigenes*, und du hast keine Berechtigung mehr, es »Babyspeck« zu nennen. Natürlich darfst du dich die nächsten neun Monate reinen Gewissens darauf berufen.

Das Schwangerschaftsvermächtnis

Nun wollen wir auf die körperlichen Veränderungen nach einer Schwangerschaft zu sprechen kommen, die man nicht mehr ändern kann, wenigstens nicht ohne die Hilfe eines guten Chirurgen.

1. Größere Füße

Obwohl nicht alle Frauen diese Feststellung machen, war es doch bei vielen meiner Freundinnen der Fall, so daß ich gerne darauf eingehen möchte. Ich weiß nicht, ob das zusätzliche Gewicht einer Schwangerschaft die Füße platter macht oder die Bänder gedehnt werden, aber die meisten von uns Freundinnen tragen nach der Entbindung ihre Schuhe mindestens eine halbe Nummer größer. Du brauchst dir keine Sorgen zu machen, daß du bei jeder folgenden Schwangerschaft größere Füße bekommst und dir jedesmal neue Schuhe zulegen mußt. Ich gebe dir wirklich nur ungern den Rat, aber du solltest enge Schuhe nach der Entbindung aussortieren und sie *alle* *wegwerfen*. Deine Füße werden nämlich nicht mehr schrumpfen. Von jetzt an solltest du bei deinen Schuhen mehr Wert auf Bequemlichkeit als auf elegantes Aussehen legen.

2. Kleinere Brüste

Es wäre eigentlich treffender zu sagen »schlaffere Brüste«, da die gleiche Menge an Haut zurückbleibt, aber ein Großteil des Gewebes, das diese Haut ausfüllte, fort ist. Die Geister scheiden sich, ob dieser Zustand durchs Stillen verstärkt wird. Nach meiner Beobachtung ist es allerdings eher die Schwangerschaft, die ihren Tribut fordert. Vielleicht ist es ein Trost, wenn ich dir sage, daß du bei einer erneuten Schwangerschaft neun Monate lang wieder einen tollen Busen hast. Das Ende der Geschichte bleibt jedoch leider dasselbe. Da bleibt nur ein Trostpflästerchen: Wonder Bra.

3. Mehr Haut

Vielleicht bist du ja mit straffer Haut gesegnet und bemerkst diese Veränderung kaum. Bist du allerdings so sommersprossig und dünnhäutig wie ich, wird sich die Haut über deinem Bauch wie bei einem Akkordeon fälteln, wenn du dich nach vorne beugst. Wenn ich unbedingt wollte, könnte ich vielleicht sogar einen Bikini tragen, müßte dann aber ständig auf meine Bewegungen achten und ihn bei unpassenden Bewegungen sofort wieder ausziehen. Selbst wenn man mir in dieser Situation einen zehnkarätigen Diamanten vor die Füße würfe, würde ich mich nicht danach bücken (es könnte ja jemand meine Falten entdecken).

4. Dunklere Brustwarzen

Wahrscheinlich ist dir schon relativ früh in der Schwangerschaft aufgefallen, daß deine Brustwarzen größer und dunkler wurden. Ungefähr ein Jahr nach der Geburt haben deine Brustwarzen wieder ihre normale Größe, werden aber für immer dunkler bleiben.

5. Erschlaffen der Vaginalmuskeln

Vielleicht solltest du dir ein Schlückchen genehmigen, bevor du weiterliest, denn meine Freundinnen reden über dieses Thema fast genauso ungern wie über Untreue und Menopause. Aber nicht darüber zu sprechen heißt nicht, daß es nicht existiert. Also: Nach einer vaginalen Entbindung wird deine Vagina nie mehr so eng sein wie vorher. Deine Freundinnen, die bereits Kinder haben, werden zwar das Gegenteil behaupten (es sei denn, sie sind sehr offen). Sie tun das aber nur, weil sie der Gedanke beunruhigt, daß ihre Sexualität in irgendeiner Weise beeinträchtigt sein könnte. Die Wahrheit ist, daß Frauen nach einer Entbindung wahrscheinlich *sowohl* eine etwas weniger elastische Vaginalmuskulatur *als auch* mehr Sex-Appeal haben jemals zuvor. Erfahrene und erfüllte Frauen sind sexuell *immer* attraktiver als Novizinnen.

Wenn du den Mut aufbringst, deinen Mann zu fragen, ob ihm der Unterschied aufgefallen ist, wird er wahrscheinlich um den heißen Brei herumreden oder dir direkt ins Gesicht lügen. Es ist ihm sicher bewußt, welch ein heikles Thema diese Frage für Frauen ist. Schließlich zerstört er vielleicht mit einer zu offenen Antwort für immer sein Sexualleben. Nur keine Panik! Deine Vagina wird sicher nicht so ausgedehnt sein wie der Bund einer alten Unterhose, sondern einfach nicht mehr ganz so straff. Dein Arzt weiß das, selbst wenn er oder sie das nicht mit dir bespricht. Das ist der Grund, warum die meisten bereit sind, dich nach einem Dammschnitt wieder schön eng zusammenzunähen. Ihrer Meinung nach eine kleine Entschädigung. Dein Mann wird immer noch mit dir schlafen wollen, und du wirst es immer noch genießen. Vielleicht sogar noch mehr, da dein Liebster nun eventuell etwas länger braucht, um zu kommen, was dir genügend Zeit für deinen Orgasmus gibt. Wenn du den Sex aber nicht genießt, weil sich deine Vagina zu schlaff oder auf andere Weise ungut anfühlt, solltest du möglichst schnell deinen Arzt konsultieren. Man kann diesen Mißstand mit einem einfachen operativen Eingriff schnell beheben.

6. Schwache Blase

Ein weiteres Phänomen, das viele Freundinnen angesprochen haben und das ebenfalls zur Problematik der schwächeren Beckenbodenmuskulatur gehört, ist die Blasenschwäche, die sehr unterschiedlich ausgeprägt sein kann. Beispielsweise können unzählige Frauen nach einer vaginalen Entbindung nicht niesen, ohne ihr Höschen naßzumachen. Bei anderen macht die Blase beim Trampolinspringen und Joggen auf hartem Boden nicht mehr mit. Außerdem können manche in bestimmten Situationen den Urin nicht mehr so lange »halten« wie früher. Wenn du zur Toilette mußt, dann geh lieber früher als später. Vielleicht kannst du auch nicht mehr durchschlafen, sondern mußt jede Nacht einen Gang zum stillen

Örtchen antreten. Sieh das Ganze von seiner positiven Seite: Auf dem kleinen Spaziergang zur Toilette kannst du einen Blick ins Kinderzimmer werfen, um dich zu vergewissern, daß sich keines deiner Lieben bloßgestrampelt hat.

Bevor du dich jetzt überstürzt für einen Kaiserschnitt entscheidest, um deinen Beckenboden zu schonen, noch etwas, um dir wieder die richtige Perspektive zu geben: Für vieles im Leben muß man ein Opfer bringen, aber es gibt Erfahrungen, die so einzigartig sind, daß wir den Preis dafür gerne zahlen. Denke ans Sonnenbaden – wir wissen alle, daß es Gift für die Haut ist, aber wer könnte schon einem Urlaub in Hawaii widerstehen?

 # Die zehn größten Sorgen schwangerer Frauen

10 Werden meine Brüste für immer so groß bleiben? (Bitte, lieber Gott!)

9 Wird mir während der ganzen neun Monate so schlecht sein?

8 Wird mein Mann je verstehen, was ich durchmache?

7 Wird die Entbindung weh tun?

6 Wie sehr wird die Entbindung weh tun?

5 Wird sie mehr weh tun als das Entfernen der Haare an der Bikinilinie? Oder mehr als ein gebrochenes Bein?

4 Werde ich nun häßlich und fett?

3 Wird sich nach der Entbindung »da unten« alles wieder zurückbilden?

2 Werde ich eine gute Mutter sein?

1 Wird mit dem Baby alles in Ordnung sein?

Nachwort

Mir ist gerade aufgefallen, daß es neun Monate her ist, seit ich mit dem Schreiben begonnen habe. Du hast ganz richtig gehört – NEUN MONATE! (Schon gut, es ist also eigentlich schon zehn Monate her.) Soviel zu den Zufällen des Lebens. Wie bei allen meinen Schwangerschaften war es auch diesmal interessant, langwierig, aufschlußreich und fast ein wenig zu lang für meine Konzentrationsfähigkeit. Aber genauso wie es bei meinen Babys war, bin ich auch jetzt unendlich dankbar, daß ich mich auf diese Reise begeben habe.

Es gibt so viele Dinge, auf die du dich freuen kannst! Du wirst dein Baby mit solcher Intensität lieben, daß du überzeugt sein wirst, daß die Mutterrolle die einzige Aufgabe ist, die die Natur wirklich für dich bestimmt hat. Versuch, es ruhig angehen zu lassen. Genieße es. Sei dankbar für diesen Segen. Und vergiß nicht, zu lachen.

Dank

Hier bin ich also und habe das große Los gezogen. Ich habe nette Kinder, einen großartigen Ehemann, einen neuen Computer (mit dem ich auch umgehen kann), und ich habe ein Buch geschrieben! Ich bin allen sehr dankbar, die mir geholfen haben, das alles zu schaffen. An erster Stelle steht natürlich meine Familie. Wahrscheinlich werden meine Kinder zwar, wenn sie erwachsen sind, mit ihren Therapeuten über dieses Buch sprechen, aber bis jetzt haben sie mich begeistert unterstützt. Sie haben mir nicht nur das meiste Material zu diesem Buch geliefert, sondern mir Zeit zum Schreiben gelassen, obwohl es ihnen lieber gewesen wäre, daß ich zur Karatestunde oder zur Weihnachtsfeier in der Schule mitkomme. Nur ein Ehemann mit Jimmys Selbstvertrauen und Humor ist in der Lage, meine gelegentlichen Spitzen gegen ihn und seine Geschlechtsgenossen gelassen hinzunehmen. Nur ein Mann, der wirklich an mich glaubt, konnte mir zutrauen, daß ich in der Lage sein würde, ein Buch zu schreiben, unsere Kinder zu erziehen und nebenbei unser Haus neu einzurichten. Und nur ein Mann, der mich wirklich liebt, konnte in dieser ganzen Zeit auch nicht ein einziges Mal fragen, ob ich ihm nicht das Abendessen machen könnte. Ich liebe meine Familie so sehr, daß ich mein Glück gar nicht fassen kann, wenn ich an sie denke.

Bevor es die Familie Iovine gab, gab es die Familie McCarty, die für das Zustandekommen dieses Buches ebenso wichtig war wie alle anderen: zunächst mein Vater, der in seinem

Herzen der eigentliche Schriftsteller der Familie ist, und meine Stiefmutter Linda, die seit meinem zwölften Lebensjahr für mich gesorgt und mich geliebt hat. Dann meine Mutter, die immer zu Scherzen aufgelegt und deren Potential an Offenheit und Humor unerschöpflich war. Und schließlich mein geliebter Bruder Gregg, der eigentlich mein erstes Baby war. Er hat seine große Schwester immer für allmächtig gehalten und sich nie beschwert, wenn ich meine mütterlichen Fähigkeiten an ihm ausprobierte. Ihn habe ich während *Käpt'n Blaubär* mit Katzenfutter gefüttert, und er war es auch, den ich *beinahe* dazu gebracht hätte, Toilettenwasser aus meinem neuen Puppengeschirr zu trinken. Für ihn habe ich mich mit einem Kind aus der Nachbarschaft geschlagen, das ihn wegen seiner unmöglichen Plateau-Schuhe aufgezogen hatte. Dann waren da all die Leute, die hinter mir standen und mir Mut machten, wenn meine Energie oder mein Selbstvertrauen mich verließen. Zuerst ist hier Bobby Shriver zu nennen, Freund so vieler Jahre und Abenteuer, dem es immer Spaß gemacht hat, mich zu verrückten Sachen anzustiften. Er hat mich Bob Bookman vorgestellt, der netterweise über meine Witze gelacht und mir geholfen hat, die richtige Agentin zu finden. Unterstützt wurde er dabei von Angela Janklow Harrington, die passenderweise in dieser Zeit schwanger wurde und ihre erste Tochter bekam. Und dann Cynthia Cannell, die perfekte Agentin, die Bob und Angela für mich gefunden haben, die mich in ihrer ruhigen und liebenswürdigen Art (hinter der sich die zähe Fürsprecherin verbarg, die sie gegebenenfalls auch sein konnte) davon überzeugte, daß ich in der Lage sei, mehr als fünf Wörter zu einem Satz zu verbinden, und die darüber hinaus zu einer Freundin wurde. Sie machte mich auch mit Dona Chernoff, der witzigsten und klügsten Lektorin der Welt bekannt. Somit war das Matriarchat perfekt. Wir drei Mütter haben uns ausgetobt, und dieses Buch ist dabei herausgekommen. Kein Tag schien vollständig ohne ein nettes, langes Telefonat mit den beiden.

Ich danke allen meinen Freundinnen von ganzem Herzen, daß sie mir ihre Geschichten erzählt haben (und erlauben, daß ich diese Geschichten an völlig Fremde weitererzähle) und daß sie an jeder meiner tagtäglichen Entscheidungen beteiligt sind: ob es nun darum geht, dieses Buch zu schreiben, meine Haare schneiden oder die erste Schönheitsoperation vornehmen zu lassen. Unsere gegenseitige Verbundenheit ist für mich unschätzbar wichtig. Außerdem mag ich unsere Geburtstagspartys. Es fällt mir auch nicht schwer, zuzugeben, daß ich nicht alles alleine geschafft habe – ohne meine Assistentin, Frances Tsow, hätte es nie geklappt. Wenn sie nicht gerade Korrektur las oder die Seiten eines sich tausendmal ändernden Manuskripts durchnumerierte, kümmerte sie sich darum, daß die Kinder ihren Zahnarzttermin nicht verpaßten, und organisierte Verabredungen mit Spielkameraden. Vor allem aber wußte sie, wann ich eine Pause brauchte (weil ich sonst eventuell aus Versehen das ganze Manuskript vom Computer gelöscht hätte), wann sie mich mit einem extragroßen Eiskaffee erfreuen konnte oder wann sie einfach die Arme verschränken und über das ganze Chaos lachen sollte. Ich bin allen wirklich unendlich dankbar und ganz aus dem Häuschen und freue mich schon auf den Tag, an dem ich dieses Buch in einer Buchhandlung stehen sehen werde.

Register

Vicki Iovine

Du wirst das Kind schon schaukeln
Das erste Jahr mit deinem Baby

3-426-82184-2

Vicki Iovine erzählt, was es wirklich bedeutet,
ein Kind zu bekommen und großzuziehen –
fernab von Mutterträumen und Fernsehillusionen.
Ohne jede Schönfärberei und manchmal mit
drastischen Worten, aber immer humorvoll und
mütterlich, schildert sie die Geburt,
die ersten Monate mit dem Kind,
das eben nicht nur ein neuer Mitbewohner ist,
sondern das Leben – vor allem das der Mutter –
völlig auf den Kopf stellt.

Knaur